개혁의 정석

개혁의 정석

교육·인구·노동·연금·조세·정부개혁의 성공 공식

전주성 지음

매일경제신문사

발상의 전환

개혁은 어렵다. 확실한 방법을 모르기 때문이다. 모르면 알려고 해야 하는데 다들 안다고 생각하니까 문제를 못 푸는 것이다. 설사 해법을 안다 해도 그 과정이 초래하는 고통이 두려워 애써 외면하기도 한다. 개혁의 혜택은 장기간에 걸쳐 나타나지만 그 비용은 단기에 집중되기 때문이다. 변화를 통해 나라는 부강해지지만 그 일을 주도한 정권은 다음 선거에서 패할 수도 있다.

대한민국은 인적자원의 축적과 효율적 배분을 통해 고도성장의 기틀을 잡은 나라다. 그런데 어느 순간 성공 공식이 무너지고 있다는 자각이 찾아왔다. 저출생 현상이 지속되며 생산 인력은 줄어들고 있고, 사교육 중심의 교육 시스템은 지식혁명시대에 어울리는 인재를 길러내지 못하고 있으며, 이념 대립이 일상화된 경직된 노동시장으로 인해 인적자원의 효율적 배분이 이뤄지지 않고 있다. 즉, 인적자본의 양과 생산성이 동시에 하락하며 성장잠재력에 빨간불이 켜지기 시작한 것이다. 경제력은 선진국 수준에 도달했지만 부족한 사회안전망 탓에 노인빈곤율과 자살률은 선진국 중 압도적 일등이다. 노후보장이 가능한 연금개혁이 필요하다는 점에는 다들 동의하지만, '덜 내고 더 받던' 시스템을 '더 내고 덜 받게' 하는 식으로 바꾸려는 시도에는 반발한다.

만일 정부 재정이라도 넉넉하면 손을 쓸 수 있겠지만 와해된 재정규율 탓에 지금은 빠르게 증가하고 있는 정부 부채 걱정이 우선이다. 높지 않은 정부 신뢰도 탓에 세금 인상에 대한 납세자들의 태도도 냉담하다. 그렇다고 정부의 정책 능력이 돋보이는 것도 아니다. 각종 규제가 기득권화되면서 혁신에 필요한 기업가정신을 짓누르고 있다. 한마디로 정치적 이해관계가 경제적 합리성을 압도하는 '지대추구rent seeking' 현상이 경제 전반에 걸쳐 자리를 잡아가고 있다. 이런 상황에서 '개혁이 왜 필요한지'를 설명할 필요는 없다. 대신 '개혁은 왜 실패하는가'를 따져야 한다.

어려운 문제일수록 쉬운 정답은 없다. 개혁은 기존 제도의 구조적 틀을 바꾸는 일이기 때문에 관행적인 사고나 수단으로는 진도를 나가기 어렵다. 경제적 합리성도 필요하지만 정치적 수용성도 따져야 한다. 미래에 나타나는 편익을 담보로 현재에 부담해야 할 비용을 대중에게 설득하기가 쉽지 않고, 변화의 결과로 갈리는 승자와 패자 간에 갈등이 일어날 수도 있다. 현실 정치는 당장의 여론 흐름에 반응하기 때문에 개혁에 필요한 법안 통과는 그만큼 어려워진다.

이처럼 개혁은 다차원 게임이다. 경제논리와 정치논리를 배합하고, 장기 비전과 과도기적 전략을 포괄하며, 계층·세대·집단별 이해득실을 사회적 관점에서 조율하는 연립방정식을 풀려면 '발상의 전환'이 필요하다. 교육 문제를 못 풀면 출산율을 높이기 어렵고, 출산 모멘텀을 되돌리지 않으면 연금개혁을 완성하기 힘들며, 예산 확보가 없으면 제도개혁의 동력을 갖추기 어려운 것처럼 대한민국이 직면한 개혁 과제들은 서로 얽히고설켜 있다. 해당 분야 전문가 몇몇이 모여 풀 수 있는 문제가 아니다. 기존의 관행적 사고에서 벗어나 큰 틀에서 모든 문제를 검토하고 제로베이스에서 개혁 전략을 짜야 할 때다.

이 책은 대한민국의 장래가 걸려 있는 4대 인적자원 분야(교육·인구·노동·연금)의 개혁과 이를 뒷받침할 동력이 되어줄 조세개혁과 정부개혁에 대한 나의 '조금 다른' 생각을 담고 있다. 몇 가지 예시로 시작해보자.

대한민국의 미래를 결정할 6대 개혁

엄마가 알아서 나눠 쓰라고 준 용돈 10만 원을 놓고 두 자매가 싸우고 있다. 첫째는 자신이 먼저 태어나 엄마 잔소리를 더 듣고 자랐으므로 그 고통을 보전하는 의미에서 6만 원을 갖겠다고 한다. 둘째의 입장은 다르다. 언니는 늘 새 옷만 입고 자랐지만 자신은 언니에게 물려받은 옷이 절반이므로 자신이 6만 원을 받는 것이 분배 정의에 부합한다는 것이다. 난감해진 엄마는 두 딸의 화합을 위해 2만 원을 더 내놓기로 했다.

이처럼 현금보다 더 좋은 정치적 타협안도 드물다. 물론 엄마도 2만 원을 어디에선가 구해와야 한다는 문제가 남는다. 나는 연금개혁도 이렇게 풀어야 한다고 본다. 그동안 '덜 내고, 더 받았으니' 앞으로는 '더 내고 덜 받거나, 아니면 좀 나중에 받아라' 식의 기존 공식은 정치적 저항을 넘어서기 어렵고 세대 갈등만 부추길 뿐이다. 특히, 청년 세대 입장에서는 이미 혜택을 충분히 누린 세대가 더 많은 부담을 해야 한다고 주장하기 쉽다. 사실 '세대 간 형평성' 문제를 해결하지 않고서는 그 어떤 대안도 연금 보험료율 인상이라는 일차적 관문을 돌파하기 어려울 수 있다. 즉, 경제논리에 입각해 연금 재정의 안정성에만 초점을 두는 방식으로는 진도를 나가기 어렵다. 대신 한 번에 하나씩, 우선순위를 정해 정치적 장애물들을 돌파할 필요가 있다. 이 책에서는 가장 핵심 과제인 보험료율 인상을 실현시킬 대안으로서 '세대 간 이타주의'에 바탕을 둔 200조 원가량의 '세대통합기금' 조성과 그 재원 대안을 제시한다. 매우 실험적인 제안이긴 하지만 궁극적으로 이런 식의 발상의 전환 없이는 연금개혁의 첫발을 떼기가 어려울 것이다.

가수 싸이와 유승준의 공통점과 차이점은? 둘 다 병역 문제로 곤욕을 치렀다는 점이 같다. 그런데 싸이는 군대 두 번 다녀와서 잘나가고 있다. 반면 유승준은 아직도 한반도에 발을 디디기 힘들다. 왜 그럴까? 싸이는 '병역법'을 어겼고, 유승준은 헌법보다 무섭다는 '국민정서법'을 어겼기 때문이다. 이제 총체적인 시스템 실패를 겪고 있는 교육 분야를 보자. 엄청난 사회적 비용과 계층 갈등의 요인인 사교육이 문제의 핵심이라는 것은 누구나 알지만 아무도 먼저 나서지 않는다. 조카까지만 관심 영역에 넣어도 거의 전 국민이 이해당사자가 되는 입시 문제를 잘못 언급했다가 국민정서법에 걸리면 약도 없다.

하지만 수능이나 내신 성적으로 순위가 매겨진 학생들이 대학 서열순으로 배치되는 현 체제가 초래하는 불공평과 비효율, 부패와 낭비는 눈에 보이는 사교육비 액수와는 비교가 안 될 정도로 엄청나다. 이처럼 사교육이 문제의 핵심이라면 이 자체를 공략할 수 있는 해법이 나와야 한다. 지금처럼 공교육 제도 개선에만 초점을 두는 방식으로는 사교육비 증가와 공교육 붕괴라는 악순환의 고리를 끊기 어렵다. 이 책에서는 사교육의 핵심 특성인 '정보산업' 기능과 '문제풀이 우월성'에 초점을 둔 정면대결형 대안을 제시한다. 사교육 시장의 비생산적 지대를 최대한 줄이고, 사교육이 공교육의 대체재가 아닌 보완재의 기능을 하도록 유도하자는 것이다. 이를 구체화하려면 교실에서 상대평가를 몰아내고, 수능은 자격 시험으로 바꾸며, 입시는 대학 자율에 맡기는 것이 그나마 최선이라고 본다. 또한, 이런 대안이 완성되기 위해서는 대학 자율과 특성화가 필수적임을 강조하며, 획기적 제도 개선 없이 예산만 투입하는 지방대학 활성화 대책은 그 실효성에 한계가 있음을 지적한다.

다들 낮은 출산율을 걱정하지만 나는 오래전부터 내 나름의 해법을 수업 시간에 얘기하곤 했다. "둘째를 낳으면 첫째의 수능점수를 10점 올려주자. 바로 반응이 올 것이다. 둘째가 석성되면 셋째를 낳으면 되고, 그다음 넷째, 다섯째… 순식간에 여러분 할아버지, 할머니 때의 자녀 숫자를 회복하게 된다. 막내가 나는 어떡하냐고 나서면 입양하면 된다. 한국이 세계 최대 아동 수출국 중 하나라는 오명도 씻을 수 있다." 물론 농담으로 한 말이지만 이 정도로 강력한 유인책이 필요하다는 의미다.

인구 문제의 경우 출산율이 낮은 것도 걱정이지만 그 하락 추세가 심각하게 빠른 데다 다들 속수무책으로 바라만 보고 있다는 점이 더 큰 문제다. 그냥 '어~어' 하다가 인구 고령화가 고착화되면 이로 인한 생산력 저하와 재정부담을 감당하기 어려울 수 있다. 그동안 저출산 예산으로 쓴 수백조 원이 왜 낭비였는지부터 따져야 한다. 이 책에서는 한편으로 출산 모멘텀의 획기적 반전을 위해 한시적으로 정책 자원을 몇몇 대안에 집중하고, 다른 한편으로 결혼 및 출산 문화를 바꿀 구조적 제도 변화를 모색하는 이원화 정책을 제안한다. 또한, 노인 기준 연령을 올리고, 그들에게 일자리를 만들어주어 소득도 올리고 세금도 더 내게 하는 것도 중요한 인구 대책 중 하나라 본다. 이민의 경우 급격한 변화보다는 우리 여건에 비추어 필요한 분야부터 공략하는 실용주의적 접근이 최선일 것이다. 생산인력의 부족은 사장되고 있는 여성 인력의 활용을 통해서도 메울 수 있다.

개혁도 '적'이 분명한 일종의 전쟁이라 할 수 있다. 이 책의 주제 중 가장 확실하게 전선이 형성돼 있는 곳은 노동 분야다. 아무리 중립적이고 합리적인 제안이 나와도 여차하면 '보수 대 진보'라는 이념 전쟁으로 비화한다. 그리고 그 전면에 대기업과 대형 노조라는 선봉장이 있다. 이러하다 보니 전문가들조차 각자가 선택한 이념의 깃발 뒤에 서서 확성기를 틀어낸다. 성장과 분배, 효율과 형평이 늘상 충돌하는 것도 아닌데 '노동시장 유연화'라는 보수의 주장과 '노동자 권익 보호'라는 진보의 입장이 왜 섞이지 못하는지 궁금하다. 이유는 딱 하나, '적'의 설정이 잘못됐기 때문이다.

노동개혁의 진짜 적은 그것이 누구건 부당한 지대rent를 추구하는 집단이다. 지대는 경쟁시장에서 얻을 수 있는 정상이윤보다 높은 초과이윤을 의미하는데, 대기업의 경우 그들이 창출하는 고수익이 정경유착 덕분인지 기술혁신의 결과인지 구분해야 한다. 노동자의 경우 똑같은 일을 하고 똑같은 성과를 내더라도 정규직 여부나 노조 보호막 덕분에 더 나은 대우를 받는다면 이 또한 일종의 지대라 할 수 있다. 물론 정당한 노력의 결실로 남들보다 높은 수익을 내는 것은 장려할 일이다. 그러나 카르텔화된 정치적 힘을 사용해 얻는 지대는 갈등의 소지가 된다. 실효성 있는 노동개혁을 위해서는 무엇보다 지대 집단이 아닌 중간 계층, 즉 일반 노동자의 대표성을 높이는 노동 거버넌스 정립이 필요하다. 또한, 불필요한 이념 대립을 피해가려면 사안을 나누어 공략하는 '분할 정복divide and conquer'이 합당한 전술이라고 보며, 신기술이나 외국인투자로 인한 새로운 일자리의 유입이 노동시장의 이중구조 해소에 도움이 될 수 있음을 강조한다.

그동안의 개혁 논쟁을 보면 밝은 미래를 약속하는 '제도 개혁'에만 초점이 맞추어져 있는데, 이 못지않게 중요한 것이 이를 뒷받침해줄 '재원 확보'다. 실현 가능한 개혁 플랜은 이 두 요소를 모두 갖추고 있어야 한다. 구조 개혁으로 인한 손실에 대한 보상, 갈등의 정치적 타협을 위한 재원, 행동 유인을 바꾸기 위한 예산 지원 등 앞서 언급한 4대 개혁에 소요되는 예산이 만만치 않을 것이다. 더구나 지금은 시장주의에 기반을 둔 신자유주의 시대에서 적극적인 정부 역할이 부각되는 큰 정부 시대로 바뀌어가고 있는 전환기다. 가뜩이나 재정 압박이 높아지고 있는 상황에서 개혁 재원을 추가로 마련하는 일은 쉽지 않다.

개혁의 동력이 되어줄 재원을 마련하기 위해서는 조세개혁이 불가피하다. 하지만 그다지 높지 않은 정부 신뢰도 탓에 약간의 증세도 저항의 벽에 부딪히기 쉽다. 어쩌면 납세자를 설득해가며 조세부담률을 높이는 일이 모든 개혁 분야 중에서 가장 난제일 수 있다. 이 책에서는 연금과 같이 세대 갈등의 소지가 있는 문제를 해결할 재원 마련 방안을 포함, 납세자의 추가 부담을 최소화하며 세수를 늘릴 수 있는 다양한 대안을 제시한다.

마지막 주제인 정부개혁은 정말 어렵다. 개혁의 주체가 되어야 하는 집단이 개혁의 대상이라면 '그럼 소는 누가 키우냐'라는 문제가 남는다. 그래서인지 정치 9단인 김대중 대통령은 외환위기 당시 예정된 4대 개혁 중 기업·금융·노동 문제에만 집중하고 정부개혁은 쏙 빼놓고 일을 했다. 역대 정부 중 가장 다양한 개혁 과제를 설정했던 노무현 대통령도 임기 후반에 가면 관료 집단에 포획돼 간다는 의심에서 벗어나지 못했다.

사실, 정부개혁은 보수 정부가 나설 법한 과제인데 이명박, 박근혜 정부는 물론 윤석열 정부에 들어서도 별 얘기가 없다. 그 대신, 혹독하게 더웠던 2023년의 여름은 1,000억 원이 넘는 공금을 애매하게 사용한 '새만금 잼버리'의 부실에다 철근을 빼먹고 지었다는 '순살 아파트'의 부패 현장까지 노출되며 공분을 더했다. 지금은 많이 나아졌지만 한때 대한민국의 부패 랭킹은 탄자니아나 수리남과 큰 차이가 없었다. 예전 같은 노골적인 정경유착은 사라졌지만 눈에 보이지 않는 부패 고리는 더 끈끈해졌다. 이 책은 관료의 일탈을 견제할 수 있는 규제개혁이 정부개혁의 일차 과제라고 본다. 나아가 복지지출의 증가로 상징되는 큰 정부 시대에서 포퓰리즘을 배격하고 건전 재정을 유지하는 방안도 따져본다.

***

'헤어질 결심'은 배우 박해일과 탕웨이만 하는 것이 아니다. 개혁에 진심인 정치 지도자라면 누구나 생각해야 할 숙명이다. 필요하다면 정파적 고정관념은 물론이고 핵심 지지층과도 헤어질 수 있어야 한다.

이념 기준으로 선을 그어볼 때 단기전인 선거는 적극 지지층을 기반으로 중도층의 일부를 끌어와 한 표라도 상대보다 더 얻으면 이긴다. 장기전인 개혁은 다르다. 적극 지지층에 너무 집착하면 이념 공방만 벌어지며 승부가 나지 않는다. 그 대신 중간 계층의 마음부터 사로잡는 것이 개혁을 위한 여론 확보의 비결이라고 본다. 중도 성향의 유권자들을 중심으로 한 우호 여론을 등에 업으면 설사 의회 소수당이라도 정치적 타협이 가능할 수 있다.

2022년 3월 대선에서 정권 교체에 성공한 윤석열 대통령은 시장원리를 존중하는 자유주의자로 알려져 있다. 그러나 아무리 시장주의를 강조한다 해도 시대 흐름을 거스르면 실패할 확률이 높아진다. 지금처럼 복지, 환경, 의료, 산업정책 등 여러 분야에서 예전과 다른 적극적 정부 역할이 강조되는 시기에 '작은 정부형 개혁'에만 집착하면 낭패를 볼 수 있다. 2022년 가을, 재정 환경이 열악한 상태에서 레이건식 감세 개혁을 해보려던 영국의 트러스 총리는 시장의 반격 한 방에 역대 최단명 총리라는 불명예를 안고 퇴진했다.

보수 정권도 얼마든지 적극적인 정부가 될 수 있다. 빚 낸 돈으로 생색내는 포퓰리즘이 아니라 무너진 재정규율을 바로잡아 정부 재정을 안정적으로 만드는 것은 정부개혁의 또 다른 축이다. 이를 바탕으로 정부 신뢰도가 높아지면 세수 확보의 걸림돌인 조세 저항을 낮출 수 있다. 유능한 정부는 소극적인 정부가 아니라 해야 할 일을 제대로 하는 정부다. 현 시점에서의 최선의 선택은 정부 효율과 신뢰를 바탕으로 충분한 정부 재원을 확보해 한편으로 복지 확대 등 시대적 요구에 부응하며 다른 한편으로 개혁 추진 동력을 키우는 것이다.

2022년 가을 정기 국회의 최대 쟁점은 새로 집권한 윤석열 정부가 내세운 최고 법인세율 3%p 삭감안이었다. 새로 집권한 보수 정부는 기업 활력 회복을 위한 감세 정책에 정권의 정체성을 걸었다. 나는 취지는 좋지만 방법은 달라야 한다는 내용의 SNS 메시지(유튜브 및 인스타그램: kcef21)를 국회 주변에 돌렸다. 미국 같은 선진국과 달리 한국은 법인세가 전체 세수에서 차지하는 비중이 크기 때문에 세수 감소 효과가 큰 세율 인하보다는 투자유인에 집중해 유효세율을 낮춰주고, 규제개혁을 통해 기업 활력을 제고하는 것이 시대 조류에도 맞고 보수 정권의 정체성도 살리는 길이라 강조했다.

그래도 새 정권이 첫 칼을 뽑은 것인데 그냥 물러서는 것은 아니다 싶어 여야의 체면을 세워주는 1%p 감세안을 절충안으로 제시했다. 그런데 실제로 이렇게 타협이 이뤄졌고 주변에선 나의 '찍기' 신공에 감탄

했다. 당시 '재벌집 막내아들'이라는 드라마가 유행했는데 역삼동에 자리 잡은 내 연구소 팀원들은 나보고 송중기처럼 미래를 다녀왔냐고 농담조로 물었다. 우쭐해진 나는 앞으로 나를 '역삼동 송중기'라 불러 달라고 했는데 다들 표정 없이 물끄러미 쳐다보더니 그냥 다 나가버렸다. 착각은 자유고 과장은 본능이다.

개혁의 성공 조건과 핵심 동력

이 책은 6대 분야의 개혁을 한 틀에 넣어 생각하는, 어찌 보면 무모해 보일 수도 있는 실험적 시도다. 각 분야의 전문가들 눈에는 내 생각의 설익음이 거슬릴 수도 있겠지만, 때로는 지나친 전문 지식이 새로운 사고의 진입을 막을 수 있다. 흔히 개혁의 걸림돌로 '기득권의 고착화'를 말하지만, 이 못지않게 심각한 것이 '사고의 고착화'다. '개혁의 골든 타임은 정권 초기'라는 식의 무기력한 태도, '개혁의 고통을 분담해야 한다'는 식의 현실성 없는 얘기, '보수의 개혁은 감세가 필수다'라는 시대 흐름을 거스르는 주장 등 현실적 도움이 되지 않는 고정관념을 퍼나르는 사람들이 너무 많다. 각론으로 들어가도 더 내고 덜 받기(나중 받기) 식의 연금개혁 등 정답인 듯하지만 현실적인 해결책이 아닌 사례가 한둘이 아니다. 젊은 세대가 내는 세금으로 은퇴 세대를 부양한다는 '상식'도 과장된 측면이 있다. 노인들도 소비세, 재산세 많이 낸다. 공교육이 살아나면 사교육이 없어진다고 기대하는 것도 순진한 생각이다.

나아가 개혁의 저항세력은 눈에 보이는 것이 다가 아니라는 점도 알아야 한다. 변화를 가로막는 보다 심각한 장애물은 장막 뒤에 숨어 있는 암묵적인 기득권 세력일 수 있다. 이 책에서는 개혁의 숨은 적들로 앞서 언급한 '전문가의 고정관념' 외에 '정치인의 포퓰리즘'과 '관료의 경직성'을 적시한다.

개혁은 백지 위에 그림을 그리는 것이 아니라 기존 제도나 관행을 바꾸는 일이다. 오랫동안 지속돼온 시스템의 구조를 바꾸려면 제도 변화와 함께 사람들의 생각과 행동도 달라져야 한다. 아무리 학원을 다니고 시간을 투자해도 영어가 늘지 않는다면 외국인 친구를 사귀거나 외국에 나가 한두 해 살아보는 것이 해법이다. 백날 다짐해도 금연이나 금주가 어렵다면 가족에게 예금 통장을 맡기고 어길 때마다 백만 원씩 빼다 쓰라고 하면 된다. 돈은 피보다 진한 법이다. 한마디로 진정한 변화를 이루려면 구조적 틀을 확 바꾸거나 강력한 유인 정책이 필요하다는 의미다.

획기적인 발상의 전환 없이 현실적 이해관계의 연장선상에서 문제를 바라보면 아무것도 이룰 수 없다. 개혁은 전문가 몇 명이 밀실에 모여 풀수 있는 문제도 아니고, 정권을 잡았다고, 의회 다수석을 가졌다고 쉽게 해결될 일도 아니다. 충분히 고민해서 좋은 청사진을 만들어야 하고 이를 밀어붙일 정치적 동력을 구축해야 한다.

이 책에서는 개혁의 성공조건으로 '청사진, 여론 지지, 정치적 타협'이라는 세 가지 요소를 제시한다. 이들이 어느 정도 순차적인 인과관계를 갖는 것은 사실이지만, 개혁의 큰 그림을 그릴 때는 이 세 측면을 입체적으로 볼 필요가 있다. 청사진에는 개혁의 내용뿐 아니라 전략도 포함돼야 하고, 우호 여론을 얻으려면 전문가적 식견과 정치적 전략을 결합할 수 있어야 한다.

나아가 정체된 개혁 전선에 새로운 바람을 일으킬 핵심 동력으로 '재정의 힘'과 '시장의 힘'을 제시한다. 구조적 변화가 있으면 승자와 패자가 갈리기 마련이다. 손해 보는 집단이 소수라도 저항의 강도가 크다면 무시하기 어렵다. 또한 장기적으로 대다수가 혜택을 보는 개혁이라도 단기적으로는 비용을 부담해야 하는 경우가 적지 않다. 특히, 연금개혁이나 조세개혁처럼 국민 다수가 반대할 가능성이 있는 경우에는 개혁안을 꺼내기도 힘들 수 있다. 이런 문제에 대처하는 첫 번째 방안은 충분한 재원을 확보해 제도 개혁을 위한 정치적 타협을 시도하는 것이다. 이 책에서 기존 논쟁에 빠져 있는 조세개혁을 강조하는 것도 재원이 있어야 개혁 동력이 생기기 때문이다. 하지만 예산에는 제약이 있기 마련이다. 따라서 적절한 유인 체계를 만들어 사람들의 생각과 행동이 바뀌게 하는 일 역시 중요하다. 즉 시장의 힘을 이용하는 것이다.

이런 방안들이 통하려면 정부의 정책 능력이 뛰어나야 하고 정부에 대한 신뢰도가 높아야 한다. 정부 살림을 위한 재원 확보는 증세를 통해 행해지는 것이 기본인데 정부 신뢰가 낮으면 조세 저항이 높기 마련이다. 또한 시장의 힘을 이용하려면 정부 구성원들이 유능하고 열정적이어야 한다. 패거리 정치 문화에 오염된 편협한 정부 구성, 규제의 장막 뒤에 숨어있는 무기력한 관료 집단이 아니라 국민 후생을 위해서라면 누구와도 대화하고 타협할 수 있는 실력 있고 포용적인 정부라야 가능한 일이다.

개혁은 비전이자 동시에 현실이다. 나의 소소한 상상력이 대한민국의 미래가 걸려 있는 개혁 논쟁에 의미 있는 양념이 되길 기대한다.

| 차례 |

제1부

개혁의
성공공식

제1장

개혁할 결심과
헤어질 결심

• • •

준비된 대통령은 없다

1997년 겨울의 대통령 선거전은 치열했다. 사상 초유의 외환위기를 겪으며 치러진 선거였기 때문에 통상적인 선거의 법칙이 통하지 않았다. 한국 정치사의 상수로 존재했던 여당 프리미엄은 사라졌고, 대신 당장 경제를 살릴 수 있는 대안이 누구일까가 유권자들의 관심사였다. 이 빈 공간을 치고 들어온 것이 김대중 후보였고, 그의 당선에 힘을 준 것은 '준비된 대통령'이라는 구호였다. 그는 한국 현대사에서 야당이 정권을 쟁취하는 첫 번째 사례의 주인공이 되었다.

대통령이 된 김대중은 만사를 제쳐놓고 곧바로 재벌·노동·금융개혁에 착수했다. 준비가 되어 있어서가 아니라 이 분야의 개혁이 IMF(국제통화기금)가 제공한 구제금융의 조건이었기 때문이다. 부랴부랴 청사진이 만들어지고 이를 구체화할 정책 수단이 동원됐다. 100조 원이 넘는 재정 자금이 국공채 발행을 통해 조성돼 구조조정 자금으로 사용됐다.[1] 제조업 중심의 당시 재벌기업들은 평균 400% 수준의 부채 비율을 절반 이하로 낮추기 위해 알짜 자산을 팔아야 했고, '정리해고'라는 생소한 이름하에 수많은 사람들이 직장을 잃었다. 조흥은행, 한일은행, 상업은행 등 거리에서 보던 익숙한 은행들이 역사 속으로 사라졌다.

특히 당시의 개혁은 우리 의사와 무관하게 강제적으로 진행됐기 때문에 이것이 초래하는 사회적 비용에 대한 고려가 무시된 측면이 있다. 파산 지경에 이른 은행들과 문어발식 확장에만 열을 올렸던 재벌들이 강제 개편된 것은 긍정적인 측면이지만 그 과정에서 '국부유출'이라는 말이 나올 정도로 알짜배기 국내 자산이 헐값에 팔려 나갔고, 수많은 가장들이 대책 없이 일자리를 잃고 그중 상당수는 노숙자 신세가 되었다. 외국 자본과 국내 자산가들만 배불리는 고금리 정책이 신용 회복이니 뭐니 하는 애매모호한 논리하에 너무 오랫동안 서민들을 짓눌렀다. 하지만 당시 우리 정부는 국제기구의 개혁 압박에 반발할 처지가 아니었다.

만일 김대중 정부가 평시에 정권을 잡았다면 이런 개혁이 가능했을까. 쉽지 않았을 것이다. 정상적인 방식으로 개혁을 추진하려면 청사진이 있어야 하고, 다수 여론의 지지를 받아야 하며, 나아가 법안 통과에 필요한 정치적 기반이 단단해야 한다. 개혁의 편익을 설명하기는 쉽지만 그 비용을 국민들에게 납득시키는 일이 말처럼 쉽지 않다. 하지만 당시는 위기 상황이었기 때문에 이런 과정이 대폭 생략될 수 있었다.

어쨌거나 이후의 대선전을 보면 '준비된 대통령'이라는 표현이 자주 등장한다. 선거는 단기전이기 때문에 유권자 마음을 콕 찌르는 정치 구호의 선택이 중요할 수 있다. 하지만 시대 상황이 달라진 시점에서는 같은 표현이라도 효과가 예전만 못할 것이다.

김대중과 레이건

선거 구호였지만 개혁 차원의 변화를 암시하며 유권자 마음을 사로잡았던 또 다른 사례는 1980년의 미국 대선이었다. 1970년대는 두 차례의 석유 파동과 베트남전 군비 지출 등의 여파로 경기침체가 인플레이션을 동반하는 '스태그플레이션stagflation'을 경험할 정도로 경기 상황이 좋지 않았다. 또한 당시는 소득세 최고 세율이 70~80%에 이르는 큰 정부 시대였다. 공화당 후보였던 로널드 레이건Ronald Reagan은 "4년 전에 비해 지금 더 나아진 게 있습니까Are you better off than you were four years ago?"라고 외쳤다. 시민들은 세금만 걷어가고 제대로 하는 일도 없는 정부에 불만이 많았는데, 레이건이 이들 가슴에 불을 지른 것이다.

당시 현직 대통령이었던 지미 카터Jimmy Carter 후보에게 압승을 하며 대통령 자리에 오른 레이건은 신자유주의 시대의 서막을 알리는 대규모 감세 조치를 시행했다. 미국 중앙은행의 강력한 통화긴축으로 두 자리 숫자였던 인플레이션도 잡혀가기 시작했다. 4년 후인 1984년, 재선에 나선 레이건은 다시 한 번 똑같은 구호를 외쳤다. "4년 전에 비해 지금 사정이 나아졌냐"는 질문에 유권자들은 강한 'yes'로 답했고 그는 미국 대선 역사에 남을 정도의 압도적인 스코어 차로 상대 후보를 제압했다.

위의 두 사례는 선거전의 승리가 곧 개혁의 시작으로 이어졌던 특별한 경우다. 두 대통령 모두 시대 상황을 읽을 줄 아는 밝은 눈을 가졌고 이것이 선거 구호의 선택이나 이후의 개혁 추진력에 도움이 되었다. 그런데 개혁의 시동이라는 측면에서는 두 경우가 다른 시사점을 갖는다. 김대중 대통령은 위기를 기회로 삼아 미뤄졌던 구조 개혁을 이뤄낸 경우이고, 레이건 대통령은 큰 정부에서 작은 정부로 변해가는 당시의 시대 흐름에 올라타는 방식을 택했다.

물론 이 두 경우는 예외적인 사례다. 경제 위기가 자주 발생하는 것도 아니고 시대 조류는 몇십 년에 한 번씩 바뀌는 것이므로 누구에게나 해당되지는 않는다. 보다 일반적인 형태의 개혁은 시간을 두고 진행되며 상당한 수준의 마찰과 갈등을 수반하기 마련이다. 개혁의 타이밍 관점으로만 본다면 경제 위기를 겪을 때가 평시보다 성공 확률이 높을 수도 있다. 하지만 위기를 기회로 만드는 능력이 아무에게나 있다고 생각하면 오산이다. 또한 시대정신의 전환기에 정권을 잡았더라도 자신의 정치 이념에 구속돼 변화의 흐름을 거스르는 식으로 개혁을 시도하면 실패할 확률이 높다. 무엇보다 지금은 시장주의에 기반을 둔 신자유주의 시대에서 적극적인 정부 역할이 강조되는 큰 정부 시대로 이행하는 시기다. 그만큼 새로운 시각의 개혁 공식이 필요하다는 말이다.

선거와 개혁은 다르다

개혁은 선거와 다르다. 선거는 유권자가 심판하지만 개혁은 역사가 평가한다. 선거는 단기전이고 상대보다 한 표만 더 얻으면 되지만 개혁은 장기전이고 여기저기 매복돼 있는 다양한 저항 세력과 싸워야 한다. 선거는 정기적으로 다가오고, 향후 몇 년의 권력 지도를 결정하지만, 개혁은 한번 성공하면 수십 년의 국가 운명을 좌우할 수도 있다. 그만큼 준비 과정이 어렵고 목표에 이르기까지의 여정도 길다.

올곧은 정치인이라면 더 좋은 세상을 어떻게 만들 것이냐에 대한 생각을 하기 마련이다. 개인의 정치 역량이 쌓이면서 개혁에 관한 나름의 구상도 가질 수 있다. 하지만 자신의 정책 비전을 구체화시킬 청사진에다 이를 실현시킬 전략과 동력까지 갖춘 대선 후보를 찾기는 쉽지 않다. 특히, 대한민국은 정책 이념에 기반한 양당체제가 정립된 나라가 아니기 때문에 정당 차원에서 축적된 개혁 어젠다가 별로 없다. 이런 관점에서 보면 과거 우리나라의 대통령 당선자들은 대부분 개혁에 관해 준비된 것이 별로 없었다 볼 수 있다.

그렇다고 실망할 일도 아니다. 어차피 구조 개혁이 필요한 분야는 널려 있기 때문에 문제를 찾아 나설 필요도 없다. 이들 대부분은 준비가 필요하고 시간이 걸리는 장기 과제이기 때문에 어차피 한 번에 다 이루기도 어렵다. 청사진이 필요한 분야는 그것부터 시작하면 되고, 정치적 지지가 아쉽다면 이를 얻기 위한 전략에 치중하면 된다.

정작 도움이 되지 않는 것은 "개혁을 하려면 집권 첫 한두 해에 마무리 지어야 한다"는 공식처럼 되어 있는 고정관념이다. 정권 초기는 대통령의 지지율이 높은 경우가 많고 변화에 대한 기대치도 높다. 그러나 아무리 지지율이 높아도 체계적인 로드맵과 정치 기반을 갖추지 못했다면 진도를 나가기 어렵다. 실제 외환위기 이후의 지난 수십 년 동안 초기 지지율이 높았던 정권들이 적지 않았지만 정권 초기는커녕 임기 전체를 통틀어 눈에 띌 만한 개혁 성과를 보인 경우를 찾기 어렵다.

개혁은 어차피 장기 과제이고 정치와 경제, 세대와 계층을 아우르는 다양한 차원의 게임이다. 따라서 너무 현 시점의 상황에 연연해할 필요가 없다. 무엇보다 미래 비전은 물론 이를 구현할 전략과 동력까지 고려한 합리적인 청사진부터 마련해야 한다. 그다음 반드시 공론화 과정을 거쳐야 한다. 나중에 상세히 다루지만 지지 기반의 점진적 확대에 초점을 두는 일반 선거와 달리 개혁은 처음부터 중도층을 중심으로 한 우호 여론 조성이 매우 중요하다. 그래야만 개혁 법안 통과에 필요한 정치적 타협의 가능성이 커지기 때문이다. 이럴 때를 대비해 필요한 정치 공간을 평소에 확보해 두어야 한다. 소통 없는 정치는 멀리 가기 어렵다.

나아가 막연히 선거를 통해 다수 의석을 확보할 때까지 개혁을 미룬다는 식의 소극적 태도로는 백 년이 가도 무엇 하나 이루기 어려울 수 있다. 설사 여당이 의회 다수석을 가졌더라도 여론의 뒷받침이 없으면 개혁의 추진력은 사라진다. 또한 현 정권 임기 내에서 억지로 끝내려 하지 않고 다음 정권으로 개혁 동력을 이어가는 것도 유용한 전략이 될 수 있다. 자신의 임기 내에 이루는 것만 성과라 여기는 근시안적 사고에서 벗어나 몇 세대에 걸쳐 결실을 누릴 수 있는 변화의 씨앗을 뿌리는 것만으로도 역사의 평가를 받을 수 있다.

세 가지 성공 조건

개혁은 왜 필요할까. 기존 제도에 비효율적이고 불공평한 요소가 많아 지속적으로 성장의 발목을 잡거나 분배를 악화시킨다면 뭔가 바꿔야 하기 때문이다. 어차피 세상에 완벽한 제도는 없고, 어느 정도의 결함은 정책의 차원에서 보전하며 지나갈 수 있다. 하지만 제도의 결함이 구조적 성격을 띠고 있어 부분적 개편이나 정책 전환만으로 더 나아질 가망이 없어지면 대대적인 수술이 필요하다.

하지만 개혁은 말처럼 쉽지 않다. 어떤 제도이건 세월이 흐르며 다양한 이해관계가 이끼처럼 섞여들기 마련이다. 이를 바꾸는 과정에서 이득을 보는 사람과 손해를 보는 사람이 갈릴 것이다. 민주주의 체제하에서 개별 유권자의 이해득실이 갈리는 사안을 정부가 일방적으로 밀어붙인다는 것은 정치적 위험이 크다. 설사 법안 통과에 유리한 의회 다수석을 점하고 있다 하더라도 개혁 과제를 다루는 것은 쉽지 않다. 두 가지 이유가 있다.

첫째, 개혁의 이익은 대부분 미래에 발생하고 눈에 잘 보이지 않는 경우도 많기 때문에 대중의 정치적 지지를 받기가 쉽지 않다. 장기적 관점에서 사회적 편익과 비용을 비교하는 정부와 달리 개인은 자신의 입장에서 손익을 따지며, 미래를 내다보는 시선도 길지 않다. 또한 구조 개혁이 초래할 과도기적 불확실성도 개인의 의사결정에 불리하게 작용한다.

둘째, 설사 개혁에 찬성하는 사람이 다수라 하더라도 반대하는 소수의 목소리가 크면 쉽게 무시하기 어렵다. 즉, 찬반 숫자 못지않게 그 강도도 의미가 있다는 얘기다. 예를 들어 농산물 개방이라는 정책을 펴면 다수의 소비자들에게 혜택이 돌아가지만 개개인이 느끼는 편익의 수준은 높지 않다. 반면 국내 생산자들이 느끼는 손실의 강도는 크기 때문에 반대의 목소리가 클 수밖에 없다. 찬반 숫자와 선호 강도를 곱한 총액만 놓고 보면 사회적 이득이 비용보다 크다 말할 수 있을지 모르지만 현실은 이런 경제논리만으로 굴러가지 않는다.

더구나 소수의 저항 세력이 힘있는 기득권 세력인 경우에는 개혁 과제에 대한 저항의 강도가 더욱 높아질 것이다. 자신들의 입장을 정치권에 호소해야 하는 영세 상인이나 농부들과는 달리 재벌이나 노조, 힘있는 이익단체들은 스스로 정치적 힘을 동원할 수 있는 세력이다. 나아가 해당 분야의 가시적인 저항 집단 외에도 현상 유지를 원하는 숨은 세력이 존재할 가능성도 고려해야 한다. 만일 이런 암묵적 저항 세력에 공공부문의 구성원이 포함된다면 개혁은 단순한 비효율이 아니라 부패와의 전쟁으로 전선이 넓어질 수도 있다.

이처럼 개혁은 원한다고 이길 수 있는 게임이 아니다. 설사 어렵게 목표를 달성한다 하더라도 그 과정에서 상당한 대가를 지불할 각오를 해야 한다. 자신을 지지해준 기존 지지층이 떠나갈 수 있고, 자칫하면 정권을 내놓을 수도 있다. 눈앞의 선거 승리가 일차 목표인 정치인들이 애써 개혁을 외면하고 당장 인기를 끌 수 있는 정책에 집착하는 것이 이상할 것도 없다. 따라서 개혁에 진심이려면 '의지'와 '능력'이 모두 필요하다. 더 나아진 세상에 대한 '비전'을 제시하고, 이를 바탕으로 대중을 '설득' 해야 하며, 나아가 법안을 통과시키기 위해 '타협'할 수 있어야 한다. 개혁할 결심은 아무나 하는 것이 아니다.

그렇다면 개혁의 성공을 위해 필요한 조건은 무엇인가. 다양한 각도 에서 설명이 가능하지만 이 책에서는 '청사진', '여론의 지지', 그리고 '정치적 타협'을 세 가지 핵심 요소로 제시한다.

개혁 청사진

개혁의 목적은 더 나은 미래를 만드는 것이다. 특정 계층이나 집단 이 아니라 대다수 국민들에게 혜택이 돌아가게 하는 것이 핵심이다. 바로 정치인들이 내세우기 좋아하는 '좋은 세상'을 만들자는 것이다. 그런 데도 현실을 보면 성공한 개혁 사례를 찾기 어렵다. 입으로 개혁을 외치 는 사람들은 많지만 실천의 단계로 들어서면 조용해진다. 왜 그럴까. 일 반 정책과 달리 개혁은 파급 효과가 크고 오래가며 경제논리와 정치논리 가 복합적으로 작용하기 때문에 실천 가능한 전략을 세우기가 쉽지 않기 때문이다.

이렇게 어려운 일을 해내려면 한발 물러서서 길게 봐야 한다. 성급하 게 단편적인 조치를 취하다 보면 문제만 더 어렵고 복잡하게 만들기 쉽 다. 그래서 청사진이 필요한 것이다. 무엇을, 왜 바꾸려 하는지, 바꾸면 무엇이 달라지는지, 그리고 어떤 방식으로 이를 수행할 것인지 등에 대 한 구체적이고 명확한 밑그림이 없이는 멀리 가기 어렵다.

청사진에 일차적으로 담길 내용은 미래 비전이다. 당장은 힘들더라도 이 과정을 거치면 무엇이 달라지는지 구체적으로 보여주어야 한다. 두루뭉술한 추상적 구호는 큰 의미가 없다. 일인당 국민소득을 얼마로 만드느니, 세계 몇 대 강국으로 갈 것이니 하는 식의 총량적 지표보다는 내 일자리와 임금, 내 자식의 교육 환경, 내 연금 소득이 어떻게 달라질 것인가를 설명해야 여론의 지지를 얻을 수 있다. 자식을 낳아봤자 키울 여력이 없는 청년 세대에게 출산율 수치를 들이밀며 나라 장래가 어떻고 저떻고 설명해봤자 감흥이 생길 리 없다.

이처럼 개혁은 비전이자 동시에 현실이다. 사회적 관점에서 바람직한 변화일지라도 다수 여론의 지지 없이는 실현되기 어렵다. 개혁을 설계하는 전문가는 사회적 관점에서 편익과 비용을 계산하지만 개혁의 결과를 피부로 느끼는 개인은 자신의 관점에서 변화의 득실을 따진다. 구체적인 제도 변화 하나하나에 찬반이 갈릴 것이다. 예를 들어 임금체계를 호봉제에서 성과급으로 바꾸면 좋아하는 사람도 있겠지만 반대하는 사람도 많을 것이다. 사교육을 획기적으로 줄이게 되면 학부모의 부담은 줄어들겠지만 이 분야에 종사하던 인력들은 일자리를 잃을 수 있다. 필요한 복지 재원 마련을 위해 정부 재원이 늘어야 한다고 생각하는 사람도 막상 자신의 세금 부담이 높아지면 태도가 달라질 수 있다. 재정 적자나 연금 문제로 들어가면 아예 세대 차원의 갈등이 벌어지기 쉽다.

대다수 평범한 사람들에게는 내일보다 오늘이 중요하다. 이들에게 개혁으로 발생하는 미래의 혜택이 현재의 비용보다 클 수 있음을 설득하는 것은 어렵다. 따라서 개혁 청사진에는 경제적 합리성을 넘어 정치적 수용성까지 고려한 내용이 담겨야 한다. 장기적인 사회적 편익에 초점을 두는 경제학의 영역에서 출발해 한 표를 가진 개별 유권자를 설득하는 정치의 영역으로 진입하는 과정까지 포괄해야 한다. 외환위기 이후 지금까지 개혁 같은 개혁이 없었던 것은 그 출발점인 밑그림이 부실했던 탓이 크다.

여론 지지와 정치적 타협

개혁의 절반은 정치다. 아무리 청사진이 좋아도 이를 실현시킬 정치적 힘이 없으면 소용없다. 개혁은 대부분 법 개정을 수반하는 정치과정을 거치기 때문에 경제논리만으로 전략을 짜기 어렵다. 예컨대 자유무역을 하면 대다수 소비자들은 혜택을 보기 때문에 그 합이 손실을 보는 일부 생산자들의 비용을 상쇄하고 남는다고 교과서는 가르친다. 적절한 보상 메커니즘이 있으면 모두가 이기는 게임이 된다고 한다. 하지만 아무리 잠재적으로 모두에게 이득이 되는 제안이라도 당장의 정치적 관문을 통과하지 못하면 소용없다. 사람들은 전문가의 이론 모형에 관심이 없다. 단지 손에 잡히는 결과에 반응할 뿐이다.

개혁안이 정치적 힘을 받으려면 일차적으로 우호적 여론이 형성돼야 한다. 지지 기반이 확실해야 법안을 통과시킬 정치 공간이 만들어질 수 있다. 일반 정책과 달리 개혁 과제는 그 파장이 넓고 오래가기 때문에 아무리 의회 다수당이라도 여론의 반대가 심하면 개혁을 밀어붙이기 어렵다. 자칫 잘못하다가 다음 선거에서 소수당으로 전락할 수 있기 때문이다. 역으로 의회 소수석을 가진 정권이라도 다수 여론을 등에 업으면 정치적 타협이 가능할 수 있다.

정치 지도자라면 누구나 국가가 나아가야 할 방향에 대해 나름의 신념이 있을 것이다. 하지만 정권을 잡았다고 자신의 정치적 소신을 함부로 내세우는 것은 어리석은 선택이다. 개혁 과제와 같이 저항 세력의 반발이 불가피한 영역일수록 권력의 힘보다는 여론의 힘에 의존해야 한다. 나라를 위해 중요한 결단을 내렸으니 나를 믿고 따라오라는 식의 일방통행식 사고로는 아무것도 이룰 수 없다. 개혁에 대한 반발은 독재 정권에서도 무마하기 쉽지 않다. 하물며 지금 같은 민주 체제하에서는 여론의 향방에 더욱 신중하게 반응해야 한다. 시간이 걸려도, 설사 다음 정권에서 성과가 나타나는 한이 있더라도 충분히 숙고해 합리적인 청사진을 마련하고 이를 공론화해서 여론 전쟁에서 이기는 것이 개혁의 핵심 비결이다.

개혁의 마지막 관문은 법안을 통과시키는 것이다. 이를 위해서는 '정치적 타협'의 공간이 넓어야 한다. 단단한 개혁 밑그림이 준비돼 있고, 적절한 공론화 과정을 거쳐 다수 여론의 지지도 확보했다고 하자. 이때 정권을 쥔 여당이 의회 다수석까지 확보한 경우라면 비교적 일이 쉽게 풀릴 수 있다. 반대로 여당이 소수 정당이라면 어떤 결과가 나올까. 일반 정책이라면 혹 모를까, 기득권 저항이 강할 수 있는 개혁 법안은 밀고 나가기 어려울 거라고 생각하는 사람들이 많을 것이다. 과연 그럴까.

정치는 거래다. 거래는 당사자 모두가 이득을 보는 경우에만 성립하는데 다양한 변수를 지닌 정치 시장에서 이런 거래가 이뤄질 여지는 충분히 있다. 다수당이 아니더라도 다른 정당과의 연합을 통해 얼마든지 의결 정족수를 채울 수 있다. 설사 다수당과 일대일로 부딪친다 하더라도 양측 모두에게 이득이 되는 정치 거래는 충분히 가능하다. 특히, 일반 정책과 달리 개혁 과제는 정파적 대립각이 분명한 경우만 아니라면 서로 타협할 수 있는 여지가 더욱 크다. 개혁안에 대한 여론의 지지가 높은 경우라면 더욱 그렇다. 이 문제는 제3장에서 좀 더 상세히 다룬다.

개혁의 숨은 적들

개혁이 어려운 이유는 다양하다. 그 중 하나는 기존 체제에서 이득을 보던 기득권 세력의 반발이다. 다수 여론이 변화를 요구해도 소수 강성 집단이 반대하면 개혁 법안 통과가 쉽지 않다. 더구나 이들 기득권 세력은 우리 사회에서 힘이 센 집단인 경우가 많다. 대기업, 강성 노조, 정부 관료의 기득권을 희석시키는 일은 누가 봐도 어려운 주문이다.

여기에서 한번 던지고 가야 할 질문이 있다. 우리 사회의 개혁이 지지부진한 이유가 해당 분야 기득권 집단의 저항 탓만일까. 대기업이나 노조의 힘이 세긴 하지만 정부가 작정하고 나서서 공격한다면 난공불락은 아닐 것이다. 그렇다면 뭔가 다른 개혁의 장애물이 숨어 있는 것은 아닐까. 혹시, 고양이가 생선가게를 지키듯 개혁의 대상이 되어야 할 집단이 개혁의 주체처럼 행세하고 있는 것은 아닐까.

이런 의문과 연결지어 주목할 대상은 바로 개혁을 주장하는 전문가 집단, 관련 정책을 집행하는 정부 관료, 그리고 개혁을 통해 나라를 바꾸겠다 나서는 정치인들이다. 어쩌면 이들이 알게 모르게 개혁의 숨은 걸림돌이 되고 있는 것인지도 모른다. 이들 모두 우리 사회에서 나름의 기득권을 누리고 있는 집단이다. 이런 세력일수록 기존 체제의 변화보다는 현상 유지가 자신들에게 유리할 수 있다. 입으로는 개혁을 말하지만 속으로는 이기적 동기가 행동 지침으로 작용할 가능성을 배제하기 어렵다.

관료의 경직성

개혁의 숨은 장애물 중 우선적으로 떠오르는 것은 관료의 경직성이다. 개혁의 시도는 정권을 잡은 정치 세력이 하지만 현실적으로 이를 집행하는 주체는 관료 집단이다. 그런데 이들이 구조 변화에 소극적이라면 성과를 내기가 어렵다. 공무원 개개인이 아무리 우수하고 국가관이 투철하다 하더라도 거대한 조직의 일원이 되면 '안전한' 선택을 하는 경향이 생긴다. 어쩔 수 없는 관료주의의 속성이다. 어떤 새로운 과제가 던져지면, 이것을 가능하게 만드는 대안을 모색하기보다는, 왜 이것이 하기 힘든 과제인지에 대한 이유를 먼저 내세우는 것이 '복지부동' 정신이다.

나아가 관료 집단은 다른 이익집단과 마찬가지로 예산 확보나 조직 안정 같은 사신들의 이해관계에 충실하기 쉽다. 경제학 이론에 등장하는 정부는 사회 후생을 극대화하는 착한 존재이지만, 현실은 다르다. 관료는 '예산을 극대화'하고 정치인은 '득표를 극대화'한다는 명제는 굳이 정치경제학 이론을 동원하지 않더라도 이해할 수 있다.

관료의 또 다른 특징은 장기 균형을 따지기 좋아하는 학자들에 비해 정책 시계가 상대적으로 짧다는 점이다. 관료들이 중장기 정책에 무관심한 것은 아니지만, 한 해 단위로 예산을 편성하고, 가시적인 성과에 대한 평가를 주기적으로 받는 상황에서 몇십 년을 내다보는 정책 구상에 집중하기 어려울 수 있다.

이상의 관점을 종합하면 미래 비전을 내세우며 큰 변화를 기획하는 일을 관료에게 전적으로 떠맡기기는 어렵다는 결론이 나온다. 그런데 이들이 적극적인 개혁 의지를 갖고 변화의 노력에 동참하지 않는다면 개혁 과제의 추진력이 떨어질 수 있다. 외환위기 당시 김대중 정부가 내세운 공식 과제는 기업·금융·노동·공공 부문 등 4대 부문의 개혁이었다. 하지만 당시 정부는 앞의 세 분야에서는 적극성을 보였고 정부개혁에는 매우 소극적이었다. 당장 발등의 불을 꺼야 하는 상황에서 관료들의 사기를 꺾으면 다른 분야의 개혁을 밀고 나가기 힘들 것이라는 계산이었을 것이다.

그렇다면 관료들이 소극적 자세에서 벗어나 적극적인 개혁 주체로 거듭나게 할 방안이 없을까. 단순히 그들의 애국심에만 호소하는 것은 무기력하다. 그들이 가장 예민하게 반응할 수 있는 규제와 예산, 이 두 항목에 해답이 있을 것이다.

규제는 시장의 정상적 작동을 돕는 중요한 정책 수단이기 때문에 잘만 사용되면 문제될 것이 없다. 그런데 가격 유인 정책과 달리 규제에는 관료의 정치적 동기가 작용할 수 있다. 예컨대 특정 지역의 토지 용도 허가제와 같이 경제 주체의 행위를 제한하는 규제의 경우 허가를 받는 사람만 이득을 보는 것이 아니라 그럴 권한을 가진 공무원의 힘도 동시에 커진다. 특히 경제적 합리성과는 거리가 먼 규제일수록 관료의 기득권으로 이어질 가능성이 높아진다.

이 책에서 다루는 개혁 과제들의 경우 그 수행 과정에서 규제를 제거해야 할 영역이 적지 않다. 교육이나 노동 분야 등을 보면 분명히 고쳐야 할 규제가 한둘이 아닌데 진도가 별로 나가지 않는 이유는 무엇일까. 해당 분야 기득권 세력의 저항 탓으로만 보기에는 뭔가 빠져 있다는 느낌이 든다. 변화보다는 현상 유지를 원하는 관료의 경직성이 더 큰 장애물이라 볼 수도 있다.

관료의 경직성 관점에서 볼 때 같은 조건이라면 관료에게 규제 수단보다 예산을 더 확보해주는 것이 정책의 효율성과 책임성, 나아가 개혁의 동력을 위해 더 나은 선택이다. 주어진 예산을 어떻게 잘 쓸 것인가를 고민하게 만드는 것은 관료의 적극성을 유도하지만 규제는 그들을 소극적이고 경직적으로 만드는 경향이 있다. 예산은 기록이 남고 평가가 뒤따르기 때문에 투명성 차원에서도 우월하다. 반면 규제의 경우 '정책 측면'만 겉으로 드러나고 그 이외의 변수들은 수면 아래에 머물기 마련이다. 규제개혁을 동반하는 관료개혁 문제는 제9장에서 상세히 다룬다.

정치인의 포퓰리즘

정치인의 포퓰리즘 역시 개혁의 또 다른 적이 될 수 있다. 유권자들은 더 나은 세상을 꿈꾸며 투표함으로 향한다. 정치인들은 이들의 희망을 실현시키는 불쏘시개가 되겠다고 침을 튀기며 열변한다. 오늘보다 나은 내일이 있으려면 뭔가 바뀌어야 한다. 그래서 정치인들은 개혁을 입에 달고 산다. 한 가지 얘기를 꺼냈다 약효가 떨어지면 슬그머니 다른 대안을 꺼낸다. 이런 약장사 수법에 속아가며 지난 수십 년 우리는 필요한 변화를 외면하며 시간을 낭비한 것이다.

이처럼 안 될 것을 뻔히 알면서 헛된 약속으로 유권자를 기만하는 것은 일종의 포퓰리즘이다. 아무것도 책임지지 않으면서 입으로만 하는 개혁에 지칠 법도 한데 왜 사람들은 속는 걸까. 그 이유는 간단하다. 정권을 잡은 포퓰리스트 정치세력은 '남의 돈'으로 생색을 낼 수 있기 때문이다. 무능한 정부일수록 어려운 장기 과제는 '립 서비스'로 때우고 대신 당장 유권자들의 환심을 살 수 있는 정책에 집중하는 경향이 있다. 물론, 미래에 대한 책임감도 없다 보니 빚을 내서 예산을 마련하는 일에 대한 죄책감도 없다.

유능한 정부는 세금을 거둬 좋은 정부 서비스로 되돌려준다. 그럴 자신이 없으면 차라리 세금을 덜 걷고, 민간 주체가 여유 자원을 알아서 쓰게 하는 편이 낫다. 그래야 책임 있는 정부다. 반면 무능한 정부는 자신의 실력 탓은 하지 않고 돈이 필요하다는 말만 한다. 한 걸음 더 나아가 빚을 져가며 예산을 낭비하면 무능하고 무책임한 최악의 정부가 된다.

복지 포퓰리즘이 유행이었던 냉전 체제 시기를 보면 진보 정권 때 국가 파산 사태가 더 자주 일어나는 경향이 있었다. 이는 재정 적자나 정부 부채를 대하는 그들의 입장이 보수 진영에 비해 더 관용적이었기 때문이다. 하지만 보수 정권도 포퓰리즘의 덫에 쉽게 빠지기는 마찬가지다. 아무리 작은 정부를 추구하고 싶어도 시대가 요구하는 복지 수요를 외면하기 어렵다. 이때 재정 안정에 대한 대책도 없이 세금을 깎아주면 당장은 다들 좋아할지 모르지만 그 결과는 불평등의 심화와 정부 부채의 누적으로 돌아온다.

우리나라의 경우 외환위기를 겪고 난 이후 진보와 보수 정권이 교대로 집권했지만 재정규율은 꾸준히 약해졌고 정부 부채는 빠르게 쌓여갔다. 가파르게 증가하고 있는 복지지출을 기존 세수만으로 감당하기 어려웠던 것이 가장 큰 이유다. 2020년부터는 코로나 위기와 함께 재정 적자에 대한 면죄부까지 주어지면서 재정규율을 회복하는 일은 더욱 어려워졌다.

문제는 앞으로다. 복지지출의 증가는 물론, 환경, 의료, 전략산업 지원 등 적극적 정부 역할을 필요로 하는 시대 흐름을 반영하는 재정 수요가 커지고 있다. 또한 구조개혁을 위한 재원 확보를 위해서도 추가적인 세수 확보는 필수적이다. 그러나 제8장에서 상세히 다루듯이 비효율과 불공평으로 얼룩진 기존의 복잡한 조세제도를 통해 증세를 한다는 것은 매우 어려운 과제다. 이런 상황에서 보수라는 이념 라인을 타고 추진되는 획일적인 감세 정책은 자칫 재정 건전성을 해치고 정부 재원을 축소시키는 역효과를 낳을 수도 있는 선택이다. 이보다는 한편으로 재정규율을 다잡아 재정 안정을 기하고, 다른 한편으로 정부 역할 수행에 필요한 세수 확보에 나서는 것이 어렵더라도 유능한 정부가 가야 할 길이다.

좋은 정치인은 더 나은 미래를 생각하며 정책을 구상하고 시민의 지지를 구한다. 선거가 아닌 역사의 평가를 기대하며 어렵더라도 개혁의 길을 가는 것이다. 반면 단기적인 정치적 이득을 위해 달콤한 현금으로 대중을 유혹하는 포퓰리스트들은 멀쩡한 나라를 망가뜨린다. 한때 선진국이었던 아르헨티나와 석유 자원이 넘치는 베네수엘라는 불과 한두 세대만에 국제 사회에 손을 벌리고 사는 나라로 변모했다. 그저 남의 나라 얘기라 치부하기에는 우리나라 복지 포퓰리즘의 진도가 너무 빠르게 나가고 있다.

전문가의 고정관념

위에서 언급한 개혁 걸림돌인 관료의 경직성과 정치인의 포퓰리즘은 꼭 개혁 문제가 아니라 하더라도 일반 정책 논쟁에서 자주 등장하기 때문에 개념 자체는 낯설지 않다. 다만 이들의 정치적, 행정적 힘이 강하기 때문에 명목상으로 드러난 기득권 세력 못지않게 개혁의 장애물이 될 수 있음을 강조하는 것이다. 또한 개혁의 주체가 되어야 할 집단이 오히려 대상이 될 수 있다는 점도 역설적이다.

개혁의 숨은 적 중 가장 이율배반적인 존재는 전문가 집단이다. 관료나 정치인이야 권력을 둘러싼 정치적 동기에 흔들릴 가능성이 있지만 개혁 청사진을 마련하고 이것을 실천하는 과정과 그 성과를 평가하는 전문가는 '선의'를 의심받지는 않는다. 대신 이들이 문제가 되는 것은 개혁 사안별로 고정관념을 생산해내는 '사고의 경직성' 때문이다.

전문가들이 어떤 개혁 이슈에 대해 아무리 논리적으로 합당해 보이는 주장을 한다 하더라도 현실적인 성과가 없다면 다르게 생각해볼 필요가 있다. 애초부터 실현 가능성 없는 목표를 내세우는 건 아닌지, 정치 현실과는 거리가 먼 이론적 해법만 퍼나르고 있는 것은 아닌지 따져봐야 한다. 특히, 우리나라 전문가들은 외국 사례 인용을 선호하는 경향이 있는데 그것이 우리 고유의 정치 및 경제구조에서 얼마나 적절한 선택일지 신중하게 살펴야 한다. 나아가 정치적 진영 논리의 테두리 안에서 해법을 구하는 방식도 사고의 경직성을 초래하는 요인이 될 수 있다.

개혁은 다차원의 종합 예술이다. 기존 제도와 관행을 바꾸려면 경제논리와 정치논리를 함께 따져야 하고, 패자에 대한 보상과 설득이 있어야 한다. 장기적 비전과 과도기적 조치를 동시에 생각해야 하며, 전면전을 펼지 아니면 이슈를 분할해 공격할지를 정해야 한다. 개혁 과제 간의 상호 연관성을 고려해 어떤 이슈를 먼저 공략할지에 대한 전략적 우선순위를 정해야 한다. 나아가 전광석화처럼 밀어붙일지, 다른 정파의 협력을 유도하며 정권을 이어가는 개혁을 할지도 사안별로 다를 수 있다.

따라서 이 거대한 코끼리의 한 부분만을 만지며 그리는 그림은 불완전할 수밖에 없다. 세대 갈등의 시한 폭탄으로 등장한 국민연금의 예를 들어보자. 그동안 '내는 것보다 더 받는'식으로 제도를 운영한 덕에 연금기금이 머지않아 고갈될 운명이다. 그렇다면 숱한 전문가들이 공식처럼 되풀이하는 '더 내고 덜 받기 혹은 나중 받기'가 해답이 될 수 있을까. 어쩌면 현실 정치와는 거리가 먼 이런 주장이 오히려 개혁의 걸림돌이 될 수 있다. 이미 혜택을 받고 있는 기성세대가 찬성할 리 없고, 자신의 노후가 걱정되는 미래세대는 뭘 해도 억울할 수 있다. 이처럼 정치적 장벽이 높은 문제를 경제논리로 풀기는 어렵다. 어차피 세대갈등은 정치 문제이고 이는 경제적 수단을 동원하되 정치적 해법으로 풀어야 한다.

교육 문제의 핵심이 사교육이라는 것은 누구나 안다. 그렇다고 하루아침에 사교육을 없앨 수 있을까. 좀 다른 예지만 요즘 들어 '재벌 해체'

라는 구호가 전보다 덜 크게 들리는 것 같다. 이는 재벌의 독과점 폐해가 사라져서라기보다 전략산업을 주도하는 그들의 입지를 인정하는 목소리가 더 커졌기 때문이다. 반도체의 성패에 따라 국운이 결정되는 기술 패권주의 시대에 '삼성전자'의 존재는 단순한 대기업 계열사 이상의 의미를 가진다. 나아가 재벌 기업의 지배구조 개선까지 빨라진다면 그들에 대한 반감 역시 줄어들 것이다.

사교육 문제도 비슷한 시선으로 볼 수 있다. 공교육을 되살린다고 사교육이 사라지지 않는다. 사교육은 이미 입시 준비의 차원을 넘어 교육과 관련된 모든 정보를 다루는 거대 산업이 된 지 오래다. 그 규모를 줄이기는커녕 확산을 막기도 쉽지 않다. 나아가 부실한 공교육을 '보완'하는 사교육의 순기능 자체를 부인할 필요도 없다. 문제는 사교육이 도를 넘는 수준으로 공교육을 '대체'해 나가고 있다는 사실이다. 그리고 그 핵심에는 시대 흐름에 뒤처진 교육 방식과 입시제도가 있다.

사실상 총체적 부실 덩어리라 볼 수 있는 현 교육 시스템에 대해 한마디씩 하기는 쉽지만 그 어떤 제안도 획기적인 해결책이 되기 힘든 게 현실이다. 공교육을 살리는 동시에 사교육의 순기능은 키우고 역기능을 줄일 수 있는 제도 개혁이 쉬울 리 없다. 이럴수록 기존의 고정관념에서 벗어나 새로운 시각으로 문제를 보아야 한다. 다양한 대안이 있겠지만 아예 교육 전면전을 선포하고 한두 곳의 급소를 집중 공략하는 방법이 그나마 최선일 수 있다.

저출산 문제의 경우도 언론에서 접하는 인구 전문가들의 견해를 보면 대부분 큰 그림 위주다. 지금 추세라면 몇십 년 후 한국은 지도에서 소멸한다는 식의 진단은 당장의 문제 해결에 큰 도움이 되지 않는다. 이민은 많은 나라에서 인구 문제를 해결하는 중요한 해법이었지만 한국과 같은 혈연 중심 사회에서 하루아침에 캐나다와 같은 다문화 사회로 가기는 어렵다. 필요한 외국 인력 유치를 위한 적극적인 조치부터 시작하는 실용적 접근 방식이 유용할 것이다. 지금 같은 급격한 저출생 추세는 막아야 하겠지만 어쩔 수 없는 인구 구조 변화는 받아들여야 하고 오히려 이를 기회로 만들 창의적 대안이 필요하다.

그동안 저출산 대책에 사용된 예산이 300조 원이 넘는다는 식의 애매한 통계 수치만 퍼나르는 습관도 버려야 한다. 출산 관련 예산이 얼마인지보다 그것이 실제로 유인 효과를 갖느냐가 핵심 사안이다. 앞으로도 많은 예산이 더 들어갈 텐데 기본적인 인과관계 점검은 잘 보이지 않는다. 애초에 예산이 모자라서 효과가 없었던 것인지, 예산을 제대로 쓰지 못한 것인지에 대한 평가는 전문가 몫이다. 이런 분석을 바탕으로 확실한 유인 효과를 줄 수 있는 대안에 정책 자원을 집중해야 출산 모멘텀을 바꿀 수 있다.

노동시장의 경우, 우리가 수십 년째 듣는 보수 진영의 해법은 '시장의 유연화'다. 반대로 진보 진영의 해법은 '노동자의 권익 강화'다. 둘 다 일리 있는 얘기다. 그래서 무엇이 달라졌는가. 정규직 대 비정규직, 대기업과 중소기업을 갈라놓는 노동시장의 이중구조는 별로 달라진 것이 없다. 대형 노조의 힘이 강해지면서 대기업과 공기업의 정규직 노동자들은 행복해졌는지 모르지만 이들과 같은 일을 해도 이들만큼 보호막이 강하지 않은 노동자들은 차별적인 임금이나 근로조건을 감수해야 된다. 굳이 강성 노조와 싸울 의사가 없는 기업들은 노동절약적 기술labor saving technology의 적용에 초점을 둔 지 오래다. 결국 노동자도 힘있는 자들만 살아남는 양극화 시대인 것이다. 이쯤 되면 전문가들의 모범 답안이 과연 우리 현실에 맞는 것인지 따져봐야 한다.

이외에도 개혁을 둘러싼 고정관념은 우리 주변에 넘쳐난다. 흔히들 5년 단임 정권에서 개혁의 골든 타임은 정권 초기 한두 해라고 말한다. 그렇다면 외환위기 이후 여러 정권이 지나는 동안 무슨 대단한 변화가 정권 초기에 있었다는 것일까. 앞서 언급했듯 정책 정당의 전통이 빈약한 우리나라 정치권에서 새로 등장한 대통령이 개혁할 준비가 안 돼 있는 것은 이상할 것이 없다. 제대로 된 개혁 청사진이 없다면 아무리 지지율 높은 정권 초기라도 큰 성과를 내기 어렵다. 반면 좋은 청사진을 마련해 다수 여론의 지지를 받는다면 설사 정권 후반기라도 정치적 타협의 길이 열릴 수 있다.

개혁을 주장하는 전문가나 정치인들이 즐겨쓰는 '개혁으로 인한 고통을 분담하자'라는 말 역시 공허한 말장난일 뿐이다. 기존 제도를 허무는 과정에서 손해를 보는 집단이 반발하는 것은 당연한 일이다. 그럼 이들을 설득할 생각을 해야지 그냥 참으라고 하는 것은 정책이 아니다. 비록 당장은 아니더라도 미래에는 혜택이 돌아온다라는 점, 그것도 안 된다 하면 어느 정도 타협을 통해 보상을 해줄 수 있어야 설득이 가능하다. 그럴 재원이나 정책 능력이 없다면 개혁 전략도 없다고 보아야 한다.

익숙한 것들과의 결별

개혁은 크게 보고, 멀리 가려는 선택이다. 그만큼 어렵고 많은 준비가 필요하다. 새로운 정권이 들어서면 공식처럼 말하는 것이 개혁이지만, 실제로 제대로 변화를 이뤄낸 경우는 드물었다. 대한민국은 5년 단임제를 채택하고 있는 상황에서 선거가 잦아 집권 세력이 진득하게 미래를 내다보며 구조 개혁을 설계하기가 쉽지 않다. 그렇다고 정당마다 축적된 개혁 밑그림을 보관하고 있는 것도 아니다. 새롭게 정권을 잡은 세력들을 보면 이전 정권의 족적을 지우기에 바쁘고, 정권의 임기 내에 뭔가 가시적인 결과를 내려는 조바심에 서두르는 경향이 있다.

이런 상황에서 제대로 된 개혁 성과를 내려면 대통령을 중심으로 하는 집권층의 강한 신념이 필요하다. 머릿속으로 아무리 멋진 미래 비전을 그린다 해도 이를 실현시킬 힘이 없으면 소용없다. 개혁 어젠다가 정치적 지지를 받기 위해서는 합리적인 청사진을 통해 여론의 지지를 받는 일과, 법안 통과를 위한 정치 공간을 넓히는 노력이 함께 필요하다.

그런데 이런 성공 공식들이 말로는 쉽지만 현실로 돌아오면 하나같이 만만치 않다. 그래서 결심이 필요하다. 개혁할 결심 못지않게 헤어질 결심도 해야 한다. 개혁은 미래지향적 게임이기 때문에 과도기적 혼란과 비용은 불가피하다. 따라서 처음부터 모든 것을 가지려 하면 안 된다. 크게 보고 버릴 건 버릴 수 있어야 한다. 멀리 가려면 그 과정에서 나타날 수 있는 작은 이득과 변수들에 집착해서는 안 된다. 단기적으로는 손해인 듯해도 장기적으로는 모두에게 혜택이 가는 '윈-윈 게임'이라는 점을 대중에게 설득하고, 다른 정치 세력과 타협해 최종 결실을 맺는 능력이 필요하다. 이런 능력의 중요한 한 요소는 그동안 가졌던 정파적 고정관념과 헤어지는 일이다. 또한 필요하다면 자신의 정치 기반이던 핵심 지지층과도 결별할 수 있어야 한다.

정파적 고정관념에서 벗어나야

집권층이 아무리 합리적인 미래 비전을 가지고 있다 하더라도 이것을 다수의 대중에게 파는 것은 쉽지 않다. 정도의 차이는 있지만 대부분의 개혁 과제는 이념 라인을 타고 찬반이 갈리기 쉽다. 설사 이념과 무관해 보이는 사안이라도 반대 세력이 그렇게 어젠다 세팅을 하기 쉽다. 사안별로 분석하는 전문가들과 달리 정치인들은 패키지로 정책을 마케팅하는 경향이 강하기 때문이다.

예를 들어 노동 문제의 경우 대기업과 대형 노조 간에 뚜렷한 전선이 형성돼 있기 때문에 그다지 이념 색깔이 없는 합리적인 사안도 찬반이 극명하게 갈리기 쉽다. 실제 사례로 주 52시간의 노동 총량을 기본으로 두고 직종의 성격이나 계절적 수요 변동에 따라 초과 근무 시간을 다소 유연하게 운영하고자 했던 윤석열 정부의 제안은 세부 사항의 의견 조율을 통해 정치적 타협이 가능한 영역인데도 마치 이것이 통과되면 주당 근로시간이 69시간으로 늘어나며 노동자 권익이 땅바닥에 떨어진다는 식의 주장이 제기되며 극한 반발이 일어났다.[2] 이는 대한민국에서의 노동 문제는 더 이상 경제논리만으로 해결할 사안이 아니라는 점을 방증한다. 경제적 합리성이 충분하다고 쉽게 생각하고 공론화 과정을 거치지 않고 대충 법안을 내밀었다면 그 자체가 실책인 셈이다.

유형이나 정도는 다르지만 여타 개혁 과제들도 계층이나 이념 갈등으로 번질 가능성이 작지 않다. 한 걸음 더 나아가 기존 제도의 개혁이 세대갈등으로 이어질 수도 있는데 연금개혁이 대표적인 사례다. 이런 상황에서 집권층이 평소에 신봉하는 이념적 가치만 고집한다면 개혁은 시동도 걸기 전에 정파 싸움으로 번질 가능성이 높다.

외환위기를 겪으면서 김대중 정부가 시도한 개혁 조치들 중 상당 부분은 진보 정권과는 거리가 있는 신자유주의식 개혁이었다. 구제금융의 조건으로 강요된 불가피한 선택이긴 했지만 시대 상황에 부응하는 개혁을 위해 전통적 지지 기반을 잃을 수도 있는 정치적 선택을 한 셈이다. 이후 국민연금 확대 등 진보 이념에 충실한 다양한 복지 정책을 제도화할 수 있었던 것도 외환위기 극복 과정에서 쌓아 놓은 신뢰도가 바탕이 되었기 때문이라 볼 수 있다.

노무현 정부의 한미자유무역협정(FTA) 체결도 핵심 지지층의 격렬한 반대를 무릅쓰고 추진한 것이다. 개혁 성향과 이념 색깔이 분명했던 노무현 대통령에 대한 평가는 지금도 이념 라인을 타고 갈린다. 하지만 수출에 의존하는 경제에서 자유무역의 이득이 결국 자신들에게 돌아올 수 있다고 생각하는 중도 및 보수 성향 시민들은 이 정책으로 인해 노 대통령에 대한 반감이 줄어들었을 것이다. 하지만 그의 핵심 지지층 중에는 아직도 한미 FTA가 노무현 정부의 잘못된 선택이라 생각하는 사람들이 적지 않다. 물론, 이런 큰 흐름의 정책에 대한 평가는 역사의 몫이다.

최근 들어 가장 눈에 띄는 개혁 노력은 프랑스 마크롱 대통령의 연금 개혁과 영국 트러스 총리의 세제개혁 시도다.[3] 전자는 성공했고 후자는 실패했다. 두 나라의 법제도가 다르고 정치 및 경제 환경이 다르기 때문에 일률적인 비교는 어렵지만 한 가지 차이는 분명하다. 마크롱 대통령은 태생부터 전통적인 진보와 보수의 기득권 정치 세력에서 벗어나 있다. 그가 무리수를 두더라도 연금 수령 시기를 늦추는 법안을 통과시킬 의지를 가졌던 것은 이념 차원의 정파적 계산에서 벗어나 나라 장래만 생각했기 때문이다. 반면 트러스 총리는 적극적 정부 역할과 재정 안정성을 동시에 요구하는 시대 조류를 감안하지 않은 이념 지향적 감세 개혁을 추진하다 역풍을 맞았다.

핵심 지지층과 헤어질 수도

선거는 단기전이라 대중의 시선을 사로잡는 공약에 집중하면 되지만, 개혁의 경우 성과는 장기에 걸쳐 나타나고 단기에는 비용만 부각되기 쉽기 때문에 설득이 필요하다. 물론 선거에도 이기고 개혁도 성공하면 최선이겠지만 단기적으로는 이 두 목표가 충돌할 가능성이 높다. 정권을 쟁취해야 하는 야당은 일단 선거에서 이기는 데에 힘을 쏟겠지만 집권 세력은 정권을 유지하는 것과 정부를 운영하는 일 둘 다 생각해야 한다.

정권의 임기는 5년이고, 정부의 임기는 무한대다. 개혁의 과정은 길기 때문에 한 정권에서 일을 시작해 다음 정권으로 이어질 가능성이 높다. 문제는 이번 정권에는 비용만 드러나고 다음 정권에서 혜택이 나타나는 경우다. 내가 고생해서 월드컵이나 올림픽을 유치했는데 정작 개회식에 폼 잡고 나타나는 대통령은 다른 사람인 것과 같은 이치다. 이렇다 보니 자신의 임기 내에 뭔가 가시적인 성과를 내려 하는 위정자들이 흔하다. 하지만 진정으로 국민과 나라 장래를 생각한다면 인기 없는 개혁 과제에 진심일 필요가 있다. 설사 임기 내에 모든 것을 이루지 못해도 역사는 기억할 것이기 때문이다.

개혁의 관점에서 가장 바람직한 선택은 '청사진–여론지지–법안통과'의 삼박자가 순차적으로 일어나는 것이다. 만일 오래전부터 준비해온 개혁 밑그림이 집권 여당에 축적이 되어 있으면 대통령은 임기 시작과 더불어 공론화를 시작할 수 있다. 그런데 정책 정당의 역사가 일천한 우리나라의 경우 정당 차원에서 준비하고 있는 개혁 청사진이 거의 없다. 이러다 보니 임기 5년이 더욱 짧아 보일 수밖에 없다.

이런 상황에서 집권 세력이 택하는 수순은 거의 정해져 있다. 자신들과 정치적 운명을 함께하는 전문가 집단을 모아 신속하게 개혁안을 만들어 밀어붙여 보겠다는 것이다. 물론 정책의 초점이 분명한 사안은 이런 방식이 효과적일 수 있다. 하지만 이 책에서 다루는 개혁 과제들은 이런 식으로 완성되기 어렵다. 반대 세력이 등장하기 마련이고 이념 정파적 라인을 타고 편이 갈리기 쉽다. 이쯤 되면 아무리 집권 초기에 개혁 의지가 강했어도 흔들릴 수 있다. 이러다 정권 후반부로 밀려가면 다음 선거를 준비하는 세력들이 주도하며 개혁 과제는 다음으로 미뤄지기 십상이다.

해답은 분명하다. 아무리 어렵더라도 공론화 과정이 필요하고 반대 여론과 반대 정치 세력을 내 편으로 끌어올 수 있는 정치력이 발휘돼야 한다. 이런 관점에서 볼 때 다수 여론을 차지하는 핵심 전략은 이념 좌표상 중간 계층의 마음을 사로잡는 것이다. 열혈 보수나 진보는 쉽게 자기 입장을 바꾸지 않지만 중도층은 숫자도 많고 언제든지 좌우로 입장을 전환할 수 있다.[4]

만일 당장 선거에서 이기는 것이 목표라면 지지층을 잡아둔 다음 중도층을 공략하는 것이 유리하겠지만 개혁 과제는 중도층의 지지를 우선적으로 받는 것이 더 나은 전략이다. 단순히 표 계산으로 승부가 결정되는 선거와 달리 개혁은 장기전이다. 수치상으로 다수 여론을 확보한다 해도 개혁 법안의 통과라는 다음 단계가 기다리고 있다. 이때 개혁을 반대하는 진영의 일차 공략 대상은 당연히 중도층일 것이다. 이 때문에 같은 수준의 지지도라도 한쪽 편에 몰려 있는 것보다는 중간 계층을 중심으로 분포되는 것이 정치적 타협을 위해 유리할 것이다. 물론 이 과정에서 핵심 지지층의 지지를 잃게 될 가능성이 있지만 그래도 이 방식이 개혁에는 훨씬 유리하다. 이 주제는 제3장에서 상세히 다룬다.

제2장

개혁 청사진

. . .

단순하고 구체적인 목표

정치인들은 거창한 구호를 즐겨 사용한다. 정치도 광고처럼 사람의 마음을 사로잡는 것이 중요하기 때문에 심쿵한 표현을 사용하는 것이 이상할 것도 없다. 그런데 욕심이 지나쳐 너무 멀리 나가면 사람들은 오히려 마음을 닫는다. 개혁도 마찬가지다. 목표가 너무 거창하고 추상적이면 실제로 이뤄지기 어렵다.

이명박 대통령은 후보 시절 한반도에 대운하를 파겠다고 나섰다. 대대적인 국토개혁을 하겠다는 것이었는데, 사람들은 처음 접하는 큰 그림인지라 찬반을 떠나 대체 뭘 이루겠다고 하는 것인지 궁금해했다. 산이 많은 지형의 나라에서 육로나 해로를 이용하면 충분한 물류를 굳이 운하를 이용해야 하는지 의아해하는 사람들이 많아지자 이것 대신 '4대강 공약'이 새롭게 등장했다. 홍수로 인한 범람이나 가뭄으로 인한 물부족을 자주 겪는 우리나라에서 수자원 관리를 위한 인프라 조성은 누구나 공감할 수 있는 목표였다. 하지만 이런 대형 토목사업이 환경 생태계에 미치는 영향을 우려하는 목소리도 만만치 않았다.

사실 이런 유형의 사업은 결과를 보기 전까지는 엄밀한 평가를 하기 어렵다. 만일, 집권 이후 네 군데 중 하나만 골라 시범적으로 해본 다음 전문가들의 객관적 평가를 담아 다음 정권으로 바통을 넘겼다면, 모범적인 개혁 사례로 남았을 것이다. 결국, 5년이라는 짧은 시간 안에 많은 업적을 내겠다는 강박관념이 이후의 숱한 논란을 낳았던 셈이다.

추상적 구호의 한계

이명박 정부의 뒤를 이은 박근혜 정부는 '창조경제'와 '통일은 대박' 같은 표현으로 대중을 선도하려 했고, 문재인 정부는 '소득주도 성장'을 기치로 내세웠다. 이런 구호들은 모두 나름의 좋은 의도를 담고 있지만 구체적으로 뭘 하려고 하는지가 불분명하다는 평가를 받았다. 경제가 성장하려면 혁신을 통한 생산성 증가가 필수이고, 통일이 되면 노랫말처럼 '우리의 소원'이 이뤄지는 것 맞다. 그런데 이렇게 범위가 넓고 상식적인 구호는 처음 들을 때는 그럴듯하지만 감동이 오래가지 않는다. 소득과 성장은 동전의 양면이다. 성장의 정의가 곧 소득 증가라 볼 수 있기 때문이다. 따라서 어느 한쪽이 다른 한쪽을 주도한다는 말이 잘 와닿지 않는다. 사람들은 어떻게 성장률을 높일 것인가에 대한 구체적인 전략을 듣고 싶은 것이지, 닭과 달걀 중 누가 먼저냐의 문제에는 별 관심이 없다.

개혁 같은 개혁을 가장 많이 이룬 것은 김대중 정부 때다. 개혁의 목표가 분명했고, 수단도 구체적이었다. 재벌들은 부채 비율을 줄이기 위해 자산을 내다 팔았고, 정리해고라는 용어가 등장하며 노동시장이 요동을 쳤으며, 망한 은행들은 재정자금의 투입으로 되살아난 다음 여기저기 팔려 나갔다. 문제는 이런 개혁이 외환위기 구제금융의 조건으로 행해진 수동적 성격의 것이었다는 점이다. 개혁이 분명 우리 경제에 도움을 준 측면이 크지만, 지나치게 많은 비용을 치렀다는 평가도 있다. 만일 우리 스스로 미리 개혁을 했다면 애초에 위기를 겪지 않았을 수도 있다.

자발적인 구조 개혁을 가장 많이 구상한 정권은 아마 노무현 정부였을 것이다. 지역 불균형을 해소하려는 초강력 조치로 '수도 이전'이 추진됐고, '비전2030'이라는 복지 비전을 정권의 핵심 과제로 내밀었다. 이후 이런저런 우여곡절 끝에 행정도시인 세종시가 탄생했지만 정권의 임기 내내 대통령 탄핵과 수도 이전 관련 헌법 재판 등 국력 소모가 적지 않았다. 수도 이전의 경우 일방적인 '대못 박기' 대신 공론화 과정을 제대로 거쳤다면 정치 싸움으로 인한 사회적 비용을 많이 줄였을 것이다. 몇 십 년을 내다보며 마련한 복지 비전도 그 재원에 대한 고민이 없었기 때문에 막연한 보고서 수준으로 그치고 말았다.

이처럼 개혁은 집권층의 의지만으로 성사시키기 어렵다. 특히, 밀실에서 만들어진 청사진을 공론화 없이 밀어붙이는 방식은 역풍을 맞기 마련이다. 제대로 된 개혁 청사진은 미래 비전은 물론 이를 실현시킬 정책 자원과 정치적 지지를 끌어모을 전략에 대한 구상까지 담아야 한다.

선거전의 경우에는 다소 모호하더라도 유권자의 시선을 사로잡는 구호가 먹힐 수 있다. 외환위기 당시에 선거를 치른 김대중 대통령은 '준비된 대통령'이라고 자신을 포장했다. 사실 그가 얼마나 준비를 잘하고 왔는지 유권자들은 모른다. 하지만 위기의 불확실성이 엄습하고 있던 시기에는 이런 확신에 찬 목소리가 다른 어떤 공약보다도 가슴에 와닿았을 것이다.

경제 성과에 대한 유권자들의 불만이 높았던 시기에 출마한 이명박 대통령은 '747'이라는 종이 비행기를 날렸다. 당시의 전문가들 눈에는 '7% 성장률, 4만 달러 소득, 세계 7대 강국'이라는 구호가 허황되게 들렸겠지만 그때에는 외환위기 이전에 누렸던 고도성장의 향수에서 벗어나지 못한 유권자가 적지 않았다. 선거는 단기 승부이므로 이런 구호가 효과가 없었을 것이라 단정짓기 어렵다.

하지만 일단 정권을 잡고 난 다음에 생각하게 되는 개혁 과제는 목표가 구체적이고 단순할 때 힘을 받기가 쉽다. 나아가 전략적인 차원에서 좀 더 치밀하고 냉정하게 로드맵을 구상하고 공론화 과정을 준비해야 개혁의 실현 가능성이 높아지고, 정권 차원을 넘어서는 좋은 선례와 성과를 남길 수 있다.

개혁 목표의 우선순위

개혁은 일반적인 정책과는 차원이 다른 현실 타파 게임이다. 어려운 게임일수록 목표가 선명해야 도전할 의지가 강해진다. 목표가 애매하면 어떤 정책 수단이 적합한지, 얼마만큼의 예산이 들지, 어떤 수준의 사회적 비용과 정치적 저항이 발생할지 등을 가늠하기 어렵다. 막연하고 추상적인 정치구호 타입의 목표를 설정하면 겉멋은 날지 모르지만 건설적인 논쟁과는 거리가 먼 정파 싸움만 벌어지게 될 가능성이 높다.

나아가 개혁 목표 간의 우선순위도 분명하게 설정할 필요가 있다. 여러 목표를 백화점식으로 나열하면 뭔가 많은 일을 하는 것처럼 보일지 모르지만 실질적인 개혁 동력은 떨어질 가능성이 높다. 또한 개혁 과제의 경우 일반 시민의 지지가 절대적이기 때문에 "이 정도는 한번 해볼만 하다"라는 인식을 대중에게 심어주는 일이 중요하다. 그러려면 누가 봐도 개혁 과제의 설정이 체계적이어야 한다. 구체적이면서 우선순위가 분명한 목표 체계가 다양하고 실효성 있는 정책 수단과 결부되면 실현 가능한 로드맵 작성이 가능해지며 제대로 된 공론화와 정치적 타협의 길도 열리게 된다.

예를 들어 수자원 관리라는 편익과 환경 생태계에 미치는 영향이 쟁점으로 맞붙은 4대강 사업은 과제의 규모가 큰 데다 처음 접하는 사례라서 당시로서는 체계적인 비용–편익 분석을 하기가 어려웠을 것이다. 이런 때는 앞에서도 언급했듯 성공 확률이 높은 시업을 먼저 해보고 그 결과를 공론화했다면 다음 정권들이 정파적인 이유로 이 사업 자체를 쉽게 비난하기 힘들었을 것이다. 예컨대 4대강 중 낙동강 하나에만 집중했었더라면 예산 규모나 정책 집중력도 높아졌을 것이고 일반 대중의 긍정적 관심도 커졌을 수 있다.

노무현 정부의 복지 비전도 시작 단계부터 재원 문제를 함께 다루면서 구체적이고 실현 가능한 목표들로 우선순위 설정을 했다면 그 뒤를 이은 이명박 정권에서도 논쟁이 이어졌을 가능성이 높다. 날로 증가하는 복지 수요와 조세수입 간의 격차를 걱정하는 일은 정권의 이념과 무관한 일이기 때문이다. 그런데 멋진 그림을 그리는 미래 비전에만 방점을 두고 증세와 같은 재원 확보 문제를 피해갔던 탓에 한번 해볼 만한 개혁이었음에도 결실을 보지 못했다. 만일 재원 확보를 먼저 생각하고 복지 비전을 다음에 놓는 식으로 우선순위를 바꿨다면 결과는 많이 달라졌을 것이다.

물론, 힘이 있을 때 여러 과제를 동시다발로 밀어붙이는 것이 효과적인 경우도 있다. 이 책에서 말하는 교육, 인구, 노동 및 연금 문제의 경우 사안 간의 연계성이 높은 경우가 많아 분야 간의 순차를 두지 말고 입체적인 개혁 로드맵을 짜는 것이 가성비가 높은 선택일 수 있다. 예컨대 출산율이 높아지면 세금 내는 세대의 숫자가 늘면서 연금개혁이 수월해지고, 노인 연령을 높이면 정년 연장이나 연금 수령 연령을 조정하기 쉬워진다. 하지만, 실제 집행 단계로 들어가면 여전히 세부 목표의 집행 우선순위를 분명히 설정하는 것이 효과적이다.

이런 관점에서 보면 인적자원 분야의 경우 하나의 컨트롤 타워가 목표 설정과 수단 배분을 관장하는 것이 효과적일 수 있다. 일상적인 정부 업무와 구분되는 개혁 과제의 경우 별도의 정책 자원을 동원해야 할 때가 많다. 이럴 경우 예산 확보나 정책 집행을 전담하는 기구가 없으면 비슷한 업무를 관장하는 부처들이 실질적인 사업을 나누어 맡기 쉽다. 이러다 보면 일반 정책과 개혁 과제가 섞이면서 개혁 추진력이 약해질 수 있다. 나아가 저출산, 교육, 연금 분야의 경우에서 보듯 해당 과제에 특화된 위원회가 있다 하더라도 제도나 예산을 바꿀 수 있는 실질적 권한이 없으면 실효성이 떨어진다. 최악의 경우 '뭔가 하고 있다는' 식의 면피성 기구로 전락할 수도 있다.

경제적 합리성과 정치적 수용성

경제정책이 추구하는 기본 목표는 성장과 분배다. 다양한 국가 자원을 효율적으로 배분해 가급적 큰 파이pie를 만들고, 이를 사회 구성원에게 공정하게 분배하는 것이다. 자원의 효율적 배분은 객관적·기술적 문제다. 어떻게 하느냐를 놓고 의견 차이는 있겠지만 무엇을 해야 하느냐라는 목표 설정에는 이견이 없다. 그러나 분배의 영역으로 들어서면 개인의 주관이 개입한다. 사람마다 '공정성'에 대한 가치판단이 다르기 때문이다. 결국 만들어 놓은 파이를 나누는 문제는 정치의 영역이 된다. 민주 사회에서 개인의 선호를 집합해 집단적 선택을 하는 방식은 투표다. 자신의 의사를 가장 잘 대변할 수 있는 정당을 지지하는 것이다. 민주 국가의 정당은 대체로 보수나 진보 같은 정치 이념 라인을 따라 분류되는데 이는 개별 유권자 간의 입장 차이가 가장 큰 주제가 분배 정의이기 때문이다.

성장과 분배의 선순환

단기적 관점에서 보면 성장과 분배라는 목표가 충돌할 때가 많다. 예산을 포함한 정책 자원이 제한돼 있기 때문에 정부 입장에서는 이 중 어느 쪽에 더 비중을 둘지 선택을 할 수밖에 없다. 물론 성장과 분배가 항상 상충관계를 갖는 것은 아니다. 적절한 복지 정책은 인적자원의 생산성을 높여 장기적인 성장잠재력 향상에 도움이 될 수 있다. 또한 안정적인 성장은 저소득 계층이나 중소기업이 더 높은 단계로 올라갈 수 있는 환경을 만들어준다. 성장이 부진하거나 위기가 반복되는 불안정한 상황에서는 당장의 위기 방어 능력이 있는 부자나 대기업만 살아남게 되고, 저소득 계층이나 중소기업이 상승 사다리를 탈 기회는 줄어들게 된다.

성장과 분배가 선순환의 경로를 따르려면 정부의 정책 시계가 넓어야 하고 정책 능력이 뛰어나야 한다. 유사한 경제 여건을 갖춘 나라들이지만 어떤 정부를 택했느냐에 따라 결과가 극명하게 갈린 사례는 많다. 멀리 갈 것 없이 남한과 북한을 비교하면 된다.[1] 같은 나라라도 어떤 정권이 집권했느냐에 따라 성과가 달라질 수 있다. 한때 선진국이었던 아르헨티나가 지금은 빚을 갚지 못해 국제기구에 손을 벌리는 신세가 된 것이 대표적인 사례다.

개혁이 필요하다는 것은 크게 보아 성장과 분배의 메커니즘이 효과적으로 작동하지 않는다는 것으로 해석할 수 있다. 자원배분 과정의 비효율이 커서 같은 공을 들이고도 만들어지는 파이의 크기가 작다면 문제가 된다. 나아가 성장의 과실이 나누어지는 방식에 불만을 갖는 사람들이 늘어난다면 이는 누군가가 공정하지 않게 더 많은 몫을 챙긴다는 것이다. 성장과 분배 어느 한쪽만 문제가 돼도 구조 개혁이 필요할 텐데 과거 사례를 보면 어느 한쪽이 무너질 때 다른 한쪽도 영향을 받는 경향이 있다.

특히, 이 책에서 다루는 교육·인구·노동·연금 문제와 같이 인적자원이 결부된 경우 제도나 정책의 비효율이 계층이나 세대 간 불평등과 연계돼 나타나기 쉽다. 따라서 이런 분야의 개혁 목표에는 성장잠재력 제고와 분배 정의 향상이 함께 포함되기 마련이다. 전자는 주로 경제적 합리성에 근거해 밑그림을 그릴 것이고, 후자는 성장 과실의 배분 방식에 대한 유권자들의 정치적 수용성에 초점을 둘 것이다. 문제는 목표의 추진 과정에서 나타나는 다양한 경제적·정치적 제약을 어떻게 감당할 것이냐이다. 경제논리와 정치논리를 배합하는 일이 말처럼 쉽지 않기 때문이다.

성장에 필요한 인적자본의 축적과 합리적인 사용은 기본적으로 경제학의 영역이다. 경제학 교과서는 개별 상품이건 국가 경제 총량의 차원이건 공급과 수요가 일치하는 지점에서 균형이 결정된다고 가르친다. 단기적으로는 마찰이나 불균형이 있겠지만 장기적으로는 시장 메커니즘의 조정에 따라 균형에 이른다는 것이다. 하지만 한 해 기준으로 짜인 예산을 사용해 정책을 집행해야 하는 정책 결정자의 시계는 그렇게 길 수가 없다.

나아가 경제학자의 관점은 효율성에 치우쳐져 있는 경우가 많다. 이들이 분배 문제를 중요하지 않게 여기는 것은 아니지만 가치판단이 개입되는 문제를 이론 모형에 도입하기는 어렵다. 하지만, 일반인에게는 정책의 성장 효과보다 분배 효과가 더 피부에 와닿을 것이다. 성장의 결과로 국민소득이 늘거나 주는 것은 통계 수치로 표시되지만 나에게 돌아오는 몫이 어떻게 변하느냐는 지갑의 두께로 나타난다. 분배 문제가 정치의 영역임을 감안한다면 이론과 달리 현실에서는 경제논리와 정치논리를 구분하기가 쉽지 않다.

개혁은 혜택이 시간을 두고 나타나는 장기 과제인 동시에 비용은 제도 변화가 이뤄지는 시점에 집중되는 단기 과제다. 멀리 보면 모두가 혜택을 보게 되는 사안이라도 단기적으로는 손해를 보는 집단이 나오기 마련이다. 따라서 장기적 관점의 경제적 합리성만 강조한 개혁 청사진은 실현 가능성이 높지 않다. 특히 개혁의 시동을 거는 초기 한두 해는 개혁 논쟁의 초점이 분배 문제로 향할 가능성이 높다. 아무리 바람직한 미래 비전을 담은 개혁안이라도 초기 동력이 없으면 진도를 나가기 어렵다는 얘기다.

정부 신뢰도가 여론을 움직인다

그렇다면 개혁의 시동을 거는 데 필요한 여론의 지지는 어떻게 받을 수 있을까. 다양한 각도에서 생각해볼 수 있지만 그 핵심은 정부 신뢰도이다. 믿음이 가지 않는 정부에게 국가와 자신의 미래가 달려 있는 개혁 과제를 맡기기 어려울 것이다.

일반 여론의 향방을 좌우하는 가장 기본적인 요소는 경제 실적이다. 당장의 살림살이가 팍팍한데 먼 미래의 청사진이 일반 시민의 눈에 들어올 리 없다. 정치인들이 민생을 입에 달고 사는 것도 이런 이유에서다. 나아가 성장률이 높아지면 세금도 잘 걷히기 때문에 재정 여력도 증가한다.

정부 신뢰도는 일반적인 국정 운영 방식에 의해서도 영향을 받는다. 일반 시민들이 가장 예민하게 반응하는 측면은 아마 '공정성'일 것이다. 즉, 앞서 언급한 분배 정의와 관련된 문제다. 그런데 이 못지않게 중요한 측면은 '미래에 대한 기대감'이다. 내가 곤경에 처했을 때 주변으로부터 나오는 반응은 다음 세 가지 유형으로 나누어진다.

첫째, "넌 그럴 줄 알았어" 혹은 "I told you"식의 반응이다. 상처에 소금을 뿌리는 이런 발언을 엄마가 하면 서럽고 누이 동생이나 오빠가 하면 얄밉다. 둘째, "하면 된다, 넌 할 수 있어"식의 반응이다. 이런 영혼 없는 멘트를 들을 바에는 강산에의 노래 '넌 할 수 있어'를 듣는 것이 정신 건강에 이롭다. 셋째, "쉽지는 않겠지만 그래도 희망은 있어"라는 발언과 함께 몇 가지 대안을 제시해주는 경우다. 설사 그 대안의 실현 가능성이 낮더라도 일단 희망을 준다는 점에서 위로가 된다.

이상의 사례를 정부에 응용해보면 어떨까. 국민을 꾸짖는 첫 번째 사례는 주로 독재 국가에서 볼 수 있다. 우리나라에서도 예전에 자주 듣던 얘기다. 민주 국가에서 가장 흔히 보는 유형은 두 번째 사례다. 즉, "우리는 어찌어찌해야 합니다"식의 당위적인 주장인데 주로 광복절 같은 국경일에 자주 듣는다. 그렇다면 가장 이상적인 세 번째 유형은 왜 보기 힘든 걸까. 희망의 메세지를 주는 것은 쉽지만 고통이 수반된다는 말을 하기가 어렵기 때문이다.

사람들은 과거에 집착하는 정부보다 미래지향적인 정부를 선호한다. 정치인들이 안 되는 줄 알면서도 개혁을 주장하는 것은 이것이 가져다줄

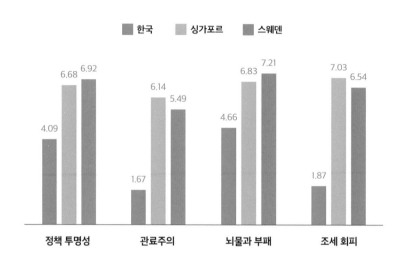

투명성, 관료주의, 부패, 조세 회피

■ 한국   ■ 싱가포르   ■ 스웨덴

	한국	싱가포르	스웨덴
정책 투명성	4.09	6.68	6.92
관료주의	1.67	6.14	5.49
뇌물과 부패	4.66	6.83	7.21
조세 회피	1.87	7.03	6.54

설문조사에 바탕을 둔 정부 신뢰도 지표들은 0부터 10의 값을 가지는데 높을수록 긍정적인 답변이다.   자료: IMD, 2023년 기준

좋은 세상의 그림이 자신에게는 표를 가져다주기 때문이다. 그런데 더 나은 미래를 기약하는 개혁 정책의 경우 비전, 의지, 능력을 모두 갖추어야 신뢰도가 높아질 수 있다. 정부 신뢰도가 높아지면 그만큼 단기적인 개혁의 고통을 설득하기도 쉽다. 반면 말로만 하는 개혁은 감동이 없다.

이런 관점에서 볼 때 무슨 문제가 발생하면 이전 정부 탓으로 돌리는 수준의 정치 역량으로는 개혁 과제에 필요한 정치 공간을 만들기 어렵다. 설사 그것이 맞는 말이라도 국민들은 남 탓이나 하는 정부에 높은 점수를 주지 않는다. 목표가 '+10'인 과제가 있는데 이전 정부 때 '-3'쯤 손실이 생겼다 하자. 이를 '0'으로 되돌리는 것은 좋지만 이것을 '정상화'라 부르는 것은 좀 머쓱한 일이다. 미래지향적 개혁은 '플러스'를 만들어내는 것이다. 정권 초반이면 혹 모를까, 임기가 어느 정도 경과되면 정권이 아닌 정부의 차원에서 모든 정책 사안을 평가해야 한다. 설사 어떤 사안에 있어 이전 정부의 과오가 있어도 그것에 집착하기보다는 새로운 대안을 제시하는 것이 미래지향적 정부의 자세다.

'윈-윈 게임'을 만드는 재정의 힘

박정희 정부는 해외 시장을 공략하는 수출 전략을 통해 고도성장의 기틀을 다졌다. 하지만 1960년대 초반의 한국은 노동 집약도가 높은 값싼 완구류나 의류 정도에서밖에 경쟁력이 없었다. 이럴 때 사용한 방식이 수출 보조금이다. 예를 들어 우리나라 기업이 국제 시장에서 110달러에 파는 제품을 우리보다 기술력이 좋은 다른 나라 기업에서 100달러에 판다고 하자. 기술력이 떨어지니 가격경쟁력이 없는 것이고 수출이 될 리가 없다. 이때 정부가 20달러의 수출 보조금을 준다면 이 기업은 해외 시장에서 이 제품을 90달러에 팔 수 있을 것이다.

물론 당시는 경제 여건이 열악했기 때문에 이런 보조금 재원을 마련하느라 다른 쪽 지출이 희생될 수밖에 없었다. 재정자금은 물론 다양한 정책 금융 수단이 동원됐다. 일반 시중 금리는 높았지만 수출 기업에 대해서는 낮은 특혜금리를 제공했다. 수출에 필요한 수입 원자재를 사오기 위해서는 달러가 필요하므로 외환 규정 역시 전략산업에 속한 기업들을 지원하는 방식으로 조정됐다. 동시에 일반 소비재를 외국에서 수입하는 것은 엄격하게 규제됐다. 당시에 해외 유학생들은 은행에서 환전해주는 달러만으로는 필요한 외국 생활 경비를 마련하기 어려웠기 때문에 명동에 있는 '달러상'을 찾아가는 것이 관행이었다.

이처럼 대한민국이 가난한 농업 국가에서 반도체, 조선, 전자, 철강, 석유화학 등을 망라하는 제조 강국으로 변신하게 된 배경에는 정부의 적극적 시장 개입이 한몫을 했다. 당장은 손해를 보더라도 장기적 관점의 베팅을 한 덕에 대한민국의 오늘이 있는 것이다. 물론 이런 식의 정부 개입이 초래하는 부작용 또한 만만치 않았지만 전쟁 폐허의 약소국이 불과 70여 년 만에 세계 10위권 경제 강국으로 성장한 사실은 변하지 않는다.[2]

제도 개혁과 재원 확보의 시너지

개혁은 변화다. 어느 분야나 기존 시스템은 다양한 이해관계 세력들이 나름의 균형을 이루고 있다. 기존 체제가 초래하는 비효율과 불공평이 아무리 크다 해도 균형을 깨고 변화를 이루기는 쉽지 않다. 그 과정에서 승자와 패자가 갈리기 때문이다. 제도 변화로 손해를 보는 집단에게 아무리 미래에 돌아올 혜택을 설명해도 쉽게 먹힐 리 없다. 박정희 정부가 수출주도형 체제로 전환하던 1960년대 초반과 중화학 공업으로 전략산업의 초점을 바꾸던 1970년대 초반 모두 격렬한 반대가 있던 것은 놀랄 일이 아니다. 이런 상황에서 개혁의 물꼬를 트는 것은 정부의 능력에 달려 있다.

개혁을 위해 정부가 쓸 수 있는 힘은 크게 두 가지다. 하나는 법령을 통과시켜 제도 변화를 시도하는 것이고, 다른 하나는 예산을 투입하는 것이다. 그런데 이 두 가지가 따로 가는 것이 아니라 상호 보완적일 때가 많다. 제도 개혁 하나만으로는 저항 세력의 힘을 넘어서기 힘들 때가 많다. 이때 적절한 예산 투입을 병행할 수 있으면 효과를 볼 수 있을 것이다. 그런데 예산은 한정돼 있다. 날로 증가하는 복지 예산 등 일반 정책을 감당하기에도 세수가 모자라는 실정인데 개혁 목적으로 추가 예산을 확보하기가 쉽지 않다.

하지만 아무리 개혁을 추진할 정책 의지가 높고 정책 능력이 탁월하다 해도 구조 개혁을 뒷받침할 예산 지원이 없으면 추진 동력이 약해지기 마련이다. 고도성장의 기틀이 된 산업정책의 핵심 역시 정책 자원의 배분이었다. 이 책에서 인적자원 관련 4대 개혁(교육·인구·노동·연금)에다 조세개혁과 정부개혁을 추가로 다루는 것은 힘을 갖추지 못한 정부가 할 수 있는 개혁은 없다고 보기 때문이다.

피해 보상, 유인 정책 그리고 정치적 타협

제도 개혁과 예산 확보가 낼 수 있는 시너지 효과는 다양한 방식으로 나타날 수 있다. 이 책에서 다루는 주제를 중심으로 몇 가지 유형을 살펴보자.

첫째, 단기적으로 손해를 보는 집단에 대한 보상이다. 아무리 장기적으로 다수에게 혜택이 돌아가는 개혁이라도 구조 변화로 인해 일자리가 사라지거나 소득이 감소하는 집단이 생길 수밖에 없다. 주로 산업 구조를 바꾸는 개혁에서 이런 사례가 흔히 나타나는데, 피해 집단이 새로운 기술을 익히고 재취업을 준비하는 데 필요한 비용은 정부가 감당해야 할 몫이다. 물론 이런 보상 방식은 그 대상이 상대적으로 소수일 경우에만 해당한다.

둘째, 출산 장려책처럼 행동을 바꾸게 만드는 유인 효과를 기대하고 예산을 투입하는 경우다. 제도 변화나 의식 개선만으로 출산 문화를 바꿀 수 있다면 좋겠지만 현실은 그리 녹록치 않다. 이런 경우 출산 모멘텀을 바꿀 수 있는 강력한 유인 정책이 필요할 수 있다. 세금이나 주거 혜택 같은 제도적 유인도 필요하겠지만 집중적인 현금 예산 투입이 필요할 수도 있다. 나아가 유인 효과를 노리는 예산 투입의 경우 그 실효성에 대한 평가가 매우 중요하다. 돈은 돈대로 쓰는데 실제 행동 변화가 없다면 세금 낭비일 뿐이다. 다음 두 사례를 비교해보자.

중소 제조 업체인 A기업에서 사람을 한 명 더 쓰고 싶다. 월 300만 원은 줘야 사람을 구할 텐데 회사 사정이 여의치 않다. 250만 원 정도까지는 어떻게 해보겠는데 그 이상은 어렵다. 그런데 마침 정부가 일자리 창출 목적으로 만든 고용 유인 제도가 있어 월 50만 원 정도 보조를 받을 수 있게 되었다. 기업은 사람을 더 쓸 수 있어 좋고, 정부는 일자리를 늘릴 수 있어 좋은 윈-윈 케이스다.

첨단 산업에 속하는 B기업 역시 사람을 한 명 더 뽑으려 한다. 어차피 필요한 인력이라 산업 평균인 월 500만 원 정도 급여를 예상하고 있고 예산도 충분하다. 그런데 정부의 고용 유인 제도에 조건이 부합해 50만 원의 보조금을 받는다. 똑같은 정책이지만 A기업에서는 유인 효과가 있었고, B기업에게는 안 줘도 되는 보조금을 준 결과가 된다. 물론 정부는 두 경우 다 유인 정책의 성과로 일자리가 늘어났다고 홍보하겠지만 사실은 B기업에 지급된 50만 원은 예산 낭비다.

저출산 문제의 경우 구체적인 정책 목표와 수단에 대한 토론보다는 여러 부처에서 사용한 총 예산이 얼마였느니 식의 껍데기 논쟁만 벌어지고 있는 게 현실이다. 과제를 총괄하며 우선순위를 설정할 특별한 구심점도 없이 관련되는 정책 사안을 부처나 지방정부가 나누어 예산을 쓰는 평면적 방식을 사용하다 보니 성과가 나올 리 없다. 여성들이 경력 단절 없이 편안하게 아이를 보육 시설에 맡기는 시스템을 갖추는 것이 필요하지만 관련 제도나 문화가 정착되기까지 시간이 걸릴 것이다. 이럴 때는 과감한 예산 투입을 포함한 획기적 유인 정책으로 단기에 출산 모멘텀을 바꾸는 것이 또 다른 대안이 된다. 즉, 제5장에서 다루듯 출산율을 높이는 문제는 출산 관련 제도나 문화의 구조적 변화라는 중장기 과제와 당장의 출산 모멘텀 전환에 초점을 두는 단기 과제로 이원화해서 접근하는 것이 바람직하다.

셋째, 제도 변화를 뒷받침하기 위해 예산 투입이 필요한 경우다. 특히, 개혁을 둘러싸고 벌어지는 집단이나 계층 간 대립이 팽팽한 경우 아무리 좋은 개혁안이 있더라도 이를 밀고 나갈 힘이 부칠 수 있다. 현재 세대갈등의 기폭제가 되고 있는 연금개혁이 좋은 사례다. 전문가들은 연금 재정의 안정화를 위해서는 그동안 '덜 내고 더 받던' 체제를 '더 내고 덜 받는' 식으로 바꿔야 한다고 말한다. 하지만 이게 젊은 층에게 통할 리 없다. 청년 세대는 지금 은퇴하고 있는 기성세대에게 상대적으로 혜택을 몰아주고 자신들만 보험료를 더 내라 하는 것이 말이 되느냐고 반발한다. 이럴 경우 경제논리만으로 설득하기는 어렵다.

어느 나라나 연금 제도가 도입되는 시점에서 세대 간 재분배 문제가 불거지기 마련이다. 자기가 낸 보험료를 돌려받는 식의 순수한 기금 방식의 경우 보험료 납부 기간이 짧은 은퇴 세대에게는 실질적인 연금 혜택이 크지 않다. 따라서 대부분의 서구 선진국은 먼저 은퇴한 세대에게 돌아가는 혜택이 충분하도록 제도 설계를 했다. 물론 이런 경우 후발 세대가 이런 식의 '세대 간 재분배'를 이해해줄 수 있어야 한다. 미국 등 선진국에서 연금 제도가 성숙해가던 1960년대를 기준으로 보면 당시 은퇴 세대는 두 차례의 세계 대전과 대공황을 겪었던 불행한 세대라는 인식이 국민적 공감대를 형성했다.

제7장의 연금개혁 각론에서 상세히 다루듯이 우리나라의 경우 이런

서구형 세대 타협이 쉽지 않을 것이다. 지금 젊은 세대는 자신들의 부모 세대가 자신들보다 힘든 젊은 시절을 보냈다고 생각하지 않을 수 있다. 결국 이 문제는 정치적으로 타결될 수밖에 없고 이를 가능케할 방법으로 나는 상당한 수준의 예산 투입을 기반으로 한 정치적 타협 방안을 제안한다. 물론, 이 경우 재원 마련이 관건이다. 단순한 증세는 저항을 부르기 마련인데 과연 어떤 방식이 가능할지는 제8장의 조세개혁 파트에서 다룬다.

시대 조류와의 타협

1981년도에 미국 대통령으로 취임했던 로널드 레이건은 재선에 성공해 8년 동안 미국을 통치한다. 70% 수준의 소득세 최고 세율은 30%대로 낮추는 식의 대대적인 감세정책을 폈고 금융 분야를 포함한 광범위한 규제완화 정책으로 시장 자율에 기반한 기업 구조조정을 유도했다. 비슷한 시기에 취임한 영국의 대처 수상과 함께 '큰 정부-복지국가' 시대에서 '작은 정부-신자유주의'로 옮겨가는 시대 흐름에 시동을 걸었다.

2022년 9월에 영국 총리로 취임했던 트러스는 역대 최단명 총리라는 불명예를 안고 불과 45일 만에 사임한다. 레이건의 감세 정책을 롤 모델로 한 야심찬 신자유주의식 개혁을 시도했지만 시장의 반응은 냉담했다. 적자 재정이 지속되는 상황에서 재정 안정에 대한 청사진도 없이 세수 감소가 예상되는 정책을 시도하면서 금융 시장은 극도의 혼란에 빠졌다. 당황한 정부가 감세 정책을 철회하긴 했지만 트러스 총리의 신뢰도 추락은 돌이키기 어려웠다.

이 두 지도자가 모두 감세정책을 기본으로 하는 신자유주의적인 경제 개혁을 시도했지만 한 명은 성공했고 다른 한 명은 참패했다. 그 이유는 뭘까. 한마디로 시대 흐름을 제대로 읽었느냐 아니냐의 차이였다. 레이건은 2차 대전 이후 지속돼오던 복지국가형 큰 정부 시대에 대한 대중의 불만이 폭발 직전이라는 것을 감지했다. 특히 1970년대는 물가는 오르고 경기는 가라앉는 최악의 경기 상태가 지속된 시기였는데 이런 상황에서 유권자들은 세금만 거두어가는 무능한 정부에 희망을 잃어가고 있었다. 이런 시점에서 레이건은 높은 세금에 기반하는 큰 정부 대신 시장의 역할을 강조하는 방향으로 자신의 정책 기조를 설정했다. 시대 흐름에 적절히 올라탄 경우다.

반면 트러스가 집권한 2022년은 신자유주의 이념에 기초한 세계화 시대가 지나고 정부의 적극적 역할이 필요한 큰 정부 시대가 진행되고 있는 시기였다. 중산층이 사라지는 양극화 형태의 불평등과 기후변화의 재앙적 결과를 막기 위한 정부 대응은 상당한 수준의 재원 확보를 필요로 한다. 나아가 미국과 중국의 충돌에서 보듯 지정학적 갈등이 불거지면서 자국우선주의형 산업정책이 부상하고, 시장주의적 국제 분업에 기초한 공급망 지형도 달라지고 있다. 미국의 7,400억 달러(약 966조 원), 2,800억 달러(약 366조 원) 규모의 인플레이션 감축법IRA: Inflation Reduction Act과 반도체법CHIPS Plus: CHIPS and Science Act 이 상징하듯 나라마다 전략 산업 지원을 위한 예산 투입이 늘어날 것이다. 이에 더해 수년간 지속된 코로나 팬데믹은 공공 의료 체제의 강화 필요성을 부각시켰는데 이 또한 재정 지출의 증가로 이어질 것이다.

큰 정부 시대의 개혁 공간

시대정신이 바뀌는 대전환기에는 보수와 진보 모두 정책의 영점을 재조정할 필요가 있다. 적극적인 정부 역할이 필요한 상황에서 '소극적인 작은 정부'를 보수의 지향점이라 생각하는 것이나, 정부 생산성이나 재정 건전성에 대한 고려 없이 재정 지출을 확대하는 것 모두 나라의 장래를 어둡게 만드는 선택이다. 바람직한 사회에 대한 나름의 가치관과 정치 이념을 갖는 것은 좋지만 정파적 고정관념에 사로잡혀 시대 흐름을 읽지 못하면 실패하기 쉽다.

정부의 크기를 정치 이념과 결부하는 일반적 믿음은 현실과는 거리가 먼 관찰이다. 나의 전작 《재정전쟁》에서 상세히 다루었듯 실제 정부 크기는 한 나라의 경제발전 단계와 시대 조류에 좌우되는 측면이 크다. 구체적으로, 개도국들은 세수 기반이 약하기 때문에 어차피 큰 정부가 되기 어렵다. 세수 수준을 좌우하는 핵심 요인은 조세 정보와 조세 저항이라 할 수 있는데 개도국들은 비공식 경제가 크고 정부 신뢰도가 높지 않은 것이 일반적 특성이다.

선진국의 경우 사회보장세 등을 포함하는 조세부담률이 30% 수준을 넘는다. 물론 이들 간에도 시장주의 전통이 강한 미국과 복지국가의 전형인 스웨덴처럼 역사적 배경에 따른 정부 크기의 차이는 있다. 하지만 특정 시점에 집권한 정권의 정치 이념이 정부 크기에 큰 영향을 주기는 어렵다. 2차 대전 이후의 40년은 정부의 적극적 역할을 강조하는 복지국가 시대였다. 전통적 자유주의 사상에 기반한 자본주의 체제가 생산력 향상에는 혁신적 기여를 했지만 빈부 격차나 대량 실업 같은 부작용을 드러냈다. 이후 분배나 복지에 대한 정책적 관심이 커졌고, 나아가 미국과 구소련을 중심으로 시작된 1945년 이후 냉전 시대의 체제 경쟁도 서구 진영의 복지 확대에 한몫을 했다.

2008년 글로벌 금융위기는 미국 중심의 신자유주의와 세계화 현상의 부작용을 수면 위로 끌어낸 사건이었다. 단순한 불평등 문제를 넘어서 상위 10%가 국민소득의 절반을 차지하는 양극화 현상이 본격화되면서 시대 흐름은 다시 정부의 역할을 강조하는 방향으로 변해가고 있다. 앞서 언급한 대로, 환경, 의료, 전략산업 등 정부 재정에 대한 수요가 구조적으로 커짐에 따라 집권당의 정치 이념과는 무관한 큰 정부 시대가 도래하고 있는 것이다.

전환기에는 유능한 정부가 승자

물론, 정부 크기에 관한 이런 관찰은 정치 이념의 다른 역할을 과소평가하는 것은 아니다. 진보 정권이 적극적 정부 역할을 강조하고 보수 정권이 시장의 힘에 더 주목하는 것은 자연스러운 일이다. 집권 세력의 정치 이념은 그들이 지향하는 좋은 세상을 정의하는 가치관을 반영하는 것이다. 유권자 입장에서는 이런 이념 정당이 다양한 형태로 나타날수록 선택의 여지가 넓어지게 된다.

그런데 지금 같은 시대 전환기에는 유능한 정부의 존재가 그 어느 때보다 중요하다. 집권 정부가 어떤 선택을 하느냐에 따라 국가 경쟁력 순위가 쉽게 바뀔 수 있는 환경이기 때문이다. 가장 경계해야 할 것은 무능한 정부가 큰 정부를 지향하는 것이다. 더구나 무능한 정부가 정부 운영의 재원을 세금이 아닌 부채에 의존하는 것은 나라를 쇠락하게 하는 지름길이 된다는 사실은 선진국, 후진국 가리지 않고 역사가 증명하고 있다.

반면 유능한 정부라면 설사 보수 이념을 지향하더라도 시대 흐름에 맞는 정부 역할에 방점을 두어야 한다. 다시 미국 사례로 돌아가보자. 레이건은 두 번의 대선에서 모두 이겼고 자신의 부통령이었던 조지 부시를 후계자로 만드는 데 성공했다. 하지만 1992년 대선에서 부시 대통령은 빌 클린턴 민주당 후보에게 패배하게 된다. 선거는 단기전이기 때문에 여러 변수가 작용한다. 특히 당시는 선거 시점이 경기침체기여서 집권 여당에 매우 불리했다. 나아가 레이건의 감세로 인한 재정 적자가 지속되자 부시는 집권 후 증세는 없다는 원래의 공약을 뒤집게 되는데 이 또한 그가 패배한 중요한 요인이 되었다.

모처럼 정권 교체를 한 클린턴 정부는 대표적인 진보주의 의제였던 의료보험 개혁을 추진하려 했다. 하지만 의회 다수석 확보에 실패해 뜻을 이루지 못했다.[3] 대신 클린턴 정부는 만성화돼가고 있는 재정 적자를 줄여 흑자로 만드는 일을 성공적으로 이뤄냈다. 통상 보수는 균형 재정을 지향하고 진보는 적극적 재정을 추구한다는 상식과는 거꾸로 가는 일이 벌어진 셈이다.

이처럼 보수는 긴축 재정, 진보는 확대 재정이라는 일반적인 믿음과 다르게 움직인 미국의 추세는 당시의 시대 조류를 반영한 결과로 해석할 수 있다. 레이건의 재정 적자는 대전환기의 기틀을 만드는 대규모의 감세 정책 후유증으로 나타난 것이지 의도적인 지출 확대의 결과라 보기는 어렵다. 물론 냉전 체제가 한창인 당시에 군비 지출을 늘린 부분이 있지만 그래도 적자의 핵심 요인은 감세 정책이라 볼 수 있다.

반면 클린턴은 진보주의라는 자신의 정치 이념을 무리하게 밀어붙이는 대신 재정 불안을 줄여 경제 안정을 이룬다는 실용적 선택을 한 것이다. 그가 지배했던 1990년대는 '워싱턴 컨센서스Washington Consensus'라는 표현이 상징하듯 신자유주의 이념이 세계화라는 흐름을 타고 전 세계로 퍼져나갔던 시기다. 물가는 잡히고 경기도 좋은 이 시기는 '팍스 아메리카나Pax Americana', '골디락스Goldilocks' 등으로 불렸고 클린턴은 미국 현

대사에서 가장 인기 있는 대통령으로 군림했다. 시대 흐름에 반하지 않으며 유능한 정부를 지향하는 그의 처세가 대중에게도 통했다고 볼 수 있다.

우리나라의 경우 정책 정당의 역사가 길지 않기 때문에 주요 정당 간의 이념 차이가 큰 편도 아니다. 이런 상황에서 애매한 이념 논리로 개혁 과제에 접근하면 큰 그림을 놓칠 가능성이 높다. 윤석열 정부가 집권 첫 해인 2022년 가을 법인세율 인하를 핵심 과제로 추진하다 벽에 부딪힌 것은 의회 소수당이라 법안 통과에 실패한 측면이 크지만, 재정 수요가 커지는 최근의 시대 조류와 어긋나는 무리한 의제 설정이라는 부분도 있다. 기업 경쟁력 제고가 목적이라면 세수 비용이 덜한 투자유인이나 규제 완화에 집중했었어야 하는데, 세수 감소 효과가 큰 세율 인하에 집착하다 보니 진보 야당은 물론 합리적인 전문가층의 지지도 받지 못했던 것이다.

지금은 복지, 환경, 의료, 산업정책 등 여러 측면에서 적극적 정부 역할이 필요한 시기다. 영국 트러스 정부의 감세 정책 실패 사례에서 보듯 시대 조류를 무시하고 집권층의 이념 성향에 맞추어 개혁 과제를 설정하다 보면 역풍을 맞기 마련이다. 클린턴의 경우처럼 시대정신을 이해하고 정부 본연의 역할에 충실하면 성공한 지도자로 역사에 이름을 남길 수 있을 것이다.

제3장

정치적 지지와 개혁 타이밍

. . .

중간 계층의 설득

정치인들은 득표에 예민하다. 특히 어떤 일이 있어도 자신을 찍어줄 열성 지지층을 확보하는 일이 중요하다. 우리나라 역대 대선을 보면 그것이 지역이건, 이념이건, 인물이건 뭔가에 기반한 '콘크리트 지지층'이 있는 후보들이 성공했다. 이런 관점에서 보면 기존 지지층을 잡아 두고 어느 정도 중도층을 공략하는 것이 선거를 이기는 핵심 전략이 될 수 있다.

2012년 대선에서 보수 진영의 박근혜 후보는 상대적으로 진보의 영역인 노인 복지와 재벌 개혁 문제를 선거 공약으로 내세우면서 승기를 잡았다. 당시는 2008년 글로벌 금융위기를 계기로 터져나온 불평등에 대한 불만이 세계적으로 퍼져나가던 시기다. 단순한 소득분배 악화의 차원을 넘어 상위 10%가 소득의 절반을 차지하는 식의 양극화가 심화되며 중산층이 사라지는 현상에 대한 우려의 목소리가 터져나왔다. 이런 시점에서 박근혜 후보가 내세운 '경제민주화'라는 구호는 그 실질적 내용이 무엇이든 일반 유권자들에게 참신한 개혁적 시도로 받아들여졌다.

중위투표자정리와 선거

투표와 관련된 이론인 '중위투표자정리median voter theorem'는 집단적 선택의 과정에서 중간 계층의 중요성을 시사한다.[1] 예를 들어, 세 자매가 부모님이 주신 돈으로 외식을 하기로 했다고 하자. 첫째는 싸고 양 많은 쪽을 선호하고, 막내는 양은 적어도 비싼 쪽으로 가자고 의견이 대립되는 상황에서 둘째는 그 중간쯤 되는 대안을 선호한다. 세 사람이 동등한 목소리를 가지는 민주 가정이라면 중위투표자인 둘째의 입장이 채택될 가능성이 높다. 첫째와 둘째가 다투면 셋째는 둘째 편을 들 것이고, 둘째와 셋째의 대안을 놓고서 첫째는 둘째 편을 들 것이기 때문이다. 물론, 셋째가 성격이 특이해서 자신은 어정쩡한 중간 선택은 싫고, 질이 좋거나 그게 아니면 차라리 양이 많은 쪽을 택하겠다 나서면 중위투표자정리는 성립하지 않는다. 흔히 '투표의 역설'로 불리는 이런 경우는 현실에서 자주 일어나지는 않는다.

선거전으로 이 이론을 확장해보면 유권자들이 몰려 있는 중간 계층의 지지를 확보하는 것이 왜 중요한지 쉽게 유추할 수 있다. 실제로 진보와 보수의 이념 지향적 양당체제가 정립된 선진국들을 보면 선거에 임하는 주요 정당 간의 공약 차이가 생각만큼 크지 않은 경우가 많다. 선거에 이기려면 표의 절대 숫자가 필요하고 이를 위해서는 유권자가 몰려 있는 중간 계층을 공략해야 한다. 자신의 정치 이념을 너무 앞세우면 열렬 지지자들은 환호할지 모르지만 자칫 온건한 입장을 내세우는 상대 후보에게 중간 지형을 빼앗길 수 있다.

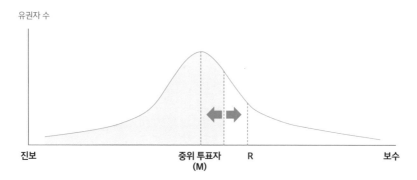

중위투표자정리와 선거

유권자 수

진보　　　　　　　　　중위 투표자　　R　　　　　　　보수
　　　　　　　　　　　　　　(M)

M과 R에 해당하는 공약을 내세우는 두 후보가 선거에 출마했을때, 중간 지점을 선점한 M 후보가 당선될 가능성이 크다. M 후보는 가장 진보적인 유권자부터 중위투표자 M까지의 과반수 지지는 물론, M과 R의 사이에 위치한 일부 유권자들로부터도 선택을 받을 가능성이 높기 때문이다.

정치적 타협을 위한 중도층 확보

　개혁안도 궁극적으로는 법안이 통과돼야 완성될 수 있다. 이를 위해서는 다수 여론의 정치적 지지가 필수라는 점도 여러 차례 강조했다. 다음 절에서 상세히 설명하지만 강력한 여론 지지를 등에 업고 추진되는 개혁안의 경우 야당이 의회 다수당이라 해도 함부로 반대하기 어렵다. 개혁 과제의 경우 그 혜택이 단발성이 아니라 장기에 걸쳐 나타나기 때문에 여론 지지를 받기가 쉽지 않지만 한번 구축된 우호 여론 역시 쉽게 무너지지 않는다. 따라서 일반 여론이 우호적으로 돌아선 개혁안을 함부로 반대하는 정당은 다음 선거에서 후폭풍을 맞을 수 있다.

　그렇다면 개혁안에 대한 다수 여론은 어떻게 구축하는 것이 좋을까. 설사 나름의 합리적인 개혁 청사진이 마련돼 있다 하더라도 반대 측에서 이념 논쟁으로 전선을 확대해 버리면 다수의 지지를 얻는 것이 쉽지 않을 수 있다. 편이 양쪽으로 갈리게 되면 설사 수적인 우위가 있는 경우라도 반대표가 너무 많아진다. 이런 점을 감안할 때 개혁의 정치적 셈법은 한 표만 더 이기면 되는 선거전과 달라야 한다. 두 경우 모두 유권자가 몰려 있는 중도층을 공략해야 한다는 점은 동일하지만 우선순위의 관점에서 선거와 개혁 전략은 차별화가 필요하다.

우선 선거는 단기전이다. 이런 경우 소위 '집토끼'로 불리는 핵심 지지층은 유지하면서 중도층을 공략하는 것이 기본 전략이 된다. 반면 개혁은 장기전이고 누적된 여론 지지가 중요하기 때문에 애초부터 중간 계층을 공략하는 것이 보다 합리적인 전략이 된다. 선거와 달리 개혁은 단순한 지지자 숫자 대결에서 끝나는 게 아니다. 최종 법안 통과라는 다음 목표가 기다리고 있기 때문이다. 만일 개혁 우호 세력 확보의 출발점을 핵심 지지층에 맞추고 중도층으로 확산해 나가는 전략을 쓰는 경우 개혁을 반대하는 세력 역시 유사한 방식으로 중도층을 공략하려 들 것이다. 이런 경우 정치 공방이 벌어지면서 원래의 개혁 취지와 상관없는 이념 정파간의 대립으로 문제가 변질될 수 있다.

물론 처음부터 중간 계층을 공략하는 경우 자칫 골수 지지층의 반발을 살 수 있다. 하지만 힘들더라도 처음부터 압도적 지지 여론을 추구한다는 목표하에 중도층을 먼저 확보하는 것이 개혁 전쟁에서는 유리한 전략이다. 예컨대 같은 40%의 지지도라도 한쪽 끝에서부터 오는 지지도보다는 중위투표자를 중심으로 지지도가 좌우로 퍼지는 것이 다른 정파와의 정치적 타협을 위해 유리하다는 의미다.

정치적 타협을 위한 공간

맥주는 역시 첫 잔이다. 다음 잔도 나쁘지 않다. 그렇게 한 잔씩 더해

갈 때마다 단위당 효용은 감소하게 된다. 소위 '한계효용 체감의 법칙'이다. 그러다 너무 많이 마시면 오히려 한계효용이 음이 된다. 물론 예산 생각도 해야 한다. 만일 맥주 한 잔의 시장가격이 1,000원이라고 하면 나의 한계효용이 1,000원이 될 때까지 마시는 게 최적의 선택이 된다. 일반적으로 어떤 경제 행위의 균형은 한계편익marginal benefit 과 한계비용marginal cost이 일치하는 지점에서 이뤄진다.

늘 아이디어가 넘치는 친구가 사업자금을 빌려 달라 했다. 기꺼이 1,000만 원을 투자했지만 벤처 기업이 그러하듯 희망은 흑자이고 장부는 적자다. 그래도 미래를 기약하며 추가로 투자하고 기다리기를 몇 번 반복했는데 총 투자액이 1억 원에 이른 이제는 뭔가 한계점에 온 것 같다. 이럴 때는 어떻게 해야 할까? 돈을 더 빌려줘야 하나 아니면 투자금을 포기하는 게 나을까 고민 중이다. 친구는 이제 조금씩 이익이 나기 시작한다며 추가 투자를 애원한다. 어차피 원금 1억 원을 다 받기는 어렵겠지만 1,000만 원을 더 투자해 2,000만 원 정도라도 돌려받을 수 있다면 이게 나을 수도 있다. 결국, 이 의사결정은 전체적인 이득-손실 차원이 아니라 추가적인 투자의 가성비, 즉 '한계에서at the margin' 이뤄지는 것이다.

한계의 법칙과 거래의 조건

경제 위기 같은 거시적인 문제가 터질 때마다 '인간의 합리성'을 강조하는 '주류 경제학'은 비판의 대상이 된다. 특히, 돈 문제가 걸린 자산시장의 경우 투자자들의 판단이 더더욱 합리적일 것 같은데 정작 부동산이나 주식시장을 보면 비이성적 쏠림 현상으로 인해 거품이 발생하는 경우가 많다. 2008년의 글로벌 금융위기 이후 심리적 요소를 경제 이론에 접합하는 행동경제학behavioral economics이 각광을 받고 있는 것도 이런 이유에서다.

하지만 경제 주체의 미시적인 의사결정을 분석하는 도구로서 경제이론만한 것도 찾기 어렵다. 특히, 일상의 경제 행위를 설명하는 가장 기본적인 수단으로 '한계의 법칙'과 '거래의 조건'을 들 수 있다. 앞서 든 사례들은 주로 한계의 법칙을 설명하기 위한 것들이다. 이번에는 거래가 이뤄지는 조건을 생각해보자.

우리 집 강아지 단이는 자신이 보유한 개껌을 쌍둥이 동생 냉이에게 주고 그 대가로 간식을 받는 거래를 하려고 한다. 단이는 자신이 느끼는 간식의 가치가 개껌보다 높다고 본 것이다. 물론, 냉이는 자신이 가진 간식보다 개껌의 효용을 더 높게 판단해야 거래가 이뤄질 수 있다. 둘 다 간식이 개껌보다 더 큰 효용을 준다 생각한다면 거래는 무산된다. 이처럼 거래는 당사자 모두에게 '남는 장사'라야 성사될 수 있다.

물물교환이 아닌 시장 거래에서도 이 원칙은 동일하게 적용된다. 사과 한 개의 시장가격이 1,000원이면 수요자의 비용과 공급자의 수입은 모두 1,000원이 된다. 만일 수요자가 사과 한 개로부터 느끼는 효용이 1,000원보다 크고, 공급자의 단위 생산비용이 1,000원보다 작다면 거래는 이뤄진다. 둘 다 남는 장사가 되기 때문이다. 사과 거래량이 늘면 수요자의 한계효용은 줄고, 공급자의 한계비용은 늘게 된다. 두 사람 모두 각각의 한계편익과 비용이 시장가격과 일치하는 지점까지 거래를 지속할 것인데 그 지점이 바로 애초의 시장 균형점이 된다. 균형점 이상의 수량에서는 수요자와 공급자 모두 각자의 한계비용이 한계편익을 능가하게 되므로 거래할 유인이 사라진다.

경제학을 처음 배울 때 나오는 위 사례는 한 걸음 더 나아가 시장의

'보이지 않는 손'이 사회 후생을 극대화시킬 수 있다는 시사점도 지닌다. 위 사례에서 시장 균형량이 5개라고 할 때 수요자는 처음 4개까지는 한계효용이 비용을 능가하는 '소비자 잉여consumer surplus'를 누리고 생산자역시 한계수입이 비용을 능가하는 '생산자 잉여producer surplus'를 얻는다. 이 두 개의 합으로 이뤄지는 사회 후생은 시장 균형점에서 극대화된다는 점을 알 수 있다. 강아지들의 물물교환 사례와 달리 현실에서는 상대를 모르는 다수의 수요자와 생산자가 시장가격을 지표로 삼으며 각자의 '남는 장사'를 위해 최선을 다한다. 애덤 스미스Adam Smith가 보편화시킨 '시장의 힘'은 이처럼 단순한 논리에서 출발한다.

정치시장에서의 거래

이번에는 정치시장에서의 거래를 생각해보자. 일반 상품시장처럼 시장가격이 형성되는 경우는 아니기 때문에 앞서 언급한 강아지 간의 물물거래가 더 어울리는 비유다. 물론 거래의 당사자가 여럿일 수 있다. 그렇더라도 각자의 한계편익이 한계비용보다 높아야 거래에 응할 것이라는 원칙은 변하지 않는다. 예컨대 절대 다수당이 없어 연립정권을 형성하는 경우 다 나름대로의 계산을 하기 마련이다.

이제 정권을 잡고 있는 여당이 의회 소수당인 경우를 생각해보자. 단순히 산술적으로만 보면 다수당인 야당은 정부 여당이 제안한 법안을 대부분 부결시킬 수 있을 것이다. 하지만 현실이 이렇게 흘러간다고 생각하면 대단한 착각이다. 앞서 언급한 벤처기업 투자 사례의 경우 '갑'인 나는 얼마든지 '을'인 친구를 파산시킬 수 있지만 추가 투자를 해주는 게 더 나은 대안이라고 생각할 수도 있다는 얘기다.

이처럼 적정한 의사결정은 한계에서 이뤄지기 때문에 얼마든지 협상이 가능하다. 즉, '갑'인 야당 입장에서는 '을'인 여당이 내민 제안을 나름의 손익 기준으로 평가해 볼 것이다. 특히 정치적 거래 대상이 되는 '상품'의 가치는 가격이 표준화된 일반 상품과 달리 손익의 기준이 당사자의 주관적 평가에 달려 있다. 따라서 시장가격을 기준으로 평가하는 일반 상품 거래에 비해 흥정과 협상의 여지가 넓을 수 있다.

비유적인 예시로 강아지들끼리 모여 거래하는 시장을 상정해보자. 이 경우에는 앞서 다룬 물물교환 사례처럼 상대방의 의중을 떠볼 필요가 없다. 그냥 시장가격 대비 효용이 높다고 생각되면 돈 주고 사면 되고, 효용이 시장가격보다 낮으면 내다 팔면 된다. 그런데 두 명이 직접 거래를 하게 되면 간식과 개껌이라는 두 재화에 대한 두 강아지 각각의 효용이 비교되므로 좀 더 밀당이 가능할 수 있다. 즉, 단순 일대일 교환이 아니라 각자가 느끼는 효용 가치 및 협상력에 따라 교환비율이 달라질 수 있다는 의미다. 여기서 방점은 협상력에 찍힌다. 정치 수완이 탁월한 냉이는 어리바리한 단이를 구워삶아 자신에게 유리한 방식의 거래를 설득할 수도 있다. 즉, 자신은 간식 하나만 내주고 상대의 개껌 2개를 받아올 수도 있다는 얘기다.

이런 예시에 비해 정치의 세계는 훨씬 복잡하고 다양한 거래의 가능성이 있다. 즉, 비록 소수당이라도 얼마든지 주고받는 식의 정치적 타협을 시도할 수 있다는 얘기다. 특히 의석 수의 부족을 여론의 지지로 보완하는 경우라면 얼핏 불가능해 보였던 개혁 과제라도 타협의 공간을 만들 수 있다. 다수석을 가진 야당이 아무리 명목상의 '갑'이라 하더라도 받아들일 수밖에 없는 제안이 있는 것이다.

특히, 우호 여론을 등에 업은 개혁 과제의 경우 다수당이 쉽게 거부하기 어렵다. 일반 선거전이라면 한판 승부가 전부지만 개혁 논쟁은 결론이 날 때까지 반복되기 쉽다. 섣불리 의석수만 믿고 부결시켰다가 다음 선거에서 크게 후회할 수도 있다는 의미다.

결국 중요한 것은 개혁을 주도하는 세력의 정책 능력과 정치력이다. 좋은 청사진이 만들어지면 여론 지지를 받기 쉽고, 여론 지지가 탄탄하면 정치적 타협의 공간이 넓어진다. 정치의 영역에서 의석수 못지않게 중요한 것이 '의제 설정agenda setting' 능력이다. 의회 소수당인 여당에게 이런 능력이 부족하다면 개혁은 물 건너간 얘기다.

이 책에서 다루는 6대 개혁의 경우, 분야별로 정치적 타협을 위한 전략이 다를 수 있다. 노동 분야와 같이 정파적 갈등이 첨예한 분야의 경우 중립적이고 합리적인 제안조차도 곧바로 이념 전쟁으로 비화할 수 있다. 교육 분야의 경우도 특목고 사례나 학생인권조례처럼 합리적인 타협이 가능한데도 진보 대 보수로 편이 갈라지는 경우가 적지 않다. 연금개혁이나 인구개혁 같이 이념 갈등의 소지가 상대적으로 적은 분야의 경우에도 정파적 갈등의 불씨는 존재한다. 결국, 각 분야에서 어떤 정치적 타협안을 내놓을지는 개혁 주도 세력의 능력에 달려 있다 할 수 있다.

개혁 타이밍에 정답은 없다

개혁에 관한 잘못된 고정관념 중 대표적인 것 중 하나가 개혁의 타이밍에 관한 것이다. 전문가들에게 개혁의 적정 타이밍을 물으면 예외 없이 '정권 초기 한두 해 힘있을 때'라고 말한다. 아마 정권 초기에는 변화에 대한 국민적 열망이 높고 정권의 지지율도 높은 경향이 있기 때문에 이런 생각을 할 것이다. 나름 일리 있는 주장이긴 하지만 이것이 정답이 되기에는 개혁의 성공 요소가 매우 복합적이다. 정권 초기에 높은 지지율을 누린 대통령들이 적지 않았지만 정권 내내 특별한 개혁 실적 없이 시간만 흘러간 경우가 대부분이었다.

모든 일에는 순서가 있는 법이고 개혁도 예외가 아니다. 여론의 지지가 높으면 개혁을 추진할 모멘텀이 생기는 것은 사실이지만, 향후 로드맵이 되어줄 체계적인 청사진이 준비돼 있지 않으면 시동을 걸기 어렵다. 막연한 미래 비전만 담은 교과서적 그림이 아니라 구체적인 목표와 전략을 갖춘 실현 가능한 청사진이라야 한다. 일반 정책의 경우에는 관료와 전문가들이 모여 합리적 대안을 만들 수도 있지만 개혁 과제의 경우 다양한 차원의 변수가 작동하기 때문에 시간과 고민의 궤적이 길지 않으면 복안 자체를 내놓기가 쉽지 않다.

나아가 대부분의 개혁 과제는 구조적인 제도 변화를 수반하기 때문에 초기 비용과 저항이 클 수 있다. 반면 그 혜택은 시간을 두고 나타나기 때문에 공론화를 통한 설득의 과정이 뒤따라야 한다. 앞 절들에서 강조했듯 이렇게 우호적 여론을 확보해야 법안 통과를 위한 정치적 타협의 여지가 생긴다. 이 모든 과정이 시간이 걸리고 고통을 수반할 수 있다. 5년 임기의 대통령으로서는 선뜻 내키지 않을 수 있다.

이래서인지 우리나라 집권 세력들이 개혁 과제를 접하는 태도를 보면 천편일률적이다. 일단 정권 초기 친정부 전문가들로 구성된 위원회 등을 만들어 적당히 안을 서둘러 만든 다음 가급적 5년 임기 내에 뭔가 가시적 결과를 내려 한다. 물론 그 과정에서 이런저런 장애물을 만나면 언제 그랬냐는 식으로 문제를 덮고 지나간다. 외환위기 이후 지난 25년간 제대로 된 개혁 성과가 없는 것은 이런 이유 때문이다. 물론 노무현, 박근혜 정부 때의 연금 제도 개혁처럼 부분적인 성과를 낸 사례가 없지는 않지만 대부분의 경우 개혁의 정석을 무시한 채 정치적 가성비나 따지다

시간이 흘러갔다.[2]

결국 개혁의 적정 타이밍에는 정해진 해답이 없다. 지금 준비된 복안이 없다면 그것부터 만들면 된다. 좋은 개혁안을 만들어 다음 정권으로 넘겨주는 것만으로도 역사에 남는 공헌이 될 수 있다. 일단 청사진이 마련된 다음에는 공론화 과정을 거쳐 다수 여론의 지지를 받는 것이 필수적인데, 이 지점부터는 상당한 정치적 고려가 필요하다. 개혁의 골든 타임이 따로 없기는 하지만 그래도 성공 확률이 낮은 시기는 피해야 한다.

불황보다는 호황이 유리

사람들은 먼 미래보다 당장의 경기 상황에 예민하게 반응하기 쉽다. 특히, 불황인 시점에는 사람들의 이타심도 줄어들고 정책을 보는 시계도 짧아지는 경향이 있다. 가뜩이나 경기가 안 좋은데 구조 개혁으로 인한 비용까지 떠안게 되면 저항의 강도가 커지기 쉽다. 특히, 지지율이 높지 않은 정권이 경기가 안 좋은 상황에서 세금을 올리거나 개혁을 추진하는 것은 정권 유지가 어려울 수 있는 위험한 선택일 수 있다.

노무현 정부의 사례가 대표적인데 당시 한국의 경제성장률은 세계 평균에 밑도는 것은 물론이고 아시아 최하위 수준으로 뒤처져 있었다. 사후적으로 보면 당시의 낮은 성장률은 상당 부분 추세적으로 하락하던 잠재성장률을 반영한 것이었다. 하지만 여전히 과거 고도성장기의 향수에 젖어있던 상당수의 유권자들은 경기도 안 좋은데 복지 비전 같은 장기 정책에 관심을 쏟고 있는 집권 정부를 탐탁지 않게 여겼다. 나아가 2005년부터 시행한 종합부동산세는 과세 대상이 제한적이었는데도 '경제는 못 살리며 세금이나 올리는 정부'라는 인식을 확산시켰다.[3] 그 결과 2007년 대선에서는 성장 우선의 실용주의적 정책을 내세운 기업인 출신 야당 후보가 압승을 거두었다.

그렇다면 경기가 호황일 때는 어떨까. 이때는 어차피 경제가 잘 굴러가는데 왜 굳이 개혁을 하느냐는 말이 나오기 쉽다. 그래도 경기가 풀리는 시점이 개혁에는 유리할 수밖에 없다. 사람들의 기대도 낙관적으로 바뀌며 상대적으로 사정이 안 좋은 사람들에 대한 이타심도 늘어난다. 자연 손해 보는 집단에 대한 보상 등 개혁의 비용에 대한 저항도 약해질 수 있다. 특히 호황 때는 미래에 대한 낙관적 기대가 높아지기 때문에 개혁의 결실이 미래에 나타난다는 점을 설득하기 쉬울 수 있다.

그런데 경기 사이클의 한 구간이 그리 오래 지속되는 것은 아니다. 아무리 호황이라도 어느 정도 시간이 지나면 경기 후퇴가 시작되기 마련이다. 특히, 한국은 실물 분야는 수출 의존도가 높고, 금융 분야는 시장 성숙도가 떨어지기 때문에 약간의 외부 충격에도 경기가 흔들릴 수 있다. 이는 설사 호황이 시작되는 시점에서 뭔가를 시작해도 구조 개혁에 필요한 안정적인 시간을 확보하기 어려울 수도 있음을 의미한다. 결국, 개혁의 청사진은 가급적 미리 준비해두었다 상대적으로 좋은 타이밍을 잡으면 지체하지 말고 우호 여론 확보를 위한 공론화 작업을 시작하는 것이 최선일 것이다.

경제 위기의 역설

그렇다면 아예 경제 위기의 경우는 어떨까. 경기침체기에도 개혁 얘기를 꺼내기 어려운데 당장 급한 불부터 꺼야 하는 위기 상황에서 개혁 시도를 한다는 것은 무모할 수도 있다. 하지만 역설적으로 경제 위기 시점이 오히려 개혁의 적기가 될 수 있다.

개혁은 구조적인 제도 변화를 수반하는 미래지향적 정책이다. 정책의 시계가 매우 길기 때문에 일반 시민들이 이 과정을 따라잡기 어렵다. 그런데 위기가 찾아오면 사람들은 그 원인에 대해 생각할 기회를 갖는다. 위기를 겪은 이유가 기존 제도의 구조적 결함을 미리 손보지 못한 것 때문이라 생각한다면 지금이라도 뭔가 구조를 바꾸지 않으면 안 된다는 자각을 하기 쉽다. 이는 개혁의 관점에서 볼 때 변화에 대한 저항을 줄여주는 긍정적 효과를 가진다.

만일 미리 준비해둔 청사진이 있는데 평시에는 정치적 지지를 얻기 힘들어 시도하지 못했다면 위기 때처럼 개혁의 필요성에 대한 우호적 여론이 일시적으로 높아질 때 변화의 시동을 걸어볼 필요가 있다. 문제는 이런 경우 위기를 벗어나기 위한 비용과 개혁을 추진하는 과정에서 발생하는 비용을 함께 고려해야 한다는 점이다. 특히, 이런 특수한 상황에서는 '원 샷' 형태의 국공채 발행이 대안이 될 수 있을 것이다. 정부채무의 경우 재정규율이 무너져 지속적으로 빚이 늘어나는 추세가 우려스러운 것이지 장기적 이득을 위해 일시적으로 재원을 조성하는 대안으로는 충분히 유용할 수 있다. 실제 1997~1998년의 외환위기 당시 약 100조 원의 재정자금이 국공채 발행을 통해 조달됐고 이 돈이 부실자산을 사들이고 파는 과정에서 재사용되며 총 170조 원 수준의 '공적자금'이 위기 극복 및 구조 개혁 재원으로 사용됐다.

외환위기를 겪은 후 10년이 지난 시점에 발생한 2008년의 글로벌 위기 때도 개혁의 기회가 찾아왔다. 위기의 진앙지도 아닌데도 한국 경제가 크게 흔들렸던 이유는 금융 시스템을 비롯한 경제 구조가 취약했기 때문이다. 외부 충격에 우리나라 금융부문이 쉽게 흔들렸던 것은 관치금융의 잔재 등 정부주도형 경제구조의 취약점들이 그대로 남아 있던 탓이 크다. 마침 당시에는 보수 정당이 집권하던 시기였기 때문에 김대중 정부의 개혁에서 빠져 있던 공공부문의 개혁을 한번 시도해볼 절호의 찬스였다. 하지만 이명박 정부는 외환시장 안정과 경기 회복을 '성공적인' 위기 극복이라 여기고 진지한 구조 개혁을 시도하지 않았다.

모든 정책에는 적정 시기가 있다. 아무리 좋은 내용이라도 타이밍이 적절치 않으면 정치적인 저항 때문에 성공하기 어려울 수 있다. 그런데 개혁과 같이 구조적, 장기적 과제의 경우 적정 시기를 쉽게 가늠하기 어렵다. 물론 정권 초기처럼 상대적으로 변화에 대한 기대감이 크고 지지율이 높은 경우가 아무래도 장기 과제를 시도하기에 유리할 수 있다. 또한, 불황 때보다는 호황 때가 사람들을 설득하기가 쉽다. 하지만 이런 외적인 여건과 동시에 내부적으로 개혁에 대한 신념과 준비가 얼마나 강하고 철저한지가 개혁 타이밍의 핵심 조건이다. 따라서 막연히 정권 초기가 뭔가를 바꿀 골든 타임이라 여기는 것은 순진한 생각이다. 정권 후반기, 소수 의석을 가졌다 하더라도 얼마든지 국가 장래를 위한 개혁을 준비할 수 있는 것이다.

정권을 이어가는 개혁

개혁을 성공적으로 마무리하려면 제도 변화를 담은 법안이 국회를 통과해야 한다. 당연히 개혁을 주도하는 여당이 다수당이면 유리할 것이다. 하지만 아무리 다수 의석을 지녔다 하더라도 국민 여론이 우호적이지 않으면 섣불리 개혁 의제를 밀어붙이기 어렵다. 교육, 노동, 연금, 조세 등 이 책에서 다루는 개혁 과제들은 잘못 손을 댔다 엄청난 후폭풍을 불러일으킬 가능성이 높은 경우가 대부분이다. 우리나라처럼 선거가 자주 있는 나라에서 한번 여론이 등을 돌리면 정권을 잃거나 의회 소수당으로 밀려나는 것은 순식간일 수 있기 때문이다.

　나아가 앞서 설명했듯이 여당이 의회 소수당이라 하더라도 잘 만들어진 청사진을 바탕으로 압도적 다수의 우호 여론을 형성하고 있다면 개혁 과제를 밀어붙일 수 있는 힘이 생긴다. 야당이 아무리 의회 권력을 가졌다 하더라도 다음 선거를 의식하지 않을 수 없기 때문이다. 그런데 개혁 과제는 단기적으로 손해를 보는 세력이 나타나기 마련이기 때문에 다수의 우호 여론을 확보하는 것이 말처럼 쉽지 않다. 특히, 꾸준히 증가하고 있는 새정 수요를 삼당하기 위한 증세와 같은 사안은 애초에 다수의 지지를 받기가 어렵기 때문에 아예 수면 아래로 가라앉아 버리기 쉽다. 연금개혁 또한 어떤 대안을 택하더라도 보험료 인상이라는 사실상의 증세를 전제로 해야 하기 때문에 어느 누구도 선뜻 총대를 매려 하지 않는다. 교육개혁의 경우 입시제도의 수정이라는 휘발성 높은 사안이 포함될 수밖에 없기 때문에 과감한 개혁 조치보다는 부분적인 수정을 반복하며 정면대결을 피해가는 관행이 고착화돼 가고 있다.

　이런 식으로 문제를 회피하고 부분적인 제도 개편이나 정책 조정만으로 면피를 하는 행태가 정권마다 반복되면서 기존 제도가 초래하는 비효율과 불공평은 깊이를 더해가고 있는 것이 실제 우리의 현실이다. 이제는 개혁에 진지한 집권 세력이 나타나 사회 후생을 높일 합리적인 개혁안을 마련한다 해도 이를 의회 통과라는 최종 단계까지 밀어붙일 정치적 여력을 갖기가 쉽지 않을 수 있다. 대중적으로 인기가 없는 과제를 밀어붙이다 상대 세력의 역공을 받으면 개혁은커녕 다음 선거에서 패할 가능성이 높기 때문이다.

정치적 협력 필요한 교육개혁과 연금개혁

이런 문제에 대처할 수 있는 최선의 방식 중 하나는 현 정부 임기 내에서는 정치 이념을 초월한 개혁 청사진을 구상해 이를 다음 정권에서 실천하기로 정파 간에 합의하는 것이다. 이럴 경우 현재의 여당과 야당 모두 정치적 부담 없이 나라 장래를 위해 뭔가를 바꿔보겠다는 일에 집중할 유인이 커진다.

이런 방식에 가장 적합한 분야는 교육개혁과 연금개혁이 될 것이다. 두 분야 모두 진보와 보수라는 이념 정파적 편가르기가 상대적으로 덜한 영역이다. 물론 이 경우에도 교육 평준화나 연금의 분배 기능 등 세부적 견해 차이가 있기는 하지만 노동 분야 같은 격렬한 이념 갈라치기는 덜한 편이다. 사교육의 폐해나 연금을 둘러싼 세대 갈등 문제는 어느 진영이건 공통적으로 인정하는 이 분야의 핵심 개혁 사안으로 이념 대립보다는 정책 대결이 돋보이는 주제다.

특히, 입시제도의 경우 정책의 일관성이나 예측 가능성이 매우 중요하기 때문에 현 정부에서 제대로 된 청사진을 만들어 공론화를 거친 다음 정치적 타협을 통해 확정된 안을 다음 정권으로 넘기는 방식이 매우 적절할 수 있다. 연금개혁의 경우 획기적인 발상의 전환 없이 진보와 보수 양쪽 진영이 적당히 참여하는 애매한 위원회만 유지해서는 늘 나오던 얘기에서 진도를 더 나가기 힘들 것이다. 세대갈등 문제는 어느 정파도 함부로 접근하기 어렵기 때문에 합리적인 대안만 제시된다면 정치적 절충안이 만들어질 수 있다.

이런 관점에서 보면 현 집권 대통령이 할 일은 매우 단순하다. 스스로 나서서 뭔가 최종 산출물을 내놓으려고 서두르면 설사 그 내용이 좋다 하더라도 정파적 논쟁에 휩쓸려 성과를 내기 어려울 수 있다. 더구나 지금 상황을 보면 이 책에서 다루는 6대 분야 개혁 중 실현 가능한 청사진을 갖춘 주제가 별로 없다고 보는 것이 맞다. 이럴 때는 차라리 한발 물러서 "내 임기 중에는 그 어떤 일방적인 정책 집행도 없을 것이다"라고 선언하고 대신 정파를 초월한 중립적 청사진 작성에 매진한다면 뜻밖의 결실을 볼 가능성이 높다. 5년 단임 정권이 임기 중에 뭔가 결말을 보고 싶어 하는 것은 이해하지만 이런 식의 협소한 국가관으로는 한 나라의 미래를 결정할 개혁 노력에 큰 기여를 하기 어려울 수 있다.

5년 임기 정권이 오래 기억되려면

외환위기 당시 야당 후보였던 김대중 대통령이 수평적 정권 교체에 성공한 이후 이념 색깔이 다른 정권들이 교대로 집권하면서 핵심 국정 과제들이 급격히 바뀌는 경향을 보이고 있다. 정치 이념과는 별 상관없는 과제들조차도 이전 정부의 색깔을 지우는 과정에서 묻혀버리는 경우가 있다. 심지어는 같은 정당의 후보가 정권 승계를 한 경우에도 이런 현상이 나타날 때가 있다.

그런데 지금 우리 사회가 직면한 개혁 과제들은 대부분 몇 세대를 걸쳐 효과가 나타나는 것들이다. 이 책에서 다루는 주제는 아니지만 환경 문제에 초점을 두는 '녹색 성장green growth'은 이것이 아무리 이전 정권의 상징적 과제였어도 그냥 수용해 지속하는 것이 정상이다. 저출산·고령화 관련 위원회가 만들어졌으면 더 확대 발전을 시켜도 모자라는데 이전 정권의 사업이라고 권한을 약화시킨 사례도 있다.[4]

유능한 정부라면 다른 정파의 생각도 포용할 수 있어야 한다. 현 정권에서 이루지 못한 개혁 과제를 다음 정권이 이어받는 포용적 정치 문화가 정립돼야 국가가 흥한다. 동독과 서독의 통일 후유증으로 '유럽의 병자'라는 놀림을 받던 독일이 다시 유럽의 절대 강국으로 부상한 것은 정권을 잃을 각오로 인기 없는 개혁을 해낸 슈뢰더 총리의 역할이 컸다.[5] 하지만 이 못지않게 중요한 사실은 정권을 쟁취한 메르켈 총리가 전임자의 개혁안을 그대로 수용하며 실천했다는 점이다.

아무리 어려운 문제도 해답은 있다. 특히 복잡한 변수가 얽혀 있는 개혁 연립방정식의 경우 서두르면 해법을 찾기 어렵다. 청사진 단계에는 각 변수 간의 상호 관계를 입체적으로 관찰하되 해답을 풀어가는 실천 과정에서는 단계별로 접근하는 것이 성공 확률을 높인다. 독일의 하르츠 개혁은 개혁을 꿈꾸는 대한민국의 정치인들이 특히 눈여겨볼 사례다. 다시 한 번 강조하지만, 유권자가 심판하는 선거와 달리 개혁은 역사가 평가한다.

제2부

인적자원
4대개혁

제4장

교육개혁:
교육 전면전을 위한 백지 청사진

· · ·

국민정서법과 관료주의가 지배하는 교육

대한민국에서 제일 무서운 법이 무엇일까. 누구는 범죄자를 다루는 형법이라 하고, 다른 누구는 모든 법 위에 군림하는 헌법이라 한다. 하지만 둘 다 틀렸다. 정답은 '국민정서법'이다. 헌법보다 더 높은 이 법에 걸리면 직위 고하를 막론하고 누구든 가혹한 대가를 치른다. 일반 법은 다툼의 여지가 있는 경우 항소나 상고를 하면 된다. 헌법의 경우도 그 해석을 둘러싸고 논쟁이 벌어지면 헌법재판소가 해결을 한다. 그런데 온 국민이 심판자인 국민정서법의 경우 판결이 변화무쌍하다. 한쪽으로 표가 몰려 절대 다수가 되는 경우도 있고 각자의 입장에 따라 편이 갈리는 경우도 있다. 이런 현상이 가장 적나라하게 나타나는 곳이 바로 교육 현장이다.

우리나라에서 교육 문제, 특히 입시는 자녀를 둔 대다수 부모가 예민하게 반응하는 사안이다. 단순한 교육열 차원이 아니다. 수능 문제 하나 맞고 틀리기에 따라 진학하는 대학이 달라지고, 인생이 바뀔 수 있다고 생각하는 사회 분위기 속에서 학생과 학부모는 다른 생각을 할 겨를이 없다. 입시제도가 바뀔 때마다 이득을 보는 쪽과 손해를 보는 쪽이 갈리면서 국민 정서가 출렁거리곤 한다. 다들 자신의 입장에서 '공정성'을 정의하기 때문에 합리적인 의견 수렴이 어렵다. 2023년 여름 '수능 킬러 문항'에 대한 윤석열 대통령의 말 한마디에 온 나라가 들썩이며 교육 논쟁이 벌어진 것이 대표적인 사례. 이 사안이 지금 우리가 직면한 교육 문제의 본질도 아닌데 이렇게 국민 감정 지수가 높아지는 것은 정상이라 보기 어렵다. 그만큼 지금의 교육 현실이 비정상이라는 방증이기도 하다.

교육의 목적이 무엇인가. 사람을 기르는 것이다. 그것이 지식이건, 창의력이건, 인성이건 학생들의 잠재력을 최대한 길러주어 사회에서 쓸모 있는 인재로 만들어주는 것이다. 또한 교육은 자유와 기회의 통로다. 사람마다 타고난 재능과 적성과 배경은 다르지만 일단 교실에 들어서면 누구나 자유롭게 배우고 생각하는 기회를 가져야 한다. 서로 경쟁할 수도 있고 협력할 수도 있지만 이것은 학생 개개인의 역량을 기르는 수단일 뿐이고, 그 과정은 공정하고 효율적이어야 한다.

그렇다면 대한민국의 교육 현실은 어떠한가. 전국의 수험생들을 수능이라는 객관식 시험을 통해 한 줄로 세운 다음 철저히 서열화된 대학에 순차적으로 잘라 넣는 단순화가 오랫동안 기본적인 입시 질서로 자리 잡고 있다.[1] 이런 무자비한 획일성을 '공정성'이라 내세우는 비이성적인 교육 문화 덕분에 학생들은 잠을 못 자며 문제풀이 기계가 되어가고, 학부모는 노후 대비 대신 자녀 사교육에 돈을 쓰고, 젊은 부부는 암울한 교육 현실에 짓눌려 출산을 포기한다.

수능의 줄 세우기 폐해를 수정한다고 미국 제도를 흉내내며 도입한 내신 기반 입시제도의 성과는 어떠한가. 다양성과 자율성을 내세운 명목상의 취지와는 달리 정시와 수시, 수능과 내신이 얽히고설키며 입시제도는 복잡해지기 시작했고, 이로 인한 학부모의 불안감에 기생하며 사교육은 '문제풀이' 수준을 넘어 거대한 '정보산업'으로 급성장했다.[2] 단순한 실력 향상을 넘어 입시 전략까지 돈으로 사야 하는 이런 풍토에서는 비싼 사교육비를 지불할 수 있는 상류층 자녀가 유리할 수밖에 없다. 교육은 더 이상 계층 상승의 사다리가 아니라 계층 세습의 족쇄로 변질됐다.

나아가 이런 복잡하고 어정쩡한 입시제도는 비효율과 불공정의 차원을 넘어 가진 자들의 '교육 부패' 통로로 이어졌다. 상위권 대학이나 의대 진학이라는 희소재를 기반으로 구축된 '교육 지대'의 규모는 엄청나고, 지대를 추구하는 과정에서 합법과 불법은 종이 한 장 차이일 뿐이다.[3] 통제 없는 사교육 시장에서의 불공정 거래와 내신 평가 과정에서의 탈법 행위는 수면 아래서 일상화된 지 오래다.

그렇게 학생의 노력과 부모의 희생을 결합해 천신만고 끝에 대학에 들어가면 뭐가 달라질까. 주입식 지식에 기반한 문제풀이와 시험 경쟁에 익숙해진 학생들은 대학 문턱을 넘자마자 곧바로 취업 준비에 나서야 한다. 학벌 사회의 일차적 평가 기준인 대학 간판은 이미 정해졌고, 학점과 자격증 같은 또 다른 스펙 쌓기가 다음 수순이 된다. 이해하기 어려운 각종 규제와 관료주의적인 대학 행정 덕분에 교수들의 강의 방식은 수십 년 전에 비해 크게 달라진 것이 없다. 다들 입으로는 지식혁명시대에 걸맞은 창의력을 강조하지만 정작 강의실에서는 고등학교 때와 별반 다를 것 없는 주입식 교육이 주를 이룬다. 한 학기에 6~7과목을 듣는 학생이 상대평가로 점수를 주는 강의 환경에서 살아남으려면 시험을 잘 봐야 한다. A학점을 받으려면 교수님 농담까지도 받아 적어야 한다는 강박증에 시달리는 학생들에게 자율과 창의성은 먼 나라 얘기다.

이처럼 새로운 미래에 대한 대비나 배움의 자율성과는 거리가 있는 하향 평준화식 교육이 수십 년째 지속되고 있다. 공교육은 붕괴된 지 오래고, 교실을 지키는 교사들의 자존심은 제 자식만 금쪽이라 여기는 부모들 등쌀에 속절없이 허물어져 갔다.[4] 문제를 모르는 것도 아니다. '학원에 가서 공부할 힘을 비축하기 위해 학교에서는 잠자는 학생들', '의대를 보낸다고 초등학교 때부터 특별 과외를 시키는 학부모들', '한번 입학하면 별 탈 없이 졸업할 수 있는 대학들', '개혁의 주체인지 대상인지 헷갈리는 교육 당국', '미래의 자녀 교육이 두려워 출산을 꺼리는 신혼 부부' 등 상식 있는 시민이라면 누구나 무엇이 잘못됐는지 피부로 느낀다.

이런 문제들을 풀기 위한 해법이 모자라는 것도 아니다. 수없이 많은 전문가들이 교육개혁의 필요성을 강조하며 다양한 제안을 내놓고 있고, 교육재정을 자치화한 덕분에 공교육에 쓰이는 예산도 엄청난 규모다.[5] 대통령 선거 때마다 후보들은 교육을 바꾸겠다고 뭔가를 공약으로 내세운다. 그런데도 '대학 서열화와 입시 지옥'으로 이어지는 교육 현실은 악화돼 가기만 한다. 한마디로 대한민국의 교육은 길을 잃고 비효율과 불공정, 부패의 늪으로 빠져든 지 오래다. 기존 제도에 대한 심폐소생술로는 한계가 있다. 그렇다면 이제는 아예 생각을 바꿔 기존의 관행적 믿음과 다른 방향으로 가보는 것이 정답이 아닐까. 교육과정, 평가 방식, 입시제도, 대학 교육 등 부분적으로는 다 정답을 아는 것 같은데 왜 하나도 제대로 바뀌지 않을까. 만일 이 모든 것들이 서로 얽혀 가며 악순환의 고리를 만들고 있는 것이라면 문제의 해법도 달라져야 한다. 이 장에서는

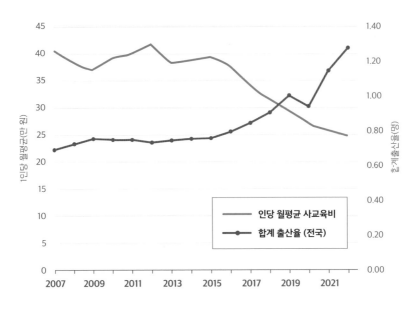

1인당 사교육비와 합계출산율

한국의 사교육비 지출과 출산율은 반대 방향으로 움직이며 강한 음의 상관관계를 보이고 있다.　　　　　자료: 통계청

교육개혁의 청사진을 어떻게 그려야 하는지, 그것을 가능하게 하는 전략과 동력은 무엇인지를 따져본다.

교육개혁의 숨은 적들

교육을 백년지대계百年之大計, 즉 향후 백 년을 좌우하는 중대한 사안이라 부를 때는 이유가 있다. 교육은 한 나라를 지탱하는 인적자원을 기르는 문제이기 때문에 다른 정책처럼 자주 바꾸기 어렵고, 그래서도 안된다는 의미다. 한번 제도를 설정하면 꽤 오랜 시간 동안 변하지 않는 일관성이 중요하다. 그래야 교육 수요자들이 나름의 교육 플랜을 구상할 수 있기 때문이다. 기존 제도에 결함이 있다고 들쭉날쭉 고치려 들면 문제만 더 복잡하게 만들 뿐이다.

나아가 투명성도 중요하다. 제도가 너무 복잡해 교육 수요자들이 학원을 찾아다니며 정보 비용을 지불해야 할 정도라면 그 비효율은 이미 도를 넘은 것이다. 또한 복잡하고 애매한 제도는 불공정의 수준을 넘어 부패의 통로로 작용할 수도 있다. 복잡한 법규정이 변호사들 지갑만 두텁게 해주듯, 복잡한 입시제도는 교육 공급자들의 위세만 높여줄 뿐이다. 교육제도의 비효율과 불공정은 다른 분야와는 차원이 다른 강도의 부정적 효과를 경제 및 사회 전반에 걸쳐 미칠 수 있기 때문에 제도와 정책의 투명성 확보는 교육개혁의 핵심 요소다.

교육제도의 투명성을 높이기 위한 일차적 과제는 학교 교사들의 도움만으로도 입시 전략을 짤 수 있는 수준으로 입시제도를 대폭 단순화시키는 것이다. 이런 방법 없이 거대한 정보산업이 되어버린 사교육 시장을 위축시키기 어렵다. 제도가 단순할수록 투명성이 보장되고 이 자체만으로도 현 시스템의 비효율과 불공정성은 상당 부분 사라질 것이다. 나아가 앞서 언급한 정책의 일관성 역시 개혁 성공의 최대 관건 중 하나다. 한번 수정한 제도는 당분간 큰 틀을 손대지 않아도 될 정도로 오래 가야 한다.

문제는 향후 수십 년 동안 바뀌지 않을 정도로 탄탄한 제도를 만들기 위한 개혁의 첫걸음을 떼기가 쉽지 않다는 점이다. 아무리 변화에 대한 사회적 수요가 커도 제도를 바꿀 힘을 가진 정치인과 관료가 적극적으로 나서지 않으면 소용없다. 분명 누군가 나설 법도 한데 이렇게 '현상 유지 편향status quo bias'이 강하게 나타나는 이유는 무엇일까. 물론 다른 분야와 마찬가지로 이미 기득권을 누리고 있는 집단의 저항이 주요 요인일 수 있다. 하지만 교육 분야는 재벌개혁이나 규제개혁의 경우처럼 기득권 세력을 뚜렷하게 정의하기 어렵다. 그 이유는 크게 두 가지인데 하나는 공급자의 숫자가 많은 사교육 시장의 특수성이고 다른 하나는 교육 문제에 관한 일반 학부모의 집합적 반응이 교육 정책에 영향을 미치는 주요 변수라는 점이다.

최근 들어 '사교육 카르텔'이라는 표현과 함께 사교육 시장에서 부당한 방식으로 수익을 올리는 행태에 대한 관심이 커지고 있다. 입시 관련 문제를 사고파는 식의 불공정 서래는 단속돼야 할 사안이지만 사교육 공급자들을 일반 독과점 기업과 나란히 놓기에는 뭔가 석연치 않은 구석이 있다. 통상 불공정 거래를 일삼으며 정당하지 않은 지대를 착취하는 독과점 기업이 살아남는 것은 정치 권력의 비호를 받기 때문이다. 돈은 권력의 힘을 빌려 이득을 챙기고, 권력은 그 돈으로 생명을 연장한다. 특히 대한민국은 재벌 체제를 중심으로 성장했기 때문에 부패와 정경유착은 동일어처럼 쓰이는 경우가 많았다.

그렇다면 날로 비대해지는 우리나라 사교육이 정부 관료나 정치권의 비호 덕분에 독점 지대를 누린다 말할 수 있을까. 아마 아닐 것이다. 이들을 '이권 카르텔'이라는 구호로 묶기에는 사설 학원의 숫자가 너무 많고 유형도 다양하다. 독과점적 지위를 누리는 사교육 회사도 있지만 낮은 진입의 장벽을 넘고 생겨나는 소규모 자영업 수준의 학원도 무수히 많다. 나아가 아무리 강력한 재벌 기업이라도 정부가 나서서 통제하려 들면 저항이 쉽지 않다. 그런데 사교육 시장은 권력의 힘으로 내리 누른다고 위축될 것 같지도 않다. 시장 수요가 워낙 강하기 때문이다.

사교육에 대한 수요가 높은 것은 다른 설명이 필요 없다. 일단 좋은 대학에 가야 한다는 절대적 목표가 존재하는 상황에서 학생과 학부모는 최선의 선택을 할 수밖에 없다. 즉, 공교육보다 사교육이 그 목표를 위해 더 나은 대안이라 보는 것이다. 이런 상황에서 방과 후 보충 수업 활용이나 EBS 강의 콘텐츠 확대 등 깨알 같은 사교육비 절감 대책들이 쏟아져 나온들 그들의 귀에 들어올 리가 없다. 입시제도를 둘러싼 복잡한 국민정서를 감안하면 교육 수요자들의 반응을 무시하며 교육 정책을 설정하기는 어렵다. 그렇다고 이들을 교육개혁을 가로막은 기득권 세력이라 볼 수도 없다.

위의 논점을 정리해보면 교육 분야의 경우 개혁을 가로막는 저항 세력의 성격 규명이 다른 분야만큼 쉽지 않다는 것이다. 문제의 핵심인 사교육과 국민 정서 문제는 다른 분야에서 경험하기 어려운 특별한 변수들이기 때문에 그만큼 교육개혁의 첫발을 떼기가 어려워진다. 그런데 이런 눈에 보이는 장애물이 끝이 아닐 수 있다. 어쩌면 제1장에서 다룬 '개혁의 숨은 적들' 또한 변화의 걸림돌이 될 수 있다. 즉, 교육제도에 영향력을 지닌 정치인, 교육 당국, 전문가들이 암묵적으로 현상 유지를 원한다면 아무리 개혁의 사회적 편익이 높아도 제대로 된 정책 수행이 이뤄지기 어렵다.

첫째, 정치인의 입장이다. 이들에게 학부모는 한 표를 가진 유권자다. 따라서 이들의 심기를 잘못 건드리면 선거에서 이기기 어렵다. 즉, 누구보다 국민정서법을 두려워하는 쪽은 정치인일 것이다. 자식은 물론 조카 정도만 관심 대상으로 집어넣어도 거의 전 국민이 이해당사자가 되는 교육 문제를 잘못 건드렸다가는 뼈도 못 추린다는 생각을 하는 것이다. 선거는 단기전이고, 개혁은 장기전이다. 여차하면 정치 생명이 사라질 수 있는 모험보다는 안전한 선택을 하는 것이 대다수 정치인의 속성이다.

둘째, 관료의 경직성도 교육개혁을 가로막는 중요한 요인일 수 있다. 어차피 큰 조직은 관료주의의 속성에서 자유롭기 어렵다. 여기에 추가해 기존의 질서가 그들에게 일종의 '불로소득형 지대'를 제공하고 있다면 더더구나 현상 유지를 선호할 것이다. 우리나라처럼 교육에 대한 사회적 관심과 수요가 높은 사회에서는 정책을 관장하는 관료의 암묵적 권세가 드높을 수밖에 없다. 실제로 대한민국의 교육 당국은 예산과 규제라는 정책 수단을 매개로 유치원부터 대학까지 교육 전 과정에 걸쳐 막상한 영향력을 행사한다. 이런 수준의 권력은 직책에 부합하는 정상적인 보상 수준을 넘어서는 지대라 해석할 수 있다.

셋째, 전문가의 고정관념 역시 개혁의 걸림돌이다. 교육 분야는 그동안 변화를 주장하는 다양한 목소리가 쌓여있어 개혁의 내용에 관한 대안들은 차고 넘치는 수준이다. 그런데 실제 이런 제안들을 어떻게 실천할 것인가, 즉 개혁의 방법론에 대해서는 별로 들리는 얘기가 없다. 어차피 제도 개혁은 교육 당국의 몫이라 생각하는지 모르지만 지금과 같은 난공불락의 사교육 장벽을 깨려면 변화의 내용과 전략을 함께 담은 청사진이 필요하다. 또 하나 아쉬운 것은 기존 제안의 대부분은 공교육에 대해서만 말하지 사교육에 대한 분석이나 해결책은 별로 보이지 않는다는 것이다. 아마 공교육이 개선되면 사교육은 사라지지 않을까라는 기대감 때문이라 보이는데 이는 매우 순진한 생각이다.

이처럼, 교육개혁은 명목상의 기득권 세력을 정의하기도 애매하고 공급자 체인에 잠복해 있는 장애 요소 역시 만만치 않다. 이런 상황에서 짜깁기식 제도 변화가 누적되다 보니 제도 자체가 너무 복잡해져 있다. 복잡한 제도는 어차피 정보력을 가진 집단에게 유리해질 수밖에 없다. 교육 공급자는 물론 수요자 중에서도 상류 계층이 이득을 볼 수밖에 없는 불평등 구조가 오늘의 교육 현실이다.

개혁 동력을 위한 전략적 '모라토리엄'

개혁은 백지 위에 그림을 그리는 것이 아니라 기존 제도의 구조적 결함을 수정하는 일이라고 여러 차례 강조한 바 있다. 그러나 백날 개혁을 말해도 소용없을 때는 혁명적인 조치밖에 대안이 없다. 한 번쯤, 충분한 시간을 갖고 정권을 이어가며 '백 년'을 갈 수 있는 청사진을 새로 그릴 필요가 있다. 그러려면 개혁의 내용과 방식에 있어 기존의 관행적 사고와 차별화되는 발상의 전환이 필요하다. 예컨대 수능 문항 난이도를 따지고, 정의하기 애매한 사교육 카르텔을 처벌하자는 식의 문제의식으로는 한 발자국도 나가기 어렵다. 스케일을 확 키워 수십 년 전에 만들어진 수능 제도의 획기적 변화를 기획하고, 사교육을 포함한 전체 교육 공급자의 지대추구 행위, 즉 '공급망 카르텔'을 부술 수 있는 대안을 생각해야 한다. 나아가 대학의 백화점식 전공과 학과의 칸막이 장벽을 부수고 대학마다 자신만의 개성과 특성을 살리는 진정한 다양화로 대학의 경쟁력을 높일 방안도 모색해야 한다.

아래 절들에서 구체적인 내용을 설명하겠지만 저자가 강조하는 교육 개혁의 키워드는 '단순화'와 '상품 교체'다. 사교육 부담을 줄이려면 정면대결형 해법이 필요하고 그 핵심은 입시제도를 대폭 단순화해 정보산업인 사교육의 부당한 지대(초과이윤)를 줄이는 데 있다. 수능은 자격시험화하고, 대학에게 선발 자율권을 줘야 한다. 나아가 학생 개개인의 개성과 잠재력을 키우는 방향으로 초중고 교육을 전환하고 줄 세우기의 수단인 점수기반 상대평가를 없애야 한다. 대학 역시 각자의 개성과 특성을 살리는 방식으로 경쟁력을 높여야 한다. 고유의 강점을 갖는 방식으로 대학들의 특성이 다양해지면 학생들은 지금의 수시 전형 같은 복잡한 잔머리 굴리기가 아니라 자신의 적성과 희망에 부합하는 대학을 쉽게 고를 수 있다. 이 과정에서 공교육과 입시의 비효율과 불공정은 줄어들 것이고 사교육도 공교육의 대체재가 아닌 보완재로서의 원래 역할로 돌아가게 된다. 그동안 교육 수요자들이 모든 부담을 떠안으며 경쟁했다면 이제는 공급자들이 경쟁하며 교육과 입시의 책임을 지게 될 것이다.

물론 이것은 어느 하나 가벼운 주제가 없는 쉽지 않은 주문이다. 복마전 같은 교육 현장의 개혁을 이루려면 여러 요소를 동시에 고려하며 큰 그림을 그릴 수 있어야 한다. 이런 일은 특정 정권 혼자의 힘으로 감당하기 어렵다. 우선, 현 집권 정부는 향후 상당한 기간 동안 기존 제도의 변화 없이 좋은 청사진만 만들어 보겠다는 취지의 '교육 모라토리엄'을 선언할 필요가 있다. 교육의 경우 정책의 일관성이 매우 중요하고, 이것이 깨지면 정책 신뢰도가 무너진다. 기존 제도에 아무리 문제가 많아도 부분적인 수정만 반복하면 제도가 복잡해지면서 문제가 더 커질 수 있다. 진정한 교육개혁을 이루려면 일단 당파성과 거리가 먼 독립적이고 권위적인 기구를 만들어 시간이 걸리더라도 국민 다수가 납득할 만한 청사진부터 만들어야 한다. 입시제도는 물론 유치원부터 대학원까지 전 교육과정의 거버넌스 구조를 검토해 교육 생태계를 확 바꿀 수 있는 혁명적인 대안이 필요하다. 한마디로 '백지 청사진'이 필요한 것이다.

어찌 보면 이 일은 마음먹기에 따라 쉬울 수 있다. 집권층은 이렇게 중립적인 기구에서 청사진을 만들고, 이를 공론화시켜 실현 가능한 수준의 사회적 합의를 얻기까지 기존 제도에는 어떤 변화도 주지 않겠다고 선언만 하면 된다. 설사 현 정부의 임기 내에 청사진 작성이나 공론화 과정이 끝나지 않더라도 다음 정권으로 넘겨주면 된다. 교육과 같이 사실상 전면적 개혁이 필요한 분야에서는 의회 의석수가 별 의미 없다. 헌법보다 무서운 국민정서법이 있기 때문이다.

이상적으로는 현 정부의 임기 중에 청사진과 공론화 과정까지 거쳐 다수 여론의 지지를 받는 사회적 합의안을 만든 다음 이를 깨끗하게 다음 정권에 넘기는 것이 바람직하다. 이 경우 다음 정부는 정치적 부담 없이 이 안을 실행할 수 있다. 어차피 당파성 없는 중립 기구에서 만든 안이기 때문이다. 만일 이 어려운 일을 해낼 수만 있다면 현 대통령은 수십 년 동안 아무도 손을 대지 못한 개혁을 성공시킨 '교육대통령'으로 역사에 기록될 수 있다.

그러나 자신의 임기 중에는 '직접 나서는 일 없이 철저하게 중립적 기구에 맡겨 두겠다'라는 선언이 과연 쉬울까. 과거의 경험을 보면 정권의 임기 중에 뭔가 가시적인 성과를 이루겠다고 조바심을 보이다 정작 아무것도 이루지 못한 경우가 다반사다. 그런 근시안적 사고가 국가 미래에 손해를 끼치는데도 자신의 정파적 이익 지키기에 급급한 지도자들을 꾸준히 보아왔다. 이미 충분히 망가진 교육제도가 몇 년 더 기다린다고 크게 더 바뀔 것도 없다. 잠시 멈추어 긴 호흡으로 미래를 내다보는 개혁의 초석을 놓는 정치 세력이 나온다면 설사 임기 중에 개혁이 완성되지 않는다 해도 사람들은 성공한 정권으로 기억할 것이다.

사교육 시장 바로잡기

제대로 돌아가는 시장 경제에서는 '소비자 주권'이 보호된다. 경제원론에 나오는 수요함수는 어느 가격에 어느 정도 사겠다는 소비자들의 시그널을 표시한 것이다. 생산자 입장에서는 시장가격이 물건 하나 만드는

데 드는 비용 정도는 커버해야 수지가 맞는다. 양자의 이해관계가 맞아떨어지는 지점에서 균형이 이뤄지지만 생산 의사결정의 기초가 되는 것은 소비자의 선호이다. 하지만 현실 경제에서는 소비자의 판단에 필요한 정보가 충분하지 않고 독과점으로 인해 시장의 가격 기능이 저하되기 쉽다. 독점 카르텔이 형성되고 지대추구 현상이 일상화되면 소비자 주권이 무시되는 것은 물론 사회 전체의 후생 역시 하락한다.

시민이 중심이 되는 민주 국가에서는 '납세자 주권'이 보장된다. 세금을 내는 가계나 기업은 그 대가로 좋은 정부 서비스를 돌려받기를 기대하는데, 이에 부응하지 못하는 정부는 다음 선거에서 퇴출되기 쉽다. 세금은 국가 운영의 재원 마련을 위해 국가와 시민이 맺는 일종의 사회계약이다. 정부 권한의 원천이 시민의 동의에 있다면 납세자 주권은 정부 구성원들이 가장 기본적으로 가슴에 담아야 하는 원칙이다. 그런데 대한민국에는 세금을 정부의 일방적 권한이라 착각하는 정치인이나 관료가 너무 많다. 정부 서비스에 대한 수요자 선호를 무시한 공급자 중심의 일방통행식 정책 결정이 지속되면 이는 정부 신뢰의 하락으로 이어진다. 이런 경우 조세 회피를 위한 지하경제 활동이 늘어날 수 있다.

수요자 지옥, 공급자 천국

위에서 소비자 주권과 납세자 주권을 언급한 것은 우리나라 교육 현실을 설명하는 데 이보다 더 적합한 비유를 찾기 힘들기 때문이다. 일단 교육 시장을 보면 철저히 공급자 중심이다. 교사, 교수, 교육 당국, 그리고 사교육으로 이어지는 거대한 공급 체인의 위세 앞에서 학생과 학부모의 선호와 권리는 속절없이 허물어진다. 좋은 인력을 공급받아야 하는 우리 사회도 무기력한 수요자로 전락한 지 오래다. 수요자가 자신이 원하는 제품을 선택하는 것이 아니라 공급자가 보내는 시그널에 맞추어 시간과 돈을 퍼부어야 하는 최악의 시장이 대한민국의 교육 현장이다. 한 마디로 '수요자 지옥, 공급자 천국'의 세상이다.

엄연히 공교육 시장이 존재하는데 사교육 시장이 별도로 존재하는 것은 교육 수요자가 정부가 제공하는 서비스에 만족하지 못하기 때문이다. 이는 정부 서비스에 불만이 많은 납세자가 지하경제로 도는 것과 비슷한 현상이다. 그런데 사교육 문제를 직시하려면 한 가지 근본적인 질문부터 던져야 한다. 사교육은 정상적인 시장일까, 아니면 공교육의 부실을 틈타 생겨난 암시장 같은 존재일까. 이 문제에 대한 대답을 하려면 교육이 어떤 재화인지부터 이해해야 한다.

개인은 다른 상품과 마찬가지로 어떤 효용 가치를 기대하며 교육이라는 재화를 구입한다.[6] 그런데 교육을 민간 시장에만 맡겨 놓으면 소위 '시장 실패market failure'가 발생하기 쉽다. 시장 실패는 독과점이나 무임승차가 가능한 공공재의 사례처럼 시장의 가격 기능에 맡겨 놓았을 때 효율적인 자원배분에 실패하는 경우를 의미한다. 소득분배의 악화와 같은 형평성의 문제가 발생하는 경우도 넓은 의미의 시장 실패로 정의할 수 있다. 공해의 경우처럼 돈을 주고받는 시장 안에서의 거래 없이도 나의 행동이 남에게 영향을 주는 '외부효과external effect' 역시 시장 실패로 본다.

교육은 정正의 외부효과를 창출하는 대표적인 재화이다. 내 주변에 교육 수준이 높은 사람들이 많다면 여러모로 나에게 좋을 것이다. 공부 잘하는 이웃 삼촌은 나의 롤 모델로 자극제가 되기도 하고 가끔 공짜로 과외를 해주기도 한다. 주민들은 쓰레기를 아무데나 버리지 않고 공동체의 발전을 위해 투표와 같은 정치 참여도 게을리하지 않는다. 사회적 관점에서도 교육은 인적자본의 축적과 계층 사다리 형성에 도움을 줘서 성장과 분배에 기여한다.

그런데 사람들은 이런 외부효과를 무시하고 자신에게 돌아오는 혜택만 감안해 교육 지출을 결정하기 때문에 시장에 맡겨 두면 사회적으로 적정한 교육 수준에 이르기 어렵다. 이럴 경우, 정부가 보조금 지급 등 다양한 방식으로 개입해 민간의 교육지출 증가를 유도하거나 아니면 아예 정부가 직접 교육을 생산하는 주체가 될 수도 있다. 실제 우리나라의 교육 체제는 국공립 학교와 사립학교로 구성돼 있으며 다양한 형태의 정부 지원이 제공된다. 무상 의무 교육이나 저소득층 자녀에 대한 교육비 지원은 분배 개선은 물론 성장잠재력 향상에도 도움이 된다.

여기까지는 자본주의 시장경제 체제를 유지하는 모든 나라에 해당되는 교과서적인 설명이다. 그런데 우리나라의 경우 다른 나라와 구분되는 특수성이 있다. 첫째, 공교육에 대한 정부 규제가 너무 과도해 공립과 사립의 구분이 사실상 무의미하다. 둘째, 학교로 대변되는 공교육에 비해 학원으로 대변되는 사교육의 규모가 너무 크다. 이런 경우, 수요자와 공급자가 자유롭게 만나는 민간 교육시장은 사립학교가 아니라 사설학원으로 대변될 가능성이 크다. 문제는 이런 대규모의 사교육 시장을 정상적인 일반 시장으로 봐야 하는지 일종의 변형된 암시장으로 봐야 하는지가 헷갈린다는 것이다.

사실 사설 학원이나 학교 교실이나 그저 입시 중심의 교과목에만 집중하고 있는 지금의 현실에서는 공교육과 사교육 모두 사실상 동일한 재화를 생산한다고 할 수 있다. 차이가 있다면 공립, 사립을 불문하고 공교육 분야는 다양한 정부 규제하에 있고, 사교육은 나름 시장 원리에 의해 움직인다는 점이다. 이런 측면들을 종합해보면 공교육을 대체할 정도로 비대해진 지금의 사교육 시장은 기본적으로 수요와 공급에 의해 움직이는 민간 시장의 성격을 갖지만 동시에 정부의 관리 감독 손길이 미치지 않는 암시장적인 요소도 적지 않게 포함하고 있다고 볼 수 있다. 만일 사교육 시장이 그저 지하경제의 일부라면 차라리 정책 대응이 분명해진다. 하지만 사교육 종사자들도 세금을 내는 공식 경제의 일원이다. 이런 하이브리드적 성격 때문에 사교육 문제는 기존의 관행적 사고로 풀기 어려운 것이다.

사교육 지대 줄이고 공교육 상품 교체해야

2022년 기준 대한민국 부모들이 사교육에 지출한 돈이 26조 원이라고 한다.[7] 이는 그해 우리나라 교육 관련 예산 82.7조 원의 30%가 넘는 금액이다. 하지만 이런 눈에 보이는 통계 수치로 표현되는 회계적 비용은 사교육이 초래하는 사회적 비용을 과소평가하고 있다. 개인에게 경제적으로 의미 있는 자원은 돈과 시간이다. 공식적으로 집계되는 사교육 비용은 정보를 찾고 전략을 구상하는 과정에 들어가는 시간의 기회비용을 감안하고 있지 않다. 회계적 비용에다 학생과 학부모가 쏟아부은 시간의 기회비용까지 합한 경제학적 비용은 26조 원보다 훨씬 더 클 것이다. 나아가 이런 개인적 비용에 추가해 교육제도가 초래하는 비효율과 불평등까지 감안한다면 현 교육시스템의 총 사회적 비용은 상상을 초월할 정도로 불어난다.

이처럼 사교육이 교육 문제의 핵심 사안이라면 되건 안 되건 이 문제부터 직시하고 해법을 찾아야 한다. 그런데 교육 전문가나 정부 당국의 초점은 늘 공교육 제도의 개선에만 치우쳐져 있다. 만일 공교육이 살아나 사교육을 대체할 수 있다면 최선일 것이다. 그러나 어디를 봐도 그런

기미는 보이지 않고, 사교육이 공교육을 대체하는 수준만 높아지고 있는 실정이다. 정부의 사교육비 경감 대책에 단골로 들어오는 메뉴 중에 EBS 교재의 수능 연계율을 높이는 등 수능 문제를 공교육과정 내에서 출제하자는 것이 있다. 하지만 사교육이 공교육을 밀어내고 교육의 주체처럼 되어버린 상황에서 이런 단편적인 대책만으로 사교육이 줄어들 것이라고 믿는 것은 순진한 생각이다. 기존 교육체제의 골격은 놔둔 채 부분적 수정을 하는 방식보다는 공교육과 입시제도의 근본적 개혁을 가져올 대안이 필요하다.

적을 이기려면 적을 제대로 알아야 한다. 사교육 문제의 경우 사교육 공급자들이 누리는 지대의 원천과 성격부터 따져봐야 한다. 사실 사교육은 얼마든지 공교육의 부족한 점을 메우는 건설적 기능을 수행할 수 있다. 다시 말해 공교육의 보완재 역할을 하는 사교육은 사회 후생을 높일 것이다. 하지만 지금의 사교육은 공교육의 대체재 역할을 하는 측면이 크다. 이유는 간단하다. 입시 중심의 현 교육 체제하에서 사교육이 공교육보다 더 우월한 제품을 만든다는 인식 때문이다. 어차피 사교육 공급자들의 힘은 이들이 제공하는 상품의 수요에 비례한다. 공교육에 의존하기보다 돈을 쓰더라도 입시 학원에 다니는 것이 가성비 높은 선택이라는 인식이 꺾이지 않는 한 이미 비대해진 사교육 공급자들의 독점 파워는 더 커질 것이다. 그 결과 이들이 요구하는 가격은 정상시장의 수준을 넘어서게 되고, 이렇게 발생하는 지대의 규모는 엄청날 것이다.

문제는 사교육 공급자들이 누리는 지대의 성격이다. 경쟁시장의 정상이윤보다 높은 수익을 올리는 것이 무조건 나쁘다고 할 수는 없다. 일반적으로 좋은 지대와 나쁜 지대의 구분은 그 원천이 무엇이냐에 달려 있다. 연구개발에 돈을 쏟아부으며 혁신을 이룬 대가로 얻은 생산적 지대와 정부 권력이나 불합리한 사회 제도를 기반으로 발생한 비생산적 지대 간의 차이는 극명하다. 예컨대 국가 경제의 부가가치를 높이는 생산적 기업의 지대와 부동산 불로소득의 지대 간에는 사회 후생에 미치는 공헌도 측면에서 차이가 크다. 그렇다면 입시용 문제풀이와 입시 정보 컨설팅이란 상품을 파는 과정에서 발생하는 신종 '사교육 지대'는 도대체 어떤 사회적 편익을 동반할까. 아마 한 해 몇백억 원씩 번다는 사교육 일타 강사들과 그들을 장사 밑천이나 롤 모델로 삼는 부류들을 빼고는 이 질문에 긍정적 해답을 주는 사람을 찾기는 어려울 것이다.

그렇다면 사교육의 비생산적 지대와 사회적 비용을 줄일 수 있는 방안은 무엇일까. 이 책에서는 사교육 시장의 두 가지 특성인 '정보산업' 기능과 '문제풀이 우월성'과 관련된 정면대결형 해법을 제안한다. 어차피 사교육 시장을 없애는 것이 불가능하다면 한편으로 이곳에 발생하는 비생산적인 지대를 최대한 줄이고, 다른 한편으로 사교육이 공교육의 대체재가 아닌 보완재로서의 기능을 하도록 유도하자는 것이다. 크게 보아 교육 전반에 관한 '게임의 룰'을 바꾸는 다음 두 가지 방식이 최선이라 본다.

첫째, 사교육의 비생산적 지대를 줄이려면 무엇보다 기존의 복잡한 입시제도를 대폭 단순화시켜야 한다. 그동안 특별한 구조 변화 없이 단편적 정책 수정만 누적되다 보니 제도 자체가 너무 복잡해졌다. 예전에 수능, 내신, 논술이 동시에 당락의 결정요인이 될 때가 있었는데 이를 빗대어 '죽음의 트라이앵글'이라는 자조적 표현이 나오기도 했다. 복잡한 제도는 높은 효율 비용을 초래할 뿐만 아니라 돈으로 정보를 살 수 있는 상류 계층에게 유리할 수밖에 없다. 따라서 개혁의 내용이 무엇이건 제도 단순화의 원칙은 반드시 지켜질 필요가 있다. 대다수 학생들이 학교 교사들의 도움만으로도 입시 전략을 짤 수 있는 수준으로 입시 유형을 단순화시켜야 한다. 거대한 정보산업이 되어버린 사교육 시장에서의 부당한 지대를 줄이려면 이 방법밖에 없다. 제도가 단순할수록 투명성이 보장되고 이 자체만으로도 기존 체제의 비효율과 불공정성은 상당 부분 사라질 것이다. 나아가 정책의 투명성은 정부 신뢰도를 높이는 핵심 요인이다. 정책 당국에 대한 신뢰도가 높아지면 개혁 과정에서의 저항도 줄어들 수 있다.

둘째, 사교육이 공교육의 대체재가 아니라 보완재의 기능으로 돌아가려면 학교에서 제공하는 공교육의 내용과 평가 방식을 전면적으로 바꿀 필요가 있다. 즉, 공교육에서 제공하는 상품을 교체하자는 것이다. 지금은 AI가 주도하는 지식혁명의 시대다. 주입식 지식에 기반한 문제풀이형 교육 방식으로는 사회가 필요로 하는 인재를 길러내기 어렵다. 공교육에서는 표준화된 지식의 주입이나 평가가 아니라 개인의 잠재력과 특성에 기반한 맞춤형 교육을 제공하고, 평가 방식도 표준화된 상대평가가 아니라 정성형의 절대평가로 바꿔야 한다.

이런 공교육 변화가 다음 절에서 상세히 설명하는 입시 개혁과 맞물리게 되면 사교육의 영역은 대폭 줄어들 수 있다. 무엇보다 교육 수요자인 학생과 학부모가 사교육 시장을 거치지 않고 대학과 직거래하는 형식의 입시제도를 정착시켜야 한다. 이 경우 사교육 자체는 사라지지 않겠지만 그 공급자들이 누리던 비생산적 지대는 상당 부분 사라질 것이다.

다음 절에서는 교육 및 입시제도 개혁을 위해 실제 어떤 구체적인 대안이 가능할지 학교와 입시에서의 평가 방식을 기준으로 살펴본다. 이 책에서는 크게 '점수형 상대평가 폐지', '수능의 자격시험화', 그리고 '대학의 자율과 책임을 강조하는 입시'라는 세 가지 정책 방향을 제시하는

데, 이는 앞서 언급한 사교육 대책의 두 가지 원칙(단순화와 상품 교체)에 가장 부합하는 대안이라고 할 수 있다.

상대평가 없애고, 수능은 쉽게, 입시는 자율

외국에서 박사를 하고 돌아온 교수들이 즐겨 쓰는 교습 방법 중 하나가 소위 '팀플'이다. 주어진 과제를 혼자 하는 것보다 여럿이 하면 토론이 벌어지게 되고 아이디어의 시너지가 생기며 모두가 윈-윈할 수 있다는 취지다. 여기까지는 맞는 말이다. 하지만 팀플의 성과를 상대평가형 학점으로 준다면 얘기는 달라진다. 예를 들어 4명이 한 조라면 1~2명은 적당히 묻어가기 쉽다. 아예 한두 명이 과제를 다 하는 경우도 적지 않다. 이유는 간단하다. 일단 학점을 잘 받고 봐야 하기 때문에, 적당히 나누어 애매한 작품을 만드느니 그 중 가장 뛰어난 친구가 도맡아 하는 것이 낫기 때문이다. 한마디로 매우 불공정하고 비효율적인 학점 평가 방식인 셈이다. 더 큰 문제는 팀플의 원래 취지인 협력과 토론의 동기가 사라진다는 데 있다.

만일 성적을 상대평가 대신, 'Pass-fail' 식으로 바꾸면 어떨까. 학생들은 여유와 흥미를 갖고 토론하고 협력하며 긍정의 시너지를 만들어낼 가능성이 높아질 것이다. 특히, 채점 기준에는 작업의 내용뿐 아니라 협력의 과정까지 포함한다. 보고서에 작업 결과뿐 아니라 팀원 간의 역할 분담과 프로젝트를 진행하는 실제 과정을 서술하게 하는 것이다. 단순한 기록이 아니라 작업의 모멘텀이 변한 변곡점이 어디였는지를 상기하며 자신들의 공부 과정을 복기하게 하는 이런 방식은 학생들로 하여금 '생각하는 법'을 스스로 터득하게 하는 데 많은 도움이 된다. 학교는 최종 결과로 경쟁하는 사회와 달라야 한다. 아직 배우는 학생들에게는 생선을 얼마나 잡았느냐보다 그것을 어떻게 잡느냐를 연습하는 과정이 더욱 중요하다.

이처럼 같은 제도라도 어떤 문화나 환경에서 운영되느냐에 따라 그 효과가 극명하게 달라질 수 있다. 교육과정에서 경쟁은 필요하지만 협력도 중요하다. 팀플 같은 학습 방식도 이런 취지에서 만들어진 것이다. 여러 명이 모여 토론과 협력을 하는 과정에서 학생들의 사고력이나 실천적 문제 해결 능력이 늘게 된다.

그런데 우리나라 학생들은 어릴 때부터 '정답 찾기' 위주의 주입식 입시 교육을 받아왔고, 이에 대한 평가는 구성원 간의 순위를 정하는 상대평가가 주류를 이루고 있다. 이러다 보니 성적 경쟁이 모든 학습의 일차 기준이 될 수밖에 없다. 일단 남을 꺾고 내 순위를 올려야 하는 상황에 접하면 성적 외의 다른 요인은 무시되기 마련이다. 강의 정원에 맞추어 강제로 순위나 학점을 배분하는 상대평가 방식이 사라지지 않는 한 학생들이 상호 간의 소통을 매개로 하는 배움의 기회를 갖기는 쉽지 않을 것이다.

특히 우리나라의 입시제도는 상대평가가 초래하는 비효율과 불공평을 총망라한 결정판이다. 학교에서는 내신 상대평가로 줄을 세우고, 입시철에는 수능 상대평가로 줄을 세운다. 교육 당국 등 입시와 관련된 일을 하는 사람들은 '공정성'을 갖추는 것이 입시제도의 일차 기준이고 이를 충족시키면서 '변별력'도 갖추는 방식은 이런 식의 상대평가밖에 없다고 생각하는 것 같다. 아마 국민정서법에 저촉되지 않으려면 이 방식이 최선이라 여기는 걸지도 모른다. 그런데 주입식 지식에 바탕을 둔 문제풀이 실력을 인공지능과 경쟁해야 하는 시대의 인재 선발 기준으로 삼는 것이 맞느냐는 질문을 던지면 아무도 대답을 하지 못한다. 나아가 아래에서 언급하듯 이들이 생각하는 공정성 기준은 사교육 요소를 고려할 때 별로 공정하지 않을 수 있다.

점수기반 상대평가는 교실에서 사라져야

제대로 된 교육개혁이 있으려면 교실에서 벌어지는 경쟁에 대한 개념부터 다시 생각해 볼 필요가 있다. 여럿이 모여서 하는 학습 과정에서 경쟁은 불가피하고, 또 필요하다. 하지만 당사자들의 능력 배양에는 도움이 안 되고 시간과 돈만 낭비하는 소모적인 경쟁은 낭비에 불과하다. 경제학적 개념 중에 비효율을 의미하는 'deadweight loss'라는 표현이 있다. 예를 들어 다수의 소비자와 생산자가 자유 경쟁을 하던 체제에서 공급자 1인의 독점체제로 옮겨갔다고 하자. 이 경우 소비자 후생의 상당 부분은 독점 지대로 전환된다. 이 과정에서 '효율 비용'이라는 사회적 낭비가 발생하는 것은 물론 일반 소비자로부터 독점 생산자로의 바람직하지 않은 '재분배'까지 이뤄진다.

지금 우리나라 교육 현장에서 볼 수 있는 점수로 등급을 나누는 상대평가가 이런 식이다. 사회적 비효율이 클 뿐더러 그나마도 사교육을 살 수 있는 계층에게 유리한 시스템이다. 진정한 경쟁은 사회에 나가서 하면 된다. 그래서 대학에 들어가면 자신에게 맞는 커리어를 생각하며 정말 열심히 공부해야 한다. 고등학교 때까지는 가급적 스스로의 잠재력을 발견하며 이를 더 키워 나가는 일에 초점을 둘 필요가 있다. 지식 자체도 필요하지만 스스로 지식을 만들어낼 수 있는 창의력 개발이 우선시돼야 한다.

이것이 가능하려면 공교육의 교과 내용과 학습 및 평가 방식이 획기적으로 바뀌어야 한다. 사교육과 동일한 주입식 입시 교육으로 낭비하고 있는 아까운 공교육 자원을 지식기반사회에 부합하는 창의적 교육에 집중시키자는 것이다. AI 기술을 응용해보건, 고전을 읽고 토론을 하건, 종전에 하던 입시형 문제풀이에서 학생들을 일단 벗어나게 해줘야 한다. 특히 창의력과 협력 및 소통의 가치를 강조하는 교육이 뿌리를 내리려면 기계적인 해법 대신 질문을 하는 능력을 길러주는 것이 매우 중요하다. 어릴 때부터 객관식 해답 찾기에 길들여진 학생들을 보면 문제 자체를 이해하지 못하는 경우가 많다. 하지만 AI와 경쟁해야 하는 미래에는 지식 자체보다는 이것을 필요한 곳에 응용할 수 있는 학생 개개인의 학습 역량이 중요하다. 새로운 차원의 정보화 시대에 걸맞은 융합형 교육을 강화하고 문화와 예술, 체육 등 학생의 창의력과 체력을 길러줄 소양 교육도 넉넉하게 제공할 필요가 있다. 이러면 대다수의 학생들은 학교에 오는 것이 즐거워질 것이다.

위와 같은 창의성 교육이 자리를 잡으려면 지금과 같은 상대평가형 내신과 수능은 사라져야 한다. 내신으로 석차를 매겨 입시에 활용하는 방식은 애초부터 사교육을 조장하고 교육 부패를 자초하는 길이었다. 수능으로 정시를 준비하는 경우에도 정답 찾기 기술 단련이라는 차원에서 사교육이 우위를 점하고 있다. 만일 학생 간의 변별력이 필요하다면 바뀌는 공교육과 입시제도의 취지에 부합하는 새로운 기준을 만들어야 한다. 이런 기준을 굳이 점수형으로 할 필요는 없다.

물론 이런 획기적 전환에 따른 일시적 혼란이 있을 수 있다. 아마 이런 제안이 부딪히는 가장 거센 반발은 공정성과 변별력을 어떻게 담보할 것인가일 것이다. 그런데 공정성이라는 기준은 가치판단이 개입된 다분히 주관적인 개념이다. 어떤 사안을 바라보는 개인의 시각이 다르기 때문에 이를 집합해 사회적 합의를 이루는 일은 쉽지 않다.

하지만 어마어마한 사회적 낭비와 개인적 부담을 초래하는 현재의 교육 시스템을 정상이라고 말하는 사람은 드물 것이다. 무엇보다 사교육 의존도가 높은 현재의 시스템은 상류 계층에 압도적으로 유리하다. 그렇다면 어떤 근거로 현재의 상대평가형 수능이나 내신을 공정하다 말할 수 있을까. 객관식 시험 문제 성적을 바탕으로 학생들의 석차를 정하고 이를 공정성이라 말하는 것은 매우 구차한 일이다.

그래도 입시인데 변별력이 있어야 하지 않겠느냐는 질문에 대한 답변은 간단하다. 대학이 자율적으로 자신들이 원하는 학생을 뽑게 하는 것이다. 다음 절에서 상세히 언급하겠지만 지금 같은 획일적이고 생산성 낮은 대학 교육이 바뀌어야 한다는 데에는 이론의 여지가 없다. 특히, 대학마다 고유의 강점을 갖는 영역이 생겨나면 자연스럽게 학생의 적성 및 희망과 대학의 특성이 부합되는 선발 방식이 생겨날 가능성이 크다. 굳이 경제학적 관점을 동원하지 않더라도 이보다 더 효율적이고 공평한 입시제도를 찾기 어려울 것이다. 지금처럼 문제풀이형 객관식 시험으로 입시생을 줄 세운 다음 서열화된 대학에 차례로 잘라넣는 시스템보다 우월한 것은 말할 필요조차 없다.

이런 대학 자율형 선발을 대학 본고사의 부활로 착각할 필요도 없다. 예전 본고사는 어차피 비슷한 내용과 방식의 시험 문제를 내는 것이었기 때문에 대학별로 유형의 차이는 크지 않았다. 예상 성적이 높으면 상위권 대학에 지원한다는 의미에서 지금의 수능과 큰 차이가 없다고 할 수 있다. 그런데 여기서 말하는 대학의 자율 선발은 내신, 학생부 등 다양한 정보와 자체적인 심층 면접 등을 포함하기 때문에 과거와는 차원이 다른 제도라 할 수 있다.

혹시, 예전의 입학사정관제나 학생부종합전형 입시처럼 부패가 발생하지 않을까 하는 걱정이 있을 수 있지만 이 문제는 얼마든지 해결할 수 있다. 부정 입시가 발생하는 것은 처벌이 느슨하기 때문이다. 예전 왕조때는 큰 죄를 지었을 때 삼족이나 구족을 멸하는 극강의 형벌 제도를 사용했다. 입시와 같이 온 국민이 예민하게 바라보는 사안에서 혹 부정이 생긴다면 해당 교수는 물론 관련 대학도 철저하게 책임을 물으면 된다. 부정부패에는 이처럼 간단하고 확실한 해법이 진리다.

내신은 절대평가, 수능은 자격시험

이상의 관점을 바탕으로 입시제도의 개혁 방향을 정리해보자. 가장 철저히 지켜야 할 기본 원칙은 (1) 새로운 지식혁명시대에 걸맞은 교육 내용과 교과과정을 반영해야 하고, (2) 누가 봐도 단순하고 명료해 비싼 정보 비용을 치를 필요가 없으며, (3) 사교육 도움 없이도 경쟁할 수 있는 수준의 공정성이 담보돼야 한다는 세 가지다. 이를 바탕으로 다음과 같은 제도적 변화가 필요하다. 크게 보아 내신 상대평가를 없애고, 수능을 자격시험화하며, 대학의 자율적 선발권을 강화하는 것이다.

첫째, 시험 성적으로 순위를 매기는 내신 상대평가는 없애야 한다. 학교는 사설 학원이 하기 힘든, 그렇지만 나중 사회에 나가면 정말 도움이 되는 능력을 학생들에게 길러주는 일을 해야 한다. 문제풀이형 시험을 바탕으로 한 지금의 내신 상대평가는 학생 개개인의 잠재력과 개성을 무시한 채 획일적인 평균화를 추구하는 방식이다.

점수기반 상대평가를 없애자는 것은 평가를 하지 않겠다는 것이 아니다. 주입식 지식을 평가해 그 점수로 석차를 나누는 줄 세우기식 평가가 아닌 개인의 잠재력과 적성을 바탕으로 한 상대평가는 얼마든지 가능하고 또 필요하다. 체육을 상대적으로 잘하는 친구, 예술이나 과학에 비교우위가 있는 친구 식으로 얼마든지 정성형 상대평가가 가능하고 이를 학생부에 기록해야 한다. 부문별로 우수한 학생에게 얼마든지 상도 줄 수 있다. 개별 학생의 특성에 관한 입체적 정보가 있어야 대학에서 자신들에게 정말 필요한 학생이 누구인지를 판별하기 쉬워진다. 고등학교에서는 그저 학생을 잘 기르고 그들의 적성과 잠재력을 판단할 수 있는 정보만 제공하면 된다. 교사들이 원래의 직분으로 돌아갈 수 있어야 나라의 미래도 밝아지고 그들의 자부심도 되살아난다.

시험 성적 같은 점수를 기반으로 한 평가를 해야만 하는 경우에는 절대평가 방식을 쓰는 것이 새로운 교육환경에 훨씬 부합하는 대안이다. 이 경우 많은 사람들이 걱정하는 것은 성적이 부풀려질 가능성이다. 그런데 이런 상향 편의는 대다수 절대평가 방식의 자연스러운 현상이며 실제로 그렇게 걱정할 문제도 아니다. 대학에서 절대평가를 해보면 A학점의 비중이 절대 다수가 되는 경우가 많다. 이처럼 한 강의를 듣는 학생의 절반 이상이 A를 받는다면 이는 사실상 'Pass-fail'에 가까운 평가라 볼 수 있다. 그런데도 B나 C학점을 받는 학생은 정말 그럴 만한 이유가 있는 것이다. 즉, 절대평가의 학점은 잘한 학생을 가려내는 것이 아니라 못한 학생을 추려내는 용도라 이해하면 된다. 수능을 소수 등급의 절대평가로 바꾸면 만점자가 속출하게 되는데, 그것이 바로 자격시험의 취지인 것이다. 같은 이유로 내신 절대평가 과정에서 A학점이 속출해도 크게 신경 쓸 필요가 없다는 의미다.

2025학년도부터 학생들이 원하는 과목을 선택해 듣는 고교학점제가 실시될 예정인데 이 경우 학생이 어떤 과목을 골라 들었느냐가 향후 대학 입시에 유용한 정보가 될 수 있다. 원래는 절대평가로 과목 성적을 내는 성취평가제를 동시에 도입한다고 했었는데 2023년 10월에 발표한 2028년도 수능 및 내신 체계를 보면 내신 상대평가의 등급을 기존의 9단계에서 5단계로 줄이는 수준으로 조정됐다. 사실 성적순에 따른 상대적 평가가 아닌 학생 개인의 교과별 성취기준에 도달한 정도를 평가하는 성취평가제는 교육과정 개편의 바람직한 방향이라 할 수 있었다. 그런데 원래 안을 보면 고등학교 2·3학년 때 듣는 선택 과목만 절대평가를 하고, 1학년 때 듣는 공통과목은 9등급의 상대평가를 하는 절충식인데, 이 경우 학부모들은 1학년 성적의 등급을 높이기 위해 사교육 화력과 재력을 총동원할 것이 분명하기 때문에 보류한 것으로 보인다.

기왕에 절대평가형 평가 방식으로 바꾸려 했다면 서둘러 애매한 방안을 만들지 말고 좀 더 시간을 두고 공교육 교과과정 개편과 대학 특성화 방안을 포함하는 근본적 대안을 찾아야 했다. 앞서 언급한 대로 학생의 적성과 잠재력을 반영하는 창의성 중심 교육으로 교과과정이 바뀌고, 제대로 된 정성형 평가와 평균 이하를 가려내는 점수기반 절대평가가 이뤄지면 이는 뒤에 자세히 언급할 대학의 특성화와 자연스럽게 결합될 수 있다. 이 경우 자연스럽게 사교육 개입의 폭은 줄어들고 학생과 대학 간의 '직거래'가 이뤄질 가능성이 높아질 것이다.

둘째, 입시 지옥의 핵인 수능의 방식을 획기적으로 바꿔 변별력이 약한 '물수능'으로 전환시켜야 한다. 수능은 기본적으로 '대학에서 수학할 수 있는 능력이 되는지를 측정하는 절대평가형 자격시험' 정도가 적절하다. 만점자가 수두룩하게 나와도 문제될 것이 없다. 이렇게 하면 전국의 수험생을 한 줄로 세우는 원시적이고 강압적인 획일화도 사라지게 되고, 수능의 변별력이 어떻고 저떻고 하는 소모적 논쟁도 사라질 것이다. 기초 학력 테스트의 의미가 강하기 때문에 굳이 사교육을 받을 필요 없이 학교 교육만 충실히 받으면 누구나 통과할 수 있게 만들어야 한다. 수십만 명의 입시생마다 사정이 다를 수 있기 때문에 일 년에 한 번보다는 두 번 정도 시험을 보게 해주는 것이 적절하다.

30여 년 전에 도입된 대학수학능력시험, 즉 수능은 미국의 'SAT: Scholastic Aptitude Test'처럼 대학에서 공부할 수 있는 적성검사적인 성격이 강했다. 교과목 내용을 단순 암기하는 이전의 학력고사 방식에서 벗어나 여러 과목을 아우르는 통합적 사고력을 측정하고자 했고, 대학에서 학생들 뽑을 때 고려하는 여러 전형 요소의 하나로 설계된 것이다. 이후 이런저런 이유 때문에 그 성격과 형식이 변질되면서 세칭 '킬러 문항'까지 동원되는 줄 세우기 시험으로 정착된 것이다. 학생 간의 서열을 정하려다 보니 변별력을 갖추려고 지나치게 어려운 문제를 출제하게 되고, 학생들은 짧은 시간에 많은 문제를 풀어야 하기 때문에 이런 기술을 가르치는 학원을 찾아다닐 수밖에 없는 것이다.

전문가들 사이에서 기존 수능 체제가 변해야 한다는 공감대가 형성된 지 오래다. 미국식의 적성검사 방식으로 돌아가자는 견해도 있고, 수능을 대학 교육과정을 따라갈 수 있는지 체크하는 자격시험으로 전환하자는 목소리도 있다. 하지만 수능 그 자체만으로 개혁의 기준을 정하기가 애매하다. 내신이나 대학의 자율 평가 등 다른 입시 전형 요소를 함께 고려해야 하며 공교육 교과과정의 내용 및 수준과도 결이 같아야 한다. 특히, 사교육 부담의 완화와 공교육 부활이라는 교육개혁의 절대 목표를 우선적으로 고려해야 한다. 나아가 어떤 개혁 대안이건 정치적 관문을 통과해야 한다는 것도 빼놓을 수 없다. 그 과정에서 공정성에 대한 논리 정립도 필수다. 예를 들어 통합교과형, 적성검사 방식의 초기 수능 방식은 부활하기 어려운데 그 이유는 이것이 미국의 SAT처럼 부유층 자녀에게 유리하기 때문이다.

이 책에서 수능은 자격시험화하고 학생 선발은 대학 자율에 맡기는 것이 최선이라 보는 것은 이것이 지식정보시대의 교과 내용과 수준, 대학 경쟁력 향상을 위한 특성화, 사교육비 절감 등의 기본적 교육 목표와 가장 부합하는 선택이라 보기 때문이다. 이런 관점에서 볼 때 기초학력 테스트인 수능을 주관식, 서술형으로 바꾸자는 제안은 타당성이 약하다. 그 취지는 이해하지만 사고력을 테스트하는 정성 평가는 대학 차원에서 심층 면접 방식으로 행하는 것이 훨씬 효과적이고 비용절감석이다.

대학에게 선발 자율권을

입시 개혁의 세 번째 요소는 대학의 선발 자율권을 강화하는 것이다. 특히 이런 변화는 다음 절에서 다루는 대학의 특성화 작업과 병행해야 한다. 고등학교 교과 내용을 AI 시대에 맞게 창의적인 융합교육형으로 개편하고, 수업 및 평가 방식을 학생 개개인의 적성 및 잠재력 개발에 도움이 되는 절대평가 방식으로 조정하며, 수능을 단순한 자격시험으로 전환한다면 입시제도의 초점은 대학의 전형 방식에 집중될 수밖에 없다. 이제는 과거처럼 알아서 학생들이 찾아와 주는 것이 아니라 대학이 책임지고 자신들의 인재상에 부합하는 좋은 학생을 뽑아야 하는 시대가 오는 것이다. 이는 입시의 부담이 수요자에서 공급자로 전환되는 바람직한 방향 전환이다.

우선 대학들은 나름의 학생 선발 기준을 정해야 한다. 대학교수들은 사교육에서 길러진 다음 상대평가형 내신이나 수능을 통해 등급이 매겨진 학생보다는 자신들의 특화된 분야에 어울리는 적성을 가진 학생들을 뽑고 싶어할 것이다. 이는 곧 정답 패턴을 가르쳐주는 사교육으로부터 덜 오염된 학생들을 선호한다는 의미다. 그렇다면 기존의 수시 및 정시 입시 방식부터 바뀌어야 한다. 우선, 자격시험화된 수능만으로 학생들을 뽑는 기존의 정시 방식은 변별력이 부족하기 때문에 자연스럽게 사라질 것이다. 문제는 대학마다 다른 다양한 형식의 수시 입시를 어떻게 조정하느냐이다.

가장 먼저 손봐야 할 부분이 현재 대다수 대학이 사용하고 있는 유형의 논술과 구술이다. 학원 강사가 충분히 예측할 수 있는 지문을 주고 논술 답안을 적게 하거나 구술 답변을 하게 하는 기존의 방식은 사교육을 많이 받은 학생이 유리하기 마련이다. 대신 도저히 학원에서 패턴을 배워 오기 어려운 방식의 심층 면접 방식을 택해야 한다. 지문을 주고 잠시 생각하게 한 다음 답을 하게 하는 5~10분짜리 면접이 아니라 30분~1시간 정도 심도 있는 대화형 구술 시험이나 면접을 두어 번 실시하는 것이 절대적으로 필요하다.[8]

심층 면접은 과거에 문제가 됐던 학생부종합전형 입시의 부패 요소도 제거할 수 있다. 예전 학교생활기록부의 수상이나 봉사기록은 신뢰하기 힘든 요소가 적지 않았다. 이것을 바탕으로 몇 분짜리 면접을 하면 부모의 경제력이나 영향력이 높은 학생이 좋은 성적을 받기 쉽다. 그런데 교과과정이 획일적 지식 주입과 성적 평가가 아닌 학생별 특성을 강조하는 방향으로 바뀐다면 출신 고등학교에서 제공하는 정성 평가의 내용 역시 학생 간에 차별화될 수 있다. 이를 바탕으로 긴 시간의 심층 면접을 한다면 해당 학생의 적성, 인성, 잠재력 등을 평가하기가 쉬워질 것이다.

대학이 선발 자율권을 갖게 되면 아무래도 이런저런 부작용에 대한 우려가 있기 마련이다. 하지만 이는 병적으로 부패한 기존 시스템이 초래하는 수요자 부담과 사회적 비용에 비할 바가 아니다. 앞서 언급한 것처럼 입학사정관제나 학생부종합전형 입시 때와 같은 부정 입시 가능성은 해당 관계자와 대학에 대한 강력한 처벌로 해결될 수 있다. 뇌물 몇 푼 받으려다 패가망신 당하는 위험을 감수할 사람은 드물 것이다. 예전 같은 대학 본고사의 부활에 대한 걱정도 기우다. 어차피 국영수 식의 시험을 따로 볼 필요가 없기 때문이다. 나아가 대학별 입시와 관련된 사교육이 여전히 살아남을 수 있지만 복잡한 경우의 수를 따지는 기존의 입시 사교육에 비해 그 비용이 훨씬 덜할 수 있다.

대학 신발 자율권과 관련해 가장 걱정되는 점은 대학마다 다양화라는 명분하에 이런저런 방식으로 입시 방식을 복잡하게 하는 것이다. 지금의 수시 입시 유형도 복잡하기 짝이 없는데 이것이 더 악화된다면 개선이 아니라 개악이 된다. 이를 막기 위해서는 대학에서 실시하는 입시 유형 자체는 단순하게 만들 필요가 있다. 논술이건 구술이건 대학별 특성에 맞는 심층면접 한두 가지를 고교에서 제공하는 개인 특성별 정보와 결합해 시도하는 방식이 대표적인 사례다. 즉, 대학별 특징은 다양해도 입시 방식은 단순하게 가져가야 입시생들의 정보 비용을 줄일 수 있다. 국영수 중심이었던 과거의 대학 본고사는 획일적인 줄 세우기라는 점이 단점이었지만 그래도 뭘 공부해야 하는지는 알기 쉬웠다. 이 책에서 제시하는 방안은 예전 본고사의 장점(단순화)은 살리고 단점(획일화)은 버리는 방식이다.

이처럼 단순한 유형이지만 심도 있는 학생 평가를 할 수 있는 제도를 채택하면 교육 전문가들이 강조하는 다양성은 어떻게 되느냐는 질문이 나올 수 있다. 그런데 여기서 따져볼 문제는 입시제도의 다양성이 도대체 무엇을 의미하느냐이다. 먼저 대학 구성원의 분포가 사회 구성원의 분포와 유사하게 가는 식의 다양성을 이상적이라 보는 견해가 있는데 이는 현실적으로 매우 어려운 주문이자 동시에 그 이론적 근거도 불분명하다. 물론 분배적 관점에서 저소득 계층이나 지방 학생들을 고려하는 제도는 필요할 수 있다. 그런데 이런 인위적인 정원 배분이 지나치다 보면 제도가 복잡해지면서 이로 인한 비효율이 다른 편익을 압도하게 된다.

예를 들어 대부분의 수도권 종합대학들이 시행하고 있는 지역균형선발제도의 경우 해당 학교의 입장에서는 타당성이 있겠지만 사회 전체의 관점에서 보면 그 효율성과 형평성에 의문이 생길 수 있다. 이런 제도로 소수만 특혜를 받는 것이 공정하느냐의 반론이 있을 수 있고, 나아가 이런 '학생 빼가기'가 지방대학에게는 불리하게 작용할 것이기 때문이다. 서울대 같이 여러 전공이 고루 분포된 대규모 종합대학이라면 모를까 특정 분야에 특화된 작은 규모의 대학 구성이 전체 사회의 구성을 따라갈 필요는 없을 것이다. 예컨대 항공·우주 분야에 강점이 있는 대학의 경우 비슷한 특성을 가진 학생들이 모일 수밖에 없다. 더구나 그 대학이 지방에 위치해 있다면 애초에 지역균형선발 같은 장치는 무의미할 것이다. 같은 논리로 지금의 수시 방식이 채택하고 있는 다양한 기준의 인위적인 정원 할당은 그 편익은 애매한 데 비해 제도의 복잡성에 따른 사회적 비용은 매우 큰 방식이다.

반면 이 책에서 말하는 이상적인 다양성은 '명목상의 형평성'이나 '입시제도 자체의 다양성'이 아니라 '입시 주체인 학생과 대학의 다양성'을 의미한다. 첫째, 학생의 적성과 잠재력을 강조하는 공교육 기능을 강화하고 그 과정에서 제공되는 학생의 개별적 정보와 정성 평가 내용을 대학이 합리적으로 이용하는 것이다. 대학은 개성과 잠재력 기준으로 차별화되는 다양한 학생군에서 자신이 원하는 선택을 하면 된다. 둘째, 대학 자체가 나름의 특성을 가지면서 입시생들에게 폭넓은 선택을 제공하는 것이다. 특히, 다음 절에서 강조하는 대학 특성화가 이뤄지면 학생들은 자신의 개성과 선호에 맞는 대학을 선택하기 쉬워질 수 있다. 그만큼 정보 비용은 줄어들고 입시 준비의 초점도 분명해질 것이다. 한마디로 수요자와 공급자의 '직거래'가 이뤄지면서 이들의 선호를 매칭하는 시장의 자율 조절 기능이 작동하게 만들자는 것이다.

이런 경우 지금의 내신 중심 수시처럼 전국 고등학교를 굳이 등급화할 필요도 없다. 새로운 입시 유형은 성적 좋은 학생을 뽑는 것이 아니라 개성과 잠재력이 있는 학생을 뽑는 것이기 때문이다. 지금과 같은 지식 테스트형 시험 평가 방식하에서는 잘하는 학생과 못하는 학생들을 구분하는 것이 목표이기 때문에 사회적 약자에 대한 배려가 부족하기 쉽다. 이런 단점을 보완하기 위해 지금 같은 복잡한 수시 전형이 생겨났다고 할 수 있다. 그러나 학생 개개인의 잠재력과 적성을 발굴하고 길러주는데 초점을 두는 맞춤형 교육 시스템하에서는 조금 뒤처지는 학생도 얼마든지 자신의 성장 플랜을 짤 수 있다. 또한 대학 전형 과정에서도 객관화된 정량지표에 더해 잠재력이나 적성 같은 정성지표를 함께 고려하기 때문에 사회적 약자에 대한 배려가 쉬워질 수 있다. 굳이 인위적인 정원 할당을 하면서 이것을 다양성이라 강조할 필요가 없다는 얘기다.

대학 경쟁력의 핵심은 자율과 특성화

우리나라 운동 선수들은 올림픽에서 은메달을 따고도 시상대 위에서 시무룩한 표정을 짓는 경우가 흔하다. 반면 외국 선수들은 동메달만 따도 세상을 다 얻은 듯 환호한다. 이유는 간단하다. 어느 코미디언이 일갈했듯 "일등만 알아주는 더러운 사회"이기 때문이다. 대학도 마찬가지다. 그저 1, 2, 3등을 매기는 식으로 서열화된 지 오래다. 수능시험 같은 객관식 문제풀이 시험을 통해 전국의 입시 준비생들을 한 줄로 세운 다음, 서울대부터 순서대로 채워나가는 것이 대한민국의 교육 현실이다.

그래도 올림픽 스타들은 세계 상위권에 포진하면서 순위를 더 높이려는 노력을 한다. 메달을 땄다고 4~5등 한 다른 동료들 앞에서 우쭐대지도 않는다. 어차피 실력은 종이 한 장 차이이고 언제 다시 뒤집힐 줄 모르기 때문이다. 그러나 우리나라 대학 현장을 보면 소위 'SKY'니 하는 식으로 소수 상위권 대학을 우상화한다. 삼성그룹의 수십 개 계열사들은 '삼성전자'와 '삼성후자'로 나뉘어진다는 우스갯소리와 비슷하다.

그런데 올림픽 메달리스트나 삼성전자는 국내는 물론 세계 무대에서도 상위권이다. 반면 우리나라 대학들은 국력에 비해 비교가 안 될 정도로 낮은 국제 경쟁력을 지닌 집단이다. 여러 국제 기관에서 발표하는 대학 경쟁력 순위라는 것이 있는데 이것을 그대로 믿어준다 해도 우리 대학의 경쟁력 순위는 형편없다. 전공마다 조금 다르겠지만 실제 100등 안에 드는 대학이 몇이나 되는지 궁금하다. 그런데도 입시 학원 주변에 가면 이들 간에 무슨 대단한 질적 차이가 있는 것처럼 서열을 정해가며 호들갑을 떤다. 이는 마치 국제 경기에 출전해 100등 한 선수가 110등 한 선수에게 우쭐대는 것과 다를 바 없다.

나아가 대학의 주인공인 학생들이 '무엇을, 어떻게 배우는지'라는 기본적인 관점에서 보면 우리나라 대학들의 실질적인 경쟁력은 몇 가지 통계지표의 평균치에 바탕을 두고 산출하는 애매모호한 대학 순위보다 훨씬 더 낮게 보아야 한다. 예를 들어 세계 최고의 대학 교육 시스템을 자랑하는 미국에 있는 어느 주립대학보다 국내 대학의 순위가 높다고 하자. 그런데, 취업이나 각종 자격시험 준비 학원처럼 변해버린 국내 대학에 다니는 학생이 제대로 된 커리큘럼과 면학 분위기에서 공부하는 미국 주립대 학생보다 더 나은 교육을 받는다고 말할 수 있을까.

대학 교육의 대표적 수요자는 학생과 우리 사회다. 요즘 대학생들은 어떻게 자신을 개발시켜 멋진 사회인으로 출발할까를 생각해볼 여력이 없다. 오로지 대학 입시만을 위해 강제로 주입한 지식과 문제풀이 기술 밖에 내세울 게 없는 그들은 대학 문턱을 밟자마자 쉴 틈도 없이 취업 준비에 나서야 한다. 예전의 대학은 강의는 부실했어도 학생들이 숨 쉴 공간은 있었다. 책노 읽고, 동아리도 하고, 친구를 사귀면서도 수업을 따라갈 수 있었다.

요즘의 대학은 어떤가. 교수들의 수준은 높아졌지만 강의 방식이나 내용은 수십 년 전에 비해 크게 달라진 것이 없다. 무슨 규제는 그리도 많은지 자유의 공간이어야 할 대학이 거대한 관료조직 같은 비효율로 신음한다. 학생들은 상대평가로 주어지는 학점에 목을 매며 동료를 경쟁 상대로 여긴다. 억지로 잘라놓은 수강 정원 때문에 학기 초에는 수강신청 전쟁이 벌어진다. 한마디로 대한민국 대학의 현재 모습은 각자 잘하는 분야를 더 강하게 만들어 세계 정상으로 향해 나가기는커녕 너 나 할 것 없이 비슷비슷한 교육 방식을 고수하며 하향 평준화의 길로 가고 있다 해도 지나친 말이 아니다.

대학 특성화와 수요자 중심 교육

한국 대학이 살아나려면 국제 무대에서 경쟁해야 한다. 경직적인 입시제도와 학벌 사회가 만들어준 기득권에 안주하며 학생과 사회가 필요로 하는 교육보다는 교수 중심의 강의에 초점을 두는 현재의 대학 문화로는 경쟁력이 더 떨어질 수 있다. 그나마 수도권의 상위권 대학은 상대적으로 우수한 인력을 힘 들이지 않고 받을 수 있지만 저출생 여파로 학령 인구가 줄면서 지방으로 가면 정원을 채우지 못해 생존의 기로에 서 있는 대학들이 즐비하다. 한때 명문 소리를 듣던 주요 지방 국립대학들도 고전을 면치 못하고 있는 실정이다.

대학의 국제 경쟁력을 높이려면 국제 무역 분야에서 등장하는 '비교우위comparative advantage' 개념에 주목할 필요가 있다. A국이 자동차와 의류 두 분야 모두에서 B국에 비해 생산성의 절대우위가 있다 해도 각국은 상대적으로 더 유리한 제품에 특화한 다음 그것을 상대국에 파는 것이 모두에게 남는 장사라는 의미다. 예를 들어 A국의 자동차 생산 절대우위가 의류보다 월등히 강하다면 이 나라는 자동차만 생산하고 의류는 B국에서 수입하는 것이 낫다는 얘기다.

국내 대학의 경쟁력은 이런 비교우위를 확보하는 일에서 시작해야한다. 대학 특성화도 애매모호한 나눠먹기식 '선택과 집중'이 아니라 국내는 물론 국제 무대에서도 통할 수 있는 경쟁력이 강한 전공을 기르는차원에서 접근할 필요가 있다. 대학의 규모나 수준에 따라 이런 전공이여러 개일 수도 있고 하나일 수도 있다. 하향 평준화된 기존 시스템에서는 의대나 치대 같은 특수 분야를 빼고는 서열이 높은 대학들이 거의 모든 전공에서 그다음 단계의 대학들보다 우위를 점하는 현상이 나타난다.즉, 국제 무역의 경우처럼 비교 우위에 근거한 특성화는 없고 실제로 큰차이도 없는 절대우위에 근거해 다들 너무 많은 전공을 유지하고 있다.

그래도 예전에는 대학별로 내세우는 분야가 있었다. 서울대야 그렇다 치더라도, 연대 상대, 고대 법대, 한양 공대, 건국 수의대, 경희 한의대 식으로 대학별 대표 전공이 있었다. 물론, 이렇다고 연대 법대나 고대상대가 약했다는 것은 아니다. 그런대로 비교우위에 기반한 대학별 경쟁력이 돋보였다는 의미다. 사실 지금 같은 지식혁명시대에서는 대학별 특성과 강점이 더욱 두드러져야 정상이다. 전공 분야가 더 세분되기도 하고, 통합이나 융합의 과정을 겪으며 새로운 분야로 거듭나기도 한다. 하지만 이런 시대 조류에 부응하면서 대학별로 강한 전공 한두 개를 만드는 노력은 현저하게 부족한 실정이다. 이러다 보니 모든 대학의 교육과정이 비슷비슷한 애매한 평준화가 지속되고 있는 것이다. 이런 상황에서는 교육 수요자인 우리 사회가 필요로 하는 인력 공급이 효율적으로 이뤄지기 어렵다.

이런 경직적 대학 거버넌스의 배경에는 교육과정이 지나치게 공급자 중심이라는 현실이 존재한다. 전공 분야별로 학과나 학부가 존재하고 이를 기반으로 학사 운영이 이뤄진다. 교육 수요자인 학생은 정해진 규칙을 따라가야 하는 존재일 뿐이다. 입학 당시 정해진 전공이 졸업할 때까지 이어지는 관행은 대학 당국의 행정 편의나 교수들의 자리 보전에만 도움을 줄 뿐 인적자원의 효율적 배양과는 거리가 멀다. 한번 잘못 선택한 전공 분야에서 한두 해를 낭비하고 다른 전공을 찾는 과정의 거래 비용은 어마어마하게 클 수 있다. 물론 부전공이나 복수전공 제도를 통해 이런 전공 칸막이의 문제점을 보완하고는 있지만 학과 단위로 고착된 교과과정은 큰 변화가 없다.

다행히 최근에는 여러 대학에서 아예 정해진 전공 없이 넓은 계열 단위로 신입생을 뽑으려는 노력이 확산되고 있다. 하지만 전공의 벽을 허무는 것이 학생들의 전공 선택 차원에 머물러서는 한계가 있다. 교육의 질이 향상되려면 수요 측면과 공급 측면이 함께 변해야 한다. 교수와 운영 예산이 특정 학과 단위에 묶여 있는 기존 시스템으로는 유연한 융합형 교육을 제공하기 어렵다. 복수전공이나 자유 전공 제도 등으로 학생

들의 선택권을 강화시키는 동시에 개별 학과 중심의 대학 거버넌스를 바꿀 필요가 있다.[9]

그런데 왜 이렇게 자명한 문제에 대한 속 시원한 해결책이 쉽게 나오지 않는 걸까. 입시제도야 국민 정서가 예민하게 반응하는 영역이라 조심스럽게 움직인다고 하지만 최고 지성 집단인 대학이 자율적 개혁을 못한다면 뭔가 숨은 장애물이 있다고 봐야 할 것이다. 혹시 그 장애물이 현상 유지 상태를 선호하는 특정 집단, 즉 서울대를 비롯한 상위권 대학과 교육 당국이 아닐까 하는 의문이 생기는 대목이다.

서울대와 교육부가 문제일까

대한민국에서 서울대가 차지하는 위상은 달리 설명할 필요가 없다. 서울대에서 채택하는 학생 선발 및 교육 방식은 다른 대학에 영향을 주기 마련이고, 그 파급효과는 초중고교 교육으로 확산된다. 한마디로 '외부효과'가 어마어마한 것이다. 개인이나 기업은 자신의 효용이나 이익을 고려하며 소비나 생산 결정을 한다. 그런데 이런 행위가 별도의 가격 거래 없이 타인의 후생에 긍정적 혹은 부정적 영향을 줄 때가 있다. 공해는 대표적인 부($負$)의 외부효과 사례이고, 기업의 연구개발 성과가 외부로 확산되는 것은 정의 외부효과 사례다.

그렇다면 서울대가 타 대학과 우리 사회에 미치는 외부효과는 긍정적일까, 부정적일까. 우수한 서울대 구성원들이 우리 사회에 필요한 이런저런 혁신적인 교육 성과를 낸다면 이는 정의 외부효과라 할 수 있다. 그런데, 이 부분을 제외하면 온통 부정적인 외부효과만 눈에 띈다. 우선 한국 사회의 고질적 병폐인 학벌주의의 정점에 서울대가 서있다. 입시제도와 사교육 문제의 근원인 대학 서열화의 중심에도 서울대가 존재한다.

그래서 대한민국의 교육을 살리려면 서울대부터 폐지해야 한다는 목소리가 들리는 것이다. 물론 우리 사회에서 서울대 동창생이 차지하는 위세를 고려하면 이런 제안의 실현 가능성은 없을 것이다.

서울대에 대한 이런 부정적인 시각은 최근의 왜곡된 교육열과 관련이 크다. 과거에는 교육이 성장과 분배에 기여하는 측면이 컸다. 성장에 필요한 물적 인프라가 부족한 경제발전 초기에는 인적자원에 대한 투자가 중요했고, 교육은 제조업 중심의 산업 구조에 걸맞은 훈련된 인력을 제공했다. 개인적 관점에서는 열심히 노력해 좋은 대학에 가는 것이 계층 상승의 사다리 역할을 해줬다. 한마디로 부모의 높은 교육열이 긍정적으로 작용할 수 있는 토양이 마련됐던 셈이다. 이런 과정에서 서울대는 교육이 지향하는 하나의 상징적인 목표 지점으로 자리잡았다. 경쟁과 수월성을 강조하는 교육 문화가 자리잡은 것도 이것의 긍정적 측면이 어쩔 수 없이 발생하는 불평등이라는 부정적 측면을 능가한다 봤기 때문이다.

그러나 본격적 경제발전을 시작한 지 한두 세대가 지난 오늘의 현실은 그 반대다. 창의력이 생명인 기술혁명시대에 지식의 주입과 객관식 문제풀이를 강요하는 기존 시스템은 지속적 성장의 발목을 잡을 수 있다. 사교육이 교육 현장을 지배하면서 계층 사다리는 무너지고 계층 세습의 흐름이 고착화되고 있다. 그리고 이 정점에 역시 서울대가 존재한다. 학부모들은 자식들을 이곳에 보내고 싶어 하지만 사회적 관점에서 볼 때 이런 쏠림 현상이 건전하다 보기 어렵다. 이런 상황에서 서울대를 없애면 문제가 해결될까. 그렇지 않을 것이다. 서울대가 대학 서열화의 상징인 것은 맞지만 이는 병든 교육제도의 증상이지 그 원인이라 보기는 어렵기 때문이다.

그런데 이런 대학 서열화 문제를 떠나 서울대가 타 대학과 우리 사회에 미치는 부의 외부효과가 두드러진 곳이 있다. 바로 교육 내용과 방식이다. 요즘 대학 캠퍼스는 취업 준비 학원과 다를 바 없다는 말들을 한다. 학생들은 교수의 농담까지 받아 적어가며 학점 올리기에 여념이 없고, 남는 시간은 각종 시험이나 취업 준비에 투자한다. 그런데 우리나라 최고 인재들이 모인 서울대에서 이런 일이 벌어진다면 실망스러울 것이다. 학과 중심의 칸막이 교육과 수십 년 전과 크게 다를 바 없는 강의 방식을 제일 먼저 바꿔야 할 곳이 서울대다. 가만히 앉아 있어도 좋은 학생들이 쏟아져 들어오기 때문에 교수나 대학 당국은 특별한 변화를 추구해야 할 유인이 상대적으로 강하지 않을 수 있다. 그러나 서울대의 교육 방식이 타 대학에 미치는 파급효과를 생각한다면 이를 그대로 방치하기 어려울 것이다.

　　일반적으로 정의 외부효과가 있는 행위는 보조금을 지급해 장려하고 부의 외부효과를 창출하는 행위는 세금이나 규제를 통해 위축시키는 것이 사회 후생을 높이는 길이다. 실제 한국의 교육 당국을 보면 예산이라는 당근과 규제라는 채찍을 사용하며 국공립 대학은 물론 사립대학까지도 철저하게 통제하고 있다. 문제는 이런 정책 수단들이 일반적인 경제적 합리성과는 동떨어진 경우가 많다는 점이다.

　　대학 등록금이 동결된 지 15년이 넘어가면서 대부분의 대학은 재정난에 시달리고 있다. 이렇다 보니 교육부의 예산 배정에 330개가 넘는 전국의 대학들은 목을 맬 수밖에 없다. 특히 교육 예산은 교육 당국의 지시를 잘 따르는 대학에 우선적으로 배정되는 경향이 있다. 문제는 이런 지시가 백 년을 설계하는 합리적인 청사진에 바탕을 둔 것이 아니라 단기적인 정책 필요성에 근거한 경우가 많다는 점이다. 예를 들어 입시의

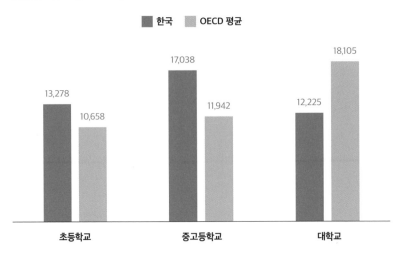

교육단계별 학생 1인당 공교육비 지출액

(단위: USD Purchasing Power Parity)

■ 한국   ■ OECD 평균

	초등학교	중고등학교	대학교
한국	13,278	17,038	12,225
OECD 평균	10,658	11,942	18,105

자료: OECD. 2020년 기준.

경우 정부가 제시한 방향과 다른 식의 선발 방식을 채택한 대학은 다음 해에 예산상의 불이익을 받기 쉽다.

교육부의 또 다른 무기인 규제 역시 경제 이론이 제시하는 방향과 정반대로 가는 경우가 적지 않다. 즉, 혁신과 같은 정의 외부효과는 장려를 해야 하는데 오히려 규제 수단을 통해 억제한다면 분명 잘못된 정책일 것이다. 그런데 대학들이 시대 흐름이나 교육 환경 변화에 맞추어 새로운 학과를 신설하거나 정원을 조정하려 해도 일일이 교육부의 허락을 받아야 한다. 교수들로 하여금 강의 출석부를 몇 년 동안 모아두게 하고 감사 때는 출석률이 낮은 학생들의 처벌 여부까지 교육부가 따지는 나라다. 외국 교수 한 명 초빙하려면 거쳐야 할 행정 절차가 하나둘이 아니다. 이런 깨알 같은 규제로 통제를 당하는 대학에서 국제 교류나 산학 협력을 위한 새로운 시도는 엄두조차 내기 어렵다. 교육부에 더해 지자체들까지도 규제의 그물망을 던져놓고 있기 때문이다. 가장 실험적이고 자유로워야 하는 대학 캠퍼스가 이런 행정적 레드 테이프로 신음한다. 어지간한 것은 신경 안 쓰게 해줄 테니 대학은 국가의 경쟁력 향상을 위한 일에만 집중해 달라고 해야 정상인 것이다.

혁신은 현장을 잘 아는 당사자들의 몫이다. 기업들이 연구개발을 하면서 일일이 정부의 허락을 받는다면 그 나라 경제가 제대로 돌아갈 리 없다. 교육 혁신을 교사와 교수들보다 더 잘할 수 있는 집단은 없다. 한때 효과를 본 정부주도형 성장 정책도 경제 규모가 커지면서 그 편익보다는 비용이 높은 변곡점을 넘어선 지 오래다. 끈질기게 살아남던 '관치금융'도 이제는 예전만큼 위세를 부리지 못한다. 그런데 교육 규제는 난공불락의 아성처럼 버티고 있다. 교육을 살리려면 교육부부터 없애야 한다는 목소리가 농담처럼 들리지 않는 것은 이런 이유 때문이다.

지방대학이 살아남으려면

대한민국 드라마에 가장 자주 등장하는 대학의 이름은 '한국대학교'이다. 대놓고 서울대라는 명칭을 쓰기 거북하니까 저런 대안을 쓰는 것이다. 다소 황당하게 들릴지 모르지만 기존 대학 체제의 핵심 문제인 서울대로의 쏠림과 지방대의 위축 현상을 한방에 날릴 수 있는 방안이 여기에 암시돼 있다. 바로 서울대학교를 비롯한 국립대학의 명칭을 한국대학교로 바꾸고 주요 도시별로 거점 캠퍼스를 두는 것이다. 이는 세계에서 가장 경쟁력이 높다는 미국의 대학 시스템 중 주립대학들이 택하고 있는 방식이다. 미국을 따라하는 것이 최선이라는 것이 아니라 한국의 국공립대학 체제를 개선하기 위한 하나의 참고점이 된다는 의미다. 즉,

이런 세안이 실현되기는 쉽지 않겠지만 향후 지방대학 활성화 정책을 설계하는 데 중요한 시사점을 가질 수 있다.

우선 현재의 지방대들이 어떤 어려움에 처해 있는지는 굳이 설명할 필요가 없다. 전국의 대학 입학 정원은 2023년 기준 약 45만 명인데 학령 인구의 감소로 대학 입학 지원은 하루가 다르게 줄고 있다.[10] 20년 후쯤에는 대학 입시생이 정원의 절반 정도밖에 되지 않는다. 존폐의 위기에 봉착한 지방대를 살리기 위해 정부는 강력한 혁신 의지가 있는 대학 30여 곳을 선정해 학교당 5년간 1,000억 원씩 지원하는 '글로컬 대학' 프로젝트를 2023년부터 실시하고 있다. 혁신의 내용은 참가 대학별로 다양하겠지만 기본 골격은 대학을 지역 산업 및 사회와 연계하고 전공 폐지 등 학사 과정의 과감한 개편을 통해 수도권으로 떠나는 지방 학생들을 잡아두겠다는 것이다. 아무리 외국 유학생을 받는다 해도 내국인 학생이 없는 대학이 살아날 수는 없기 때문이다.

지방대의 생존과 혁신을 위한 정부의 과감한 투자는 당연히 환영할 일이다. 하지만 이것이 청년 세대의 지방 탈출 추세를 얼마나 막을 수 있을지는 두고 볼 일이다. 다음 장에서 다루듯 저출생 현상으로 인한 학령 인구 감소가 지방대를 위기로 몰아넣는 측면도 있지만 역으로 청년층의 수도권으로의 이동이 출산율을 낮추는 효과도 크다. 글로컬 대학 프로그램을 포함, 전문가나 정부 당국이 제안하는 다양한 지방대 혁신 방안을 보면 바람직한 내용으로 가득차 있지만 이것이 진정한 유인 효과를 가지려면 좀 더 근본적인 추가 대책이 필요해 보인다.

무엇보다 특정 지방대를 졸업했을 때 취업이 보장되느냐가 관건이다. 사실 전공 통폐합과 유연한 학사 운영은 수도권 대학들에서도 시도하고 있는 것들이다. 따라서 글로컬 대학 프로젝트가 제시하는 교육과

정의 혁신만으로 학생들의 발길을 지방대로 돌리기는 어려울 것이다. 그런데 이것이 이 프로젝트의 다른 요소인 산학 협력이나 지역 연계와 적절히 융합돼 대학 경쟁력이 상승하고 취업 전망도 밝아진다면 이는 해볼 만한 게임이 된다. 특히 지방대 혁신의 조건으로 포함되는 산학 협력이 단순한 연구 협력을 넘어 학생들의 취업으로 이어지는 수준이 되어야 한다. 대학생들에게 일자리보다 더 나은 유인은 드물 것이기 때문이다. 이처럼 지방대학은 수도권에 있는 대학에서 찾을 수 없는, 뭔가 확실한 매력을 갖추는 일이 매우 중요하다.

이런 관점에서 볼 때 서울대의 독점적 위상을 지방 거점 국립대와 공유하는 '한국대학' 방식은 지방 국립대의 위상을 확실하게 지켜줄 수 있는 정책 방향을 제시해준다. 지금도 공동연구나 학점 교류 같은 국립대 간의 협력 방안이 거론되고 있지만 이 정도 수준으로는 지방 국립대가 신입생 선발에서 서울 소재 사립대학에 비해 우위를 유지하기 어려울 것이다. 그런데 지방 국립대와 서울대가 공동 학위를 수여한다면 어떨까. 부산에서 공부를 하면서 서울대 졸업장을 받는다면 이는 확실한 유인이 될 수 있다. 물론 이런 식의 국립대학 통합은 당장은 기대하기 어려울 것이다. 하지만, 각 지방 국립대마다 경쟁력 있는 특성화 전공을 기른다면 이 전공에 한해 서울대와 공동 학위를 제공할 수 있을 것이다. 물론, 이 경우 같은 전공의 서울대생이 해당 지방대에 가서 공부하는 것이 자기 발전이나 취업에 유리할 수 있을 정도로 강력한 산학협력 기능과 재정적 유인을 지방대에 부여할 필요가 있다. 만일 이런 특성화 전공이 기존 서울대 커리큘럼에 없는 새로운 형태의 융합형 전공이라면 이런 방식의 실효성은 더 높아질 수 있을 것이다.

지방대학이 정부 지원을 받아 해볼 수 있는 또 다른 방안은 국제 교류 측면에서 비교우위를 확보하는 것이나. 얼마 전까지만 해도 중국 유학생 덕분에 지방대학은 가까스로 정원을 유지하고 있었다. 그런데 한중 관계가 껄끄러워지면서 이 또한 불확실한 선택이 되어가고 있다. 그렇다면 베트남이나 필리핀, 인도네시아 같은 동남아 국가의 유학생들을 받는 대안이 떠오를 것이다. 그런데 이들에게는 호주, 홍콩, 싱가포르의 좋은 대학들이 우선적인 선택 대상이 된다. 뭔가 확실한 유인이 없으면 이들을 유치하기가 쉽지 않을 것이다. 나아가 한국으로 오는 중국이나 동남아 유학생들도 지방대보다는 수노권 대학을 선호하기 마련이다.

이런 상황에서 첫 번째로 생각할 수 있는 대안은 지방대에 재학하는 외국인 학생에게 대폭적인 취업 특혜를 주는 것이다. 재학 중 인턴 기회는 물론, 취업 후 비자나 영주권 취득을 쉽게 해줄 필요가 있다. 나아가 글로컬 대학 프로그램 같이 예산 투자가 큰 사업의 산학협력 영역에서 외국인 학생들이 실질적 도움을 받게 배려한다면 이 또한 상당한 유인이 될 수 있다.

국제 교류를 강화하는 두 번째 대안은 내국인 지방대생의 해외 진출을 적극 지원하는 것이다. 다양한 해외 인턴 프로그램을 주선하고 예산을 지원해주는 것이 일차적 방안이다. 나아가 글로컬 대학 같은 대규모 정부 지원 사업의 일환으로 공동 해외캠퍼스를 한두 개 운영하는 것도 해볼 만한 아이디어다. 이쯤 되면 서울 소재 사립대에 갈 성적이 되는 학생이 지방대로 발걸음을 돌릴지 모른다. 서울에 있는 사립대 재학생의 대표적인 해외 진출 케이스는 부모에게 지원을 받아야 하는 교환학생 프로그램이다. 이보다는 정부 지원을 받아 텍사스 같이 한국 대기업의 현지 자회사가 자리잡고 있는 지역의 공동 캠퍼스에서 한 해 정도를 보내는 것이 훨씬 매력적일 수 있다.

대한민국은 경제력의 절반이 수도권에 집중돼 있다. 따라서 일자리 역시 절반 넘게 수도권에 있다고 봐야 한다. 물론 일자리의 숫자가 아니라 질적인 측면까지 고려하면 지방의 경쟁력은 더욱 떨어질 것이다. 정권이 바뀔 때마다 지방균형발전을 위한 정책이 쏟아져 나오지만 별 성과가 없다. 이제 삼성전자 같은 대기업을 무조건 지방으로 내려오라고 강요하는 예전 방식에서 벗어날 때가 됐다. 지방 소멸의 악순환 고리는 경제, 교육, 의료, 문화 등 여러 측면에 걸쳐 있다. 이들을 동시에 해결할 수 없다면 그중 하나에만 화력을 집중해 고리를 끊어야 한다. 교육이 그런 대안이 되려면 지금 같은 예산 나눠주기 프로젝트로는 한계가 있다. 발상의 전환과 정책 자원의 효율적인 집중이 동시에 필요한 영역이다.

제5장

인구개혁:
초강력 유인으로 모멘텀 바꿔야

• • •

영광으로 이사 갈까 헝가리로 이민 갈까

'전남 영광' 하면 굴비를 떠올리는 사람들이 많을 것이다. 그런데 최근 들어 영광군이 더 영광스러워진 통계가 하나 있다. 바로 전국 최고의 출산율이다. 2022년 기준으로 영광군의 합계 출산율, 즉 한 여성이 평생 낳을 것이라 예상되는 평균 자녀 수는 1.8명인데 이는 그해 전국 평균인 0.78명의 두 배가 훨씬 넘는다. 이런 결과에는 다양한 원인이 있겠지만 그 핵심은 강력한 현금 지원이다. 영광군의 결혼·출산 지원 패키지를 보면 결혼장려금 500만 원, 신생아 양육비로 첫째 500만 원, 둘째 1,200만 원, 셋째~다섯째 3,000만 원, 여섯째 이상 3,500만 원을 지급한다.

헝가리 하면 무엇이 떠오를까. 지리 시간에 졸지 않았으면 여기가 동유럽 국가이고 수도가 부다페스트라는 것 정도는 기억할 것이다. 클래식 음악을 좋아하면 헝가리 무곡이나 광시곡의 친숙한 멜로디가 떠오를 것이다. 그런데 최근 들어 이 나라의 저출산 대책이 화제가 되고 있다. 나라마다 출산 및 육아 관련 정책이 있기 마련이지만 헝가리표 대책은 문자 그대로 "화끈하다". 일단 결혼하면 4천만 원을 대출해주며 아이 하나 낳으면 이자 면제, 둘이면 대출금 30% 탕감, 셋이면 전액 탕감, 넷이면 엄마의 소득세를 평생 탕감해준다.[1] 물론 이외에도 상당히 관대한 주택 보조금 제도 등이 있다. 그 결과 2012년 1.2명까지 떨어졌던 헝가리의 합계출산율은 꾸준히 올라 지금은 1.5명 수준이다. 헝가리 정부의 목표는 이 수치를 2030년까지 2.1명으로 높이는 것이라 한다.

대한민국이 지도에서 사라진다는데

2022년 기준 우리나라의 합계 출산율 0.78명으로 세계 최저 수준이며 지속적인 하락 추세를 보이고 있다.[2] 2018년 0.98명으로 1명대가 깨진 후 돌아설 기미를 보이지 않는데, 2021년 기준 경제협력개발기구(OECD) 38개 회원국의 합계출산율 평균은 1.58명인데, 이 중 출산율이 1명 미만인 곳은 한국뿐이다.[3] 그런데 앞서 언급한 영광군과 헝가리 사례를 보면서 사람들은 의아해할 수 있다. 분명 효과가 있는 수단이 있는데도 왜 한국 정부는 이런 정책을 쓰지 않았을까. 지난 십수 년간 300조 원이 넘는 예산이 저출산 대책에 사용됐다고 하는데 그 돈은 다 어디로 갔을까.[4] 지금 같은 저출생 기조가 지속되면 대한민국이 지도에서 사라질 수도 있다는데 이 말이 사실일까. 그래서 이민 문호 확대가 시급하다 주장하는 목소리가 커지고 있지만 이것이 과연 한국 같은 혈연 중시 사회에서 통할 수 있을까. 이제라도 영광군과 헝가리를 벤치마킹하는 정책이 필요한 걸까.

문제를 풀려면 문제가 무엇인지부터 알아야 한다. 말장난 같아 보이지만 꽉 막힌 현실을 이보다 더 잘 설명해주는 문구도 드물다. 보통 풀기 어려운 정책 과제라고 말하는 것들을 보면 문제에 대한 이해도 자체가 낮은 경우가 많다. 저출산이 초래하는 인구 문제가 그런 사례다. 문제가 뭔지 알 것 같은데 막상 해법을 찾으려 하면 막연한 얘기밖에 나오지 않는 것은 제대로 된 토론에 필요한 쟁점이 분명하지 않기 때문이다.

총인구 문제부터 살펴보자. 기존 인구 규모를 유지할 수 있는 출산율이 2.1명 정도라 본다면 현재의 0.7~0.8명 수준으로는 총인구가 줄어들 수밖에 없다.[5] 이런 식이면 2750년에 한국의 인구는 소멸한다는 주장도 있다.[6] 그냥 들으면 살벌한 예측 같지만 사실 그 무렵까지 정부가 아무 일도 하지 않는다는 비현실적 가정하에 나온 계산일 뿐이다.

출생률이 지속적으로 낮아 내국인 숫자로만 나라 운영이 어려우면 어차피 다른 인종들이 들어와 살 것이고 대한민국이라는 나라는 지속될 것이다. 물론, 그렇게 문제가 악화되기 전에 범국가적 대응이 나올 수밖에 없다. 사실, 마음만 먹으면 지금 당장이라도 정책의 강도를 높여 얼마든지 인구를 늘릴 수 있다. 엄청난 수준으로 세금, 주택, 병역 등의 특혜를 준다면 한두 명쯤 더 낳겠다는 부모는 넘칠 것이다. 이민 문호를 대폭 개방하면 우리보다 임금 수준이 낮은 나라로부터 인력이 쏟아져 들어올 것이다. 그런데도 이런 정책들을 주저하는 것은 이들이 초래하는 사회적 비용이 사회적 편익보다 클 수 있기 때문이다. 영광군의 출산 대책 재원이 어디서 나오는지, 헝가리 방식이 지속가능한지 따져볼 문제라는 것이다.

과거 노동이 핵심 생산력이던 농경사회에선 인구가 적어도 문제였지만 생산성 증가가 높지 않아 인구가 너무 많아도 곤란했다. 반면 몇 단계의 산업혁명이 이어지며 자본과 기술의 축적과 함께 생산성이 높아지

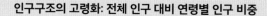

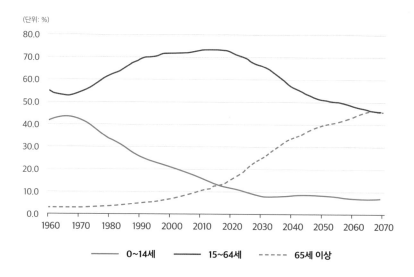

(단위: %)

생산가능인구인 15~64세 인구의 비중은 2016년 73.4%를 정점으로 하락하고 있다. 65세 이상의 인구 비중은 2020년 15.7%에서 2030년 25.5%, 2040년 34.4%, 2050년에는 40.1%로 증가할 전망이다.

자료: 통계청

고 있는 현대 사회에서는 인구 총량이 예전 같은 의미를 갖기 어렵다.[7] 물론 인구 숫자 자체는 경제 규모(GDP)를 결정하므로 무시하기 어렵다. 우리가 세계 10대 강국에 든다고 말할 때 기준은 1인당 GDP가 아니라 총 GDP이다. 그런데 인구 총량은 변하더라도 급작스럽게 진행되기 어렵고, 앞서 말했듯 진정 그 추세가 우려되면 이를 되돌릴 수 있는 장치가 없지 않다.

총인구보다 인구구조 변화가 관건

우리가 직면한 인구 문제의 핵심은 총 숫자 자체라기보다 생산가능 인구와 은퇴 인구의 상대적 비중에 초점이 주어지는 인구구조의 변화에 있다. 일하는 사람에 비해 단순 부양의 대상이 되는 노인 인구가 급속히 늘면 성장잠재력 하락을 포함해 이런저런 사회구조 변화가 일어날 수밖에 없다. 그런데 인구 고령화가 미치는 영향이 분야별로 일률적이지 않기 때문에 출산율이나 노인 인구 비중 같은 총량적 수치의 추세나 국제 비교에만 의존해서는 의미 있는 정책 대응을 하기 어렵다. "출산율이 낮아지면 인구가 줄고 고령화되면서 고용, 성장, 교육, 국방, 재정 등 다양한 분야에서 문제가 발생한다"는 식의 백화점식 문제 나열보다는 분야별로 그 대응책을 차별화할 필요가 있다. 문제를 구체화시키면서 쟁점을 선명히 해야 정책의 우선순위를 분명히 할 수 있고 예산의 실효성을 높일 수 있다.

우선 국방의 경우 징집되는 병사 숫자의 감소가 당장 치명적 문제가 되지는 않을 것이다. 인해전술을 쓰는 시대도 아니고 군사 기술이 발달하면서 드론 등 기계가 사람을 대체하는 수준이 높아지고 있다. 정말 필요하다면 예산을 투입해 자원 병력을 늘릴 수 있고, 인구의 절반인 여성을 직업적 비전투인력으로 활용할 수 있는 길도 열려 있다. 아무래도 의무적으로 군대를 간 사람과 충분한 인센티브를 받고 자발적으로 직업 군인이 된 사람 간에는 생산성 차이가 있을 것이다.

교육의 경우는 학령 인구의 감소가 기존 시스템에 미치는 여파가 클 수 있다. 하지만 학생이 없어 문 닫는 학교가 생기고 교육대학의 인기가 예전만 못하다는 것은 문제가 아니라 진화라 봐야 한다. 어느 시대나 사회 환경이 바뀌면 이에 부응해 제도 변화가 이뤄지는 것이 정상이다. 지금의 대한민국 교육은 지식혁명시대에 부합하는 창의력 있는 인재를 배출하기는커녕 교육 공급자들의 기득권 장벽에 막혀 입시 준비를 위한 사교육비 부담만 늘고 있다. 나아가 이런 교육비 부담은 저출산 현상의 중요한 원인이 되고 있다. 이런 상황에서는 오히려 학생 수의 감소가 입시 제도 개편 등 교육제도의 변화를 촉진하는 계기가 될 수 있다.

　인구 감소가 지방 소멸로 이어진다는 주장도 따져볼 부분이 많다. 두 가지 사건이 동시에 발생하면 상관관계correlation가 높다고 말하는데, 이렇다고 하나가 다른 하나의 원인이 되는 인과관계causality가 반드시 성립하는 것은 아니다. 어차피 전체 인구수의 변동이 없더라도 지방 인구가 감소하는 것은 어쩔 수 없는 최근 추세다. 영광군에서 태어난 아기들도 자란 다음에는 대도시로 나가 살고 싶을 것이다. 서울의 출산율이 지방보다 압도적으로 낮은 것을 보면 수도권 인구 집중이 오히려 전체 출산율을 낮추는 '역인과관계reverse causation'가 성립하는 측면이 있다.[8] 특히 서울에 있는 대학 진학 자체를 절대 목표로 삼는 지금의 분위기에서는 설사 총인구가 늘어난다 해도 지방 인구는 줄어들 수 있다. 다시 말해 지방 부활을 위한 정책은 교육 환경이나 일자리 등 다른 곳에서 찾아야 한다.

　이렇게 정리해 나가다 보면 인구 고령화 문제의 핵심은 생산력 하락과 정부 재정 부담이라 할 수 있다. 생산가능인구가 지나치게 줄면 아무리 생산성이 높아도 기존의 경제 규모를 유지하기 어렵고 잠재성장률도 하락할 것이다.[9] 나아가 일하면서 세금을 내는 젊은 세대의 인구수가 은퇴 세대에 비해 현저하게 감소한다면 복지지출의 증가와 함께 정부의 재정 부담은 눈덩이처럼 불어날 수 있다. 나아가 저출생 추세는 제7장에서 설명하는 바와 같이 연금개혁의 핵심적인 장애물로 등장할 수 있다.[10]

　따라서 향후 인구 분야 정책은 한편으로 출산율 회복에 초점을 두되 다른 한편으로 저출생 기조의 부작용이 클 수 있는 영역에 우선적 관심을 두는 것이 중요하다. 그냥 기존의 출산 및 양육 정책을 강화하며 예산을 더 투입하는 점증적 방식만으로는 큰 변화를 기대하기 어려울 수 있다.

한시적 유인과 구조적 대책의 병행

대부분의 사람들은 근시안적이고 자기 중심적이다. 건강에 해롭다는 것을 알면서도 담배를 피고 술을 마시며 과자를 먹는다. 은퇴 후에는 소득이 줄어 생활이 곤궁해질 텐데 노후 대비 저축에 소홀한 사람이 많다. 사회 문제에 대한 입장 또한 개인의 이해관계에 따라 좌우될 가능성이 크다. 밖에 나가서는 청년들의 모험 정신을 강조하고 다니는 교수님이 정작 제 자식에게는 편하고 안정적인 공기업 취업을 추천한다. 선거 때가 되면 미래를 위한 개혁을 외치는 정치인보다는 당장 내 주머니에 몇 푼이라도 더 넣어주겠다는 포퓰리스트에게 눈길이 간다.

세상 인심이 이렇다 보니 당장 적지 않은 비용이 발생하는 개혁적 변화를 추진하기가 쉽지 않다. 나라 장래를 위해 노동, 교육, 연금 분야에서 구조 개혁이 필요하다는 데에는 공감하지만 막상 내 문제가 되면 태도가 달라지기 마련이다. 내 일자리, 내 자식, 내 노후를 먼저 따지는 것은 어쩔 수 없는 인지상정이다. 저출산 문제도 마찬가지다. 결혼이나 출산과 같이 내 삶의 방향과 질을 좌우하는 강도가 큰 사안일수록 막연한 당위적 설득만으로는 내 마음이 쉽게 움직이지 않는다. 이럴 때는 뭔가 획기적인 대책이 필요하다. 헝가리처럼 예산과 제도를 다른 나라에서는 엄두를 못 내는 수준으로 확 바꾼다면 어느 정도 효과가 있을 것이다. 하지만, 인구 정책은 몇 해 하다 멈추는 단기 과제가 아니다. 지속가능성이 없는 대안은 자칫 부작용만 초래할 수 있다.

저출생 현상의 원인은 다양하겠지만 결혼과 출산을 꺼리는 사회 문화가 고착화돼가고 있다는 점이 가장 큰 문제이다. 높은 주거 부담, 자녀 양육비, 사교육비 등에 더해 경력 단절을 꺼리는 여성들의 태도 변화도 한몫을 하고 있다.[11] 따라서 일상적인 예산 집행이나 기존 정책의 확장 만으로는 획기적인 변화를 가져오기 어려울 수 있다. 이 책에서는 저출생 추세를 막는 대안으로 한편으로 강력한 유인을 한시적으로 제공해 출산 모멘텀을 되돌리는 방안과 다른 한편으로 구조적인 제도 변화를 통해 합리적인 출산 장려 문화를 정착시키는 이원화 정책을 제안한다. 아울러 이런 방안을 체계적으로 다루기 위해서는 정책 수립에 관한 실질적 권한을 가진 컨트롤 타워가 필요하다는 점도 강조한다. 인구 문제 같이 멀리 내다봐야 하고, 경제·사회·문화적 측면을 두루 고려해야 하는 사안의 경우 부처별 대안만으로는 큰 그림을 그리기 어렵기 때문이다.

모든 정부 정책이 그렇듯 정책 자원은 제한돼 있기 때문에 이를 가장 효과적인 방식으로 활용하는 것이 중요하다. 직접적인 현금 투입이 아닌 세금이나 주택 관련 대책이라 하더라도 궁극적으로 정부 재정과 연결되기 마련이다. 이런 관점에서 특히 유념해야 할 부분은 명목상으로는 유인 정책이지만 실질적으로는 단순 보조금에 그치는 경우다. 제2장에서 언급한 사례들처럼 어차피 사람을 고용하려 했는데 정부가 고용 관련 혜택을 준다 하면 이것은 유인이 아니라 보조금이라 봐야 한다.

출산 모멘텀을 되돌릴 획기적 유인

출산 모멘텀을 바꿀 목적으로 가장 손쉽게 생각할 수 있는 대책은 대폭적인 현금 지원이다. 영광군이나 헝가리 제도가 이런 방식에 가깝다고 할 수 있는데, 문제는 앞서도 언급했듯 실효성과 예산 제약이다. 출산 관련 현금 지원의 경우 실제 얼마만큼의 유인 효과가 있었는지 판단하기가 쉽지 않다. 아이를 낳을까 고민할 때 부모는 향후 교육비 등 비용 측면과 새로운 가족의 탄생이 가져오는 편익 측면을 두루 따질 것이기 때문이다. 사람마다 편익과 비용이 일치하는 적정선이 다르겠지만 한 가지 분명한 것은 편익은 주관적인 데 비해 비용은 객관적인 측면이 크다는 점이다. 즉 교육비 부담이나 경력 단절로 인한 소득 감소 등은 계량적으로 측정이 가능한 요소라는 의미다. 이 경우 정부가 해줄 수 있는 부분은 출산과 육아의 비용 부담을 줄여주는 것이다.

하지만 아무리 현금 지원이 유인 효과가 있다 하더라도 예산 제약을 걱정하지 않을 수 없다. 예컨대 출산 보조금 1,000만 원 때문에 출산을 결정할 부부는 많지 않겠지만 1억 원을 준다면 행동이 달라질 것이다. 그러나 이런 정책은 정부의 비용 부담이 너무 크기 때문에 지속가능하지 않다는 문제가 있다. 특히 지방 정부 차원의 현금 지원 정책은 자칫 국가 전체의 출산율을 높이는 것이 아니라 인근 지역의 인구를 뺏어오는 효과를 낳을 수도 있다.

한 사례로 해남군은 2012년 출산 장려금 300만 원을 지급하기 시작한 이후 시군구 기준 출산율 순위가 2012년에서 2018년까지 1위 (2012~2018년 평균 출산율 2.30명)였다. 그러나 다른 지자체에서도 출산에 대한 현금성 지원을 늘리기 시작하면서, 해남군의 출산율은 2019년 2위 (1.89명), 2020년 4위(1.67명), 2021년 10위(1.36명), 2022년 35위(1.04명) 등 지속적으로 하락하고 있다. 결과적으로 이 지역의 출산율은 2012년 2.47명에서 2022년 1.04명으로, 십 년 만에 절반 이하로 떨어졌다.

결국 현금지원이 제 효과를 보게 하려면 일단 예산을 확보해야 하고, 그 다음 예산의 유인 효과는 높이되 이에 따른 사회적 비용은 크지 않은 방안을 찾아야 한다. 한마디로 돈도 필요하고 그 돈을 제대로 쓸 줄 아는 능력도 중요하다. 이 책에서 개혁의 핵심 동력으로 재정의 힘과 시장의 힘을 함께 강조하는 것도 이런 이유에서이다. 정책의 실효성도 확인하지 않고 예산만 늘리는 식의 대책은 어차피 실패할 가능성이 높다.

그렇다면 현금 지원의 실효성을 상대적으로 높일 수 있는 방안에는 어떤 것들이 있을까. 우선 우후죽순식으로 생겨나고 있는 지방 정부의 출산 보조금을 정리해 중앙정부에서 일률적으로 제공할 필요가 있다. 수도권 지역 일부를 제외한 대다수 지방자치단체의 재정자립률은 15% 안팎의 낮은 수준이다. 예산의 상당 부분을 중앙정부에 의존하면서 옆 동네와 경쟁하듯 현금 지원을 하고 있는 것이다. 지방 정부의 출산 지원은 출산율 제고 자체보다는 지역 인구 소멸을 막기 위한 한 방편이라 볼 수 있는데 이 목적으로는 교육 환경이나 일자리가 훨씬 중요한 변수다. 무엇보다 저출생은 국가적 과제이기 때문에 막대한 예산을 쓰려면 중앙정부 차원에서 관리하는 것이 타당성이 높다.

출산에 대한 현금 지원을 하는 경우에도 좀 더 유인 효과를 높이는 방안을 모색할 필요가 있다. 한 예로, 출산 나이에 따라 지원금을 차별하는 방안을 생각해볼 수 있다. 즉, 20대에 출산을 하는 경우 지원액을 훨씬 더 늘려 잡는 것이다. 이는 여러 가지 장점이 있다. 무엇보다 초혼 및 초산 연령을 낮추는 유인 효과를 기대할 수 있다. 초산 연령이 낮아진다면 향후 둘째 출산 등을 통한 출산율 제고 효과도 기대할 수 있다. 특히 눈여겨볼 측면은 20대 부부에 대한 집중 지원은(꼭 현금 지원이 아니라도) 저출산의 한 원인인 주거문제 등을 해결하는 데도 도움이 된다는 점이다. 일단 주거가 안정적이어야 결혼을 생각할 수 있기 때문이다.

2022년 기준 초혼 연령은 남성 33.7세, 여성 31.3세, 초산 연령은

32.3세로 집계됐다(참고: 2000년 초혼 남자 29.3세, 여자 26.5세; 초산 연령 27.7세). 2022년(잠정치) 기준 전체 신생아 24.9만 명 중, 29세 이하 산모의 신생아 수는 4.6만 명(18.5%)으로, 30세~34세 산모의 신생아 11.4만 명(45.8%)에 비해 현저하게 적다. 만일 20대 집중 지원 방식을 통해 이 통계 수치들에 변화가 생긴다면 이는 출산율 제고에 큰 도움을 줄 수 있을 것이다.

다소 파격적인 예지만, 만약 20대에 출산하는 가정에 한시적으로(향후 5~10년) 현금 지원을 1억 원씩 해준다면 어떤 효과가 나타날까. 아마 결혼을 서두르거나 출산 계획을 빨리 잡는 청년들이 늘어날 것이다. 물론 이렇게 지원 액수가 커지면 소요 예산도 늘어날 수밖에 없다. 다른 조건이 일정하다는 가정하에 단순 계산을 해보면 2022년 기준 '4.6만 명×1억 원= 4.6조 원'이 드는 수준이다. 물론, 결혼하려는 커플이 늘고 초산 연령이 낮아지는 것을 생각하면 더 많은 예산이 들 것이다. 여기서 강조하려는 점은 기왕에 예산을 쓰려면 이런 식으로 효과가 확실한 쪽에 초점을 두자는 것이다. 또한 지원 기간을 한시적으로 하는 것이 유인 효과를 더 강화하고 예산 제약도 감안할 수 있는 방식이다.

병역 혜택과 세금 혜택

다음으로, 당장 예산 지출이 없는 제도적 유인의 사례로 출산 가정의 남아에게 병역 혜택을 주는 정책을 생각해보자. 당연히 공정성 논란 때문에 실현 가능성이 높지 않을 수 있다. 그런데 병역에 기반을 둔 정책은 의외로 전례가 적지 않다. 첫 번째 사례는 혈연 중심 사회와 관련이 있다. '대를 잇는다'는 가부장적 사고가 한국 사회를 지배했던 것이 불과 몇십 년 전 일이다. 이 당시에는 아들을 낳는 것이 절대선이었고 딸만 낳은 여인은 따가운 눈초리를 감수해야 했다. 당연히 '몇 대 독자' 하면 병역 혜택이 주어지곤 했다. 지금 생각하면 어이없는 얘기 같지만 그때는 대다수 국민이 받아들여줬던 정책이다. 이처럼 사회 제도는 시대 상황에 영향을 받는 법이다.

두 번째 사례는 박정희 정부 시절 얘기다. 당시 시위를 많이 하는 대학생들을 대상으로 '당근과 채찍'을 동시에 사용했는데 그 수단이 바로 '6개월 병역 단축' 제도였다. 대학 다니면서 '교련'이라는 군사 훈련 과목을 착실히 이수하면 30여 개월의 군복무 기간에서 6개월을 단축해줬다. 남학생에게는 엄청난 유인이 아닐 수 없었다. 물론, 이 과목에서 F학점을 받거나 시위하다 걸리면 여지없이 군대로 징집됐다.

세 번째 사례는 올림픽에서 메달을 따거나 아시안게임에서 금메달을 따는 남자 선수에게 주어지는 군면제 수준의 혜택인데 이것은 지금도 유지되고 있다.[12] 세계적으로 국위를 선양하고 다니는 BTS멤버들은 군대를 보내면서 왜 스포츠 선수들, 그것도 남자들에게만 특혜를 주느냐는 반발이 나올 만한 사안이다. 그래도 이 제도가 지속되는 것을 보면 한번 주어진 기득권은 쉽게 사라지지 않는다는 말이 틀리지 않는 것 같다.

다시 출산 문제로 돌아와 만일 자식이 아들을 포함해 둘 이상인 경우 남자 아이 한 명은 현역이 아닌 공익 근무를 선택할 수 있다고 가정해보자. 이게 인센티브가 될지는 굳이 설명할 필요가 없다. 물론 병역과 같이 예민한 사안을 이렇게 다루다가는 사회적 반발이 클 것이다. 외아들을 가진 부모는 펄펄 뛸 것이고 아들만 여럿인 부모는 '형제의 난'을 고민할지도 모른다. 그런데 진짜 문제는 의무 징집 대상이 아닌 딸만 연속으로 낳는 경우다. 병역 혜택처럼 당장 예산 지출이 없으면서 여성에게 도움을 줄 수 있는 대안 마련이 쉬워 보이지는 않는다. 헝가리나 이탈리아 사례처럼 해당 가정에 세금 혜택을 줄 수는 있지만 이 경우 병역과 감세의 균형 지점을 찾는 문제가 남는다.

병역의무는 남성에게만 주어지는 것이기 때문에 굳이 여성에게 따로 혜택을 줄 필요가 있느냐는 주장도 나올 수 있다. 이 주제는 양성 평등과 관련된 가치판단을 수반하는 문제이기 때문에 쉽게 답을 내기 어렵다. 다만 여기에서는 출산이라는 사안에 국한해 보기 때문에 남녀 구분 없이 동등한 혜택이 주어져야 한다고 보는 것이다. 한번 국가적 여론 조사를 해서 이 땅의 부모들에게 물어볼 수도 있다. 딸이면 병역 면제 대신 어느 정도 보상을 원하느냐고.

좀 더 현실적인 차원에서 강력한 한시적 유인책을 제공하려면 결국 정부의 재정 수단을 동원하는 수밖에 없다. 일반적으로 정부의 재정정책은 세금과 지출 두 측면에서 행해진다. 영광군의 현금 지원은 정부지출 정책에 해당되는데, 이런 식의 현금성 지원은 제한된 예산을 나누는 것이기 때문에 앞서 강조했듯이 실제 얼마나 유인 효과가 컸는지를 따져야 한다. 우리나라의 경우 2006년 이후 지금까지 300조 원이 넘는 예산을 저출산 대책에 썼다고 하지만 그것이 실제 출산율 증가에 어떤 영향을 주었는지 아무도 모르는 실정이다.

지출정책에 비해 조세정책은 훨씬 더 복잡하고 다양한 선택지가 가능하다. 보통 사람들이 소중하게 생각하는 자원은 돈과 시간이다. 한 시간을 편의점에서 일하면 1만 원을 받을 수 있는 학생이 그 대신 한 시간의 여가를 즐기면 여가의 기회비용은 1만 원이 된다. 여가도 효용을 줄 수 있기 때문에 이렇게 '가격'을 매길 수 있는 것이다. 이런 관점에서 보면 젊은 남성이 의무적으로 가야 하는 병역은 시간이라는 자원을 국가에 바치는 일종의 세금인 셈이다. 과거 왕정 시절에는 세금을 군역, 노역, 곡물 등 다양한 방식으로 부과했다. 요컨대 출산 장려 목적으로 세금을 깎아주는 것과 병역 혜택을 주는 것이 경제논리로는 크게 다를 바 없다는 점을 말하자는 것이다. 훗날 문제가 정말 심각해진다면 병역 카드를 못 쓸 이유도 없다는 얘기다.

출산 장려 목적으로 세금을 깎아주는 경우에는 현금을 지급할 때와 마찬가지로 실제로 유인 효과가 있게 하는 것이 중요하다. 조세를 감면해주는 것은 '거둘 수 있었던 세금을 거두지 않는' 것이기 때문에 세금을 거두어서 일반 예산에서 지출하는 것과 유사하게 정부 재정을 약화시킬 수 있다.[13] 따라서 가뜩이나 재정 상황이 좋지 않고 앞으로도 별로 나아질 것 없어 보이는 지금, 효과는 없으면서 세수만 낭비하는 최악의 경우는 피해야 한다.[14] 그래도 잘 설계된 조세 유인은 당장 예산 마련이 필요한 현금 보조금에 비해 장점이 있다. 즉, 출산이 실제 이뤄져야만 세수 비용(받아야 할 세금을 안 받는다는 의미)이 발생하기 때문에 미리 예산 배정을 할 필요는 없다는 점이다. 반면 지금 지방자치단체에서 유행처럼 번지는 출산 장려금의 경우 일반 예산 지출이기 때문에 그 규모가 커지면 당장 다른 용도의 지출이 줄어들 수밖에 없다.

이처럼 출산 대책으로 세금을 감면하는 방안은 충분히 해볼 만한 정책 옵션이지만 효과 대비 비용이 커지지 않도록 유의해야 한다. 예를 들어 네 자녀를 낳은 엄마에게 평생 근로소득세를 면제하는 헝가리 방식이나 이탈리아에서 고려하고 있다는 두 자녀 이상의 가정에 대한 소득세 면제 조치는 상당한 세수 감소를 각오해야 하는 하책에 가깝다 할 수 있다. 그렇게 비용을 들이지 않고도 같은 효과를 낳을 수 있는 조세 및 기타 유인책을 충분히 만들 수 있을 것이기 때문이다. 저출산 국가의 대명사였던 프랑스가 출산율 반등에 성공한 것은 조세 유인은 물론 다양하고 복합적인 출산 지원 정책이 있었기 때문이다.[15] 그저 외국에서 한다고 무조건 따라하는 것이 능사는 아닐 수 있다. 또한 세금 문제는 사람들이 매우 예민하게 반응하는 사안이기 때문에 유인 효과가 있다 해도 형평성 측면을 충분히 따져봐야 한다.[16]

세금 다음으로 많이 거론되는 대안은 청년들의 결혼 결심을 늦추게 하는 주거 부담을 완화하는 방식이다. 우리나라에서는 이미 '반값 아파트' 등 주택 관련 유인 정책이 정치권을 중심으로 보편화된 지 오래이므로 전문가들에게 맡기면 얼마든지 구체적인 세부 대책을 마련할 수 있을 것이다. 그런데 세상에 공짜는 없다. 출산 가정에게 주택 가격을 낮추어 주려면 어디선가 예산을 끌어와 공급자를 지원하는 수밖에 없다. 대출에 대한 금리 특혜도 결국 금융권의 부담이 되고 이는 어떤 형식으로든 정부 재정으로 전가될 가능성이 높다. 주택 관련 세금을 낮추어 주는 것도 도움이 되겠지만 이 또한 앞서 언급한 조세 유인의 실효성 차원에서 가성비를 따져야 한다.

이외에도 헝가리식의 금융 유인 등 생각해볼 수 있는 정책은 다양하다. 여러 차례 강조하지만 직접적인 현금 지원이건 그 외의 금융 및 재정 지원이건 이런 정책들이 진짜 유인 효과를 낼 수 있도록 제도를 설계하는 것이 출산 대책의 핵심 관건이다. 단순히 투입하는 예산 규모를 늘리면 당연히 효과가 있겠지만 어차피 예산 제약 때문에 한계가 있다. 예산을 쓰는 방식에 있어서는 헝가리 사례를 따라가기보다는 '헝그리 정신'을 강조하는 편이 차라리 나을 수 있다. 낭비 없이 한 푼이라도 아껴 써서 비용 대비 편익을 높여야 한다는 말이다. 백화점식으로 이런저런 정책을 나열하기보다 이런 복합적 정책들이 시너지를 내게 하는 것이 중요하다.

예산의 확보와 효율적 운영을 위해 별도의 기금이나 특별회계를 설치하는 방안도 가능한데 이 경우 교육과 출산을 함께 다루는 형식이 바람직할 것이다. 물론, 이런 방식의 경우 재원을 어떻게 조성하느냐에 대한 문제가 남는다. 제 7, 8장에서는 연금 재정 문제를 해결할 한 방안으로 '세대통합기금'의 조성과 그 재원 대안을 제안하는데, 출산의 경우도 비슷한 방식을 사용할 수 있을 것이다.

이상의 다양한 관점을 종합해보면 출산 모멘텀을 되돌리는 정책을 설계할 때는 다음 세 가지 기준을 지키는 것이 바람직하다고 본다.

첫째, 너무 많은 유인 제도로 예산을 분산시키기보다는 소수의 실효성 높은 유인 장치에 예산을 몰아주는 것이 나을 것이다. 단순히 '아이 낳으면 보조금 얼마 준다'는 식의 정책은 최선이 아닐 수 있다. 적절한 제도적 유인(예컨대, 감세나 주거 혜택)과 과감한 예산 투입을 결합한 '소수 정예'형 대안의 개발이 바람직하다. 이 책에서 '수능 점수 올려주기'나 병역 혜택을 예시로 든 것은 이것이 현실성이 있어서가 아니라 상대적으로 예산 비용은 덜하면서도 확실한 유인 효과를 주는 방법을 찾는 것이 최선이라는 점을 강조하려는 이유 때문이다.

둘째, 출산 모멘텀을 되돌리려는 강력한 유인 정책은 원칙적으로 한시적인 성격을 가져야 한다. 여기에는 크게 세 가지 이유가 있는데, (1) 특단의 대책에 따르는 예산 제약을 고려해야 한다는 점, (2) 정책 혜택이 한시적일 때 유인 효과가 더 클 수 있다는 점, (3) 특혜를 둘러싼 공정성 시비를 완화시킬 필요가 있다는 점 등이 그것이다. 예를 들어 출산 한 번에 과감한 주택 융자를 해주는 정책을 영속적으로 제도화해버리면 그만큼 단기적인 유인 효과가 줄어들 것이고 예산 부담도 커질 것이다. 또한 왜 저 사람들에게만 특혜를 주느냐는 반발을 무마하기 어렵다. 주거 비용 완화 정책 같은 경우, 일반적인 제도적 장치는 마련하되 이와 별도로 추가적인 유인 정책을 대략 5년 한정판으로 제공하는 식의 정책조합이 적절할 수 있다.

셋째, 정책 수립과 집행의 효율을 높이기 위해 강력한 권한을 가진 컨트롤 타워가 필요하다. 교육이나 인구 같은 인적자원 문제는 함께 다루는 것이 바람직하다. 정부의 총 예산 중 얼마만큼을 인적자원 분야에 쓸지, 그 구체적 우선순위는 어떻게 잡아야 할지를 일반 부처나 위원회에서 결정하기 어렵다. 특히, 출산 모멘텀을 되돌리기 위한 강력한 한시적 유인과 구조적인 제도 변화를 가져올 대책을 함께 아우르는 입체적 방식의 정책을 펴려면 통상적인 위원회 수준으로는 역부족일 수 있다. 인구 관련 정책들이 교육, 보육, 주거 식으로 분절돼 해당 부처가 나누어 관장하고 있는 것도 정책의 집중도를 낮추는 요인이다. 특별 위원회이건 정부 내 상설 기구이건 이들이 실질적인 정책 결정 권한을 가질 수 있느냐가 관건이다.[17]

관료주의가 유용할 때도 있다

돈으로 되는 것이 있고 되지 않는 것이 있다. 설사 돈으로 해결할 수 있다 해도 어차피 예산에는 제약이 있다. 인구가 좀 줄어든다고 해서 당장 나라가 무너지는 것이 아니기 때문에 보다 시급한 국정 과제를 무시하고 저출산 문제에만 예산을 집중할 수는 없는 것이다. 그래서 예산 투입이나 세금 지원과 같은 재정 수단은 그 실효성을 극대화하는 방식으로 사용하는 것이 좋다. 앞서 언급한 재정 지원 방식에 '한시적'이라는 제한을 둔 것도 가급적 재정 자원을 집중해 출산 모멘텀을 살리는 것이 절실하다는 이유 때문이다.

이런 단기적 관점의 대책과 더불어 합리적인 출산 및 육아 문화를 정착시키기 위한 제도적 변화가 일어나야 입체적인 출산 대책이 완성된다. 보다 근본적인 제도 변화와 관련된 내용이 이 책에서 제안하는 저출산 관련 대책 이원화의 두 번째 파트다. 사실 그동안 저출산 및 인구구조 고령화 문제에 대한 관심이 커지면서 출산 및 육아와 관련된 긍정적 제도 변화가 꾸준히 있어 왔다.[18] 출산 휴가나 육아 휴직은 이미 직장인에게는 익숙한 용어다. 저출생 문제에 대한 정책적 관심이 날로 높아지면서 앞으로도 제도 개선 노력은 지속될 것이다. 다만, 아무리 좋은 제도를 만든다 해도 그것이 작동할 수 있는 문화가 형성되지 않으면 기대만큼 효과가 크지 않을 수 있다. 부패 방지를 위한 기구가 버젓이 존재하지만 부패 지수는 높은 나라가 많은 것도 제도와 문화의 괴리 때문이다.

사실 효과가 없는 제도는 차라리 없느니만 못한 경우가 많다. 특히 세금이나 금융 지원을 수반하는 정책 중에는 효과는 작으면서 예산만 낭비하는 경우가 적지 않다. 이런 제도가 오래 지속될수록 정부 지원은 일종의 기득권처럼 고착화되기 쉽다. 이럴 때는 차라리 제도를 일단 폐지한 다음 필요한 시점에 다시 시도하는 편이 낫다. 실제 조세 유인 중에는 '일몰 조항sunset clause'이 있는 경우가 많은데 이것이 잘 지켜지지 않고 기한이 연장되는 경우가 많다. 알게 모르게 이런 지원책이 기득권화되어 있으면 폐지하려 들 때 반발이 생길 가능성이 있다. 특히 이런 제도의 실효성을 입증해줄 명확한 실증 증거가 없다면 법제도에 나와 있는 명목상의 명분이 더 크게 부각될 것이다. 나아가 비슷한 조건이면 현상 유지를 선호하는 관료주의의 경직성도 한몫을 한다. 이처럼 한번 실시한 제도를 다시 바꾸는 것은 여러 이유로 걸림돌에 부딪칠 가능성이 높다.

이런 관점에서 중장기적인 차원의 출산 정책은 크게 두 가지 방향으로 나가는 것이 바람직하다. 하나는, 기존 제도의 실효성을 체계적으로 검토해 한번 '리셋reset' 하는 것이다. 앞서 언급한 한시적 유인 정책과 달리 일반 출산 정책의 경우에 투입되는 정부 예산은 꾸준히 지속될 뿐만 아니라 지원 명분이 분명하기 때문에 시간이 흐름에 따라 그 폭이 확대될 가능성이 크다. 따라서 한 번쯤은 출산 예산 전반의 실효성 점검 차원에서 기존 출산 지원 제도 전반의 비용-편익 분석을 해보는 것이 매우 바람직하다. 그저 일년에 몇십조 원을 썼느니 하는 식의 막연한 얘기로는 정책의 수준을 높이기 어렵기 때문이다.

또 다른 방향은 기존 제도가 제대로 효과를 낼 수 있도록 출산 및 육아와 관련된 직장 문화를 개선하는 것이다. 직장 여성이 출산을 꺼리는 핵심적인 이유는 눈에 띄는 제도적 장애가 아니라 눈에 보이지 않는 암묵적 차별 때문이다. 입사 과정에서도 문제지만, 설사 같은 조건으로 입사한 동료라 해도 여성의 경우 회사의 장기적 인재로 키우려는 지원이 부족한 경우가 많다. 같은 조건의 남성 동료에 비해 결혼이나 출산과 같은 이유로 중도 하차할 가능성이 높다고 보기 때문이다.

이런 차원의 문제는 출산의 필요성에 대한 사회 인식의 변화가 수반돼야 하기 때문에 일반적인 정부 정책의 범주를 벗어난다. 그럼 정부는 어떤 역할을 하는 것이 좋을까. 가장 먼저 생각할 수 있는 것이 공익광고 같은 홍보 정책이다. 그러나 지금 중장년층의 귀에 익숙한 "둘만 낳아 잘 기르자"같은 구호를 사용한 캠페인은 요즘 같은 시대에 통하기 어려울 것이다. 노벨경제학상 수상자인 케네스 애로Kenneth Arrow 교수의 '불가능성 정리Impossibility Theorem'에 따르면 일반적으로 사회 구성원의 개별적 선호를 일관성 있게 집합하는 일은 어렵다. 예외적으로 독재 체제이거나 사람들의 선호가 동질적이면 '국론을 통일'하기가 쉬울 텐데, 한국은 경제가 성장하고 정치 민주화가 진행되면서 사회 구성원의 가치관이나 인생관의 동질성은 많이 희석됐다. 축구 국가대표팀 경기가 있으면 거의 온 국민이 TV앞에 모여 소리지르던 시절이 지난 지 이미 오래다.

그렇다면 어떤 방법이 좋을까. 매우 역설적인 얘기지만 결혼·출산·육아 관련 직장 문화 개선이라는 목적을 위해서는 관료주의적 경직성이 큰 도움이 될 수 있다. 상사 눈치 보지 말고 그냥 법대로 하자는 것이다.[19] 관료들은 법대로 안 하면 나중에 책임을 질 수 있다는 인식이 강하기 때문에 정책의 집행 과정에서 유연성이 떨어질 수 있다. 그런데 바로 이런 경직성을 출산 정책에 활용하자는 것이다. 즉, 법규정에 명시된 출산 관련 혜택을 공공부분 종사자들부터 철저하게 지키도록 하는 것이다. 노동조합이 자신들의 주장을 관철하기 위해 가끔 사용하는 '준법투쟁'과 비슷한 방법이라 봐도 좋다. 예를 들어 지하철 배차시간의 경우 승객의 수요에 맞추어 유연하게 조정하는 것이 경제적 효율성에 맞는 선택인데 갑자기 평소 잘 지키지 않던 규정을 있는 그대로 따르겠다고 나서면 승객들은 불편을 겪게 될 것이다. 그런데 바로 이런 경직성이 출산 정책의 관점에서는 오히려 필요하다는 점을 강조하는 것이다.

실제로 현 시점에서 출산휴가와 육아휴직 같은 제도가 그나마 잘 지켜지는 곳이 바로 공무원 사회다. 법대로 하지 않으면 나중 책임을 질 수 있다는 관료 문화가 의외로 이런 '긍정적 경직성'을 낳는 것이다. 공무원 인구가 많은 세종시의 출산율은 2022년 기준 1.12명으로 광역자치단체 중 2015년 이래 8년째 1위를 차지하고 있다.[20] 만일 출산 문제에 관한 공무원들의 '준법 정신'이 민간 기업으로 확산된다면 이보다 나은 출산 대책을 쉽게 찾기 어려울 것이다.

민간 기업의 경우 회사의 일차적 목표인 이윤극대화를 위해서는 고

지역별 합계출산율

(단위: 명)

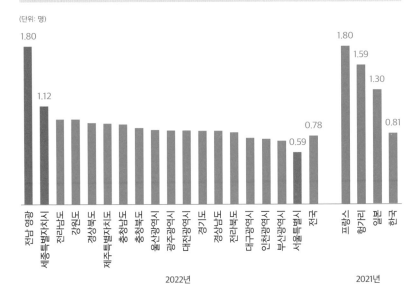

2022년   2021년

전남 영광군의 2022년 합계출산율은 1.80명인 반면, 서울의 출산율은 0.59명으로 영광군의 약 1/3밖에 되지 않는다. 광역지차체 중에서는 공무원이 몰려 있는 세종시의 출산율이 가장 높다.   자료: 통계청, OECD.

용인을 포함한 가용 자원의 효율적 사용이 절대적으로 필요하다. 유능한 직원이 출산과 함께 갑자기 한두 해 빠져버리면 단기적으로는 회사 업무에 영향을 줄 수 있다. 생산가능인력이 줄어 성장잠재력이 떨어지면 결국 손해보는 것은 기업이고, 젊은 사람이 귀해지면 그들을 고용하기 위한 비용도 높아질 것이다. 그런데 아무리 이런 장기적 관점의 설명이 타당하다 해도 당장의 이익을 생각해야 하는 기업 입장에서는 유능한 직원의 이탈이 달갑지만은 않을 것이다. 법규정에 나와 있는 출산 및 육아 관련 혜택을 자유롭게 쓸 수 있는 기업이 아직은 그리 많다고 보기 어렵다.

제도는 하루아침에 바꿀 수 있지만 이것이 작동하는 데 필요한 문화가 정착되는 데는 시간이 걸린다. 다양한 출산 및 보육 관련 제도가 기업 차원에서 자발적으로 정착되면 좋겠지만 자칫 무리한 법규정을 만들어 강요하다가는 근로 여성들에게 오히려 불리하게 작용할 수 있다. 최저임금을 갑자기 지나치게 올리면 원래의 취지와는 달리 취약 계층 노동자들이 일자리를 잃게 되는 것과 같은 이치다. 이런 관점에서 공공부문에서 바람직한 출산 및 양육 문화가 먼저 정착되게 하고 이것이 자연스럽게 사회 전반으로 확산되게 유도하는 것이 유용한 정책 방향이 될 수 있다. 한때 '정부주도형 경제'로 고도성장의 기틀을 만들었다면 이번에는 '정부주도형 출산 장려 문화'를 만들어보는 것이 바람직할 것이다.

출산율 회복에 성공한 유럽 국가들을 보면 '아이를 낳으면 국가가 책임지고 키워준다'는 믿음이 사회 구성원 간에 확산된 경우가 많다. 남이 낳은 아이라도 그들이 자라 나의 노후 복지를 책임져줄 수 있다는 사고가 우리에게도 필요하다. 즉, 저출산 문제를 단순히 생산력의 저하와 같은 경제적 문제로만 한정하지 말고, 사회 문화적 과제로 받아들일 수 있어야 한다. 하지만 이런 원칙론이 현실이 되려면 매우 구체적이고 체계적인 전략이 필요하다. 이 책에서 제안하는 이원화 전략처럼 단기에 집중할 수 있는 유인과 중장기적인 관점에서 처리할 정책을 구분해야 한다. 좋은 정책은 정부 신뢰도를 높이고 이는 다시 정책 효과를 높이는 역할을 한다. 출산 정책에 있어 정부 신뢰도를 높이는 가장 확실한 길은 정부 구성원들이 솔선수범하는 것이다.

이상에서 언급한 측면 외에도 출산 정책을 효율화하고 출산 장려 문화를 정착시키는 데 필요한 다양한 수단이 있을 것이다. 요즘처럼 결혼 자체를 의무가 아닌 선택이라 생각하는 청년 세대의 의식을 반영해 비혼 출산 아동에 대한 차별을 과감하게 줄일 필요가 있다. 또한, 아기를 양육

하는 기간 동안 근무시간을 탄력적으로 정하거나, 재택근무제를 활용하는 유연근무제 방식 등 제도 개선의 여지도 여전히 크다. 그런데 이런 대안들은 출산의 필요성에 대한 사회적 인식이 정착되고 기업 문화가 바뀌어야 더 자연스럽게 확산될 수 있을 것이다. 앞서 언급한 공공부문의 선도적 역할처럼 민간 영역에서도 대기업이 출산을 장려하는 직장 문화를 선도한다면 이보다 더 값진 사회적 공헌도 드물 것이다.[21]

요컨대 장기적, 구조적 관점에서 출산율을 높이려면 제도와 문화의 융합이 중요하다. 출산 및 보육 관련 지원 제도의 강화도 가능하면 직장 문화의 개선을 수월하게 하는 방식으로 행해지는 것이 효과적이다. 제도만 만든다고 다가 아니라는 의미다. 한 예로 현재 배우자 출산 시 남성이 사용할 수 있는 휴가(10일 유급)와 육아휴직, 육아기 단축근로 제도는 의무 사용은 아니다. 출산 여성의 경우는 의무가 아니더라도 3개월 정도의 출산 휴가를 쓰는 것이 보편적이다. 하지만 현재의 기업 문화를 고려하면 남성이 이 정도 기간을 육아 목적으로 휴직하기는 쉽지 않을 것이다.

이런 측면을 반영해 남성의 육아 휴직을 1개월 정도 의무화하는 방안을 생각해볼 수 있다. 이렇게 대못을 박아 놓으면 당장의 출산율 개선에도 도움이 되겠지만, 출산과 양육을 남녀가 평등하게 책임진다는 사회 인식이 형성될 수 있다. 기업이 사람을 뽑을 때 여성을 차별하는 가장 큰 이유는 나중에 발생할 출산·육아 관련 비용(예를 들면 유급휴가비용, 휴직 대체 인력 채용 등)일 것이다. 그런데 어차피 남성도 여성과 동일하게 휴직을 한다면 이런 차별 문화도 점차 사라지게 될 것이다. 물론, 남성의 의무 휴직 기간을 더 길게 잡는 것도 생각해볼 수 있다. 하지만, 현금 유인 정책과 달리 기업 문화와 관련된 정책은 다소 부드러운 전환 과정을 거치는 것이 더 효과적일 수 있다. 다소 시간이 걸리더라도 되게 만드는 것이 중요하기 때문이다. 처음부터 의무 휴직 1개월이 부담스러우면 처음 1년은 시범적으로 2주 정도 하고, 그다음 해부터는 1개월로 전환하는 방식을 쓸 수도 있다.

이민이 해답이 될까

출산율의 지속적 하락이 이어지자, 이민이 인구 문제를 해결할 마지막 보루라는 얘기가 여기저기서 쏟아져 나온다. 2023년 기준 4.5% 정도인 외국인 비중을 이민 강국인 캐나다(21.3%)와 독일(16.2%) 수준으로 높이면 생산가능인구 부족 문제도 상당히 해소되고 잠재성장률도 높아진다는 주장도 나온다.[22] 산술적으로만 보면 이런 예측은 타당해 보인다. 하지만 이런 제안이 현실화되려면 넘어야 할 장벽이 높다. 실제 우리의 이민 관련 제도나 정책은 아직 걸음마 수준이다. 사실 순전히 경제적 관점에서만 본다면 이민은 이미 중요한 인력 정책의 일부가 된 지 오래다. 하지만, 지금 대한민국이 직면한 인구 문제의 우선적 과제는 출생률을 높이는 일이다. 이민은 당장 우리에게 필요한 생산 인력을 제공할 수는 있지만 정상적인 인구 재생산 구조를 회복하는 핵심 수단이라 말하기는 아직 이르다.

대부분의 개혁은 백지 위에 그림을 그리는 것이 아니라 기존 제도를 수정하는 것이다. 미국이나 캐나다처럼 땅은 넓고 사람은 드문 신대륙에 국가를 세운 경우에는 애초부터 인구 구성이 다양할 수밖에 없다. 즉, 유럽, 아프리카, 중남미, 아시아 등에서 온 다양한 인종과 문화의 사람들이 뒤섞이며 살고 있다. 따라서 이런 나라로 이주하는 사람들은 말이 이민이지 조상의 뿌리가 같은 동족을 어디서나 쉽게 만날 수 있다. 딱히 문화적 동화assimilation가 필요 없는 경우가 대부분이다.

하지만 우리는 다르다. 어릴 때부터 우리 민족, 우리 문화를 강조하며 살아온 덕에 인종적 배타성이 강하다. 해외로 이민 간 사람들은 우리 동포라 부르며 동질성을 강조하지만 우리 땅에 귀화해 사는 외국인들과 그 자식들을 보는 시선은 여전히 차별적이다. 유럽처럼 이민 역사가 제법 오래된 나라들도 최근 그 후유증에 골머리를 앓고 있는데, 어떤 유형의 이민 사회를 지향하는지에 대한 사회적 합의가 없는 상황에서 인구 숫자만 따지면서 이민 문호를 대폭 개방하자는 것은 적절치 않다. 다시 말해 우리나라의 이민 정책은 다른 성공적인 이민 사회를 그대로 벤치마킹하기보다는 우리 고유의 사회문화적 배경을 고려하면서 차분히 풀어가는 것이 순서다.

일단, 이민 문제를 자본의 국제 이동과 유사한 노동의 이동으로 보는 관점부터 버려야 한다. 순수한 경제학적 관점에서 보면 생산요소는 더 높은 수익성을 찾아 이동하는 것이 원칙이다. 그런데 현실에서는 자본과 노동의 국가 간 이동을 방해하는 이런저런 장벽이 많다. 상품은 물론 자본과 노동 역시 자유롭게 움직이는 교과서적 자유무역에 그나마 가까웠던 때는 산업혁명에 따른 생산력 향상의 결실이 세계로 퍼져나가던 19세기 말이었다.[23] 애덤 스미스Adam Smith나 데이비드 리카르도David Ricardo 같은 자유주의 경제학자들의 사상적 영향을 배경으로 무역에 가담하는 모두가 이익을 보는 시스템에 대한 기대가 충만했던 시기였다.

하지만 세계화의 원조로 꼽히는 이런 자유무역 기조는 20세기 들어 1차 세계 대전(1914~1918)의 발발과 함께 마감하게 된다. 두 차례의 세계대전과 대공황을 겪었던 20세기 전반부는 보호주의와 자국 중심주의가 지배하는 반反세계화의 시대였다. 이후 미국이 세계경제의 주도권을 쥐면서 자유무역의 영역이 다시 넓어졌고, 1980년대 이후로 접어들면 우리에게 익숙한 신자유주의형 세계화가 시작된다.

하지만 40여 년간 지속된 이 시기 동안 상품 및 자본시장의 개방은 확대됐지만 이민의 문호는 19세기 말의 세계화 시기에 비해 현저하게 좁아졌다. 상품과 자본의 이동은 경제논리로만 득실을 따지면 됐지만 노동은 사람 자체가 움직여야 하기 때문에 이민 수혜국의 입장에서는 다양한 사회문화적 고려를 하지 않을 수 없었을 것이다. 대다수의 유럽 국가는 물론 미국과 캐나다와 같이 이민에 우호적이었던 나라들도 '국익'에 부합하는, 즉 투자할 돈을 지참하거나 기술력이 있는 이민자들을 우선시하는 방향으로 자격 제한이 강화됐다.

이런 흐름 속에서 시리아 등 중동 지역 내전의 여파로 지난 10~20년 동안에는 유럽으로 향하는 '난민 이민'이 꾸준히 늘었는데 이것이 초래한 '반이민정서'는 최근 들어 뚜렷해진 '반자유주의' 흐름의 한 축으로 자리잡게 된다. 특히, 프랑스와 같이 문화적 공존coexistence보다는 현지 문화로의 동화를 강조하는 국가의 경우 경제적 하위 계층의 외국인 유입은 사회 갈등으로 이어지기 쉽다.[24]

캠페인형 정책보다 실용주의적 접근

이런 국제적 배경을 놓고 볼 때 우리와 같이 인종적 배타주의가 만만치 않은 민족에게는 캐나다와 같은 다문화주의나 프랑스와 같은 동화주의 둘 다 쉽지 않은 선택이다.[25] 국내에 들어오는 외국인들은 문화적 배경이나 기술 수준, 나아가 입국 의도까지 다양한 특성을 지닌다. 반면 수요자인 우리 입장에서는 상대적으로 더 필요한 분야가 있다. 또한 우리가 원한다고 해서 외국인들이 무조건 달려오는 것이 아니다. 그들에게는 다른 선택지도 존재하기 때문이다. 결국 이민 공급자의 사정과 우리 사회의 수요가 적절히 일치하는 지점에서 균형이 이뤄질 터인데 이 균형점을 사전적으로 알기가 쉽지 않다는 것이 문제의 핵심이다.

이런 상황에서는 '우리도 캐나다처럼 다문화 사회로 가야 한다'는 식의 캠페인형 이민 정책보다는 '한 번에 하나씩 해결해가는' 실용주의적 접근이 나을 수 있다. 특히 이민 문제는 우리나라 내부 사정과 외국인의 가능한 선택지 등 수요와 공급 요인을 동시에 검토하며 다뤄야 한다. 일단 우리 경제나 사회의 발전에 유익한 영향력을 줄 수 있는 외국인은 마다할 이유가 없다. 그런데 자본과 기술과 두뇌를 지닌 이런 부류의 외국인은 우리나라 말고도 갈 곳이 많다. 그런데도 이들이 한국을 선택했다면 문화적 충돌 같은 문제는 크게 걱정할 필요가 없을 것이다. 이들은 사고나 관습에 있어 국제화돼 있을 가능성이 높은 부류이기 때문이다. 이들을 위해서는 기존의 까다로운 영주권 절차를 대폭 완화해주는 등 유인을 강화해줄 필요가 있다.

정작 우리가 고민해야 하는 영역은 당장의 노동 수요를 충족시킬 수 있는 생계형 이민자들이다. 동남아시아나 중앙아시아의 노동자들에게 한국은 기회의 땅이다. 서로의 이해관계가 맞아떨어지는 상황이기 때문에 당분간의 이민 정책은 이런 계층에 초점을 두고 개선해나가는 것이 맞을 것이다. 그런데 우리나라의 이민 정책을 보면 지나치게 획일적이고 자기중심적인 측면이 있다. 복잡하고 까다로운 이민 관련 법규정은 빠르게 바뀌고 있는 시대 상황을 반영하지 못하고 있다. 이민이나 영주권 제도의 경우 유인보다는 규제가 중심이 되는 관료주의 성향이 두드러지는 영역이다.

최근 활발해지고 있는 외국인 가사 도우미 유입 문제를 보아도 지나치게 우리 입장만 반영하는 경향이 있다. '필리핀 이모'는 대만, 일본, 한국 중에서 저울질을 할 수 있다. 만일 이들에게 국내 최저임금을 지급한다면 월 200만 원 정도가 되는데 그럴 바에는 돈을 조금 더 주더라도 말이 통하고 신원 확실한 내국인 중에서 고르는 편이 낫다 생각하는 사람들이 많을 것이다. 국내의 평균적인 수요자 입장에서는 언어가 통하고 경험도 있는 내국인 대신 외국인 도우미를 고용할 경우 더 낮은 가격(예컨대 100~150만 원)이 적절하다고 생각할 수 있는데 이 경우에는 외국인 차별 문제가 불거질 수 있다. 이처럼 기업이건 노동자건 '국제 이동'이 포함되는 사안의 경우 단순한 국내 시장의 수요-공급 차원을 넘어 국가 차원의 경쟁력을 유지하는 문제까지 더해지기 때문에 따져야 할 요인이 복잡해진다.

이렇게 다양하고 복합적인 요인이 충돌하는 경우에는 토론을 더 해보았자 말싸움만 반복될 가능성이 높다. 이럴 때의 해법은 문제를 단순화시키는 것이다. 두 가지 보완적인 대안이 있다. 첫째, 실험적인 차원에서 시범 사업을 해보는 것이다. 그러면 그동안 머릿속으로 따지던 많은 요인들의 상대적 중요성이 구체적으로 드러날 수 있다. 둘째, 예산 투입을 통해 요인 간의 상충 관계를 제거해 버리는 것이다. 쉽게 말해 정부가 50만 원을 지원하고 수요자가 150만 원을 내서 200만 원을 공급자에게 지급하는 방식이다. 보조금 액수나 방식은 앞서 말한 시범 사업 등을 통해 적정 수준을 정하면 된다. 물론 보조금의 액수를 어떻게 조달하느냐는 또 다른 문제다.[26]

외국 인력 유입의 수급을 둘러싼 경제 문제를 해결했다 해도 여전히 남는 것은 이민자들이 초래할 수 있는 다양한 사회 문제다. 앞서도 강조했지만 우리처럼 '단일 민족'을 강조하는 나라가 캐나다 같은 '모자이크 사회'를 지향한다는 것은 쉽지 않은 목표다. 역사적 배경이 다른 다양한 인종의 이민자들이 몰려 들어와 각자의 문화 영역을 설정하는 일은 이태원에 다양한 국적의 음식점이 생기는 것과는 차원이 다르다. 아마 우리나라 사람들은 그들이 우리의 문화나 가치관에 동화되는 것을 기본으로 하는 '프랑스 모형'을 더 선호할 것이다.

복잡한 설명이 필요 없다. 아직도 선거 때만 되면 전라도와 경상도, 그리고 나머지로 구성되는 삼국시대가 펼쳐지는 나라이다. 북한 출신 이주민이 적지 않지만 그들에 대한 시선 역시 매우 차갑다. 내 이웃에 돈 많이 버는 프랑스 출신 엔지니어가 사는 것은 마다하지 않지만, 동남아에서 온 이주노동자의 거주촌을 만들겠다 하면 기를 쓰고 반대하는 것이 아직은 우리들의 평균적 인종관이다. 같은 교회를 다니면 초면에도 형제자매가 되는데 우리 지역에 무슬림 사원을 짓겠다 하면 주민들은 경계의 시선부터 보낸다.

결론적으로 이민은 필요하지만 이민 정책은 신중하게 설계돼야 한다. 똑같은 자질의 한국인 두 명이 같은 직장에서 일하는데 한 명은 비정규직이라고 차별받는 우리 실정에서 외국인의 권익을 보호하고 차별을 경계하는 '정치적 올바름'을 어떻게 해석해야 할지도 풀어야 할 숙제다. 외국인을 우리 이웃으로 인정하는, 다양성의 가치를 존중하는 인식 개선이 필요한 것은 맞지만 이는 어차피 시간이 걸리는 일이다. 나아가 이민 문제를 전담하는 정부기구를 만들 필요도 있을 것이다.[27] 하지만 다른 사례에서 흔히 보듯 이곳이 규제나 남발하고 공무원 자리 보존이나 하는 또 다른 경직적 조직이 되지 말라는 법이 없다. 따라서 이런 기구가 제 기능을 발휘하게 하는 제도적 보완책이 필요한데, 그중 가장 시급한 것이 인구, 노동, 교육 문제 등을 총괄하는 인적자원 컨트롤 타워가 아닐까 싶다.

또 다른 열쇠, 여성 인력

인구구조의 고령화가 초래하는 다양한 경제적·사회적 문제 중의 핵심은 생산력 저하다. 지금처럼 생산가능인구 비중의 하락 추세가 이어지면 지난 수십 년 한국 경제를 지탱해왔던 '다이너미즘dynamism'이 사라질 수 있다. 그렇다면 인구구조에서 허리층을 다시 두텁게 하는 방안이 무엇일까. 하나는 이민의 활성화이고 다른 하나는 상당 부분 사장되고 있는 여성 인력을 활용하는 것이다. 이민의 경우 앞서 언급한 것처럼 외국인 공급자의 이해관계와 국내 수요가 맞아떨어지기까지 다양하고 복잡한 요인들이 잠복해 있어 단기에 눈에 띄는 긍정적 변화를 보기 어려울 수 있다. 반면, 여성 인력의 경우는 우리가 자체적으로 해결할 수 있는 문제다.

생산가능인구 대비 취업자 비율의 추이를 보면 20대에는 남녀 간의 차이가 크지 않은데, 30세를 넘어서면 고용률 격차가 현저하게 벌어지는 현상이 나타난다. 당연히 출산과 양육 부담에 따른 여성의 경력 단절이 주원인이라 할 수 있다. 만일 출산 가정에 발생하는 이런 비용이 줄어들어 여성의 취업률이 늘어난다면 이는 저출생 현상으로 인한 생산인력 부족을 상당 부분 해소해줄 것이다.

사실 여성의 경력 단절 현상은 어제오늘의 일이 아니다. 아이를 기르는 나이대의 요즘 여성들은 대부분 남성과 다를 바 없는 교육을 받았고, 일하고자 하는 의욕도 남성에 뒤떨어지지 않는다. 가계 소득이 지출을 따라잡지 못하는 가정의 여성은 아이가 있건 없건, 좋은 일자리건 아니건 어차피 일자리를 찾아나서야 한다. 반대로 일하지 않아도 사는 데 지장이 없는 부유층 여성은 일을 하건 말건 본인 만족이 우선일 것이다. 문제는 이 양극단의 중간 지대에 있는 기혼 여성들이다. 이들이 일과 자녀

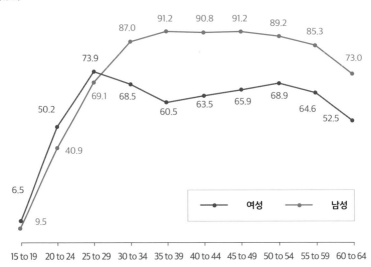

한국의 연령별 고용률

(단위: %)

여성: 6.5, 50.2, 73.9, 68.5, 60.5, 63.5, 65.9, 68.9, 64.6, 52.5

남성: 9.5, 40.9, 69.1, 87.0, 91.2, 90.8, 91.2, 89.2, 85.3, 73.0

연령 구간: 15 to 19, 20 to 24, 25 to 29, 30 to 34, 35 to 39, 40 to 44, 45 to 49, 50 to 54, 55 to 59, 60 to 64

● 여성　　● 남성

한국 여성의 고용률(취업자/생산가능인구)은 30대에 급락했다가 자녀 양육 기간이 끝날 무렵부터 다시 상승하는 M자형 형태를 보이는 반면, 남성의 경우에는 은퇴가 본격화되는 50대 중반 이전까지는 비교적 평탄한 추이를 보인다.　　자료: OECD. 2022년 기준.

양육 중에서 어떤 선택을 하느냐에 따라 노동시장의 인력 사정은 크게 달라질 수 있다.

여성 인력의 노동시장 참여를 막는 장애물이 무엇인지는 이미 다 알려져 있다. 아이를 갖고 일을 병행하기 어려운 실정에서 어떤 결정적 순간이 오면 직장을 그만두는 기혼 여성이 적지 않다. 기업 입장에서는 이런 현상을 미리 예견해 애초에 여성을 덜 뽑거나, 뽑더라도 해외 연수와 같은 봉급 외적인 지원 차원에서 여성을 차별하기 쉽다. 이런 악순환 구조가 지속되면서 아직 남성 중심의 직장 문화가 남아 있는 일터가 적지 않다. 출산과 양육과 관련된 기업 문화가 바뀌려면 뭔가 강력한 정책적인 이니셔티브가 필요하다.

한 사례로 예전에는 공무원 시험에서 여성을 우대하는 제도가 있었다. 그런데 이런 제도의 실질적 의의는 이 혜택으로 늘어난 여성 공무원 숫자가 아니라, 적어도 공무원이 되면 남녀 차별이 덜할 것이라는 사회 인식을 확산시킬 수 있다는 데 있다. 이후 우수한 여성 인력이 공무원 시험에 응시하면서 할당제 없이도 여성의 합격률이 높아지게 되자 정부는 이 제도를 '양성평등 채용목표제'로 바꿨다.[28] 이처럼 공무원 조직의 양성 평등 문화가 사회 전반의 인식 변화로 이어지는 것은 바람직한 현상이다. 실제, 일반 노동시장에서 청년 취업자(20대 중후반)의 고용률을 보면 남녀 간의 차이가 별로 없다. 그러다가 여성의 주 출산 시기인 30대로 들어서면 여성의 고용률이 급락하게 된다. 이런 관찰은 여성의 취업뿐 아니라 경력 지속을 위해서도 공무원 사회나 대기업 조직이 솔선수범할 필요가 있음을 시사한다. 앞서 출산친화적 직장 문화를 확산하는 데 '관료주의형 경직성'이 필요하다고 강조한 것도 이런 이유에서다. 즉, 인력 채용뿐만 아니라 출산 휴가나 육아 휴직 등에 있어서도 공공부문의 양성평등 문화가 민간으로 확산되는 것이 바람직할 것이다.

한 가지 추가로 언급할 점은 인과관계의 방향이 바뀌어 여성의 노동시장 참여가 오히려 출산율이나 사교육 문제에 긍정적인 효과를 가질 수 있다는 예측이다. 여성들이 경력 단절 없이 직장에 다니게 되면 소득이 늘게 되는데, 이 경우 오히려 아이를 갖고 싶은 욕구가 높아질 수 있다. 출산 결정은 아이가 주는 무형의 편익과 양육 과정에서의 유형의 비용을 비교하는 과정에서 이뤄지는 균형이라 할 수 있다. 정부 정책의 결과로 보육이나 교육 비용이 줄어들고, 그 결과로 여성의 노동시장 참여가 늘어 소득도 높아지면 출산율 또한 증가할 수 있다는 의미다. 일종의 선순환 구조가 이뤄지는 것이다.

나아가 일하는 여성들이 늘게 되면 비정상적인 수준과 방식으로 자녀 교육에 혼신을 쏟아붓는 '강남 엄마'들도 줄어들 것이다. 제대로 교육받은 요즘의 고급 여성인력은 가사 문제에 집중하는 전통 사회의 안방마님 역할에 만족하지 않는다. 초등학교 다니는 어린 자녀를 의대반이니 영재반이니 하는 식으로 내모는 것은 어쩌면 자신들이 이루지 못한 꿈을 자식을 통해 이루려는 대리 만족 욕구 때문일 수도 있다. 정작 자신만의 일자리를 갖게 되면 소득 창출을 떠나 그 자체에서 자아 성취의 만족감을 가질 수 있을 것이다.

다시 말해 여성 인력 문제의 경우 일종의 순환 게임이라고 할 수 있다. 출산·보육·교육 비용이 너무 커서 직장을 포기하게 되고, 이것이 다시 가계 소득과 노동시장 활성화를 악화시키는 악순환이 있는 반면, 역으로 여성의 노동시장 참여로 소득이 늘면서 출산 욕구가 증가하는 선순환 구조도 존재하는 것이다. 프랑스 등 우리보다 먼저 저출산 현상을 겪었다가 출산율 반등에 성공한 나라들도 여성의 자녀 양육에 따르는 기회비용 인하를 유도해 여성의 경력단절을 막은 것이 출산의 선순환 구조 회복에 일조했다 볼 수 있다. 물론 지금의 대한민국은 악순환의 흐름을 타고 있다. 그 고리를 끊으려면 인적자원 관련 제도 개혁이라는 큰 틀에서 출산 관련 정책 자원을 충분히 확보하고 이를 합리적으로 배분할 수 있는 확실한 정책 이니셔티브가 필요하다.

노인 연령 올리고, 더 벌고 더 쓰게

대한민국의 노인들은 서럽다. 나이 들면 힘 떨어지고 돈 떨어지는 것은 인생의 순리니 그렇다 치자. 기대수명이 늘어나 직장에서 은퇴한 다음 수십 년을 더 살아야 하는데 그 재원 마련이 만만치 않다. 예전 같으면 자녀들에게 얹혀 살면서도 어른 대접을 받을 수 있었는데 불과 한 세대 만에 가족 문화가 확 달라졌다. 자식이 있어도 독립해 따로 사는 노인 가구가 꾸준히 늘어 이제는 전체 노인 인구의 20% 수준에 이른다.[29]

문제는 정부가 제공하는 사회복지 혜택만으로 여유 있는 노후를 보내기가 어렵다는 데 있다. 국민연금 수령액을 보면, 2023년 1월 기준, 1인당 월 평균 노령연금 수령액은 약 62만 원 수준이다. 연금 보험료가 많지 않고 납부 기간 또한 길지 않으니 수령액이 적은 것은 어쩔 수 없다. 그런데도 연금 문제만 나오면 노인 세대는 공격을 받는다. 실제 낸 보험료에 비해 수령액이 높다는 이유에서다. 하지만 이들은 억울하다. 고도 성장의 중추 세대로서 밤낮 없이 일했고, 자녀 교육에 저축의 대부분을 쓰느라 별도의 노후 준비를 충분히 하지 못했다. 자신들의 피땀으로 국부가 축적됐으면 노후에는 그 보상을 받을 수도 있는 것이고 다소 높은 연금의 가성비도 이런 차원에서 정당화할 수 있다고 주장한다.

물론 젊은 시절에 형성해놓은 자산이 충분하다면 노후 생활이 편안할 것이다. 대다수 은퇴 인구의 주 저축 수단인 주택의 가치가 빠르게 오른 것은 그나마 위안이 되는 점이다. 문제는 소득에 비해 자산은 불평등도가 매우 높다는 것이다. 자산의 가치는 임대료나 이자처럼 소득으로 환산되므로 생활수준에 영향을 미친다. 따라서 평균적인 통계 수치만으로 노인 세대의 후생을 평가하는 일은 매우 위험하다. 우리나라의 노인 빈곤율이 OECD 국가 중 가장 높은 배경에는(2021년 기준 39.3%) 가족 부양의 문화가 쇠퇴한 것도 있지만 사회복지 혜택이 충분하지 않은 점과 소득을 창출해주는 자산 불평등이 높은 것이 중요한 원인이다.[30]

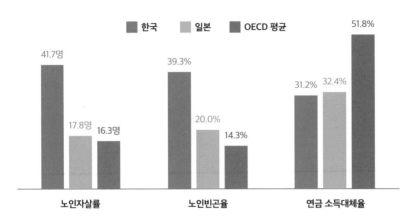

노인자살률, 노인빈곤율, 연금 소득대체율

■ 한국　■ 일본　■ OECD 평균

노인자살률
- 41.7명 (한국)
- 17.8명 (일본)
- 16.3명 (OECD 평균)

노인빈곤율
- 39.3% (한국)
- 20.0% (일본)
- 14.3% (OECD 평균)

연금 소득대체율
- 31.2% (한국)
- 32.4% (일본)
- 51.8% (OECD 평균)

노인자살률: 인구 10만 명당 자살하는 인구수.
노인빈곤율: 전체 65세 이상 인구 중 소득수준이 중위소득의 50% 이하인 인구의 비율.
연금 소득대체율: 의무가입형 연금의 가입기간 동안 평균소득 대비 수령액(중위소득자).

자료: OECD, 보건복지부. 국가별로 이용 가능한 최신 연도 자료 사용.

　　보통 인구 대책이라 하면 출산 관련 정책을 떠올리지만 이 못지않게 중요한 것이 이미 고령화된 인구구조가 경제에 미치는 부정적 효과를 줄이고 긍정적 효과를 늘리는 것이다. 그런데 기존의 인구 논쟁을 보면, 노인 인구는 경제에 부담을 주는 존재로만 인식되는 경향이 있다. 노인부양비의 증가와 함께 어쩔 수 없이 증가하는 복지 비용이 주된 이유일 것이다. 그런데 인구구조의 변화가 부정적인 경제적 효과만 초래하는 것은 아니다. 크게 다음 세 가지 측면을 고려할 필요가 있다.

　　첫째, 기대수명이 는다는 것은 그만큼 노인 세대의 건강 상태가 좋아졌다는 의미다. 지금의 60대는 예전 40~50대에 하던 일을 충분히 할 수 있다. 비록 비자발적으로 은퇴를 하기는 했지만 일자리만 주어진다면 기꺼이 더 일할 의사와 체력을 갖춘 60~70대가 상당수일 것이다. 단순히 기대수명만 늘어난 것이 아니라 한국인의 평균적인 생애주기 역시 길어졌다. 나이 순으로 줄을 세웠을 때 중간이 되는 중위 연령은 1998년도에 30.7세였는데 2023년에는 45.6세로 늘어났다. 교육 수준이 높아지며 사회에 진출하는 시기도 늦어지고, 결혼 및 출산연령 또한 늦추어졌다. 따라서 흔히 말하는 생산가능인구의 기준도 기존의 15~64세에서 몇 살쯤 더해서 생각하는 것이 현실적일 수 있다. 그렇다면 노인 세대가 더 일할 수 있는 기회를 늘려주는 것이 개인적으로나 사회적으로나 바람직한 정책 방향일 것이다. 실제 여론조사를 해보아도 은퇴 후 기회가 닿으면 더 일하고 싶다는 응답자가 절대 다수다.[31] 단순 체력이 필요한 직종이 아니라면 이들이 평생 닦아온 기술력과 전문성은 갓 일자리에 진입한 청년 세대와 비할 바가 아니다. 즉, 적절한 일자리만 주어지면 얼마든지 생산력에 기여할 수 있는 측면이 있을 것이다.

둘째, 변화하는 인구구조에 부합하는 새로운 산업이 창출될 수 있다. 전문 요양 시설이나 홈 헬스케어 등 고령층을 대상으로 한 의료 산업은 팽창할 수밖에 없다. '에이지 테크age tech'로 일컬어지는 고령 친화적 기술의 발전은 주거·의료·돌봄·정보·금융 등 다양한 분야에서 노인들이 보다 건강하게 생활할 수 있는 여건을 만들어준다. 생산가능인구 비중의 감소가 오히려 로봇 같은 신기술 발전을 촉진시켜 생산성을 높일 수도 있다. 또한 한국의 경우 건강한 노인들을 위한 시니어타운(노인복지주택)도 수요에 비해 공급이 턱없이 부족한데 이는 노인 친화적 주거 산업의 시장 규모가 팽창할 수 있음을 시사한다.[32] 나아가 노령층들이 새로운 시대에 적응하고 일자리를 구하는 과정을 지원하는 교육 훈련 역시 중요한 사업 영역이다. 대학을 나온 다음 직장을 다니며 익힌 기술만으로는 충분하지 않은 시대다. 은퇴 후 기준으로 20여 년 넘게 남은 생애를 그저 정부나 자식에게 의존해 살 수는 없기 때문에 평생교육과 적절한 일자리는 이제 노후 생활의 필수 아이템이다. 은퇴자들은 그동안 쌓아온 전문지식을 십분 활용하는 프리랜서 활동을 할 수 있고 이를 매개할 수 있는 플랫폼 사업도 번창할 수 있다.

셋째, 그동안 거의 언급되지 않았던 측면이지만 우리나라 같이 선진국에 비해 소득세 대비 소비세 비중이 상대적으로 높은 조세 구조하에서는 소비를 많이 하는 은퇴 세대가 내는 세금을 무시하기 어렵다. 따라서 젊은 세대가 낸 세금으로 은퇴 세대를 부양한다는 식의 단순 논리는 소득세 비중이 높은 일부 선진국에서나 맞는 얘기다. 일반적으로 개도국의 경우 세금을 거두는 데 필요한 조세정보가 충분하지 않고 납세 의식이 높지 않아 조세 회피나 저항이 심하다. 자연 직접세인 소득세보다는 간접세인 소비세에 세수를 의존하는 경향이 있다. 한국의 경우 고도성장 과정에서 필요한 재원 확보를 위해 부가가치세를 도입했고(1977년), 조세 저항을 줄이기 위해 목적세형 개별소비세를 적극 활용했다.[33] 경제가 발전하며 소득세 비중이 많이 늘기는 했지만 아직도 여타 선진국에 비해 소비세 비중이 높은 편에 속한다.

2021년도 기준 한국의 지방세를 포함한 소비 과세의 비중은 GDP 대비 6.5%로 소득 과세 비중(6.1%)과 대등한 수준이다. 반면 미국의 경우 GDP 대비 소비 과세 비중은 4.0%인 반면 소득 과세 비중은 11.2%로 소득 과세 비중이 소비 과세 비중에 비해 2배 이상 높다. 은퇴한 세대가 내는 세금 비중이 압도적으로 소비세에 집중돼 있는 점을 감안하면 한국의 조세 구조는 이들에게 상대적으로 불리한 측면이 있다. 나아가 연금소득만으로 생계유지가 힘든 노인들은 어차피 소득을 더 올리려 일자리를 찾기 마련이다. 이런 점들을 종합하면 노인 세대의 복지 부담의 재원은 부분적으로 자신들이 낸 세금으로 충당된다고 할 수 있다.

요컨대 현 시점에서 급속히 떨어지고 있는 출생률을 되돌리기 위한 정책이 인구 문제의 일차적 과제인 것은 분명하다. 하지만, 이 못지않게 중요한 것이 어쩔 수 없이 받아들여야 하는 인구구조 변화를 최대한 긍정적으로 활용할 수 있는 대안을 마련하는 것이다. 좀 더 구체적으로 고령 인력을 활용하는 대안을 생각해보자.

노인 연령 기준부터 올려야

2025년이 되면 우리나라 전체 인구(5,150만 명)의 약 20%가 65세 이상의 노인 세대로 채워진다. 즉, 노인 인구의 숫자가 1,000만 명이 넘는 초고령사회로 진입하게 된다. 만일 이들이 단순한 부양의 대상으로만 남는다면 우리 경제의 생산력은 급락할 수 있다. 이런 관점에서 노인 세대가 생산적으로 경제에 기여할 수 있는 대안 마련이 시급하고 이를 위해서는 현재의 관행적 사고나 제도부터 고칠 필요가 있다.

우선, 법령상의 노인 연령 기준을 현재의 65세에서 70세로 조정해야 한다. 평균 기대수명이 66.7세였던 1981년에 정한 기준을 지금껏 사용한다는 것은 어불성설이다. 대충 상식선에서 말한다면 당시의 65세는 기대수명이 84.3세로 늘어난 지금의 80세 정도다. 실제 노령층을 대상으로 여론조사를 해도 노인 연령 기준을 높여야 한다는 의견이 압도적으로 높다.[34]

물론 이렇게 노인 기준을 바꾸는 것은 다양한 정책에 영향을 미치기 때문에 긍정적 측면과 부정적 측면을 따져보아야 한다. 무엇보다 노인 기준 연령을 올리는 문제는 정년 연장이나 연금 수급 개시 연령 문제와 밀접한 관련이 있다. 제7장에서 상세히 다루겠지만 연금기금 고갈을 막기 위한 다양한 제안 중 하나가 연금 수급 개시 연령을 65세에서 68세로 연장하는 것이다. 그런데 실질적인 연금 수령액 감소를 의미하는 이런 안이 정치적으로 받아들여질 확률은 높지 않다. 프랑스 마크롱 대통령은 2023년 3월, 정년을 62세에서 64세로 올리고, 연금 총액을 받기 위한 근속 기간을 42년에서 43년으로 늘리는 내용을 골자로 하는 연금개혁을 강행했는데, 이 과정에서 시민들의 격렬한 반발에 부딪혔다.

이처럼 연금 수령 개시 연령을 상향 조정하는 것은 당장 실현하기 어렵기노 하고, 나아가 연금 보험료 인싱 같은 근본적인 방안으로도 연금 재정 문제가 해결이 안 되는 경우를 위한 대안으로 남겨두는 것이 나을 것이다. 훗날 이런 정책을 펼 수밖에 없는 시점이 도래했을 때 노인 연령의 기준이 70세쯤으로 늦추어져 있다면 연금 수급자들의 저항 강도가 훨씬 덜할 것이다. 비슷한 논리로 노동시장의 정년 연장 문제에 대한 사회적 합의도 수월해질 수 있다. 설사 법적으로 정년이 연장되지 않더라도 노인 연령 기준이 높아지면 노령 인력에 대한 사회적 인식이 바뀌게 되기 때문에 그들의 구직 활동이 더 쉬워질 수 있다.

물론 이런 제안에 대한 반대도 있을 것이다. 지하철 무임승차를 비롯해 65세가 넘으면 받을 수 있는 노인 대상 복지 혜택이 늘어나기 때문이다.[35] 하지만 노인 연령 기준을 하루아침에 70세로 올리자는 것은 아니기 때문에 전환 과정에서 얼마든지 다른 방식의 재정 지원을 하면 된다. 참고로, 한국개발연구원(KDI)은 기대여명을 기준으로 노인 연령 조정 가능성을 가늠할 경우 10년에 1세씩 조정하는 방안이 현실적이라고 제안했다.[36]

일자리와 평생학습 기회 늘려야

노인 인력의 활용성을 높이려면 법규정에 정해진 명목상의 정년 연장도 필요하지만, 동시에 노동시장에서의 실질적인 정년이 늘어나도록 유도해야 한다. 다시 말해 노동시장에서 이들에 대한 실질적 수요가 늘 수 있는 조치가 병행돼야 한다. 정부 재정을 사용해 강의실 불 끄기, 공원 휴지 줍기 같은 임시 일자리를 만드는 것도 없는 것보다는 낫겠지만 노인들의 경험과 능력을 십분 활용할 수 있는 일자리 창출이 보다 근본적인 대책일 것이다. 무엇보다 이들이 수십 년 일하며 체득한 정보와 기술과 연관이 있는 일을 할 수 있으면 경제에 기여하는 부가가치를 더 높일 수 있다. 전문적인 일자리도 있겠지만 육아나 간병 등과 같이 가사 경험을 활용할 수 있는 일자리도 충분히 유용할 수 있다.

이런 정책을 마련하는 과정에서 행여 노인 일자리가 늘면 청년 일자리가 줄지 않을까 하는 우려가 있을 수 있다. 하지만, 이런 이분법식 사고에 집착해서는 의미 있는 정책을 만들어내기 어렵다. 나이와 경험에 맞는 일자리는 신규 노동자에게 어울리는 그것과는 설사 같은 직종이라 하더라도 작업의 유형이 다르다. 막연히 중장년 근로자는 경험이 많아 더 일을 잘할 수 있고, 청년 근로자는 더 창의적이고 의욕적이라 말하는 것은 지나치게 단순한 발상이다.

나아가 노령 인력의 생산성을 높일 기회를 만들어주어야 한다. 정년만 늘려 놓는다고 기업이 자동으로 고령 근로자를 받는 것은 아니다. AI 기술이 급속히 확산되는 요즘 같은 전환기에는 과거의 경제구조나 환경에 어울리는 경험만으로 일자리를 구하기가 쉽지 않을 수 있다. 농경사회나 제조업 중심 사회와 달리 지금 같은 지식기반사회에서는 일단 배워야 할 것이 많다. 전통적인 농경사회에서는 농사에 필요한 대부분의 지식을 10대~20대면 다 흡수할 수 있었다. 그 방식도 학교와 같은 외부 소스가 아니라 부모로부터 전수받는 경우가 대부분이었다. 즉, 노동의 생산성보다는 노동투입량이 생산력과 소득에 중요한 변수가 됐다는 의미다. 제조업 중심의 경제 환경에서는 어느 정도 기본 기술을 습득한 뒤에는 경험과 숙련이 생산성을 결정하는 중요한 변수가 된다. 물론 신기술의 발전에 따른 교육훈련은 필요하지만 기존 지식의 연속선상에서 이뤄지는 경우가 보편적이다.

반면 지금 같은 지식혁명시대에는 그동안 축적해온 지식과 경험의 유용성이 급격히 떨어질 수 있는 영역이 적지 않다. 당장 문서 작성의 영역에서는 이미 AI 기술이 인간을 능가하기 시작했다. 나아가 향후 예측까지 뛰어난 것으로 알려진 챗GPT등 생성형 AI의 등장으로, 컴퓨터 프로그래머, 미디어직종, 법률업 직종, 금융업종, 그래픽 디자이너 등 AI가 대체할 수 있는 직종이 한둘이 아니다. 이런 상황에서 노인들이 생산성을 높이고 일자리를 구하려면 신기술을 배우는 길밖에 없다. 한마디로 평생교육을 일상화 하자는 것이다. 청년들에게는 생선 잡는 법을 가르치고 노인들에게는 생선을 나누어주는 소극적 방식에서 벗어나 건강하고 일할 의욕이 있는 노인들에게도 신기술을 학습할 수 있는 기회를 만들어 줄 필요가 있다.

결론적으로, 노인 세대가 더 일하게 되면 사회나 경제에 미치는 긍정적 효과가 현저하게 클 것이다. 우선, 이들의 소득이 높아지면 (1) 이들을 위한 의료나 주거 산업 등 신종 비즈니스가 확장돼 성장이 촉진될 것이고, (2) 이들이 내는 세금이 늘어남에 따라 정부의 재정 부담도 줄어들 수 있으며, 나아가 (3) 연금 문제 등에서 나타나는 세대갈등의 여지도 줄어들 수 있다. 예를 들어, 앞서 언급한 연금 수령 나이를 올리는 문제가 쉬워지게 될 것이고 이런 조치들은 청년 세대에게 돌아가는 부담을 줄여주는 역할을 하게 된다. 물론 이런 경제적 측면에 더해 노인 소외나 자살

률 증가 등 고령화가 초래하는 사회문화적 문제의 심각성도 줄어들 수
있다.

제6장

노동개혁:
이념 대립 대신 선택적 접근

. . .

불신과 정치논리로 얼룩진 노동시장

경제학자들에게 우리나라 노동개혁의 핵심 과제를 물어보면 '유연화'라고 답하는 사람들이 많다. 세상에 숱한 시장이 있지만 그중 노동시장만큼 '경직적'인 곳이 없다고 한다. 수요에 비해 공급이 많으면 가격이 내리고, 그 반대가 되면 가격이 오르는 것이 기본적인 시장 원리이며, 그런 조정을 거쳐 이뤄지는 균형은 사회 후생을 극대화시키는 지점이 된다. 물론 현실로 들어가면 어느 시장이나 제도적 흠결이나 비시장적 요인에 따른 마찰이 있기 마련인데, 이런 '시장 실패'는 정부가 시장에 개입할 정당성을 제공한다. 그런데 시장 메커니즘의 정상적 작동을 가로막는 장애물이 구조적 성격을 띤 것이라면 일반적인 정부 정책만으로 비효율을 제거하기 어렵다.

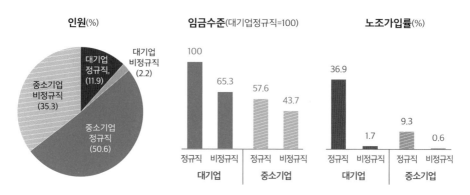

한국 노동시장의 이중구조

인원(%)
- 대기업 정규직, (11.9)
- 대기업 비정규직 (2.2)
- 중소기업 비정규직 (35.3)
- 중소기업 정규직 (50.6)

임금수준(대기업정규직=100)
- 정규직 100 / 비정규직 65.3 — 대기업
- 정규직 57.6 / 비정규직 43.7 — 중소기업

노조가입률(%)
- 정규직 36.9 / 비정규직 1.7 — 대기업
- 정규직 9.3 / 비정규직 0.6 — 중소기업

자료: 고용노동부, 통계청. 2022년 기준.

한국 노동시장의 이중구조

한국 노동시장의 경직성을 상징하는 이중구조 문제가 이런 사례다. 대기업에서 근무하는 임금근로자(전체의 14.1%)는 정규직이 대부분인 반면 중소기업(85.9%)은 비정규직의 비율이 40%를 넘는다. 월 임금총액을 총 근로시간으로 나눈 시간당 임금 기준으로 볼 때 대기업 정규직이 100이면 대기업 비정규직은 65.3, 중소기업 정규직은 57.6, 중소기업 비정규직은 43.7 수준에 불과하다. 노조가입률의 경우도 대기업 정규직과 기타 유형 간의 차이가 확연하게 나타난다.

이처럼 정규직과 비정규직, 대기업과 중소기업 근로자 간에 임금 수준과 고용 안정성 측면에서 상당한 격차가 존재하지만[1] 이런 문제를 정면으로 대응하며 풀어보겠다고 나서는 정부를 보기 어렵다. 그만큼 구조적 문제가 고착화돼 있기 때문일 것이다. 여기에 더해 한국의 노사관계는 일반적 경제논리로 풀기 어려울 정도로 정치화돼 있다. 충분히 대화와 타협으로 풀 수 있을 것 같은 문제도 여차하면 정치 세력을 등에 업고 진영 싸움으로 비화된다. 그렇다면 우리나라 노동시장은 무엇이 그렇게 특별해 정상적인 시장원리가 통하지 않는 것일까.

이 질문에 대한 정답 풀이는 '노동'이라는 상품의 특수성에서 출발할 필요가 있다.

"주식이나 채권과 같이 금융 자본이 거래되는 시장은 '자본시장'이라고 부른다. 그렇다면 사람이 거래되는 시장은?"

강의 시간에 이 질문을 던지면 상당수 학생들은 뭐 이런 싱거운 질문을 던지느냐는 표정을 지으며 '노동시장'이라고 답한다. 교수가 파 놓은 함정에 빠진 것이다.

"사람을 사고 파는 시장은 인신매매시장입니다."

정답을 말하면 다들 한바탕 웃는다.

노동시장은 엄밀하게 노동서비스 또는 노동시간이 거래되는 시장이다. 개인은 잠자는 시간을 빼고 남는 시간의 일부는 여가로 즐기고, 나머지를 시장에 내다 판다. 그 대가로 얻은 소득으로 뭔가를 사서 소비하면 효용이 증가한다. 물론, 여가도 그 자체로 효용을 높이는 역할을 하기 때문에 일과 여가 간의 배분은 개인의 취향과 실질임금 수준에 따라 결정된다. 경제 현실을 정제된 모형의 틀로 이해하는 데 익숙한 전문가들 눈에 비친 노동은 이처럼 생산함수에 들어가는 하나의 요소다. 따라서 일반 상품과 마찬가지로 시장에서 자유롭게 거래돼야 최적의 균형점에 도달한다고 본다. 적어도 자원배분의 효율성이라는 기준에서는 그렇다는 것이다.

하지만 노동시장의 현실은 훨씬 복잡하다. 노동 한 단위를 공급해 얻는 보상인 임금은 단순한 가격의 의미를 넘어서 개인의 생존을 보장하는 소득의 기반이 된다. 즉, 일자리는 모든 복지체계의 가장 기본이 되는 개념이라 할 수 있다. 대다수 선진국이 '최저임금제'나 '실업 수당' 같은 제도를 채택하는 것도 노동 문제를 성장 논리만으로 풀기 어렵기 때문이다. 또한 노동과 연관된 분배 문제는 소득 보전의 차원을 넘어서 노사관계라는 정치적 프레임과 함께 가는 경우가 많다.

노동시장이 교과서적 시장원리에 따라 움직이려면 무엇보다 거래되는 시간의 양이 유연하게 변할 수 있어야 한다. 노동자는 자신이 일하고 싶은 시간을 자유롭게 선택할 수 있어야 하고 기업 역시 필요에 따라 노동 수요를 조절할 수 있어야 한다. 하지만 노동시장은 사람이 주인공인 곳이기 때문에 일반적인 상품시장처럼 움직이지 않는다. 무엇보다 공급자와 수요자가 자유롭게 노동 시간을 결정하기가 쉽지 않다. 일용직이나 프리랜서가 아닌 일반적인 일자리는 사용자와 노동자 사이의 계약으로 정의되기 때문이다. 따라서 어느 기업이 총 고용 시간을 줄이려 할 때 전 직원의 노동 시간을 조정하는 것이 아니라 직원 몇 명을 해고해야 할 때가 많다. 그렇다면 해고와 고용이 자유로워야 노동시장의 효율성이 보장될 것이다. 이것이 전문가들이 말하는 노동시장 유연화의 핵심이다. 그런데 이런 유연화가 현실적으로 가능할까. 설사 그렇다 하더라도 이렇게 경제적 효율성만 따지는 것이 적절할까라는 질문이 남는다.

2023년 3월 윤석열 정부는 집권 후 노동개혁 1호 법안으로 주 52시간 근무제를 좀 더 유연하게 활용할 수 있는 방안을 내놓았지만 노조는 물론 일반 직장인들까지도 이 안에 반발하고 나서자 일단 뒤로 물러섰다. 바쁜 주에는 최대 69시간까지 일하고, 한가할 때는 '주 4일 근무'를 하거나 아예 긴 휴가를 얻어 '제주도 한 달 살기'도 할 수 있다는 정부의 제안은 그 자체 논리로만 보면 그렇게 무리가 있어 보이지 않는다. 사실 전체 근무시간 총량을 유지하면서 이를 업무의 부하에 따라 적절히 나누어 쓰게 하는 것은 경제적 효율성에 부합하는 대안이다. 실제 노동 현장에서는 업무량이 매주 일정한 기업보다는 들쭉날쭉한 기업이 더 많다. 특히 계절적으로 수요가 바뀌거나 특정 시기에 일감이 몰리는 사업체의 경우 주 단위로 한계가 정해진 노동시간을 불합리하다 여길 수 있다. 주당으로 맞추어야 하는 근무시간을 월·분기·반년·연 단위로 관리하게 하겠다는 정부안은 적어도 이론적으로는 큰 문제가 없는 제안이었다.

무엇보다 이 제안의 가장 큰 장점은 유연하지 않은 고용 시스템 및 임금 구조와 여러 차원의 이중구조를 가진 한국 노동시장의 경직성을 다소나마 풀어주는 실마리 역할을 할 수 있다는 데 있다. 특히, 시장주의를 강조하는 보수 정권이라면 얼마든지 내놓을 수 있는 방안이었다. 그런데 이 안은 공개되자마자 정부와 기업이 합작해 주 52시간의 노동시간을 69시간으로 늘리려는 시도라는 정치적 프레임이 씌워지며 제대로 된 토론조차 없이 장롱 속으로 들어가 버렸다.

사실 노동자 입장에서 볼 때도 이 안은 그들의 근로시간 선택권을 넓혀주기 때문에 긍정적으로 볼 여지가 적지 않았다. 그런데도 이들이 반발한 것은 제도와 현실 간에는 간격이 있다 여겼기 때문이다. 말이 자유로운 노동 시간이지 결국 야근 시간만 더 늘어나는 것이 아니냐는 걱정을 한 것이다. 한마디로 사용자를 믿지 못하겠다는 것이다. 지금도 월차나 연차 휴가 쓸 때 상사의 눈치를 봐야 하고 야근을 하고도 수당을 못 받는 경우가 많은데 주 근로시간을 저렇게 제도적으로 늘려 놓으면 사용자의 편의만 늘고 노동자의 권익은 훼손 당한다고 본 것이다. 즉, 연장, 야간, 휴일 수당을 미리 정해 매월 급여와 함께 지급하는 포괄임금제가 오용되는 것과 유사한 편법이 없으리라 장담하기 어렵다는 주장이다. 결국 신뢰의 부족이 정부안 후퇴의 숨은 원인이었다 할 수 있다.

물론 이런 분위기를 주도한 것은 보수 정권의 노동정책에 근본적인 회의감을 갖고 있는 대형 노조들이다. 이들에게 노동 문제는 단순한 경제논리 수준을 넘어서는 이념 대립의 전장이다. 따라서 어떤 법안이 나오면 그 내용보다는 누가 그 제안을 했느냐가 찬반의 중요한 변수가 될 때가 많다. 그리고 이런 노조 정치화의 반대편에는 재벌 기업이 있다. 고도성장을 이룬 지난 수십 년 동안 대한민국의 부패를 상징하는 용어는 '정경유착'이었다. 고도성장 과정에서 정부가 택한 전략은 산업정책이었는데, 정부가 시장에 직접 개입해 유망해 보이는 기업을 선정해 각종 특혜를 제공하는 방식이 지속되면서 노동정책의 저울추는 노동자보다는 사용자 쪽으로 기울 수밖에 없었다.

대기업과 대형 노조 중심의 노사관계

대한민국의 노조활동이 본격화된 것은 1987년의 6·29 민주화 선언과 함께 직선제 개헌이 이뤄진 이후라 볼 수 있다. 노태우 대통령 집권 시에는 그동안 '선성장-후분배' 논리하에 억눌렸던 임금 인상이 빠르게 이뤄졌고, 이후 김대중, 노무현, 문재인 정부 등 민주화 운동 세력을 기반으로 하는 진보 정권들이 집권하며 노조의 위상도 빠르게 높아졌다. 특히, 1995년에 설립된 민주노총은 노동자 권익과 정치 민주화 영역에서 기존의 한국노총에 비해 진보 진영의 이념적 선명성을 부각시키는 활동에 초점을 두었다. 박근혜 대통령을 탄핵하고 문재인 정부를 탄생시킨 배경이 된 2016년의 촛불시위는 민주노총의 정치적 위상을 보여주는 대표적 사례라 할 수 있다.

대형 노조의 정치적 입지가 강해짐에 따라 이들의 활동 영역도 넓어졌다. 자신들이 대변하는 조합원의 권익 보호 차원을 넘어 비정규직 노동자를 포함하는 노동계 전반의 이해관계를 관리하는 대리인 역할을 하는 것은 물론 정치적 진영 대립의 한 축을 담당하는 식으로 전투력을 강화시켜갔다. 이런 과정에서 주로 대기업과 공공기관의 정규직 근로자들을 기반으로 하는 대형 노조들은 '귀족 노조'라는 말을 들을 정도로 위세가 커진 반면 중소기업이나 비정규직에 속하는 다른 노동자들의 위상은 상대적으로 위축됐다. 한국의 노조가입률을 보면 2016년 이전까지는 대략 10% 수준에 미물다가 이후 증가세를 보여 최근에는 14% 수준에 이르고 있지만 여전히 노조의 보호망에서 벗어나 있는 노동자 비율이 높다는 것을 알 수 있다.

한편 사용자 측면에서 볼 때도 소수 대기업의 파워가 월등히 높다. 경제력의 집중이 심화됨에 따라 소수 대기업과 여타 기업 간의 격차는 더 벌어져 갔다. 2023년 기준, 자산총계 상위 5개 기업집단은 삼성, SK,

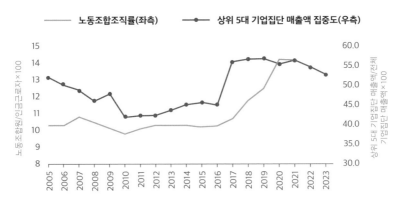

한국의 노동조합조직률과 대기업 집중도

자료: 고용노동부, 공정거래위원회.

현대자동차, LG, 포스코이며, 이 기업집단에 속한 회사 매출액 합계가 전체 공시대상기업집단 매출액 합계에서 차지하는 비중은 절반 이상 (52.9%)이다.[2] 특히, 법인세 납부액을 보면 2021년 신고 기준, 법인세를 납부한 약 44만 개 기업 중 상위 0.015%, 64개 기업이 전체 법인세의 35.6%를 납부했고, 0.06%인 331개 기업이 전체 법인세수의 절반 이상 (54%)을 감당했다. 이는 한국의 경제력이 얼마나 집중돼 있는지를 보여 주는 단적인 사례다.

결국, 한국의 노동 현장을 보면 노동자 측면이나 사용자 측면 모두 절대 강자 집단이 막강한 시장 지배력을 가지고 있다는 특성을 보이고 있다. 문제는 이들의 막강한 힘이 경제의 영역을 벗어나 정치적 이념 대립의 차원으로 뻗어나가고 있다는 사실이다. 대기업의 공식, 비공식적인 정치권 후원과 대형 노조가 주도하는 '정치 투쟁'은 이제 한국 사회의 상수로 자리 잡은 지 오래다. 보수 정치권과 대기업, 진보 정치권과 노조의 역학 관계를 보면 과거에 비해 대기업과 노조의 상대적 위상이 높아졌다고 할 수 있다. 예전에는 아무리 재벌이라도 집권 세력에 밉보이면 해체될 수도 있었는데 지금은 경제의 안정성을 고려할 때 그런 방식을 택하기가 쉽지 않을 것이다. 또한 진보 정권의 파워 베이스에서 대형 노조가 차지하는 비중이 과거에 비해 현저하게 높아졌다고 볼 수 있다. 특히 문재인 정부의 경우 탄생 과정에서 노조가 한 역할을 했다는 점이 이 정권의 노동정책에 영향을 미쳤다고 보는 시각이 많다.

이런 노동 현장의 세력 집중화 현상이 갖는 대표적인 시사점은 '노동문제의 정치화'이다. 사용자와 노동자의 대립으로 시작된 노동 현안은 여차하면 경제 단체와 노조라는 통로를 거쳐 이념 정당 간의 대립으로 비화한다. 충분히 대화가 가능할 수 있는 사안도 일단 정치 문제로 변질되면 더 이상 합리적인 타협 지점을 찾기 어렵다. 앞서 언급한 주 52시간 근무제의 유연화 시도도 애초에 노동계와 소통하며 공론화 과정을 거쳤다면 얼마든지 근로자와 사업자가 '윈-윈'할 수 있는 중간 지점을 찾을 수 있었을 것이다. 그런데 이런 사안을 정부가 최종안처럼 불쑥 내미니까 거의 동시다발적으로 노조 측의 반발이 나온 것이다. 그 이후의 과정은 이미 경제논리와는 무관한 진영 싸움의 형태로 변질돼 버렸다.

재벌도 노조도 아닌 노동자 중심 개혁

노동 현장이 대기업과 대형 노조, 나아가 보수와 진보 진영의 정치적 각축장으로 변하게 되면 가장 손해를 보는 측은 일반 노동자와 대다수 중소기업이다. 특히 2022년 대선 이후의 정치 현실처럼 야당이 의회 다수당인 상황에서는 조금이라도 이념 성향이 있는 법안은 살아남기 어려울 수 있다. 야당은 법안 통과를 좌지우지할 수 있고, 여당은 대통령의 거부권을 사용할 수 있기 때문이다. 이처럼 노동 문제를 둘러싸고 적절한 견제와 균형과는 거리가 먼 '강 대 강' 식의 진영 대립이 지속되면 이 분야에서의 의미 있는 개혁은 기대하기 어렵다. 즉, 충분히 타협이 가능한 사안도 순식간에 이념 대립으로 전환돼 버리는 상황에서는 구조 자체를 바꾸는 수준의 변화를 추진할 동력이 생길 여지가 크지 않을 것이다.

이런 상황에서 한번 짚고 넘어가야 할 사안은 재벌로 상징되는 소수 대기업과, 한국노총과 민주노총으로 구성되는 대형 노조가 각각 전체 기업과 노동자의 적절한 대변자가 맞는가라는 의문이다. 이 두 파워 집단은 현재 경제사회노동위원회(경사노위)에서 사업자와 노동자를 대표하고 있지만, 실제 이들이 각자의 영역에서 누리는 혜택은 정상적인 경쟁 환경에서의 그것보다 훨씬 클 수 있다. 즉, 재벌과 대형 노조는 일종의 지대 집단이라고 볼 수 있다는 의미다. 통상 지대라고 하면 자유 경쟁 시장에서 벌 수 있는 정상적인 수준을 초과하는 이익을 의미하는데 모든 지대가 다 나쁜 것은 아니다. 기업 지대의 경우 스스로의 기술 혁신을 통해 얻는 수익과 정부 특혜를 기반으로 유지하고 있는 지대는 구분할 필요가 있다. 노조의 경우 쉽게 계량화하기는 어렵지만 노동자의 권익 차원에서 쟁취하는 임금 인상 및 근로 조건 개선과 특정 집단에만 귀속되는 특혜적 이득은 구분돼야 한다. 똑같은 일을 하더라도 대기업에 종사하면서 대형 노조에 소속된 사람이 받는 혜택이 비정규직 노동자나 중소기업 종사자가 받는 혜택보다 현저하게 크다면 지대가 존재한다고 볼 수 있다.

이 책에서 강조하는 노동개혁의 기본 원칙은 재벌과 노조 어느 한 편을 드는 이념 정파적 선택이 아니라 기업이건 노조건 불로소득형 지대를 누리는 집단과 그렇지 못한 집단 간의 차별에 초점을 두는 것이다. 진보 정권이 집권하면 노조가 득세하고, 보수 정권이 집권하면 재벌이 기를 펴는 식의 나라는 건전하다고 보기 어렵다. 어느 쪽이 집권하건 절대다수인 일반 노동자의 권익을 보호하는 방향으로 노동 정책이 수행돼야 하며 특정 파워 집단과 결탁해 기득권 카르텔을 형성하는 방식은 버려야 한다.

이런 관점에서 볼 때 적어도 개혁의 청사진을 구상하는 전문가 수준에서는 이념 라인을 타고 양 진영이 대립하는 형태에서 벗어나야 한다. 어느 쪽에서 보아도 노동자의 생산성과 기업의 경쟁력을 깎아내리는 불합리한 법과 제도가 있을 것이다. 특히 노동시장 이중구조의 상징인 정규직·비정규직 간의 임금 및 고용 안정성 격차, 성과 대신 근무연수가 결정요인인 연공서열형 임금체계, 대다수 일반 노동자들이 경험하는 사용자 중심의 기업 문화 등은 기업 경쟁력과 노동자의 권익을 위해 개선책을 마련해야 할 영역이다. 무엇보다 지대를 누리는 소수에게 혜택이 가고 다수가 상대적으로 희생되는 체제는 반드시 바뀌어야 한다.[3]

사실 보수 진영이 주장하는 '노동시장 유연화'와 진보 진영이 강조하는 '노동자의 권익보호'는 함께 가야 할 가치다. 일반적으로 성장과 분배라는 정책 목표는 예산 제약이 있는 단기에는 충돌할 수 있지만 장기적으로는 같은 방향으로 가야 한다. 안정적 성장이 없으면 결국 노동자나 중소기업 등 약한 세층이 손해를 보기 쉽고, 석설한 분배 정책은 저소득 계층의 인적자본을 향상시키고 창업자들의 위험 부담을 덜어주어 성장잠재력을 높이는 역할을 한다.[4] 즉, 두 목표가 얼마든지 상호 보완적일 수 있고 이런 방향으로 정책을 펼 수 있어야 유능한 정부라 할 수 있다. 같은 논리로 노동시장의 두 가치도 적절하게 섞일 수 있을 것이다.

노동시장의 유연화는 경제학적 효율성 기준으로 보면 맞는 방향이다. 하지만 현실 노동시장이 교과서적인 형태로 유연하기는 어렵다. 적어도 단기적으로는 효율과 형평의 가치가 부딪힐 수 있는 여지가 유난히 많은 분야가 노동 현장이다. 그렇다고 노동시장의 이해당사자들이 자신의 입장만 고집한다면 장기적 관점의 변화는 불가능하다. 수요자와 공급자가 만나는 시장이 제대로 돌아가지 않으면 정부가 개입할 수밖에 없다. 이는 마치 유능한 정부하에서 '성장 대 분배'가 함께 가듯, 노사관계에서도 양측이 상생할 수 있게 만드는 정책 노력이 필요함을 시사한다. 그런데 집권하는 정부마다 자신의 이념 기반을 따라 한쪽 편을 든다면 노동시장의 효율성과 형평성이 모두 깨질 가능성이 크다. 실제 이것이 우리가 경험해온 역대 집권 정부의 노동개혁 패턴이다.

요컨대 노동시간, 임금체계, 정년 문제 등에 있어 개혁이 필요하다는 목소리는 넘쳐 흐르지만 지난 수십 년 별로 진척된 것이 없다. 구체적 사안을 들여다 보면 분명 비효율과 불평등을 제거할 수 있는 여지가 적지 않고, 그 방법에 대한 사회적 합의를 이루는 것이 불가능해 보이지도 않는데 어떤 사안만 등장하면 싸움판이 벌어진다. 각자의 입장에서 신성불가침 영역이 존재하는 상황에서 정부까지 나서 한쪽 편을 들고 나선다면 노동시장은 정치투쟁의 장으로 변질될 수밖에 없다. 이런 경우 어느 한편이 다른 쪽의 성역에 개혁의 메스를 댄다는 것은 쉽지 않을 것이다.

경제논리와 정치논리

실사구시의 학문인 경제학을 공부하는 학자들이 정책 자문이나 정치 현실에 참여하는 것은 이상한 일이 아니다. 대한민국이 한국전쟁 이후의 폐허에서 출발해 고도성장의 궤적을 이루며 선진국으로 진화하는 과정에서 경제 전문가의 역할은 지대했다. 그런데 이들이 실제 정부 정책에 영향을 미치는 방식과 강도는 수평적 정권 교체를 이룬 김대중 정부 이전과 이후 간에 차이가 크다. 정치 민주화가 시작되기 이전인 박정희와 전두환 정부 시절을 보면 경제학자나 관료의 전문 지식이 정책에 그대로 반영되는 빈도가 매우 높았다. 고도성장 초기의 KDI(한국개발연구원) 박사들은 하나의 집단 지성으로서 성장 전략의 브레인 역할을 했으며 어느 정도 경력을 쌓은 후에는 대학, 정부, 정치권으로 진출하는 사례가 많았다. 전두환 대통령이 김재익 당시 경제수석에게 "경제는 당신이 대통령이야"라고 말했다는 일화는 경제 전문가의 위상을 단적으로 말해준다.

그런데 야당 후보로 당선된 김대중 후보의 경우 보수 진영과 연결된 전통적인 엘리트 집단에 경제정책을 의존하기보다는 경제정의실천연합회(경실련) 같은 시민단체 출신 전문가들을 적극 활용했다. 또한 이 무렵부터 각 후보의 선거 캠프가 학자들의 현실 참여를 위한 주요 통로가 되기 시작했고 이 흐름은 지금까지 이어지고 있다. 자연히 상대적으로 현실 참여 욕구가 크고 이념 성향이 강한 전문가들이 집권 정부나 야당 주변에 모이는 현상이 두드러졌다. 이렇다 보니 전문가 집단의 발언 또한 각자가 속한 진영의 이념 라인을 따라 표준화되는 경향이 있다. 학술세미나라면 충분히 토론과 설득이 가능할 수 있는 사안인데도 정치의 영역으로 들어서면 아예 전문가 선에서부터 타협의 여지가 줄어든다는 의미다.

특히, 노동 문제와 같이 이미 진영 간 이념 대립이 고착화된 분야에서는 애초에 경제적 합리성에만 근거한 해법은 통하기 어렵다고 봐야 한다. 이제는 박정희-전두환 시절처럼 전문가가 아이디어만 내면 실천은 힘센 정권이 알아서 해주는 시절이 아니기 때문이다. 이럴 때는 차라리 정치논리로 문제 해결의 실마리를 찾아야 한다. 노동시장의 유연화라는 경제논리에만 집착할 것이 아니라 기존 제도권의 역학 관계를 고려해 청사진 단계부터 정치적 수용성을 고려한 제안을 내놓아야 한다는 것이다. 나아가 이런 청사진을 공론화시켜 우호 여론을 확보하는 노력 역시 중요하다. 일반 정책 분야도 아닌 개혁 과제를 다루는 데 있어 정치적 소통을 위한 노력도 없이 일방적인 '탑-다운top-down'식의 정책 집행을 하려 든다면 그 자체가 실책이 될 수 있다.

이상의 관점을 종합해보면 노동 분야 개혁의 경우 무리하게 서두르기보다는 이 책에서 제시한 정석대로 따라가는 것이 가장 합리적인 방향일 것이다. 즉, 제1장에서 언급한 개혁의 세 가지 성공 요소인 '청사진 마련, 공론화를 통한 우호 여론 확보, 나아가 이를 바탕으로 한 정치적 타협의 공간 확보'가 체계적으로 이뤄져야 비로소 개혁 같은 개혁을 이룰 수 있다는 의미다. 즉, 이미 충분히 정치화된 노동 문제를 경제적 합리성만으로 풀려 하지 말고 경제논리와 정치논리를 결합하는 방식을 찾을 필요가 있다.

개혁의 동력은 중간층 노동자

앞서 제1장과 3장에서 언급했듯 선거와 개혁은 다르다. 선거의 경우 자신의 지지기반을 공고히 한 다음 중도층으로 손길을 뻗는 게 보편적인 전략이지만 개혁은 먼저 중간 계층의 지지를 확보하는 것이 훨씬 효과적일 것이라는 점을 강조했다. 특히 집권 여당이 의회 다수석을 점하지 못한 경우 중도층의 지지를 얻는 것이 개혁을 위한 필수 조건이 된다. 이럴 경우 다수 의석을 점한 야당도 다음 선거를 의식해 여론의 흐름에 예민하게 반응하게 될 것이기 때문이다.

이 논리를 노동 분야에 적용해보면 진보 정부건 보수 정부건 자신들의 정치 기반이 되는 파워 집단에 기대지 말고 중간 영역에 있는 다수 노동자와 기업들에 초점을 두면서 정책을 펴야 한다는 결론이 나온다. 중도층을 선점해야 한다는 관점에서 볼 때 보수 정권은 대다수 노동자의 권익에 우선적인 관심을 보여야 하고, 진보 정권은 기업이 살아야 노동자도 산다는 관점을 바탕으로 제도 개혁에 나서야 한다. 즉, 상대 영역을 선점한다는 방식의 도전적 입장을 보여야만 중간 계층의 정치적 지지를 받을 수 있다. 이런 과정을 완성시키는 핵심 경로는 긍정적 여론 형성을 위한 공론화다. 몇몇 전문가가 모여 경제적 합리성을 기준으로 한 대안을 만들어 불쑥 내미는 소통 부재의 방식으로는 이미 정치화된 노동 문제를 풀기 어렵다.

그렇다면 노동 문제에 있어 중간 계층은 누구일까. 선거에 응용되는 중위투표자이론에서는 진보나 보수와 같은 일반적인 이념 선상에서 가운데에 위치한 다수의 유권자들을 중간층이라고 본다. 분석의 대상을 노동시장으로 바꿔 보면 어차피 대형 노조 구성원인 대기업, 공기업의 정규직 사원들은 중간 계층이라 보기 어렵다. 그렇다면 자연스럽게 '중소기업-비정규직-비조합원'으로 상징되는 절대 다수 노동자가 중간 및 하위 계층을 형성하게 될 것이다.

앞서 언급했듯 윤석열 정부의 주당 근무시간 유연화 정책이 벽에 부딪힌 것은 노조의 '정치적' 반대도 있었지만, MZ세대를 포함한 중간 계층 노동자들의 지지를 받지 못한 탓이 크다고 할 수 있다. 실제 이런 정책의 잠재적 문제점인 사용자의 오남용 가능성을 가장 우려하는 집단이 바로 강한 노조의 보호막을 받지 못하는 계층이기 때문이다. 역설적이지만 주당 근무시간의 유연화는 노동자 선택권을 강화시켜 소득을 더 올리고 싶어 하는 중하위층 노동자에게 도움을 줄 수 있는 정책이다. 그렇다면 애초에 이들의 입장에 서서 정책을 고안하고, 의견을 청취했었다면 훨씬 더 정치적 수용성이 높은 형태의 법안을 제시할 수 있었을 것이다.

근로시간 외에 노동개혁의 또 다른 단골 메뉴인 정년 연장이나 임금체계의 경우에도 교과서적 합리성만 따지지 말고, 이것이 노동자 집단의 특성에 따라 다른 반응이 나타날 수 있다는 점에 유념해야 한다. 연공서열형 호봉제를 유지한 채 정년을 연장해주면 이미 강한 노조 보호막 아래에 있는 노동자들에게는 유리할 수 있지만, 상대적으로 세력이 미약한 비정규직이나 중소기업 근로자들의 경우 큰 실효성도 없으면서 자칫 조기 퇴직의 빌미를 제공할 수도 있다. 이는 마치 저소득 노동자를 위해 실시한 최저임금제가 오히려 이들의 일자리를 줄일 위험이 있는 것과 유사한 논리다.

요컨대 개혁 청사진 단계에서는 경제적 합리성에 근거해 근로시간, 임금체계 및 정년에 대한 기초안을 만들어보는 것이 필요하다. 하지만, 군사독재 시절도 아닌 지금 이런 원안을 그대로 밀어붙이려 들면 나름 이념 색깔이 덜하고 다수 근로자에게 도움이 될 수 있는 제안조차도 진영 논리에 휩쓸려 소멸되기 쉽다. 이럴 때의 전략은 앞서 강조한 것처럼 (1) 개혁의 주 혜택이 중간 계층 노동자에게 향하는 식으로 청사진을 짠 다음 우호 여론 확보를 위한 공론화에 나서는 것이다. 나아가 (2) 여러 사안을 동시에 다루지 말고 가급적 분리해 집단적 저항을 줄이는 '분할 정복' 방식을 택하는 것이 정쟁의 소지를 최대한 줄이는 방식이다. 다음 두 절에서는 이 두 가지 전략을 각각 다뤄본다.

중간층 중심의 노동 거버넌스 개편

승부가 나지 않는 전쟁이 지속되면 양쪽 다 지치기 마련이다. 재벌과 대형 노조가 보수와 진보라는 이념 논리를 앞세우고 대치하다 보면 어떤 사안이 나와도 전투로 이어지기 마련이다. 더구나 노동시장의 현안은 얽히고설켜 있다. 근무시간, 임금체계, 정년문제 등 정책 현안 간의 연계성도 높지만 각 사안별로 이해당사자들의 입장이 다르다. 사회 후생의 관점에서 이 문제를 다뤄야 하는 정부 입장에서는 기업 경쟁력과 노동자 보호라는 큰 목표하에서 계층 간의 이해충돌을 최소화하는 방안을 찾아야 하지만 어느 문제에 손을 대건 파열음이 들리기 쉽다. 이럴 때일수록 전선을 너무 벌리지 말고 매우 실용적인 방식으로 사안별로 접근을 할 때 그나마 개혁의 진도가 나갈 수 있다. 정부가 가장 피해야 할 전략은 특정 이념을 천명하면서 그 대표주자인 대기업이나 노조 한쪽 편의 손을 들어주는 것이다.

근래에 일반 시민들이 경험한 대표적인 노동 현안은 문재인 정부 때의 최저임금제와 윤석열 정부의 주당 근무시간 조정 문제였다. 그런데 이것들은 각 진영의 정치적 입장을 크게 손상시키지 않으면서 경제적 여건을 고려한 타협이 충분히 가능한 영역이었다. 전문가들의 견해를 들어봐도 의견 차이가 심각하지 않았다. 그런데도 이 두 주제의 논쟁은 시작되자마자 양 이념 진영 간의 편싸움으로 이어졌다. 이렇다 보니 정작 임금체계나 정년연장 같이 체계적인 노조 개혁이 필요한 사안은 제대로 된 공론화조차 시작되지 않고 있는 실정이다.

이런 상황에서 정부는 어떤 개혁 전략을 펴야 할까. 과거의 사례처럼 집권당의 이념 성향에 따른 '한쪽 편 들기'로는 문제를 해결하기보다는 악화시킬 뿐이다. 그렇다고 어정쩡한 중도 노선을 걷다 보면 양대 기득권 집단의 벽에 부딪혀 아무것도 이루기 어렵다. 이럴 때 앞서 강조한 것처럼 타협 가능한 사안을 중심으로 변화를 시도하되 집권 정부의 이념 성향과 다른 쪽까지 염두에 둔 중간 계층 공략에 나서는 것이 최선일 수 있다. 나아가 새로운 형태의 일자리 확충과 같이 이들이 노동시장에서 가질 수 있는 기회를 늘릴 수 있는 대안도 찾아볼 필요가 있다.

'14%' 노동자는 자율적 노사협상

정치 민주화의 상징은 유권자가 '1인 1표'를 갖는 것이다. 하지만 자본주의 경제에서의 의사결정 파워는 '1원 1표'로 판가름 나는 경우가 많다. 노동시장의 경우에도 노조-비노조, 정규직-비정규직, 대기업-중소기업 간의 임금 및 고용 안정성 이중구조가 보여주듯 개별 구성원의 목소리 크기가 일정하지 않을 수 있다. 이럴 때일수록 개별 구성원의 의사를 집합하는 시스템이 합리적일 필요가 있다. 즉, 특정 구성원에게 일방적으로 유리한 방식으로는 설사 일시적 의견 합의를 본다 하더라도 불안정한 균형에 불과할 것이다.

기업지배구조corporate governance라는 표현은 기업의 소유 구조나 경영통제 양태를 의미하는 개념으로 한국에서는 사실상 재벌체제의 특징을 상징하는 의미로 사용된 지 오래다. 1997년에 발생한 외환위기를 설명할 때 어김없이 등장하는 것이 '순환출자'나 '상호지급보증' 같은 수단을 동원한 재벌 기업들의 '문어발식' 경영이었다. 그런데 위기를 계기로 이뤄진 개혁과 그 이후의 조치로 위와 같은 편법적 수단은 많이 사라졌고, 지주회사를 중심으로 하는 재벌 기업들의 거버넌스도 예전보다 많이 투명해졌다. 아직 완벽하지는 않지만 긍정적인 방향으로의 진화가 이뤄지고 있다는 것이다.

반면 노동 거버넌스의 경우 이중구조의 고착화가 오랫동안 지속되며 노동시장과 관련된 의사결정 구조에 특별한 변화가 있을 것이라는 징조가 보이지 않는다. 그동안 다양한 법률 개정을 통해 노동자의 권익을 보호하는 장치가 늘어나고 있는 것은 고무적이지만 전체 노동자의 절대 다수를 차지하는 비조합-비정규직 근로자의 권익을 대변하는 목소리는 여전히 부족하다. 기업지배구조가 좋다는 것은 같은 노력을 투입하고도 이윤이 더 늘어나고, 또한 그 배분이 주주, 경영진, 근로자 등 이해당사자 간에 합리적으로 이뤄지고 있음을 의미한다. 유사하게 노동시장의 거버넌스가 바람직하려면 노동정책의 결정에 참여하는 이해당사자들의 대표성이 정당해야 한다.

그런데 시장 수급에 따라 가격과 균형 수량이 바뀌는 일반 상품시장과 달리 노동시장의 경우 노사협약에 의해 근로 조건이나 보상 체계가 정해진다. 따라서 협상 테이블에서 노동자를 대표하는 핵심 주체가 누구인지가 중요한 변수가 된다. 한국의 노사관계를 보면 한국노총과 민주노총으로 대변되는 대형 노조의 입장이 사실상 노동자의 입장이라고 말해도 과언이 아니다. 그런데 지난 수십 년 이 조직을 이끌어온 주역들은 대부분 한국전쟁 이후에 태어난 베이비부머 세대(1955~1974년생)에 속한다 할 수 있다.[5] 이 세대는 수적으로도 많고 기존 대기업들이 성장하는 과정을 함께했기 때문에 그만큼 세력화가 쉬웠고 노동력의 유사성이 강하기 때문에 집단 응집력도 강한 편이다. 무엇보다 한국의 산업구조는 제조업 중심으로 진화돼 왔기 때문에 철강, 자동차, 선박, 전자 등과 같은 대기업 주력 업종의 노조 파워가 강한 것은 자연스러운 일이다.

그런데 지금은 세상이 바뀌는 속도가 예전과 차원이 다르게 빠르다. 전통 산업의 디지털화가 촉진되고 AI 같은 신기술이 등장하며 노동 현장의 모습도 크게 달라지고 있다. 같은 업종이라도 일하는 방식이 달라지고 있으며 기술의 융합과 함께 새로운 업종이 생겨나기도 한다. 이런 상황에서 10~20년 전과 크게 다를 바 없는 근로 방식이나 보상 체계가 그대로 유지된다는 것은 산업 경쟁력이나 노동자의 생산성에 부정적 효과를 미칠 수 있다. 나아가 이런 문제를 알면서도 변화의 물꼬를 트기 힘든 것은 바로 대형 노조의 주력 세력이 전통 제조업식 근로 방식에 익숙한 집단이기 때문이다.

따라서 기업과 노동자 모두에게 바람직한 노사관계 구축을 위해서는 변화하는 노동 환경을 반영할 수 있는 노동 거버넌스가 정착돼야 한다. 그렇다면 향후 노동 거버넌스는 어떤 방향으로 바뀌는 것이 옳을까. 이 과정에서 정부는 어떤 역할을 해야 할까. 크게 노동자 집단의 특성과 연관된 두 가지 원칙이 필요하다.

첫째, 노조의 보호막이 두터운 '14%' 노동자 집단의 경우 노사가 자율적으로 협상을 할 수 있는 영역을 최대한 늘려주어야 한다. 노사관계가 뒤틀어져 노동시장 자체가 흔들릴 때는 정부 개입의 명분이 분명하지만, 정부의 우선적 과제는 법과 제도를 정비해 가능하면 시장 참여 당사자들의 자율적 판단이 통할 수 있는 여건을 만드는 것이다. 이것을 다른 식으로 해석하면 정부는 가급적 노사관계가 정치적 투쟁의 장으로 가는 것을 막아야 한다는 의미다. 사실 개별 기업에서 노사가 만나는 경우 일반적인 정치논리가 작용할 여지가 크지 않다. 특히, 대기업이나 공기업의 경우 노동자 측도 충분한 협상 조직과 경험을 지녔다 볼 수 있으므로 법질서가 무너지는 예외적인 상황이 아니면 굳이 정부가 나설 이유가 없다.

둘째, 노사관계와 관련된 정부 지원은 가급적 노조 보호막이 두텁지 않거나 아예 없는 '86%'의 중간 계층 이하 노동자들에게 집중되는 것이 필요하다. 즉 비노조, 비정규직, 중소기업, 청년층, 그리고 새롭게 생겨나는 업종에 속하는 노동자들을 대변할 수 있는 제도적 장치가 강화될 필요가 있다. 이는 대기업·공기업 정규직 위주의 대형 노조가 이들의 권익까지 보호하는 데는 한계가 있을 것이기 때문이다. 나아가 경사노위 같은 '사회적 대화' 창구의 대표성에 대한 검토가 필요하다. 과연 이것이 소수 대기업과 대형 노조에 속하지 않는 절대 다수의 기업과 노동자의 입장을 제대로 대변하고 있는지, 아니면 이미 충분히 기득권을 가진 지대 집단의 이해관계를 조정하거나 정치적 입장을 조율하는 수단에 불과한지 따져볼 필요가 있다.

'86%' 중심의 근로자 대표권

이상의 두 가지 원칙을 바탕으로 우선적으로 다뤄야 할 개혁 과제는 근로자의 대표성을 새롭게 정의하는 문제다. 무엇보다 시대 흐름에 맞는 근로자 대표권의 조정이 필요하다. 현행 근로자기본법에 따르면 근로시간이나 임금체계 등과 같은 사안의 변화를 위해서는 사용자와 근로자 대표자 간의 합의가 필요하다. 그러나 직군의 특성에 따라 인사나 정년, 임금 및 승진 체계 등 근로조건이 다를 수 있기 때문에 노사 협상도 분리해서 하는 분할 정복 혹은 분권화 방식이 더 적절할 수 있다. 즉, 근로자 대표의 정의를 보다 유연하게 해석해 개인이나 소집단에게 보다 많은 선택권을 부여하자는 것이다. 특히, 디지털화와 신기술의 등장으로 업종이나 직무의 융합과 분화가 다양하게 진행되고 있는 현재의 경제 여건하에서는 같은 직군 내에서도 업무의 성격이 차별화될 수 있다. 이런 경우 개인이나 소규모 집단이 직접 회사와 교섭할 수 있는 여지가 늘어나는 것이 노사 모두에게 바람직한 선택이 될 수 있다.

그런데 기존 대형 노조는 생산직 근로자 중심으로 되어 있고 사업자와의 교섭 창구가 단일화돼 있기 때문에 생산직 출신의 근로자 대표가 사무직이나 연구개발직 등 다른 직군의 입장을 반영하기 어렵다. 이런 한계를 극복하기 위해 제시되고 있는 안이 개인이나 소수 집단의 직접 교섭권을 보장하는 부분근로자 대표제인데 이는 궁극적으로 시대 조류에 맞는 탄력적·선택적 근로시간제나 직무·직군형 임금체계로 나갈 수 있는 토대가 될 수 있다는 장점도 있다. 물론, 이런 제안은 경직적인 근로시간 제한이나 연공 위주의 호봉제를 고수하는 대형 노조가 반대할 수 있다. 하지만, 기존 노조 구성원의 이해관계를 크게 해치지 않는 한도에서 노동 약자의 권익 보호를 위하는 방향으로 점진적 조치를 취한다면 충분히 타협의 여지를 만들 수 있을 것이다. 즉, 처음부터 호봉제를 성과급으로 바꾼다는 식의 큰 그림을 그리지 말고, 아주 제한된 범주에서 변화의 시작을 추구하자는 것이다. 이런 수준의 절충안은 정부가 협상을 통해 법제화할 수 있어야 한다.

'분할 정복' 전략과 일자리 정공법

노동시장의 경쟁력을 확보하기 위한 구상은 시장 효율성을 전제로 하는 경우가 많다. 근로시간을 제한하는 단위를 주에서 분기나 연 단위로 바꾸려는 시도는 시간 자원의 배분을 유연하게 만드는 효과를 지닌다. 근속 연수에 따라 임금이 결정되는 연공형 호봉제를 실제 성과를 기준으로 하는 방식으로 바꾸는 대안이나 '동일노동·동일임금' 같은 주장도 경제학적 관점에서는 당연히 효율을 높이는 길이다. 전문가의 머리에서 시작된 이런 아이디어들이 탑-다운 식으로 제도화된다면 좋겠지만 현실은 다르다.

정도의 차이는 있지만 사회 제도는 나름의 역사성과 정치성을 지닌다. 경제 활동의 기본인 일자리가 달려 있는 노동 관련 제도나 관행은 더욱 그렇다. 특히, 한국의 경우처럼 돌이키기 힘들 정도로 노동 문제가 정치화된 상황에서 이를 경제논리로 풀어보려 하는 것은 순진한 기대에 불과하다. 경제학적 관점에서는 시장 불균형이 있으면 균형으로 회복하기 위한 자체 동력이 발동된다. 그런데 시장에 맡겨놓아도 효율적인 균형에 이르지 못하는 '시장 실패'의 경우에는 이를 치유하기 위해 정부가 개입하게 된다. 그런데 아무리 정부가 노력해도 일반적인 정책만으로 문제를 해결하기 어려운 경우가 있다. 대체로 시장 비효율의 성격이 구조적일 때 정부 개입의 실효성이 떨어지게 된다.

그간의 노동개혁 논쟁을 보면 거의 예외 없이 대기업과 중소기업, 정규직과 비정규직, 원청과 하청 같은 이중구조 문제가 전면에 등장한다. 또한 그 이면을 보면 알게 모르게 대기업과 노조의 대립 관계가 존재한다. 이런 상황에서는 대대적인 구조 개혁 없이 시장 효율을 담보하기가 어려워진다. 하지만 이런 개혁 시도가 노동 현장에서 번번히 막히는 것은 기존 제도나 관행을 유지하려는 세력의 힘이 충분히 크기 때문이다. 이런 식의 '정치적 균형'을 경제논리에 기반한 대안으로 깨기는 어렵다. 여러 차례 강조하지만 개혁은 백지 위에 새로운 그림을 그리는 것이 아니라 이런저런 이해관계가 얽혀 있는 기존 구조를 바꾸려는 노력이다. 그만큼 경제적 합리성에 더해 정치적 수용성까지 고려한 청사진이 필요하다는 의미다.

결론부터 말해 실질적인 노동개혁의 진도를 위해서는 불필요한 이념 대립을 피하고 실리에 기반한 협상 전략을 짜야 한다. 이를 위한 핵심 전략으로는 가능한 사안을 나누어 공략하는 '분할 정복' 방식이 적절하다. 노동 문제들은 서로 연계돼 있어 하나의 패키지로 정리하는 것이 논리적으로는 타당할 때가 많지만, 그렇게 문제를 키워놓으면 결국 진영 대립으로 흘러버리는 것이 노동 현장의 현재 모습이다. 이럴 때 일수록 이슈를 분할해 적절한 정치적 타협의 카드로 사용하는 것이 최선이다. 아래에서는 핵심적인 노동 현안인 근로시간, 임금체계, 정년 연장 문제 등을 어떤 식으로 접근하는 것이 유용한지에 대해 언급한다.[6]

근로시간, 임금체계 및 정년
근로시간 유연화 문제의 경우 앞서도 언급했듯 얼마든지 다수 노동자의 찬성을 끌어낼 수 있고, 여야의 합의도 도출할 수 있는 제안이라 할 수 있다. 그런데 이런 기본적 시도 역시 노동시장 유연화라는 '절대선'에서 출발해 소통 없이 제도화하려 하면 오해와 반발을 낳기 쉽다. 아무리 좋은 청사진이라도 여론의 지지를 받지 못하면 개혁의 문턱을 넘기 어렵고, 우호 여론을 등에 업지 못하면 정치적 타협의 공간도 줄어들 수밖에 없다. 애초에 청사진 단계에서부터 이런 정치적 지지와 협상의 가능성까지 따져보는 것이 개혁의 정공법이다. 특히, 근로시간 유연화는 노동개혁의 시동을 거는 첫걸음이 될 수 있으므로, 아래에서 언급하는 다른 협상 카드와 맞바꾸는 전략도 생각해볼 수 있다.

근로시간 제도의 개선과 관련해 특히 유념해야 할 대목은 근로자의 선택권이다. 윤석열 정부의 2023년 개선안이 힘없이 무너진 것은 가뜩이나 보수 이념에 충실한 정권이 사용자 측에 유리한 제안을 내놓은 것이 아니냐는 의혹이 증폭됐기 때문이다. 돌이켜보면 보수 정권이기 때문에 더더구나 근로자 입장에서 제도의 장단점을 따져가며 청사진을 다듬고 공론화를 추진했어야 했다. 특히, 노동 분야 제도 개선의 주 타깃층을 임금이나 고용 안정성이 상대적으로 낮은 중하위층 노동자라고 본다면 이들이 필요로 하는 것을 줄 수 있어야 한다. 사용자의 오남용을 방지하는 장치를 강화하는 것은 물론, 실제 이 제도가 이 계층 노동자의 소득을 올려줄 수 있는 통로가 될 수 있다는 점을 구체적으로 입증할 수 있어야 한다.

다음으로, 임금체계 개선의 경우 연공서열형 호봉제를 직무급이나 성과급으로 전환하는 방안이 핵심 주제다. 노동시장 유연화를 철칙처럼 신봉하는 경제학자의 눈에는 연공서열형 호봉제만큼 비합리적인 임금체계도 드물 것이다. 하지만 자신의 밥그릇이 달려 있는 당사자 입장은 다르다. 특히, 나이 든 세대의 입장에서는 성과급제로의 전환이 달갑지 않을 것이기 때문에 어떤 시점에서 이런 변화를 시도하려 해도 반발과 세대 갈등이 나타나기 쉽다. 성과급제는 노동개혁 주제로 가장 자주 등장하는 주제 중 하나이지만 동시에 가장 진도가 나가지 않은 영역이기도 하다. 그렇다면 기존의 전략을 근본적으로 재검토할 필요가 있다. 무리한 추진보다는 차라리 협상 카드로 사용하는 것이 나을 수 있다.

임금체계 문제를 해결하려면 호봉제와 성과제를 하나만 택해야 하는 '대체 관계'로 보는 사고부터 버려야 한다. 즉, 노동자 집단의 성격에 따라 두 제도를 선택적으로 사용하며 점진적인 변화를 택하는 실용주의적 해법이 필요하다. 호봉제로 임금을 받아오던 중장년 노동자들에게는 성과급 전환이 곧 임금 삭감으로 해석될 가능성이 크기 때문에 설사 다른 보상이 있다 해도 쉽게 반대 입장을 바꾸지 않을 것이다. 예를 들어 문재인 정부 때 공공부문의 비정규직을 정규직화하는 대신 임금보상체계를 직무급제로 전환하는 방식을 제안했지만 노조의 반발로 성과를 보지 못했다. 윤석열 정부 들어와서는 직무급제로 전환하는 민간 기업에 세제 유인을 제공하고, 호봉제를 유지하는 기업에게 기존 세제 혜택을 삭감하는 식의 제안이 나왔는데 이 또한 큰 실효성이 없는 정책이다. 조세 유인은 다른 조건이 성숙했을 때 효과가 나는 일종의 한계 유인이기 때문에 이런 구조적 문제에 사용하는 것은 효과도 없고 예산만 낭비할 가능성이 높다.

고용노동부 통계에 따르면 노조가 있는 기업의 호봉제 사용 비율은 67.8%이지만 노조가 없는 기업의 경우에는 이 비율이 11.2%에 그친다.[7] 이는 어지간한 방식으로는 호봉제 폐지가 쉽지 않음을 시사한다. 이런 경우 차라리 노동자 집단을 분리해 공략하는 것이 더 나은 전략이 될 수 있다. 즉, 기존의 호봉제를 선호하는 중장년 노조원 집단에게는 이 제도를 유지해주되 앞서 언급한 근로시간이나 부분근로자 대표제 같은 상대적으로 '온건한' 제안을 받아들이게 하는 협상 카드로 사용하는 것이다. 대신 직무급이나 성과제는 호봉제가 정착되지 않거나 상대적으로 전환 가능성이 높은 사업장 중심으로 정착해 나가자는 것이다. 이런 사업장의 경우에는 상대적으로 세제 혜택 같은 유인 정책이 효과를 볼 가능성이 높다. 요컨대 정치적 반발이 심한 사안을 경제논리에만 근거해 획일적으로 접근하는 기존 방식 대신 가능한 분야부터 점진적으로 정착되게 유도하는 것이 보다 현실적인 대안일 수 있다.

최근 들어 쟁점으로 부상한 정년 연장 문제는 인구구조의 고령화에 따른 노령 세대의 소득 확충 필요성을 고려할 때 장기적으로는 가야 할 방향이다. 하지만 기존 호봉제를 유지한 채 정년 연장만 하면 기업의 인건비 부담이 커질 수밖에 없고 이는 청년 고용을 위축시킬 수 있다. 또한 정년 연장은 연금 수급 연령 문제와도 밀접한 관련이 있다. 2017년부터 모든 사업장에 적용되고 있는 '60세 정년'과 국민연금 수급 개시 연령(2023년 기준 63세인데 점진적으로 늦춰져 2033년에 65세가 됨) 간에는 상당한 소득공백기간이 있다. 그런데도 연금 재정의 안정을 위해 연금 지급 연령을 66~68세로 늘리자는 제안까지 나오고 있는 실정이다. 이처럼 정년 연장은 여러 차원의 변수가 연계돼 나타나기 때문에 단순한 노사 협상 수준을 넘어 좀 더 입체적인 차원에서 검토할 필요가 있다.

먼저 생각할 사안은 정년 연장의 실효성이다. 한국 노동 현장의 현실을 보면 법적 정년을 다 채우며 은퇴하는 노동자의 비율은 매우 낮다. 실질적인 정년이 평균적으로 50대 중반을 넘기지 못하는 현 상황에서 정년 기준을 높여보았자 아마 그 직전 연령대의 대기업이나 공기업 노조원들이 주 수혜자가 될 가능성이 높다. 이 경우 인건비 부담이 늘어난 사용자는 50대 근로자에 대한 권고 사직이나 명예 퇴직을 밀어붙일 가능성이 높아진다. 또한 50대 후반 인력 중 절대 다수를 차지하는 자영업자나 중소기업 근로자들에게는 법적 정년 자체가 어차피 큰 의미가 없다.

나아가 제7장에서 상세히 다루듯이 연금 수급 개시 연령을 늦추는 제안은 연금 재정의 관점에서 볼 때 지금 꺼내기보다는 아껴두어야 할 옵션이다. 연금개혁의 경우 연금 보험료를 올리는 일이나 연금 혜택 수령을 늦추는 일 모두 정치적 저항이 큰 과제인데, 지금은 보험료 인상에 집중할 때다. 즉, 정년 연장과 연금 수급 개시 연령을 연계하는 것은 추후 과제로 남기는 것이 바람직하다.

이상의 관점을 종합하면 정년 연장은 단기적 관점에서는 큰 실효성이 없으면서 세대 갈등만 유발할 가능성이 크다. 따라서 장기적 관점에서 세대별 노동 수급 불균형이나 임금체계 등과 같은 구조적 문제와 연계해 해결책을 찾되 필요한 경우 이 사안을 대기업 노조와의 협상 카드로 사용할 수도 있을 것이다.[8] 보다 근본적으로는 기업 경쟁력이 높아지고 노동 생산성이 높아져 노동 현장의 실질적 정년이 더 늘어나게 만드는 것이 우선적 과제라 할 수 있다. 나아가 제5장에서 다루었듯 법적 정년 여부와 관계없이 노령 세대가 은퇴 후에도 새로운 일자리를 찾을 수 있도록 신기술 습득을 위한 교육훈련 지원 등에 정부 지원을 제공할 필요가 있다.

새로운 고용 형태의 일자리들

노동개혁을 하려는 이유가 뭘까. 전문가들은 노동시장이 제대로 돌아가 인적자원의 배분이 효율적으로 이뤄져야 생산성이 올라가고 국가 경쟁력도 강해진다고 말한다. 나아가 임금 결정이나 일자리 배분 과정에서 공정성이 높아지는 것도 또 다른 목표일 것이다. 결국, 지금의 제도나 관행이 효율과 형평이라는 기본적인 정책 평가 기준에 비추어 미흡하기 때문에 변화를 주려는 것이다. 반면 전문적 식견이 없는 일반인의 입장에서는 좋은 일자리를 많이 만들어내는 것이 노동개혁이 추구할 목표라 생각하기 쉽다. 이 또한 틀린 말이 아니다. 절대 다수 노동자들이 마음에 드는 일을 한다는 것은 노동시장의 자원배분이나 소득분배 기능이 제대로 돌아간다는 것을 의미하기 때문이다.

그런데 앞서 다룬 주요 노동개혁 의제인 근로시간, 임금체계, 정년 등의 문제를 보면 정치논리가 경제논리를 압도하며 별 진전 없이 시간만 흐르고 있다. 충분히 토론과 타협이 가능한 과제들도 대기업과 노조의 이념 기반형 진영 대립의 소재로 변질되는 일이 비일비재하다. 이런 경우에는 아예 생각의 틀을 바꿔 외적인 요소가 노동시장 내부의 정치적 균형에 영향을 미칠 수 있게 하는 대안도 생각해볼 필요가 있다.

구체적으로, 노동개혁으로 일자리가 늘어날 수도 있지만, 일자리가 늘어나 노동개혁을 촉진하는 역방향의 대안을 생각해보자는 것이다. 사실 지금 논쟁의 대상이 되는 노동시장 경직성과 노사대립의 상당 부분은 나누어야 할 과실은 정해진 상태에서 누가 더 많이 가져가느냐를 따지는 분배의 문제와 직결돼 있다. 그런데 분배를 둘러싼 대립이 정치 문제로 비화하면서 현상 유지를 선호하는 경직성이 발생한다면 노동 생산성과 경쟁력을 높일 경제학적 해결책을 찾기는 매우 어려워진다. 이럴 때 아예 기존 제도권 밖에서 일자리가 생겨난다면 어떨까. 아마 노동시장 구성원 간의 갈등도 어느 정도 줄어들 수 있을 것이다. 특히, 그 일자리가 그동안 존재하지 않았던 성격의 것이라면 근로시간이나 임금체계 같은 영역에서 새로운 규칙을 정하기도 쉬울 것이다.

그렇다면 노동개혁에 긍정적 영향을 줄 수 있는 일자리 공급은 어떤 형태를 띨까. 우선, 신기술에 따르는 새로운 일자리가 있을 것이다. 통상 기술이 발전하고 경제 환경이 달라지면서 예전에 당연히 여겼던 것들이 바뀌는 경우가 많은데 이런 변화에 가장 빠르게 반응하는 주체는 이익을 추구하는 기업일 것이다. 특히, 1, 2, 3, 4차식으로 명명되는 산업혁명 시기와 같은 전환기에는 이전의 주력 산업 일자리는 줄고 새로운 업종의 일자리는 늘기 마련이나. 현재 시섬을 기준으로 본다면 전통 제조업의 일자리에 비해 정보통신, 바이오, 로봇, AI 기술 등과 관련된 일자리가 늘어날 것이라 볼 수 있다.

이처럼 기술 혁신의 결과로 산업 구조 자체가 바뀌는 시기에는 분야별로 노동의 수요와 공급이 일치하지 않을 수 있는데 이런 구조적 불균형이 오히려 기존 제도의 변화를 유도하는 실마리가 될 수도 있다. 특히 노조 기득권이 집중돼 있는 전통 제조업의 일자리가 줄고 첨단 서비스 등 신산업의 수요가 느는 경우 상대적으로 이런 분야에서 비교우위를 가질 수 있는 청년 세대에게는 바람직한 변화다. 여기에 더해 이런 신기술 영역에서 직접 창업할 수 있는 생태계가 활성화되는 것도 바람직하다. 이런 과정에서 청년층의 목소리가 커진다면 이는 앞서 언급한 중간층 중심의 노동 거버넌스 개혁에 도움이 될 것이다.

나아가 기술 혁신에 따르는 새로운 일자리의 생성은 노동환경의 변화를 수반하기 쉽다. 특히 최근 급격한 진전을 보이고 있는 AI 기술의 경우 유연근로나 재택근무 등을 전제로 하는 일자리를 생성할 가능성이 많을 것이다. 최근 들어 늘고 있는 플랫폼 종사자나 특수형태근로종사자가 이런 사례이지만 전통적인 일자리에서도 고용형태가 좀 더 다양해질 가

능성이 높다. 이런 새로운 일자리나 고용 형태는 기존의 법체계 안에 가
둘 수 없기 때문에 언젠가는 새로운 표준화 기준을 설정해야 할 것이다.
이런 기준하에서는 정규직, 비정규직과 같은 제도적 구분이 애초에 무의
미할 수 있으며, 이와 함께 기존 제도의 경직성도 상당 부분 유연해질 수
있을 것이다.

　외부로부터의 일자리 공급과 관련해 또 하나 주목해야 할 영역은 한
국으로 진출하는 외국기업이 창출하는 일자리다. 경제발전이론에 따르
면 외국인직접투자는 개도국이 필요한 자본과 기술을 제공하는 중요한
통로다. 그런데 한국의 경제발전 경로를 보면 외국기업보다는 자체적으
로 육성한 대기업이 성장전략의 중심에 서 왔다. 특히 1970년대로 접어
들어 자본집약도가 높은 중화학공업 육성이 본격적으로 시작되면서 재
벌의 역할은 한층 더 중요해졌고 상대적으로 외국기업의 존재는 매우 미
미했다. 외환위기 직후 기업구조조정 과정에서 일어난 일시적인 M&A
붐을 제외하고는 한국으로 유입되는 외국인직접투자foreign direct investment
는 다른 경쟁국에 비해 현저하게 낮은 수준이다.[9]

　하지만 앞으로의 전망은 다를 수 있다. 다국적 기업이 투자 위치를
정할 때는 다양한 요인을 고려한다. 인적자본이나 기본 인프라, 임금 등
비용 측면, 정부 지원 여부 등에 더해 시장의 크기도 한 역할을 한다. 외
국 기업 입장에서 볼 때 과거 한국의 시장 규모가 작았을 때는 토종 재벌
기업과의 경쟁이 버거웠을 수 있지만, 지금처럼 세계 10위권의 경제 강
국으로 성장한 한국 시장은 충분한 수요 잠재력이 있다고 판단할 수 있
다. 특히 구글이나 아마존 같은 빅테크 기업의 경우 한국 시장에서 경쟁
력을 가질 수 있다고 생각할 것이다.

　외국기업의 존재는 노동시장의 고용 형태에 상당한 시사점을 줄 수

있다. 산업통상자원부와 대한무역투자진흥공사(KOTRA)가 주관해 조사한 〈2022년 외국인투자기업 고용실태조사〉에 따르면, 2021년 말 외국인투자기업의 총 고용규모는 81만 4,000여 명으로 전 산업 근로자의 5.6%를 차지하고 있다. 그런데 이들의 고용 형태를 보면 정규직의 비중이 95% 이상을 점하고 있다. 향후 외국인직접투자의 유입이 얼마나 늘어날지, 이를 위해 어떤 정책이 필요할지는 이 책의 범주를 벗어나지만 일단 외국기업의 국내진출이 늘어난다고 가정하면 이는 고용 형태를 비롯한 노동시장 구조에도 영향을 미칠 수 있을 것이다.

이상의 논의는 정규직 대 비정규직 같은 눈에 띄는 이중구조를 해소하는 방법이 좀 더 다양해질 필요가 있음을 시사한다. 이미 정치화된 구조적 문제들을 경제적 합리성에 근거해 풀려 하지 말고 좀 더 타협이 가능한 방식으로 노동개혁의 과제들을 재설정하자는 것이다. 대형 노조를 중심으로 하는 기득권 세력의 힘을 억지로 꺾으려 하기보다는 적당한 협상을 통해 이들의 기득권을 어느 정도 인정해주는 것이 중간 계층이나 노동 소수자의 권익을 보장하는 데 도움이 될 수 있다. 나아가 기술 변화와 함께 바뀌어가고 있는 경제 환경이 노동개혁의 새로운 실마리를 줄 수 있다는 점도 인식할 필요가 있다. 특히, 새로운 고용 형태의 일자리 증가는 노동 거버넌스의 변화를 가능하게 해줄 돌파구가 될 수 있다.

제7장

연금개혁: 세대 간 이타주의에 기반한 정치적 해법

. . .

'연금 같은 연금'을 위한 발상의 전환

대한민국의 연금개혁 노력이 좌절을 거듭하는 이유는 무엇일까. 그 이유는 간단하다. '안 되는 것은 안 되는 것이다', '일에는 순서가 있다'라는 상식이 지켜지지 않기 때문이다. 나아가 '사회보험social insurance'인 국민연금 체계의 '세금'과 '복지'로서의 특성은 무시한 채 '보험'으로서의 성격에만 초점을 두는 고정관념 역시 문제의 핵심을 놓치게 만드는 요인이다. 이런 측면들만 해결하면 연금개혁은 희망이 보일 것이다.

그런데 지금까지 제시된 개혁안들을 보면 지나치게 연금 기금의 고갈에만 초점을 맞추고 있다. 기금 고갈을 늦추기 위해 보험료를 올리고, 나아가 연금 수급 연령도 늦추자고 한다. 그런데 이런 제안이 과연 적정한 진단과 처방인지에 대해서는 의문이 있다. 보험료를 올리는 것은 맞지만 이는 노후 보장이 될 정도로 연금 혜택을 높이기 위한 필수조건이기 때문이다. 이를 통해 연금 재정의 안정성은 다소 높아질 수 있지만 연금개혁이 완성되지는 않는다. 연금 재정의 안정성을 위해 해결해야 할 보다 핵심적인 과제는 급속히 추락하고 있는 출산율 추세를 되돌리는 것이다. 또한, 연금 수급 연령을 늦추는 일과 보험료 인상을 동시에 시도하는 것은 문제를 더 복잡하게 만들고 저항의 강도만 높이는 하책이다. 이 대안은 정말 아쉬울 때 쓸 수 있는 최후의 수단으로 남겨두는 것이 적절하다.

이 장에서는 연금개혁의 시동을 걸 수 있는 새로운 해법을 제시한다. 개혁의 초점을 보험료 인상에 두되, 이 과정에서 발생하는 정치적 저항을 줄이기 위해 특별 기금을 조성해 보험료 인상분 일부를 보전해주는 방식이다. 특히, 세대 간 형평성 문제를 고려해 청년 세대에게 유리한 방식으로 보조금 비율을 차별화한다. 일단 상당한 수준의 보험료 인상을 연착륙시키면 소득대체율 조정 등 다른 후속 조치가 가능할 것이다. 나아가 출산율 회복이 연금의 지속가능성을 위해 반드시 해결해야 할 또 다른 핵심 과제임을 강조한다.

우리나라 노인빈곤율은 OECD 국가 중 1위다. 급속한 산업화와 함께 오랫동안 대한민국 가족 공동체의 기본적 규범이었던 자식의 부모 부양 관행이 빠르게 사라지고 있는 반면 정부가 제공하는 노후 사회안전망은 이를 대체할 수준으로 성숙하지 못했기 때문이다. 은퇴 세대를 위한 가장 기본적인 사회복지제도는 연금이다. 대한민국의 공적연금은 일반 국민들을 대상으로 하는 국민연금이 대표적이다. 다음으로 공무원, 군인, 사립학교 교직원 등 특수한 직업군을 대상으로 하는 직역연금, 그리고 저소득층 노인을 대상으로 하는 기초연금으로 구성된다. 세 종류 모두 나름의 문제점을 가지고 있지만 한 가지 공통점이 있다. 즉, 재정이 불안정하다는 것이다.

일반 국민을 대상으로 하는 국민연금의 경우 이대로 가면 수지가 적자로 돌아서면서 연금 기금이 고갈된다고 한다. 공무원연금이나 군인연금은 이미 적자 상태여서 정부 재정에서 모자라는 부분을 메워주고 있다.[1] 기초연금 역시 재정 적자가 지속되며 부채가 쌓여가고 있는 현재의 정부재정 상태를 감안하면 혜택을 늘리는 일이 쉽지 않다.[2] 이 중 가장 논란이 되고 있는 것은 공적연금의 대표격인 국민연금이다. 정부의 연금 재정전망에 따르면 현행 제도를 유지할 경우, 2041년에 국민연금기금 적자가 발생하고, 2055년에 기금이 소진될 것이라 한다.[3] 이런 경우 2055년에 65세가 되는 1990년생들은 아예 연금을 받지 못하는 것이 아니냐는 공포스러운 추측까지 떠돌고 있다.

이렇다 보니 전문가들이 제시하는 연금개혁 제안 역시 연금 재정의 안정성에 초점이 맞추어져 있다. 다양한 변종이 있지만 기존 해법의 결론은 단순하다. 그동안 '덜 내고 더 받았으니' 이제는 '더 내고 덜 받는 식으로' 가자는 것이다. 최근에는 '더 내고 좀 늦게 받자'라고 공식을 바꾸고 있지만 어차피 비슷한 내용이다. 문제는 이런 전문가 제안을 나이에 관계없이 대다수 국민이 반대한다는 것이다. 나이 든 세대는 '왜 주었다가 뺏느냐'고 항변하고, 젊은 세대는 '왜 우리만 손해보느냐'고 반발한다. 예를 들어 9%인 지금의 연금 보험료율을 15%로 올린다 하자. 은퇴를 몇 년 앞둔 사람들은 그래도 낫지만 앞으로 수십 년을 더 일해야 하는 청년은 억울할 수 있다. 보험료율 인상에 더해 연금혜택까지 줄인다고 하면 누구 할 것 없이 모두 다 반대하고 나설 것이다.

세상이 그리 단순하게 돌아가고 개혁이 그저 수학 공식 풀듯 해결될 문제라면 얼마나 좋을까. 그러나 정권이 몇 번 교체되도록 연금개혁에 큰 진전이 없이 '폭탄 돌리기' 게임만 이어진다면 그럴 만한 이유가 있을 것이다. 아쉽더라도 실패한 정책은 바꿔야 한다. 이런 식의 교착상태에 이르게 된 근본적인 문제부터 따져야 한다. 연금의 재정 안정성을 걱정하는 전문가들의 문제의식 자체가 틀렸다는 것은 아니다. 또한 그들이 축적해놓은 지혜와 정보를 버릴 필요도 없다. 단지, 왜 연금 문제는 이렇게 시작조차 어려운가라는 간단한 질문부터 던져보자는 것이다.

좋은 정책이란 우리가 상정할 수 있는 최선의 상태를 향해 가는 것이 아니라 지금 쓸 수 있는 대안 중에서 최적의 선택을 하는 것이다. 많은 사람들의 이해관계에 영향을 주는 변화일수록 이것을 어렵게 만드는 제약조건이 무엇인지부터 따져야 한다. 즉, 개혁이 가져다줄 바람직한 세상에만 집착하지 말고 '차선의 법칙'부터 이해할 필요가 있다. 현 시점에서 볼 때 대한민국 연금개혁의 시동을 가로막는 장애물은 정치적 성격의 것들이다. 그런데 기존에 나와 있는 해법들은 연금을 경제 문제로만 이해하고 풀려고 하기 때문에 벽에 부딪히는 것이다. 즉, 안 되는 것은 안 되는 것이다. 문제를 풀려면 문제의 성격부터 제대로 이해해야 한다. 대한민국의 연금개혁이 성공하려면 발상의 전환이 필요하다.

국민연금은 보험이자 동시에 세금

경제학자들은 인간의 합리성을 신봉한다. 개인이나 기업은 주어진 예산에서 최고의 만족이나 이익을 주는 선택을 한다고 상정한다. 오늘만 생각하는 근시안적인 판단이 아니라 먼 미래를 고려하는 합리적 의사결정을 하기 때문에 장기 균형에 이를 즈음엔 사회 전체의 후생도 극대화된다고 본다. 물론 이런 관찰은 현실과는 거리가 있다. 그러나 이론은 이론이기 때문에 현실과 똑같을 필요는 없다. 하지만 이론이 근거하고 있는 가정의 타당성이 너무 떨어지면 현실 설명력도 약해진다.

가정을 바탕으로 차곡차곡 추상적 이론 모형을 쌓아가는 경제학자들을 조롱하는 얘기는 무수히 많다. 경제 예측이 날씨 예보만도 못하다는 얘기는 식상하다. 카를 마르크스Karl Marx는 "경제학자는 수중에 한 푼도 없는 주제에 그나마 한 푼이라도 가진 친구에게 자문을 해줘 그 또한 돈을 잃게 만드는 부류"라고 말했다. 등산을 할 때도 최적의 방법론을 찾는다고 자랑하는 이들에게 그럼 한번 해보시라고 사람들이 주문했다. 열심히 산에 오른 경제학자는 주변을 둘러보았다. 문제는 비슷한 봉우리가 두 개twin peaks 있었는데 목적지와 다른 산을 오른 것이다.

연금 문제를 보는 관행적 시각도 이런 '가정의 오류'에서 자유롭지 않다. 가장 큰 문제는 국가가 관리하는 공적연금을 민간 상품에 준해서 보는 시각이다. 민간 시장에서의 저축이나 보험은 수요자와 공급자 나름의 손익 계산에 바탕을 둔 자발적 선택이다. 그러나 공적연금은 일종의 사회보험이기 때문에 여러 측면에서 민간 상품과 다른 특성을 지닌다. 그중에서 가장 핵심적인 특징은 개인들이 내는 연금 보험료가 사실상 세금이라는 점이다. 실제 미국 등 많은 나라에서는 '사회보장세social security tax'라는 공식 명칭을 사용한다. 소득세와 같은 일반적인 세금과 차이가 있다면 세수의 용도가 한곳에 고정돼 있다는 것이다.

세금의 기본적인 특성은 '강제성'이다. 노후 보장을 개인에게 맡겨 놓으면 스스로 미래를 대비하지 못하는 근시안적인 사람들이 많기 때문에 정부가 대신 나서서 '강제 저축'을 시키는 것이 공적연금이다. 정부의 '온정주의paternalism'적 역할이 이런 정책의 논리적 근거가 된다. 물론 정부가 개인의 선택이나 시장의 영역에 얼마나 개입하는 것이 적절한가는 정치 철학의 문제다. 같은 선진국이라도 스웨덴처럼 조세부담과 공공복지 수준이 높은 나라도 있고 미국과 같이 시장주의 전통이 강한 나라도 있다. 경제가 성장할수록 복지 수준이 높아지는 것은 일반적 현상이지만 구체적인 제도의 진화는 그 나라의 역사적 맥락에서 이해할 필요가 있다.

세금의 또 다른 특성은 '납세자 주권'이다. 세금이 법적으로는 정부의 일방적인 권한일 수 있지만 정치적으로는 납세자와 국가가 맺는 일종의 사회계약이다. 내가 낸 세금으로 만족할 만한 정부 서비스를 돌려받지 못한다면 납세자의 불만이 쌓일 것이고, 이는 조세 저항으로 이어질 수 있다. 한 걸음 더 나아가 정부가 제공하는 혜택이 불공정하게 배분된다면 이 또한 정부 불신의 중요한 요인이 된다. 물론 정부 서비스가 모든 집단이나 계층에 획일적으로 배분될 수는 없다. 특히, 저소득 계층을 위한 재분배 기능은 불가피하고 이는 대부분의 납세자들이 동의하는 측면이다.

좀 더 구체적으로 세금과 관련된 형평성은 '수직적 형평성vertical equity'과 '수평적 형평성horizontal equity'으로 나눌 수 있는데, 이 중 전자는 능력 있는 사람이 세금을 더 내는 소득재분배 기능을 의미하므로 원칙 자체에 대한 논란은 별로 없다. 문제는 '비슷한 여건에 있는 사람들은 같은 수준의 세금을 내야 한다'는 수평적 형평성의 해석이다. 이 원칙의 핵심은 '비슷한 여건'이 무엇이냐이다. '같은 소득이면 같은 세금을 낸다'는 식으로 이 원칙을 해석하는 전문가들이 많은데 이는 대단한 착각이다. 같은 소득을 올리더라도 하루에 8시간 일하는 봉급생활자, 직장인들이 누리는 법의 보호막 없이 15시간 일하는 자영업자, 그리고 1~2시간 일하고 남는 시간은 골프장에 가서 사는 건물주나 상속자를 동일하게 취급할 수는 없다.[4]

연금 문제도 다를 것 없다. 우리가 내는 연금 보험료는 일종의 세금이고 납세자는 다른 세금의 경우와 마찬가지로 이에 따르는 응당한 대가를 원하는 것이다. 국가가 국민의 노후를 책임지기 위해 하는 사업인지라 시민은 자신의 '권리' 측면에 예민할 수 있다. 특히, 같은 세금을 내고도 누구는 더 받고, 누구는 덜 받는 식의 공정성 시비가 생기면 저항이 커질 수밖에 없다.

먼저 연금의 수직적 형평성, 즉 재분배 측면을 보면 우리나라 국민연금 제도는 연금 혜택 수준을 소득 계층에 따라 실질적으로 차등화하는 방식을 사용하고 있다. 즉, 소득이 높을수록 통상 '소득대체율'로 정의되는 가입기간 평균소득 대비 연금 혜택은 상대적으로 줄어든다.[5] 저소득층 노인을 주 대상으로 하는 기초연금 역시 재분배 목표에 부합하는 제도라 볼 수 있다. 그런데 납세자들은 이미 소득 계층별로 세율이 달라지는 누진세율 체계에 익숙하기 때문에 연금제도의 재분배 기능에는 특별한 반감을 보이지 않는다.

연금의 공정성 차원에서 논란이 되는 부분은 수평적 형평성 측면이다. 크게 두 가지 문제가 있는데, 하나는 기성세대와 청년 세대를 어떤 잣대에 놓고 비교해야 하는가이고, 다른 하나는 국민연금과 공무원연금을 따로 구분할 필요가 있는가이다. 이미 상당한 혜택을 받고 있는 기성세대에 비해 세금은 더 내고 혜택은 줄어드는 식의 개혁안을 청년 세대가 받아들일 수 있을까. 또한, 현재 적자가 나고 있는 공무원연금은 국민세금으로 메워주고 있는데 왜 국민연금의 기금 고갈 문제에만 정책적 관심이 집중되고 있느냐라는 질문이 나올 수밖에 없다. 공무원연금처럼 국민연금의 적자도 일반 재정에서 해결하면 되지 않느냐는 것이다.

연금 보험료가 실질적인 세금이라는 관점에서 또 하나 강조해야 할 사안은 증세와 감세에 대한 납세자 반응의 비대칭성이다. 경제학 교과서를 보면 호황 때는 세금을 늘리고 지출을 줄이며, 불황 때는 세금을 줄이고 지출을 늘리는 식의 경기조절 정책이 등장한다. 하지만 증세와 감세를 대칭적으로 다루는 이런 경제학적 사고는 현실에서는 잘 통하지 않는다. 쉽게 말해 사람들은 세금을 내리면 좋아하지만 올리면 싫어한다. 연금 문제로 돌아와 보면, '그동안 덜 내고 더 받았으니 앞으로는 더 내고 덜 받으라'는 식의 주장이 얼마나 순진한 것인지 구태여 설명할 필요가 없다.

연금개혁의 핵심 과제와 우선순위

이상의 논의를 종합해보면 연금개혁의 전략을 어떻게 짜야 하는지가 분명해진다. 이 장의 서두에서 언급했듯 '안 되는 것은 안 되는 것이고, 일에는 순서가 있다'라는 상식부터 적용해야 한다. 정치적 제약이 분명하고 세대갈등을 유발하기 쉬운 '더 내고 덜 받기 또는 나중 받기'식의 논쟁은 잠시 뒤로 미루는 것이 좋다. 너무 산술적인 기금 고갈 시한 연장에 집착해 여러 수단을 동시에 동원하려다 정작 아무것도 이루지 못할 수 있기 때문이다. 이보다는 정치적 제약을 고려한 우선순위를 설정한 다음 '한 번에 하나씩' 공략해 나가는 것이 최선일 것이다.

이 책에서는 일단 보험료율 인상 하나만 우선적으로 처리하는 것이 현명한 선택이라고 본다. 그래야 연금소득이 어느 정도 수준에 이르게 할 수 있는 소득대체율 인상에 관한 논의도 가능해지기 때문이다. 사실 현재의 국민연금 평균 수령액은 노후 보장 목적으로는 턱없이 낮은데, 그 원인은 낮은 보험료율과 짧은 가입기간에 있다. 2022년 기준, 국민연금 가입자들의 월 평균 노령연금 수급액은 62만 원인데 비해 공무원연금 가입자들은 월 평균 250만 원의 연금을 받는다.[6] 공무원연금의 소득대체율은 최대 가입기간인 36년 동안 보험료를 납부했을 때 61.2%가 되는데 이는 보험료율이 국민연금의 두 배 수준(18%)이기 때문에 가능한 일이다.[7] 국민연금의 경우 보험료율이 공무원연금의 절반인 9%에 불과하고 법정 소득대체율 40%에 해당하는 급여를 받기 위한 가입기간인 40년을 다 채우는 가입자가 거의 없다.[8] 따라서 대부분의 가입자는 명목상의 소득대체율인 40%보다 낮은 연금 혜택을 받는다.[9] 한편 OECD 국가의 평균 보험료율은 18.2%이고, 평균소득 근로자의 소득대체율은 51.8%이다(2020년 기준).[10] 결국, 국민연금이 실질적인 노후 보장 기능을 하려면 보험료율을 올리는 것이 우선적 과제라는 결론이 나온다.

문제는 청년 세대와 은퇴 세대가 모두 받아들일 수 있는 보험료율 인상안을 마련하는 것이 쉽지 않다는 데 있다. 단순한 조세 저항의 수준을 넘어 누가 더 많이 부담해야 하느냐는 세대 간 형평성 문제가 불거질 가능성이 높기 때문이다. 특히, 청년 세대 입장에서는 이미 '덜 내고 더 받는' 혜택을 누린 세대가 결자해지의 차원에서 더 많은 부담을 해야 한다는 주장을 하기 쉽다. 사실 공적연금을 새로 도입할 때는 한 번쯤 '세대 간 재분배' 문제를 다룰 필요가 있는데, 우리는 그동안 이를 회피해 왔다.

공적연금을 운영하는 방식은 재원 조달 방법에 따라 크게 두 가지로 구분되는데, 하나는 민간 연금의 경우처럼 자신이 일하면서 낸 기여금을 은퇴 후 돌려받는 '적립방식funded'이고, 다른 하나는 현재 일하는 세대가 내는 기여금을 은퇴한 세대의 주 연금 재원으로 삼는 '부과방식pay-as-you-go'이다. 논리적으로는 기금을 적립하는 방식이 공정성이나 제도의 안정성 측면에서 우월해 보이지만 연금제도가 정착된 대다수 선진국들의 경우 부과방식을 택하고 있다. 이는 기금 적립방식의 경우 제도가 시행되고 충분한 시간이 흐르기 전까지는 적립된 보험료가 작아 연금 수령액이 보잘것없기 때문이다. 어차피 연금은 은퇴자를 위한 제도인데 제도를 시행하려는 시점에서 노령 세대가 혜택을 받지 못한다면 정치적 매력이 떨어질 수 있다.

부과방식을 사용하는 경우 제도 도입 초반에는 은퇴자들은 근로자들이 낸 보험료에 의존해 연금 혜택을 받기 때문에 일종의 소득재분배가 이뤄진다 할 수 있다. 문제는 이런 세대 간 재분배에 대해 당시의 근로 세대가 수긍을 할 수 있느냐이다. 서구 선진국들의 연금제도가 성숙해가던 2차 대전 이후의 시기를 보면 두 번의 큰 전쟁과 10년 동안 지속된 대공황을 거친 세대를 보호해야 한다는 견해가 우세했다. 즉, 당시의 시대정신은 지금 일하는 세대가 내는 세금을 따로 적립하지 않고 은퇴 세대에게 바로 나눠주는 부과방식의 연금제도와 잘 부합됐다고 할 수 있다.

그렇다면 대한민국의 경우는 어떨까. 1988년에 도입된 국민연금의 경우 원칙적으로 기금 적립을 하는 방식이다. 그러나 기존 제도는 내는 보험료에 비해 받는 혜택이 더 크기 때문에 교과서적 의미의 적립방식이라 보기 어렵다. 아직은 연금제도가 성숙되지 않은 상태이기 때문에 보험료를 내는 사람이 연금을 타는 사람보다 많아 기금이 축적돼 있지만 시간이 흐르면서 연금 수급자와 지급액이 늘어나면 언젠가는 기금이 고갈될 수밖에 없는 구조다.

여기서 한번 던지고 가야 할 질문은 왜 한국은 국민연금을 여타 선진국처럼 부과방식으로 전환하지 않는가이다. 부과방식으로 전환하면 설사 기금이 고갈된다 하더라도 연금 지급 자체는 지속될 수 있다. 참고로 공무원연금의 경우 기여금이 충분하지 않을 때 이를 정부가 보전해주도록 법적으로 명시돼 있는데, 실제로 2001년부터 적자를 국고에서 메워 주고 있다. 즉, 공무원연금은 사실상 부과방식의 형태로 운영되고 있다고 할 수 있다. 그렇다면 국민연금 역시 적립 기금이 고갈된다고 전망되는 30년쯤 후에 부과방식으로 전환하는 것이 무리한 주문은 아닐 것이다. 그런데도 이 질문에 선뜻 긍정적 답변을 하기 어려운 것은 다음 두 가지 이유 때문이다.

첫째, 국민연금을 당장 부과방식으로 전환한다 해도 보험료율이 지금처럼 낮으면 연금 수준을 결정하는 소득대체율을 높이기 어렵다. 따라서 연금 같은 연금이 되려면 보험료 인상 문제부터 먼저 해결할 필요가 있다. 기금 고갈까지 30년 정도 남아 있는 현 시점에서 세대 갈등을 빚을 수 있는 부과방식으로의 전환을 서둘러 논하기보다는 우선순위가 높은 보험료율 인상에 개혁의 초점을 맞추는 편이 나을 것이다.

둘째, 현재 일하는 세대가 낸 기여금으로 은퇴 세대에게 연금을 지급하는 부과방식은 지금과 같은 심각한 저출산 기조에서는 제대로 작동하기 어려울 수 있다. 정부의 전망(5차 재정계산)에 따르면, 2050년의 연금 수급자는 1,467만 명, 연금 가입자수는 1,534만 명으로, 가입자수 대비 연금 수급자수 비율(제도부양비)은 95.6%이다. 연금 기금이 고갈되는 2055년에 이르면 연금 수급자수는 1,522만 명인데 비해 연금 가입자수는 1,387만 명에 불과해, 제도부양비는 109.7%로 커지게 된다. 이 비율은 이후 계속 늘어나 2060년에는 125.4%로 증가한다.[11] 만일 현재 1명 이하로 떨어져 있는 출산율을 되돌리지 못한다면 부과방식으로의 전환은 쉽지 않을 것이다.

이런 관점들을 종합해보면 현 시점에서는 연금 보험료율을 올리는 것이 연금개혁의 우선순위이고, 이와 함께 꾸준히 출산율을 높여 연금의 지속가능성을 보장하는 것이 또 다른 핵심 과제이다. 반면 모든 수단을 동원해서라도 연금 기금의 고갈을 막아야 한다는 기존의 고정관념은 연금개혁의 핵심을 비껴간 처방이라 할 수 있다. 설사 연금 기금 고갈이 되더라도 출산율만 받쳐준다면 부과식으로도 얼마든지 안정적인 연금 재정 운영이 가능할 것이고, 저출산 기조가 유지되면 기존의 적립방식에 매달려 재정 안정과 소득 보장 사이에서 줄다리기하는 애매한 현상 유지가 지속될 것이다. 나는 연금개혁의 시동을 걸 수 있는 새로운 해법으로 특별 기금 형태인 '세대통합기금'의 소성을 제안한다. 이는 연금보험료를 올리는 데 따르는 조세 저항을 줄여주되, 세대 간 형평성 문제를 고려해 청년 세대에 다소 유리하게 개혁 방향을 설정하는 방식이다.

세대 간 형평성 문제 해결이 먼저다

연금이 제 기능을 하려면 노령층에게 기본적인 노후 보장이 되는 혜택을 제공하면서도 재정이 안정적으로 운영돼야 한다. 그런데 한국의 국민연금은 보장성도 충분하지 않으면서 연금 재정은 불안하다는 평가를 받는다. 이 두 측면 모두 연금개혁의 중요한 과제이지만 상대적으로 어느 쪽에 초점을 두느냐를 놓고서는 이념 라인을 타고 의견이 엇갈리고 있다. 보수 진영은 재정 안정성에 초점을 두는 반면 진보 진영은 소득 보장이 없는 개혁은 무의미하다는 입장을 보인다. 구체적으로 양 진영 모두 보험료율을 올려야 한다는 데는 동의하지만 보수는 이렇게 확보된 재원으로 기금 고갈 시기를 최대한 늦추려 하는 반면, 진보는 소득대체율을 높이는 대안이 개혁의 내용에 포함돼야 한다고 본다. 물론 최선의 선택은 이 두 입장을 모두 소화할 수 있는 대안을 만드는 것이다.

사실 공적연금을 처음부터 민간보험처럼 기여금과 수령액의 현재가치가 엇비슷하게 만들기는 쉽지 않다. 재정 안정성이 보장되는 '완전적립방식fully-funded'은 제도 도입 당시의 노령 세대에게는 별 혜택이 가지 않기 때문에 정치적 지지를 받기가 쉽지 않다. 연금은 은퇴자를 위한 제도인데 이들에게 별 도움이 안 된다면 당장의 유권자 표심에 관심이 많은 정치인들이 반길 리 없다. 관료들 역시 장기적 관점에 익숙한 학자들과 달리 정책시계가 길지 않다. 이런 이유로 대다수 서구 선진국들은 은퇴 세대에게 곧바로 상당한 수준의 연금 혜택을 줄 수 있는 부과방식을 채택했다.

한국의 국민연금제도 역시 은퇴를 했거나 앞둔 세대에게 상대적으로 유리한 체제로 출발했다. 명목상으로는 기금 적립방식이라고 하지만 실질적으로는 '내는 것보다 받는 것이 많은' 변형된 적립방식이었다. 이런 재정 운영 방식이 장기적으로 지속가능하지 않다는 것은 누구나 알지만 어차피 초기에는 연금 기여금 총액에 비해 지급액이 현저하게 작아 기금이 축적되고 있기 때문에 재정 불안 문제가 크게 부각되지 않았다. 그런데 연금 수지의 적자 전환 및 기금 고갈 시기(2041년과 2055년으로 전망)가 시계에 들어오면서 연금 재정의 안정성 문제가 부각되고 있는 것이다.

내는 것보다 받는 것이 많다고 했지만 그렇다고 해서 연금 수령액이 높은 것도 아니다. 연금제도가 성숙하기 전에 은퇴한 사람들의 경우 연금 가입기간이 짧기 때문에 어차피 받는 연금 액수가 크기 어렵다. 나아가 OECD 국가 평균의 절반 수준인 연금 보험료율 9%로는 2028년에 40%로 정착되는 소득대체율을 다시 높이기 어렵다. 이렇다 보니 보장성은 높지 않으면서 기금 고갈을 걱정해야 하는 애매한 교착상태에 빠지게 된 것이다. 물론, 해법은 있다. 일단 연금 보험료를 서구 국가 수준으로 올리면 소득 보장성과 재정 안정성이 모두 향상될 것이다. 문제는 이런 실질적인 '증세'에 대한 정치적 저항이 매우 강할 것이라는 점이다.

연금개혁을 지연시키는 고정관념들

개혁은 기존 체제의 구조적 변화를 의미하기 때문에 그 과정에서 장애물을 만날 수밖에 없다. 제1장에서 강조했듯, 눈에 띄는 기득권 세력도 문제지만 암묵적으로 변화를 가로막는 숨은 적들의 영향력도 만만치 않다. 그렇다면 연금개혁을 지연시키는 적은 누구일까. 연금개혁의 우선적 과제가 사실상 세금이라 할 수 있는 보험료를 올리는 것이라는 점을 고려하면 청년, 중장년 할 것 없이 국민연금 가입자 대부분이 개혁에 반대할 수 있다. 이런 상황에서 경제적 합리성만 따지는 개혁안이 통할 리 없다. 그렇다면 기존에 당연하다 여겼던 개혁 관련 해법들을 한번 되짚어볼 필요가 있다. 어쩌면 이런 고정관념들이 개혁을 가로막는 숨은 장애물인지도 모른다.

첫째, 지금까지 제시된 다양한 개혁안을 보면 연금 기금 고갈 시기의 연장에 지나치게 집착하는 경향이 있다. 이렇다 보니 정작 중요한 개혁 과제들을 놓치고 있다는 우려가 생긴다. 특히, 연금의 지속가능성을 위해 가장 중요한 과제는 출산율 회복이라는 점이 부각될 필요가 있다. 사실 연금 재정의 안정성은 적절한 정책을 폈을 때 나타나는 결과물이지 그 자체가 전략이나 전술은 아니다. 적립방식이라면 보험료 수입 내에서 연금을 지급하고, 부과방식이라면 보험료를 내는 가입자가 연금을 받는 수급자보다 많게 하는 것이 연금 재정의 지속가능성을 확보하는 길이다. 즉, 어떤 연금 운영 방식을 택하느냐에 따라 재정 안정성을 위한 전략이 달라진다.

기존의 국민연금 제도는 완벽한 기금 적립식이 아니기 때문에 언젠가 기금이 고갈될 것이고, 그 시점에서는 부과방식으로 전환될 수밖에 없다. 그렇다면 정작 걱정해야 하는 측면은 오랫동안 지속되고 있는 출산율 하락 기조다. 만일 출산율이 충분히 높아지지 않은 상태에서 30여 년쯤 후에 부과방식으로 전환된다면 연금 기여분과 수령분 사이에는 간격이 생긴다. 만일 다른 국고 보조가 없다면 보험료율을 기존의 9%에서 15%로 올려놓는다 하더라도 부과방식으로 전환되는 시점에는 다시 30%대로 올려야 수지 균형이 맞는 것으로 추정된다.[12] 하지만, 이것은 비현실적인 시나리오다. 같은 항목의 세금을 급격히 올리기 어렵기 때문에 공무원연금처럼 일반 재정에서 모자라는 부분을 메워주게 될 것이다. 이것이 재정 불안의 요인이 될 것이라는 것은 굳이 다른 나라의 경험을 소환하지 않아도 쉽게 예측할 수 있다. 결국, 연금 재정의 안정성을 위한 궁극적 해법은 출산율 회복이라는 결론이 나올 수밖에 없다.

둘째, 기존 연금개혁안을 보면 보험료를 어떻게 올릴 것인가에 대한 고민보다는 그렇게 조성된 재원을 어떻게 쓰느냐에 관심을 집중하고 있다. 상대적인 차이이기는 하지만 보수는 기금 고갈 시기를 연장하는 데에, 진보는 보장성을 강화하는 데에 방점을 두는 양상을 보인다. 하지만 보험료를 올렸을 때 연금 수지나 보장 수준이 어떻게 변할 것인가를 산술적으로 따지는 것은 개혁이 지향하는 목표 지점을 설정하는 일에 불과하다. 지금은 연금 가입자 대다수가 반대하는 보험료 인상의 실마리를 어떻게 푸느냐가 더 시급한 과제다. 일단 이 일을 해낸 다음에 그렇게 늘어난 재원을 어디에 쓸 것인가를 정하는 일은 그리 어렵지 않다. 나는 개혁의 세 가지 요소(청사진, 여론 지지, 정치적 타협) 중 첫 단계인 밑그림을 그리는 단계에서부터 경제적 합리성과 정치적 수용성을 함께 고려해야 한다고 강조한 바 있다.

보험료 인상에 대한 정치적 저항을 누그러뜨릴 수 있는 방안의 실마리는 세대 간 형평성 문제에서 찾을 필요가 있다. 특히, 중장년, 청년 할 것 없이 모든 세대가 보험료 인상에 반발할 것이라는 상황에서 '설득'이 가능하려면 '세대 간 이타주의intergenerational altruism'에 기반한 해법이 가장 유용할 것이라는 것이 이 책의 입장이다.

세대 간 재분배의 방향

원래 세금이란 내릴 때보다는 올릴 때 납세자 간의 갈등이 발생하기 쉽다. 감세의 경우 나와 여건이 비슷한 사람이 나보다 더 많은 혜택을 받는다면 기분이 좋을 리 없지만, 나 역시 세금이 줄어든다면 그래도 참을 수 있다. 반면, 세금이 올라가는 상황에서는 이런 불공정 문제를 둘러싼 반발이 더욱 강해질 것이다. 세금 더 내는 것도 서러운데 내가 남들보다 더 부담해야 한다면 울화가 치밀 수 있다. 향후 연금개혁은 보험료 인상을 전제로 하는 것이기 때문에 세대 갈등이 불거질 가능성이 높다. 사실상 세금인 보험료 인상도 못마땅한데 나보다 사정이 나은 집단이 비용을 덜 부담한다면 참기 어려울 수 있다. 즉, 앞서 언급한 조세 부담의 수평적 형평성 문제가 이번에는 세대 갈등의 형태를 띠면서 쟁점으로 부각될 것이다.

따라서 보험료 인상을 전제로 한 연금개혁을 둘러싼 세대 갈등을 해소하려면 중장년 이상의 기성세대와 청년층인 미래세대의 입장부터 살펴봐야 한다. 특히 이 두 세대가 수평적 형평성의 조건인 '비슷한 여건'에 놓였다고 본다면 연금을 둘러싼 편익-비용 비율도 유사하게 가야 한다. 즉, 덜 내고 더 받든, 더 내고 덜 받든 간에 어느 한쪽이 유리한 대우를 받으면 싸움이 벌어질 수 있다. 이와 같은 세대갈등 문제를 해결하지 않고 지금처럼 연금 기금의 재정 안정성 문제만 고민해보았자 정치적으로 실현 가능한 대안을 찾기 어려울 것이다.

우선 최근 은퇴했거나 곧 하게 될 기성세대는 대한민국을 전쟁의 폐허에서 불과 몇십 년 만에 세계 10위권의 경제 강국으로 성장하게 만든 주역이다. 정치적으로도 독재 체제에서 민주 체제로 전환되는 격동의 시대를 겪었다. 이들에게는 자신들의 노력 덕분에 지금의 청년 세대들이 경제적·정치적으로 안정된 세상에 살고 있다는 자부심이 있다. 따라서 자신들의 노후를 국가가 책임지는 것이 타당하다고 생각할 수 있으며, 지금까지 상대적으로 후했던 연금 수익비(현재가치 기준 보험료 대비 연금액)를 자신들의 노력에 대한 대가로 여길 수 있다. 나아가 수익비만 높았지 가입기간이 길지 않았기 때문에 실제 연금 수령액 자체는 노후 보장에 턱없이 부족했다는 점도 내세울 것이다. 실제 국민연금의 평균 수령액은 월 60만 원 수준에 불과하다.

반면, 앞으로 일할 날이 창창하게 남아 있는 청년 세대는 이런 판단에 동의하지 않을 수 있다. 비록 선진국 소리를 듣는 나라에서 살고 있고 교육 수준 또한 높지만[13], 성장률이 10%에 가까웠던 고도성장기를 거쳐 오며 '평생 직장'에 가까운 고용 안정성을 누렸던 부모 세대와 달리 요즘 청년들은 일자리를 찾는 과정에서부터 힘든 경쟁 과정을 거쳐야 한다.[14] 또한 이미 너무 올라버린 집값에다 엄청난 사교육비 부담의 영향으로 결혼과 출산에 대한 압박감도 심하다. 동일 나이대를 기준으로 비교했을 때 MZ세대(1980년에서 1994년 사이에 태어난 밀레니얼 세대와 1990년대 중반에서 2010년대 초반에 태어난 Z세대)는 부모 세대보다 자산 보유 수준 역시 더 낮다.[15] 청년 세대 내에서도 불평등이 작지 않다. 20·30대 가구주 기준, 2021년 자산 하위 20%의 평균 자산은 2,784만 원, 자산 상위 20%의 평균 자산은 9억 8,185만 원으로 약 35.27배 차이 난다.[16] 이런 현상들을 반영해 현재 2030세대인 MZ세대는 부모 세대보다 가난한 최초의 세대라는 말이 나오고 있다. 이런 상황이라면 기성세대로부터 청년 세대로 향하는 세대 간 재분배가 필요하다는 주장의 설득력이 높을 수 있다.

물론 이런 문제에 통일된 답안이 있을 수 없다. 같은 세대 내에서도 소득이나 자산 불평등이 존재하기 때문에 각자가 처한 상황에 따라 의견이 다를 것이다. 그럼에도 어느 정도 사회적 합의를 이룰 수 있다면 그것은 기성세대의 이타주의에 근거할 가능성이 높다. 농경사회에서 벗어나 산업화를 이룬 지난 70여 년 동안 가족을 둘러싼 가치관 역시 빠르게 변하고 있지만 한 가지 특이한 비대칭성이 두드러진다. 즉, 부모를 공경하며 모시는 유교 문화적 가치는 상당 부분 희석된 반면, 자식을 향한 내리사랑은 큰 변화가 없어 보인다는 점이다. 예전에는 자식 누군가가 노령화된 부모를 모시고 사는 것이 당연한 사회 규범이었지만 지금은 이 문제가 개별적 의사결정의 대상이 되어가고 있다. 다만 세대를 이어가며 지속되고 있는 한 가지 현상은 높은 교육열이다. 예전의 부모가 소를 팔아 자식을 대학에 보냈다면 요즘 부모는 노후 대비 저축을 포기하며 사교육비에 소득의 상당 부분을 할애하고 있다.

만일 부모 세대의 이타주의에 기반한 세대 간 재분배에 대한 사회적 공감대가 이뤄진다면 연금개혁에 따르는 비용 부담 수준을 세대별로 차별화할 수 있을 것이다. 물론 여전히 남는 문제는 세금과 다름없는 보험료 인상에 대한 저항을 어떻게 극복하느냐이다. 이 책에서 제시하는 해법은 일정 액수의 특별 기금을 조성해 보험료 인상을 연착륙시키는 방안이다. 구체적으로, 보험료 인상분의 일부를 이 기금에서 보조해주되 중장년층보다는 청년층에 유리한 방식으로 배분 비율을 정하는 방식이다. 이 대안의 매력은 조세 저항을 줄이면서 세대갈등을 해소하는 '일타쌍피'형 정책 효과를 가져올 수 있다는 점이다.

'세대통합기금'을 통한 개혁의 시동 걸기

개혁이 어려운 것은 그 과실은 시간을 두고 미래에 나타나지만 비용은 단기에 부담하는 경우가 많기 때문이다. 이런 과정을 대중에게 설득하기 위해서는 개혁의 목표가 구체적이어야 하고 우선순위가 분명해야 한다고 제2장에서 강조한 바 있다. 연금개혁도 마찬가지다. 앞서의 논의를 종합해보면, 국민연금을 살리는 길은 일차적으로 보험료 인상에 있다. 그런데 다양한 입장을 반영하는 기존 제안들을 보면 오히려 문제의 초점을 흐리게 하는 경우가 많다. 연금의 장기적인 지속가능성은 출산율에 달려 있는 데도 기금 고갈 연도를 늦추는 일에 집착하거나, 연금 재정의 여건을 고려하지 않은 채 소득대체율 인상을 주장하는 것은 오히려 정치적 갈등을 증폭시켜 모두들 공감하는 기본 과제인 보험료 인상의 관철마저 힘들게 할 수 있다.

만일 목표를 단순화시켜 일단 연금 보험료율을 어느 수준 이상으로 올려놓을 수만 있다면 소득대체율을 올리거나 지속가능한 연금제도의 재구상 등 다른 개혁 내용들도 탄력을 받을 것이다. 앞서 언급한 것처럼, 연금 보험료는 강제성을 수반하는 일종의 세금이다. 따라서 보험료 인상을 하려면 보험의 논리보다 세금의 논리에 초점을 둘 필요가 있다. 연금이 보험으로서의 제 구실을 하게 만드는 경제논리도 필요하지만 증세에 따르는 저항을 무마하려면 정치적 해법이 필요하다는 의미다.

이 책에서 제안하는 해법은 적절한 수준의 기금을 확보해 보험료 인상분의 일부를 보조해줌으로써 연금 가입자들의 반발을 약화시키려는 것이다. 또한, 보조금 지급 비율을 세대 간에 차별화해서 보험료 인상을 둘러싼 잠재적 세대 갈등을 막는 것이 이 방안의 또 다른 핵심 요소다. '특별 기금을 통한 세대차별형 보조금 지급'이라는 이 대안이 물론 최선의 해법은 아닐 것이다. 하지만, 교착 상태에 빠져 있는 연금개혁의 시동을 걸려면 주어진 제약 조건하에서 실현 가능한 방안을 찾아가는 차선의 선택이 필요하다. 일반적으로 증세에 대한 납세자들의 반발은 낮은 정부 신뢰도에 기인한다. 반면 내가 낸 세금이 더 좋은 정부 서비스로 되돌아올 것이라고 확신한다면 증세에 대한 저항은 그만큼 줄어들 수 있다.

연금 보험료 인상도 같은 방식의 설득이 필요하다. 이렇게 개혁을 하지 않으면 더 나빠진 미래가 도래할 수 있다는 점을 설명해야 하는데 사람들이 정부를 믿어주지 않으면 말을 꺼내기가 쉽지 않을 것이다. 이럴 때는 단순히 말로 하기보다는 적당한 유인을 함께 제공하는 편이 수월할 수 있다. 특히, 보험료 인상을 둘러싸고 세대 갈등이 예상된다면 더욱 더 설득의 무기가 필요할 것이다. 재정의 힘이 곧 개혁의 동력이라는 이 책의 시각과도 부합하는 논리다.

보험료 인상 연착륙을 위한 정부 지원

기금 고갈 시점이 30여 년 후로 다가오고 있는 현행 국민연금 제도의 개혁 필요성에 대해서는 사회적 공감대가 어느 정도 형성돼 있다고 할 수 있다. 또한, 정부와 국회를 주축으로 구체적 개혁 방안에 대한 다양한 시나리오가 발표되고 있다.[17] 가장 최근 사례로, 2023년 9월에 국민연금 재정계산위원회에서 보험료율 인상(현재 9%에서 12%, 15%, 18%로), 수급 개시 연령 상향 조정(65세에서 66~68세로), 수익률 가정(수익률 0.5%~1% 상향)을 조합한 18개 시나리오를 발표했다.[18] 짧게는 고갈 시점이 8년 연장되며, 길게는 전망 마지막 시점인 2093년까지 고갈되지 않는 내용을 담고 있다. 이후 노후 보장 요소가 통째로 빠져 있다는 비판을 반영해 소득대체율 인상안(45%, 50%)을 포함한 6개의 시나리오가 추가로 발표됐는데, 총 24개에 달하는 이런 백화점식 대안 제시는 하나의 참고 자료에 불과할 뿐, 개혁 추진에 필요한 실현 가능한 전략과는 거리가 멀다.

이런 시나리오들과 기타 연금개혁 논의 등을 기반으로 2023년 10월 27일 정부가 발표한 〈제5차 국민연금 종합운영계획안〉을 보면 구체적인 개혁 내용과 우선순위는 보이지 않고 개략적인 개혁 방향만 나열돼 있다. 구체적으로, 확정기여방식DC: Defined Contribution으로의 전환 및 자동조정장치AAMs: Automatic Adjustment Mechanisms 도입, 실질소득 제고를 위한 크레딧 제도 활성화, 기금수익률 목표 설정, 지급보장의 명문화를 통한 가입자 불안 해소, 보험료율 인상 및 수급 개시 연령 조정 등에 대한 공론화 등 다양한 내용을 담고 있지만 대부분 구체적인 목표나 시한이 없는 선언적 내용이다. 이어 2023년 11월에는 국회연금개혁특별위원회 산하 민간자문위원회가 보험료율과 소득대체율을 각각 13%, 50%로 인상하는 안과, 보험료율만 12~15%로 올리는 안을 제안했는데 이는 어차피 앞서 나온 다양한 경우의 수와 크게 다를 바 없다.

어떤 유형의 개혁이건 이를 추진하기 위한 청사진은 개혁의 구체적 목표, 우선순위, 나아가 이를 실현시킬 정치적 동력까지 포함해야 한다. 이 책에서는 그동안 제시된 여러 제안 중 연금 보험료율을 현행 9%에서 15%로 10년간에 걸쳐 인상하는 방안을 기본안으로 두고 이를 실현 가능하게 만드는 전략에 초점을 둔다. 아래에서는 저자가 대표로 있는 '발전패러다임연구소DPI: Development Paradigm Institute '연구팀이 수행한 상세한 분석 중 핵심적인 내용을 추려 소개한다.[19]

우리가 제시하는 해법의 핵심은 10년에 걸쳐 약 200조 원의 기금을 마련해 보험료 인상분의 일부를 보조해주는 데 있다. 이는 한 해 평균 약 20조 원, GDP의 1%에 해당하는 금액이다. 이 방식은 공무원연금이나 건강보험의 적자분을 일반 재정에서 메워주는 국고 보조와는 달리 재원 마련에서부터 사용에 이르기까지 오로지 연금개혁의 시동을 걸기 위한 전략적 수난으로 특별 기금을 시용히는 형식이다. 특히, 이 기금을 사용하는 과정에서 세대 간 형평성 문제를 고려해 보조금 비율을 차별화하는 방식을 대안 중 하나로 제시하는데, 이런 세대 관련 특성을 반영해 이 기금을 '세대통합기금'이라고 부르기로 한다.

이 대안은 다음 두 가지 측면에서 기존의 제안들과 차별화된다. 첫째, 개혁의 목표가 단순하고 구체적이다. 일단 보험료율을 현행 9%에서 15%로 올려놓고 보자는 것이다. 소득대체율을 올리거나 연금 수급 연령을 연장하는 등 다른 문제들은 제외해 전략의 초점을 흐리게 하지 않는다. 둘째, 보험료 인상의 정치적 수용성을 위해 두 가지 수단을 사용한다. 하나는 기금을 통해 보험료 인상분 일부를 보전함으로써 조세 저항을 줄이는 것이고, 다른 하나는 잠재적 세대 갈등을 무마하기 위해 보조금 비율을 세대별로 차별화하는 것이다.

이런 전략의 차별성을 구체적으로 보여주기 위해 최근 재정계산위원회가 발표한 시나리오 중 하나를 비교를 위한 기본안으로 선택한다. 보험료율 인상폭, 수급 개시 연령, 수익률 가정의 조합에 따라 다양한 시나리오가 있지만 연금 보험료율을 현행 9%에서 2025년부터 10년간 매년 0.6%p씩 올려 15%에 이르게 하는 방안을 정부 기본안으로 선택했다(정

재정계산위원회의 주요 개혁안 예시

시나리오	보험료율	수급 개시 연령	수익률	고갈시점
기준선	9%	65세	-	2055년
1	12% (매년 +0.6%p, 5년간 인상)	-	-	2063년
2		68	+1%p	2080년
3	15% (매년 +0.6%p, 10년간 인상)	-	-	2071년
4		68	+1%p	2093년 이후
5	18% (매년 +0.6%p, 15년간 인상)	-	-	2082년
6		68	+1%p	2093년 이후

자료: 재정계산위원회 (2023.09)

부 개혁안 표의 3번 시나리오). 보험료를 이 정도는 올려야 연금 재정 안정성이나 소득 보장을 위한 기본 여건이 조성될 것이라 보기 때문이다. 이렇게 보험료율을 6%p 올려 15%로 만들면 기금고갈 시점은 기존 전망치인 2055년에서 16년 지연돼 2071년이 된다. 여기에 추가해 수급 개시 연령을 65세에서 68세로 늘리거나 기금 수익률을 높이는 옵션을 추가하면 기금 고갈 시점은 더 뒤로 미뤄질 수 있지만 이런 방안의 경우 실현 가능성은 별로 없고 보험료율 인상이라는 기본 과제의 초점을 흐릴 수 있다고 보아 기본안으로 선택하지 않았다.

연금개혁을 위해 일단 보험료율을 연 0.6%p씩 10년에 걸쳐 인상하는 기본안을 목표로 정했다고 하면, 다음 순서는 사실상 증세인 이 안을 연금 가입자들에게 설득하는 일이다. 하지만 이런 시도가 쉽지 않을 것이기 때문에 우리는 향후 10년 정도 정부가 보험료 인상분의 일정 부분을 특별 기금을 통해 보조해주는 방안을 생각해본다. 한 가지 상황을 가

정해보자. 갑자기 하늘에서 연 20조 원씩 10년간, 200조 원 정도의 돈다발이 연금 정책 당국자 책상에 떨어진다면 이를 어떻게 쓰는 것이 적절할까. 아마 보험료율 인상에 따르는 납세자 부담을 줄이는 데 사용하는 것이 최선일 것이다. 우리가 '세대통합기금'이라고 부르는 특별 기금의 재원 마련 방식은 제8장에서 다루기로 하고 여기서는 이 기금을 사용하는 방식에 대해 설명한다.

크게 세 가지 방안을 제시한다. 첫 번째는 전 가입자에게 향후 10년동안 전년 대비 보험료 증가분의 1/2을 정부가 지원해주는 방식이다(특별 기금 표의 방안 1). 두 번째는 세대별로 보험료 보조 비율을 차별화하는 방안이다(중장년 세대 1/3, 청년 세대 2/3: 표의 방안 2). 세 번째, 보조금 비율뿐 아니라 지급 기간도 세대별 차등을 두는 방식이다. 구체적으로, 청년세대에게는 20년 동안 보조금을 지급한다(표의 방안 3).

첫째, 전체 가입자에게 보험료 인상이 완결되는 10년 동안(2025년~2034년) 정부가 매해 보험료 인상분의 1/2을 지원해주는 경우를 상정해보자. 이 경우 지원 첫해인 2025년의 명목 보험료율은 기존의 9.0%에서 0.6%p 증가한 9.6%이지만, 가입자의 실효 보험료율은 0.3%p 증가한 9.3%가 된다. 다음 해인 2026년의 명목 보험료율은 전년 대비 0.6%p가 올라 10.2%가 되는데 이때 증가분 0.6%p의 절반(0.3%p)을 추가로 지원해주기 때문에 정부가 지원하는 총 보험료는 전년(0.3%p)과 이번 연도(0.3%p)를 합쳐 0.6%p가 되고, 그 결과 실효 보험료율은 9.6%(=명목 10.2%-지원 0.6%)가 된다.

이 방식의 경우, 명목 보험료율은 매년 0.6%p씩 오르지만, 연금보험 가입자들이 실제 부담하는 실효 보험료율은 매년 0.3%p씩 증가하게 된다. 그 결과 10년 후인 2034년의 명목 보험료율은 15%이지만 실효 보험료율은 12%에 머문다. DPI의 계산에 따르면 정부 지원 없는 기본안을 시행할 경우 가입자들이 기존 보험료 부담(9% 보험료율이 적용되는 2022년 기준 연간 55.9조 원)에 더해 10년간 추가로 내야 하는 보험료 부담은 404.6조 원이 될 것으로 전망된다. 이 중 절반을 정부가 지원해주면 그 재원 소요는 약 202조 원이다. 이는 한 해 평균 20조 원, GDP의 1% 수

특별 기금을 이용한 보험료 인상

지원대상 및 내용	실효 보험료율 증가분 (매년 %p)	실효 보험료율(%)						재원 소요 (조 원) (10년 합계)
기본안 (지원 없음)		2024	2025	2026	...	2034	2035	
연 0.6%p, 10년	0.6	9.0	9.6	10.2	...	15.0	15.0	-
방안 1								
전 세대 증가한 보험료의 1/2	0.3	9.0	9.3	9.6	...	12.0	15.0	202.3
방안 2								
세대별 차등 지원		-	-	-	...	-	-	193.4
1989년생까지 증가한 보험료의 1/3	0.4	9.0	9.4	9.8	...	13.0	15.0	76.3
1990년생 이후 증가한 보험료의 2/3	0.2	9.0	9.2	9.4	...	11.0	15.0	117.1
방안 3		2034	2035	2036	...	2044	2045	
1990년생 이후 10년 추가 보조 (2024~2034년은 방안 2와 동일)	0.2	11.0	11.2	11.4	...	13.0	15.0	299.8

자료: DPI(Development Paradigm Institute).

보험료율, 실효 보험료율, 재원 소요액의 상세표

	2025	2026	2027	2028	2029	2030	2031	2032	2033	2034	2035	25-34
기본안 보험료율 (A,%)	9.6	10.2	10.8	11.4	12	12.6	13.2	13.8	14.4	15	15	–
기본안 추가보험료 (조 원)	6.1	12.6	19.5	26.9	34.7	43.1	51.6	60.5	69.9	79.8	81.8	404.6
〈방안 1〉 전 세대, 증가한 보험료의 1/2 지원												
지원하는 보험료율 (B,%)	0.3	0.6	0.9	1.2	1.5	1.8	2.1	2.4	2.7	3.0	–	–
실효 보험료율 (C=A-B,%)	9.3	9.6	9.9	10.2	10.5	10.8	11.1	11.4	11.7	12	15	–
재원소요액(조 원)	3.0	6.3	9.8	13.4	17.4	21.5	25.8	30.3	35.0	39.9	0	202.3
〈방안 2〉 세대별 차등 지원												
지원하는 보험료율(D,%)											–	–
1989년생까지 1/3	0.2	0.4	0.6	0.8	1.0	1.2	1.4	1.6	1.8	2.0	–	–
1990년생 이후 2/3	0.4	0.8	1.2	1.6	2.0	2.4	2.8	3.2	3.6	4.0	–	–
실효 보험료율(E=A-D,%)												
1989년생까지 1/3	9.4	9.8	10.2	10.6	11	11.4	11.8	12.2	12.6	13	15	–
1990년생 이후 2/3	9.2	9.4	9.6	9.8	10	10.2	10.4	10.6	10.8	11	15	–
재원소요액(조 원)	2.6	5.4	8.5	12.0	15.8	20.1	24.6	29.4	34.7	40.4	0	193.4
1989년생까지 1/3	1.5	3.0	4.5	5.9	7.3	8.7	9.8	10.9	11.9	12.7	0	76.3
1990년생 이후 2/3	1.1	2.4	4.0	6.1	8.5	11.4	14.7	18.5	22.8	27.7	0	117.1
〈방안 3〉 방안 2 + 1990년생 이후에게만 10년 추가 보조												
	2035	2036	2037	2038	2039	2040	2041	2042	2043	2044	2045	35-44
지원하는 보험료율 (F, %)	3.8	3.6	3.4	3.2	3.0	2.8	2.6	2.4	2.2	2.0	–	–
실효 보험료율 (G=15-F,%)	11.2	11.4	11.6	11.8	12.0	12.2	12.4	12.6	12.8	13	15	–
재원소요액(조 원)	28.6	29.4	30.0	30.4	30.7	30.9	30.8	30.4	29.8	28.8	0	299.8

자료: DPI(Development Paradigm Institute).

준에 해당하는 금액이다.

둘째, 세대 간 형평성을 고려해 청년 세대에게 유리한 방향으로 보조금 비율을 차별화하는 방식을 생각해본다. 그 근거로 앞서 언급한 세대 간 재분배의 필요성을 들 수 있지만, 이와는 별개로 현행 제도에 내재돼 있는 편향성도 고려할 필요가 있다. 지금 중장년층의 경우 청년층에 비해 가입기간 또한 얼마 남지 않았기 때문에 보험료 인상의 부담이 상대적으로는 덜할 수 있다. 나아가 소득대체율 관점에서도 청년층은 중장년층에 비해 불리하다. 현재 명목 소득대체율은 2008년 50% 이후 매해 0.5%p씩 낮아지다 2028년부터 40%가 적용될 예정이다. 소득대체율이 40%일 때 가입했다면, 수급 시에 40%의 소득대체율을 적용한 산식에 의해 산정된 국민연금 수급액을 수령할 수 있다. 즉, 청년 세대일수록 상대적으로 낮은 소득대체율을 적용받을 것이다.[20] 이런 세대 간 형평성 문제를 고려하기 위해 특정 세대 이후의 가입자들에게는 보험료 지원을 더 많이 해주는 것이 이 방안의 핵심이다.

만일 세대를 중장년 세대와 청년 세대로 나누어 차등 지원한다면 어느 세대부터 지원을 확대하는 것이 적절할까. 다양한 옵션이 존재하겠지만 여기서는 하나의 예시로 1990년생을 기준점으로 삼는다. 우선 기존 정부 계산에 따르면 국민연금기금은 2055년에 소진될 것으로 전망되는데, 이 해는 1990년생이 만 65세가 되어 노령연금을 수급하기 시작하는 연도다. 또한, 청년층에 대한 각종 지원이 34세까지 해당하는 경우가 많다는 점도 1990년생(2025년 기준 35세) 이후 출생자를 청년층으로 보고 지원하는 데 참고할 수 있다. 예를 들면 청년 주거지원을 위한 대출 이자 보조, 월세 지원 등은 만 34세까지를 대상으로 하고 있다. 소득대체율을 보면 1990년생 이후 세대의 경우 낮아진 40%의 소득대체율을 적용받는 기간에 가입하는 기간이 길어진다. 예를 들면, 만 20세부터 59세까지 40년 동안 국민연금에 가입한다고 가정할 경우, 1970년생은 60~70%의 소득대체율을 적용받는 기간이 18년이지만, 1990년생은 40%의 소득대체율을 적용받는 기간이 22년이다. 물론 이런 세대 구분은 어차피 자의적인 측면이 있기 때문에 세대 간 차별화를 강조하는 하나의 예시로 보면 된다.

보험료 지원을 차별화하는 방안은 다양하게 설계할 수 있겠지만, 여기서는 1990년 전에 태어난 경우와 이후에 태어난 경우 각각 인상된 보험료의 1/3, 2/3씩을 차등 지원하는 방안을 택했다. 모든 가입자의 명목 보험료율은 정부안과 같이 2025년 9.6%를 시작으로 매년 0.6%p씩 오른다. 1989년에 태어난 세대까지는 증가한 보험료 0.6%p의 1/3인 0.2%p를 매해 추가로 지원받기 때문에 이들의 실효 보험료율은 매년 0.4%p(=명목 보험료율 증가분 0.6%p – 보험료율 지원분 0.2%p)씩 증가한다. 그 결과 2025년 9.4%를 시작으로 매해 0.4%p씩 증가해 지원 마지막 해인 2034년에는 13%가 된다. 그다음 해인 2035년부터는 지원이 없기 때문에 15%의 보험료를 내게 된다. 반면 1990년생 이후의 세대들은 증가한 보험료율 0.6%p의 2/3인 0.4%p를 지원받기 때문에 이들의 실효 보험료율은 2025년에 9.2%가 된다. 이를 시작으로, 매년 0.2%p(=명목 보험료율 증가분 0.6%p – 보험료율 지원분 0.4%p)씩 증가해 2034년에 이르면 11%가 된다.

이때 필요한 재정 규모는 1989년생까지의 세대에 대한 보험료 지원금 76.3조 원과 1990년생 이후의 보험료 지원금 117.1조 원을 합쳐 10년간 총 193.4조 원이다. 이는 첫 번째 방안과 크게 차이 나지 않는 200조 원 수준의 규모다.

셋째, 청년 세대를 보험료율뿐 아니라 보조금 지급 기간에 있어서도 우대하는 방안이다. 구체적으로, 보험료 지원을 세대 간 차별화하되 1990년생 이후의 세대에게만 지원 기간을 10년에서 20년으로 늘려주는 방식이다. 다른 경우와 동일하게 명목 보험료율은 처음 10년간(2025년~2034년) 9%에서 매해 0.6%p씩 늘어나 15%에 이른다. 같은 10년 간 1990년생 이후 세대가 실제로 부담하는 실효 보험료율은 앞서 보았듯 매년 0.2%p씩 올라 2034년에 이르면 11%가 된다(매해 보험료 증가분 (0.6%p)의 2/3인 0.4%p씩 지원). 이제 같은 방식으로 지원기간을 10년 더 늘리면 실효 보험료율은 2034년 11%, 2035년 11.2%, 2036년 11.4%와 같은 식으로 증가해, 2044년에 13%가 된다. 다만, 이렇게 지원 기간을 늘리는 경우, 세대 간 불평등 완화 효과는 커지지만 소요재원이 급격히 늘 수 있는 단점이 존재한다(2035~2044년 10년간 약 300조 원 소요 전망). 이는 청년 세대의 보조금 비율이 차별적으로 높고(2/3 지원) 기간까지 두 배로 늘어났기 때문이다.

기본안의 응용

앞서 언급한 세 가지 기본 방안의 핵심은 특별 기금을 활용한 보조금 지급을 통해 사실상 증세인 보험료 인상에 대한 가입자의 저항을 완화시키는 데 있다. 나아가 보조금 비율 및 지급 기간의 세대 간 차별화를 통해 보험료 인상을 둘러싼 잠재적 세대 갈등을 방지하고자 했다. 이제 이 기본안들의 한계점과 이를 보완할 수 있는 방안을 생각해보자. 크게 보아 보조금이 끝난 다음 해에 실효 보험료율이 급상승하는 문제와 보조금 지급 기간이 길어질수록 재원 소요가 커지는 문제가 있다.

우선, 보조금 지급이 끝난 직후에는 실효 보험료율이 급격히 증가하는 현상이 발생할 수 있다. 모든 가입자에게 보험료 증가분의 1/2을 지원해주는 첫 번째 방안부터 살펴보자. 이 방식의 경우 2035년이 되면 실효 보험료율이 15%로 전년(2034년) 대비 3%p나 증가하게 된다. 이 문제를 해결하기 위해 2035년 이후 한두 번 더 지원하는 방안을 고려할 수 있다. 만약, 2035년에 한해서 보험료율 1%p에 해당하는 금액만큼 더 지원해준다면, 명목 보험료율은 15%이지만, 가입자들의 실효 보험료율은 14%가 된다. 이 경우 필요한 정부 재원은 약 13.6조 원이다. 물론, 지원금 규모를 더 늘릴 수도 있고, 추가 보조 기간을 한 해가 아니라 두 해나 세 해로 늘릴 수도 있다. 다른 방안들의 경우도 이와 유사한 방식으로 추가 지원을 할 수 있을 것이다.[21]

정부보조가 끝난 다음 해의 급격한 보험료율 상승을 완화하기 위한 또 다른 방식은 보험료 지원 기간을 아예 20년으로 늘려 잡는 것이다. 전체 가입자를 대상으로 하는 방안 1의 경우, 명목 보험료율은 2025년 ~2034년 10년 동안에 걸쳐 매해 0.6%p씩 증가해 9%에서 15%로 증가하지만, 실효 보험료율은 2025년~2044년의 20년 동안 9%에서 매해 0.3%p씩 증가해, 정부 지원 마지막 해인 2044년에 15%가 된다. 이 경우 지원이 끝난 후 보험료율이 급격히 상승하지 않는다는 장점이 있다. 하지만, 이렇게 보조금 기간을 늘려 잡으면 추가적인 재원 소요는 커질 것이다.[22]

여기서 제시하는 몇 가지 방안들은 세대 간 형평성을 고려하며 보험료율 인상을 안착시키는 메커니즘을 제시하기 위한 하나의 예시다. 보조금 총액과 지원 기간, 세대 간 차별화 방식 등에 있어 얼마든지 다양한 응용이 가능할 수 있다. 이런 보험료 보조 방식이 실현 가능한 형태를 갖추려면 무엇보다 재원의 뒷받침이 있어야 한다. 특히, 청년 세대를 보험료율이나 지원 기간 측면에서 우대하는 경우 재원 소요가 급격히 늘어나는 경향이 있다. 결국 보조금 지급에 필요한 특별 기금을 얼마나 조성할 수 있느냐가 최적의 조합을 결정하는 전제 조건이 될 것이다. 이어지는 제8장에서는 재원 확보를 위한 다양한 대안을 제시한다.

연금개혁의 미래

인구 고령화는 피할 수 없는 미래다. 날로 늘어나는 노령 인구에게 안정적인 복지 혜택을 제공하는 일은 다양한 방식으로 가능하지만 그 중 핵심은 역시 정부가 제공하는 연금이다. 기존 국민연금이 노후 보장이 가능한 충분한 혜택을 주지도 못하면서 재정은 불안정하다는 비판을 받지만 달리 생각하면 이 정도라도 연금 체계를 갖추고 있다는 것이 다행일 수 있다. 처음부터 완벽한 제도는 없다. 특히, 공적연금과 같이 가입자가 많고 재정 규모가 큰 제도를 안착시키려면 시간과 인내가 필요하다. 보다 장기적인 관점에서 연금제도를 개선하기 위해서는 정책의 폭과 시선을 넓히는 일부터 해야 한다. 한국의 연금개혁 논쟁이 교착 상태에 빠진 것은 규모가 큰 것은 물론이고 복잡한 이해관계가 얽혀 있는 문제를 너무 한꺼번에 해결하려는 조급증이 한몫하고 있다. 이 장의 서두에서 언급한 것처럼 '안 되는 것은 안 되는 것이다'라는 식의 여유를 가지고 뒤로 물러서 큰 그림을 볼 필요가 있다. 그러다 보면 '일에는 순서가 있다'는 상식에 바탕을 둔 구체적이고 실현 가능한 정책 대안이 떠오를 것이다.

이 책에서는 국민연금의 보장성과 안정성을 동시에 해결하려는 다양하고 복잡한 제안들은 일단 접어두고, 보험료율 인상 한 가지에만 집중하는 것이 연금개혁의 시동을 거는 일이라는 점을 강조했다. 이것을 가능하게 만드는 수단으로 '세대통합기금'이라는 특별 기금을 통해 한편으로 보험료 인상을 둘러싼 저항을 줄이고, 다른 한편으로 개혁에 따르는 세대 갈등의 소지를 사전에 방지하는 방안을 제시했다. 물론 이 제안은 벽에 부딪힌 연금개혁을 되살리려는 방향성을 제시하는 것이 목적이기 때문에 얼마든지 다양한 파생적 대안이 가능하다.

그런데 이렇게 시동을 걸었다 하더라도 장기적이고 구조적인 차원의 연금개혁을 위해서는 두 가지 근본적인 문제기 해결돼야 한다. 첫째, 더 늦기 전에 출산율을 높여야 한다. 지금과 같은 비정상적인 출산율로는 어떤 개혁 조치를 취해도 연금의 지속가능성을 보장하기 어렵다. 둘째, 정부 재정이 튼튼해져야 한다. 재정 기조가 흑자로 돌아서면 개혁에 필요한 재원을 제공할 여유가 생긴다. 설사 출산율이 더디게 올라 인구 재생산 수준인 2.1명에 못 미친다 하더라도 정부의 재정 공간이 넓으면 얼마든지 다양한 개혁 옵션을 구상할 수 있다. 반면 이미 적자 재정의 늪에 빠진 상태에서 날로 증가하는 재정 수요를 감당하기에 버거운 기존의 재정 체계가 유지되고, 출산율 1명에도 못 미치는 현재의 저출생 기조에서 벗어나지 못한다면 그 어떤 연금개혁 방안도 성공하기 어렵다.

개혁은 기득권과 싸워야 하는 정치 게임이다. 연금의 경우 자칫하면 온 국민이 개혁에 저항할 수도 있기 때문에 어려운 것이다. 이런 고난도 게임에서 이기려면 가급적 다양한 카드를 소매에 감추고 있어야 한다. 예를 들어 연금 수급 연령을 연장하는 방안은 정말 위기가 왔을 때 쓸 수 있는 카드인데 이를 기존의 기금 적립 기간을 몇 년 연장하겠다고 불쑥 내미는 식의 제안은 적절치 않다. 일단 개혁의 첫 카드로 '보험료 인상'을 선정했다면 이것을 관철시킬 때까지는 가급적 다른 카드는 안 보여주는 것이 최선이라고 생각한다. 즉, 소득대체율 인상이나 장기적 재정 안정 같은 문제는 다음 단계에서 따질 사안이라는 것이다.

다음에서는 공적연금의 지속가능성에 도움을 줄 수 있는 장기적 관점의 대안을 검토한다. 특히, 부과방식으로 전환하는 문제와 국민연금과 공무원연금을 통합하는 문제에 초점을 둔다.

부과방식으로의 전환

현재의 국민연금 체계가 지속되면 연금 기금은 2041년부터 적자로 돌아서고, 2055년이 되면 기금이 전부 소진될 것이라는 것이 가장 최근의 연금 재정 전망이다. 그렇다면 과연 2055년에 65세가 되는 1990년 생부터는 연금을 한 푼도 받지 못하게 되는 걸까. 그렇지는 않을 것이다. 그 시점에서 우리도 다른 선진국들처럼 부과방식으로 전환하면 되기 때문이다. 즉, 이때부터는 일하는 세대가 낸 기여금을 은퇴 세대에게 곧바로 지급하게 된다는 것이다. 공무원연금은 기금이 고갈되면 일반 재정에서 연금 부족분을 메워주는 것이 법으로 명시돼 있지만 국민연금은 그렇지 않다. 하지만 이것은 별 문제될 것이 없다. 아무리 적립해놓은 기금이 없다고 하더라도 어느 간 큰 정부가 그동안 지급하던 연금을 중단하겠는가. 아직은 그동안 적립해온 기금이 남아 있어 이 문제가 별로 부각되지 않았지만 공무원연금처럼 지급보장을 법규정에 명문화하는 것은 어려운 일이 아니다.[23] 특히, 공무원은 그렇게 해주면서 민간인은 왜 차별하느냐는 반발의 목소리가 커지면 어차피 해결될 사안이다.

정작 걱정스러운 것은 부과방식으로 전환한 이후의 연금재정 관리다. 만일 기존의 연금 혜택을 유지하면서 연금 재정의 균형을 유지하려한다면 기금 소진(고갈) 시점의 필요보험료율은 26.1%로 전망된다.[24] 이후 부과방식의 보험료율은 2060년 29.8%, 2078년 35.0%까지 증가하고, 출산율이 점차 증가한다는 전제하에 이 비율은 다소 감소해 2093년에는 29.7%가 될 것으로 전망된다. 여전히 높은 수준이다.

물론 이런 식의 급격한 보험료율 상승은 정치적으로 수용되기 어려울 것이다. 아무리 지금부터 보험료율을 꾸준히 올린다 해도 2055년경까지 25~30% 수준으로 높이는 것은 쉽지 않다. 아마 부과방식 전환 시점에 곧바로 보험료율을 올리기보다는 일정 부분 정부 재정에서 보조를 해주는 방식을 택할 가능성이 높다. 문제는 이 액수가 적지 않을 것이라는 점이다. 만일 별다른 보험료율 조정 없이 연금 적자를 국고에서 보조해준다면 2055년에는 GDP의 4.6%에 해당하는 재원이 필요하고, 2080년이 되면 필요 재원이 GDP의 약 7.1%까지 증가한다는 전망이 나온다.[25]

이는 정부 재정에 상당한 여유가 없다면 감당하기 쉽지 않은 규모다. 만일 이 재원을 차입을 통해 조달한다면 정부의 재정 적자가 그 정도 늘어난다는 것인데 이는 재정 건전성을 크게 해칠 것이다. 특히 연금에서 비롯된 적자는 구조적 성격의 것이므로 이를 차입으로 해소하는 것은 사실상 불가능하다. 급기야 통화를 발행해 재정 적자를 소화하는 수준에 이르면 경제 위기로 향하는 터널 입구에 진입하고 있다고 볼 수 있다.

그렇다면 해법은 딱 하나, 출산율을 높이는 것이다. 만일 후발 세대의 인구수가 기성세대보다 많다면 부과방식의 연금제도는 아무 문제가 없다. 그런데 여기서 한 가지 주목할 부분은 정부의 연금 재정계산에 사용되는 출산율 가정이다. 가장 최근 재정계산 기본 시나리오의 출산율 가정은 2023년 0.73명에서 2030년 0.96명, 2040년 1.19명, 2046년 이후 1.21명으로 점차 회복해가는 것이다.[26] 그런데 빠르게 추락하고 있는 기존의 출산율 추이를 감안할 때 이런 가정이 너무 낙관적이라는 비판도 있다. 하지만 향후 20~30년 동안 이 정도 수준의 출산율 상승도 하지 못한다면 연금개혁은 물론 생산인력의 부족 등 다른 분야에서의 문제점도 심각해질 수 있다. 사실 목표 자체는 훨씬 더 과감하게 잡아 대체출산율(한 국가의 인구가 감소하지 않고 유지하는 데 필요한 수준의 출산율)인 2.1명에 가깝게 가도록 하는 것이 정상이다. 결국, 여러 차례 강조하듯 인적자원 분야의 개혁은 서로 맞물려 있다. 장기적 관점에서 충분한 정책 자원을 확보하고 이를 효율적으로 배분하려면 각 분야의 개혁 과제에 대한 체계적인 관리와 조정이 있어야 한다. 제대로 된 인적자원 컨트롤 타워가 없이 지금 같은 부처 중심의 정책 관행으로는 쉽게 해결될 문제가 아니다.

국민연금과 공무원연금의 통합

처음부터 완벽한 제도는 없다. 한국의 공적연금 역시 단계적으로 대상을 확대해 가면서 지금의 수준에 이른 것이다. 1960년에 공무원과 군인을 대상으로 제도가 시작됐고, 1975년에 사학연금이 추가됐으며, 1988년에 이런 직역연금에 해당되지 않는 일반 국민을 대상으로 한 국민연금 제도가 도입됐다. 어차피 공무원연금으로 대표되는 직역연금과 국민연금은 제도적 맥락이 다르기 때문에 연금 운영 방식에서 차이가 있을 수밖에 없다. 하지만 국민연금 대상이 전 국민으로 확대된 후 상당한 시간이 흐른 지금 이 두 제도를 별도로 다뤄야 할 타당성이 별로 없다. 특히, 공무원연금이 국민연금에 비해 가입자에게 유리한 혜택을 제공한다면 앞서 언급한 수평적 형평성 차원의 반발이 나올 수밖에 없다. 제도 자체를 완벽히 통합하는 데는 시간이 걸리겠지만 양 체계의 불합리한 차이점부터 하나씩 개선해 나가다 보면 둘을 합칠 수 있는 순간이 올 것

이다.[27]

우선, 연금 혜택의 안정성 문제부터 공평해져야 한다. 공무원연금과 군인연금은 적자가 나면 국민 세금으로 메워준다고 법에 명시돼 있는데 국민연금은 그렇지 않다. 그렇다 보니 기금 고갈 후의 상황에 대해 청년 가입자들이 불안해하고 있다. 2014년 국민연금법 제3조의 2에 "국가는 이 법에 따른 연금급여가 안정적·지속적으로 지급되도록 필요한 시책을 수립·시행하여야 한다"는 조항이 신설됐다. 그러나 여전히 국가 재정의 부담 여부를 명시하지는 않고 있다. 이것은 선진국 대열에 합류한 나라에서 보기 민망한 불평등이다. 그냥 현재의 적립 기금이 고갈되더라도 연금 혜택이 중단되는 일은 없다고 명시적으로 분명히 하면 될 일이다. 국민연금의 기금이 고갈되면 부과방식으로 전환하면 되고 해당 시점에 연금 적자가 발생하면 공무원연금처럼 국고에서 메워준다고 적시해야 한다. 어차피 법규정에 없어도 정치적으로 이렇게 할 수밖에 없는 사안이기 때문에 굳이 차별적 요소를 남겨두어 정부 신뢰를 떨어뜨려야 할 이유가 없다.

다음으로 연금 체계의 기본적인 모수인 보험료율과 소득대체율의 제도 간 차이를 점진적으로 줄여나갈 필요가 있다. 현재 시스템 기준으로 보면 공무원연금과 국민연금 각각 법정 최대 소득대체율을 적용받기 위한 기간인 36년과 40년을 가입한 경우, 공무원연금은 소득의 18%를 보험료로 내고 61.2%의 소득대체율을, 국민연금은 9%의 보험료를 내고 40%의 소득대체율을 적용받는다. 이 통계만 보면 국민연금에 비해 공무원연금이 '더 내고 더 받는다'는 식이므로 공정해 보일 수도 있다. 특히, 2015년의 공무원연금개혁으로 공무원연금의 수익비(일생 동안의 보험료 총액 대비 연금수급액)는 30년 재직자 기준 1.5배 가량이 되면서, 국민연금의 평균 수익비와 유사한 수준이 된 것으로 알려져 있다.[28] 그러나 두 제도의 평균 수익비가 같다고 제도 간 형평성이 보장된다고 보기 힘든 측면이 있다.

첫째, 최대 가입기간이 보장되는 환경인지 아닌지의 차이다. 공무원 연금의 경우, 최대 연금 수급액을 받기 위해서는 최소 36년을 가입해야 하는데, 직업 안정성이 높은 공무원은 이 기간을 채우기가 상대적으로 쉽다. 반면, 국민연금은 법적 소득대체율 40%에 해당하는 급여를 받기 위한 가입기간이 40년인데 실제 가입자들의 평균 가입기간은 20여 년으로 추정되고 있다.[29] 이러한 차이는 제도상의 형평성 차이라기보다는 근로 환경의 차이라고 볼 수도 있지만, 결과적으로 노후 소득 보장 변수인 소득대체율의 차이로 이어지게 되므로 향후 연금 기금의 모수 개혁에 시사점을 제공한다.

둘째, 공무원연금이 국민연금보다 수급액이 더 많은 이유는 기준소득월액의 상한이 높은 데에도 이유가 있다. 공무원연금이 국민연금에 비해 더 내기 때문에 더 받는 측면은 있지만 애초에 '더 많이 낼 수 있는 금액의 한도' 자체가 다르다. 2023년 기준, 국민연금의 기준소득월액 상한은 약 590만 원, 공무원연금은 약 862.4만 원이다. 즉, 국민연금의 최대 납부액은 590만 원의 9%인 53.1만 원인 반면, 공무원연금의 경우 862.4만 원에 국민연금 보험료율인 9%를 적용하면 77.6만 원이 된다. 이처럼 기준소득월액 상한의 차이가 기여액과 수급액의 차이를 가져올 수 있는 것이다.

이외에도 국민연금과 공무원연금 간의 수평적 형평성을 해치는 요인이 더 있을 것이다. 예컨대 지금처럼 공무원연금의 보험료율(18%)이 국민연금(9%)에 비해 높은 경우, 고용자인 정부가 9%를 부담하기 때문에

4.5%를 고용주가 부담하는 국민연금에 비해 지원받는 절대 규모가 더 커진다는 측면이 있다. 그러나 이 문제는 국민연금의 보험료율이 공무원연금 수준으로 올라가면 자연스럽게 해결될 사안이다.

향후 국민연금과 공무원연금을 통합하는 방안은 다양한 형태로 진행될 수 있다. 일단 보험료율과 소득대체율과 같은 모수를 포함한 제도의 주요 내용이 유사해지면 두 연금을 통합하는 데도 어려움이 줄어들 수 있다. 이후 구체적인 통합 방식은 신규 가입자부터 합쳐진 시스템을 적용하는 방안과 기준 연도의 기여분부터 적용하는 방안 등 다양한 선택이 있을 수 있다. 일본의 경우 직역연금과 후생연금(우리나라의 국민연금) 간의 제도적 특성을 수년에 걸쳐 최대한 일치시킨 후, 신규 연도 가입분부터 통합하는 방안을 사용했다.[30]

이상에서 언급한 두 가지 과제 말고도 장기적으로 공적연금 제도를 개선할 수 있는 다양한 방안이 있을 것이다. 이런 세부 사안에 대한 상세한 분석은 이 책의 범주를 벗어나므로 여기서는 기초연금과 자동조정장치에 대해서만 간략히 언급한다.

1988년부터 국민연금 제도가 시행됐지만, 제도가 아직 충분히 성숙하지 않아 가입을 못했거나, 가입기간이 짧아 연금이 충분하지 않은 문제가 있었다. 이에 따라 국민연금의 사각지대를 해소하고, 저소득층 노인들의 노후생활을 돕기 위해 2014년 기초연금이 도입됐다.[31] 기초연금액은 국민연금 급여액 등을 고려해 산정되는데 국민연금 급여액이 클수록 기초연금액이 줄어들 수 있다. 2023년의 경우, 국민연금 급여액이 월 484,770원(=기초연금 기준연금액의 1.5배)을 초과하게 되면 기초연금액이 최대 절반까지 감액됐다. 이 경우 기여금이 없는 기초연금액(2024년 예정 월 기준금액: 단독가구 약 33.4만 원, 부부가구 약 53.4만 원)을 받기 위해 기여금을 내야 하는 국민연금에 가입할 유인이 떨어질 수 있다. 특히, 기초연금의 기준연금액 수준이 지속적으로 상향 조정되면서, 기초연금과 국민연금 수급액의 차이가 줄어드는 점 또한 국민연금의 가입을 저해하는 요소로 작용할 수 있다.

이처럼 국민연금의 재분배 기능과 기초연금의 역할이 뒤섞이면서 연금 지급액이 조정되면 저소득 노인들을 위한 연금 소득의 예측 가능성과 노후 보장성이 떨어질 수 있다. 이에 대한 해법으로 국민연금의 재분배 기능을 폐지하고 소득비례방식이나 확정기여방식DC: Defined Contribution 연금으로 전환하는 대신, 그동안 국민연금이 담당하던 재분배 기능은 기초연금으로 돌려, 기초연금의 소득 보장 기능을 강화하는 방안이 논의되고 있다.[32] 보건복지부(2023.10.30) 역시 〈5차 국민연금 종합운영계획안〉에서 이 주제에 대한 사회적 논의를 시작하겠다고 밝힌 바 있다.

다른 나라에서 연금개혁의 성공 사례로 손꼽히는 장치들도 눈여겨볼 필요가 있다. 연금 자동조정장치AAMs: Automatic Adjustment Mechanisms가 한 사례인데, 이는 인구통계학적, 경제적 또는 재정적 지표의 변화에 따라 연금 제도의 변수나 수당을 자동으로 바꿔주는 사전 정의된 규칙을 말한다. 예를 들면, 기대수명이 1년 늘어나면, 수급 개시 연령도 1년(덴마크, 에스토니아, 그리스, 이탈리아) 혹은 그의 일정비율(예: 핀란드, 네덜란드, 포르투갈의 경우 2/3)만큼 늘이는 방식이다. 또는 기대수명의 증가에 따라 기여율을 높일 수도 있고(캐나다, 독일, 룩셈부르크 등), 연금수급액을 삭감하기도 한다. 이와 같이 퇴직연령 조정, 급여 조정, 기여율 조정 등의 방식을 사용해 이미 지급하고 있는 연금액(수급자 기준)과 향후 지급할 예상연금액(가입자 기준)을 자동으로 조정해 삭감한다. 이를 통해 연금 재정의 지속가능성이 자동으로 확보될 수 있다.

자동조정장치는 처음에는 임금 또는 물가 변화를 연금 수급액에 연동하는 목적으로 도입됐지만, 지금은 주로 연금 재정의 안정성을 유지하기 위한 방편으로 사용되고 있다. 2022년 기준, OECD 38개국 중 24개국(63.2%)에서 자동조정장치 중 최소 한 개의 장치를 도입하고 있는 반면, 우리나라는 아직 도입하지 않았다. 일종의 준칙이라고 볼 수 있는 이 제도는 재량적 방식에 비해 제도 운영의 투명성을 높이는 장점이 있다. 특히, 수명 증가로 인해 발생하는 연금 재정의 안정성 문제를 해결하기 위해서는 연금제도의 모수 조정이 필요한데 이를 그때마다 재량적으로 조절하려 들면 손해를 보는 측의 반발 때문에 타이밍을 놓칠 수 있다. 이 경우 이런 준칙 방식은 정치적 갈등을 우회할 수 있는 방패막이 될 수 있다. 물론 자동조정장치는 어디까지나 보조적 수단에 불과하므로 우리 고유의 제도적·환경적 여건을 고려해 적절히 취사선택할 필요가 있다. 특히, 이런 제도의 작동 메커니즘은 평균 지표 및 종합 지표와 연계되는 경우가 많으므로 세대별·계층별로 미치는 영향이 불공정할 수 있다는 점에 유의할 필요가 있다.

제3부

개혁의 재원과
정책능력

제8장

조세개혁:
개혁 동력을 위한 재원 확보

• • •

고양이 목에 방울 달기

고양이로부터 자신들을 지키기 위해 쥐들이 모였다. 다들 그놈 목에 방울을 거는 것이 최선이라고 열변을 토했지만 누가 나설 것이냐는 질문에는 입을 다물었다. 세금을 올리는 일이 이런 문제다. 복지지출 등 재정수요는 빠르게 늘고 있는데 그 재원을 마련할 세금을 올려야 한다고 선뜻 나서는 정치인은 드물다. 결국 재정 적자가 발생할 수밖에 없고, 이런 소극적 대응이 관행처럼 지속되다 보면 재정규율이 무너지면서 정부부채가 불어나게 된다. 지출 쪽의 낭비를 줄이고 예산 효율성을 높이는 대책도 있지만 정부 예산에는 임금이나 복지지출 등 경직적인 항목이 많아 실효성에 한계가 있다.

쥐 한 마리가 나서서 기금을 모아 호랑이 용병을 구해보자고 제안했다. 그런데 그 비용을 감당하려면 상당한 수준의 세금을 더 내야 하기 때문에 반발이 거셌다. 사람들은 세상에서 제일 피하고 싶은 것이 '죽음과 세금death and tax'이라 말하는데 자기들도 다를 바 없다는 것이었다. 그런데 쥐 공화국에는 적자국채로 해결하면 된다고 말하는 포퓰리스트는 아직 없다. 자신들이 사람보다 낫다고 자부하는 측면이다.

대한민국의 복지지출 규모를 보면 GDP의 14.8%로 OECD 평균인 21.1%와 6.3%p 정도 차이를 보인다(2022년 기준). 만일 이 격차를 세금으로 메우려 한다면 사회보장기여금을 포함한 현재의 조세부담률이 GDP 대비 30% 수준임을 감안할 때 지금 납세자들이 현재 납부세액의 20% 정도를 세금으로 더 내야 한다는 계산이 나온다(30%×0.2 = 6%). 물론 이것이 쉬울 리 없다. 게다가 지금은 복지지출 말고도 환경이나 전략산업 지원 등 적극적 정부 역할을 반영하는 재정 수요가 커지고 있다. 또한 앞 장들에서 언급했던 개혁 과제들을 위한 재원 확보도 필수적이다.

쥐 모임에서 또 다른 제안이 나왔다. 고양이가 마시는 샘물에 몰래 수면제를 타서 푹 재운 다음 방울을 달자는 것이다. 그러나 잠에서 깬 그놈이 사전 논의도 없이 달아놓고 간 방울을 보고 흥분해서 더 난폭하게 나올 수 있다는 반론이 나왔다. 격론 끝에 고양이가 좋아할 것 같은 예쁜 방울을 일단 달아주고 나중에 찾아가 설득하기로 의견을 모았다. 쥐들은 이런 중차대한 개혁 과제일수록 왕쥐 측근 몇 명이 밀실에 모여 결정하지 않고 민주적인 공론화 과정을 거친다. 사람보다 낫다고 쥐들이 자부하는 또 다른 측면이다.

다시 대한민국으로 돌아와 보자. 어차피 급증하는 구조적 재정 수요를 감당하기 위한 세수 확보가 불가피하다면 납세자들이 그나마 덜 부담스러워하는 증세 방식이 없는지부터 생각해볼 필요가 있다. 이와 함께 그 세금을 잘 사용해 가성비 높은 정부 서비스를 제공한다고 설득하는 일도 필요하다. 고양이가 예쁜 방울을 보면 화를 누그러뜨릴 수 있듯이 납세자들도 자신이 낸 세금의 가성비가 높다면 증세에 대한 반감이 줄어들 수 있다.

그런데 말이 쉽지 이런 방식을 현실에서 찾기가 만만치 않다. 정치는 '1인 1표'다. 쥐 공화국만은 못할지언정 그래도 민주 정치의 전통이 쌓여가고 있는 한국에서 절대 다수 납세자가 반대하는 제안이 쉽게 의회를 통과할 리 없다. 그렇다면 딱 두 가지 대안이 남는다. 하나는 수적으로 소수인 부자나 대기업에게 세금을 더 거두는 것이고, 다른 하나는 기존의 관행과는 다른 방식으로 세수를 높이는 것이다. 물론 이 두 대안 모두 말처럼 쉽지 않다. 이 문제를 구체적으로 다루기 전에 우선 조세를 둘러싼 기존 논쟁의 몇 가지 문제점부터 짚어볼 필요가 있다.

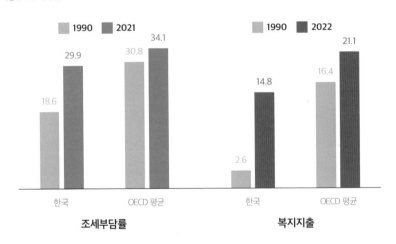

조세부담률과 복지지출

(단위: GDP 대비 %)

조세부담률은 사회보장기여금을 포함한 개념이다.

자료: OECD.

조세에 대한 잘못된 고정관념

경제나 사회 문제 논쟁에서 의견이 엇갈리는 것은 당연하다. 가치관의 차이에서 오는 갈등은 물론 어떤 목표에 이르는 최적의 수단을 놓고 견해가 갈릴 수밖에 없다. 그렇지만 토론의 전제 조건이 되는 팩트나 기본 이론에 대해서는 대체로 합의가 이뤄진다. 예컨대 특정 시점의 물가를 잡기 위해 금리를 올리는 것과 공급 측면의 비용을 줄여주는 방안 중 무엇이 나은지를 놓고 의견이 부딪칠 수는 있지만 이런 수단들이 갖는 일반적인 정책 효과에 대해서는 큰 이견이 없다.

그런데 조세 논쟁을 보면 토론의 기본이 되는 기초 명제 수준에서조차 오해와 편견이 수두룩하다. 통화나 무역과 같은 다른 경제정책과 달리 역사성과 정치성이 강한 영역이어서 교과서 이론이나 선진국 경험을 그대로 적용하는 것은 어차피 무리다. 그런데 정작 문제인 것은 기본적 조세 이론이나 다른 나라의 경험조차도 제대로 전달되지 않는 경우가 많다는 점이다. 여기에서는 이 책의 논점과 연관되는 몇 가지만 예시해 보자.

첫째, 세금을 정부의 일방적 권한처럼 여기는 사고나 관행부터 버려야 한다. 물론 법적으로는 조세 부과가 정부의 권한에 속하지만 정치적 관점에서의 조세는 국가와 시민이 맺는 일종의 사회계약이다. 정부가 가진 권한은 시민의 동의를 전제로 하는 것이기 때문에 '납세자 주권'이 조세정책을 관통하는 기본 원칙이 되어야 한다. 일반적으로 납세자는 자신이 낸 세금에 대한 반대급부로 만족할 만한 정부 서비스를 원할 것이다. 그렇지 않은 경우 조세 회피나 조세 저항이 일어나기 쉽다. 조세의 이런 정치성을 무시하고 일방통행식의 정책 결정과 집행을 하려 들면 부작용이 일어나기 쉽다.

잘못된 조세정책이 정권을 몰락하게 만드는 지름길이라는 것은 동서고금의 사례를 통해 입증된 명제다. 무능한 정부가 들어서면 나라 경제가 흔들리고, 그러다 보면 세금이 덜 걷히며 국고가 비게 된다. 이때 크게 반성하고 문제의 본질을 직시하며 고치려 들면 좋겠지만 대부분의 경우 적자 재정 등 임기응변으로 당장의 고비를 넘기려 하다가 더 큰 위기를 부르게 된다. 당장 아쉽다고 여기저기 돈 나올 구석을 살펴가며 증세 노력을 하는 것도 좋아 보이지 않는다. 어차피 근본적 해결책이 되지 않기 때문이다. 급기야 돈을 찍어 적자를 메워가는 단계로 가면 위기는 이미 문턱까지 와 있다고 할 수 있다.

무능한 정부의 잘못된 재정정책에 대한 응징은 두 갈래로 나타난다. 하나는 시장의 제재다. 경제가 돌아가지 않으면 같은 제도하에서도 세금이 덜 걷히기 마련이다. 다른 하나는 납세자의 응징이다. 무능한 정부가 세금까지 올리려 들면 반발의 강도가 급속히 높아지게 된다. 이런 파국을 막으려면 늦기 전에 정부 재정에 대한 근본적인 성찰과 개선이 있어야 한다. 그리고 그 방법은 단순히 외국 사례를 따라하는 것이 아니라는 점도 인식할 필요가 있다. 우리 고유의 역사적, 제도적 맥락에서 심도 있는 개혁을 구상하는 일은 모방의 영역이 아니기 때문이다.

둘째, 특별한 논리적 근거도 없는 명제들을 '조세원칙'이라고 부르는 습관 역시 버려야 한다. 예컨대 '소득 있는 곳에 세금 있다'라는 표현을 조세원칙이라 칭하는 것은 적절치 않다. 소득이 중요한 세원인 것은 맞지만 소득이 있다고 무조건 과세해야 한다는 것은 납세자 주권을 무시하는 행정편의적 사고에 불과할 뿐이다. 시대가 바뀌고 경제 여건이 달라지면 새로운 형태의 소득이 생겨나기 마련이고 이는 당연히 과세 대상으로 고려될 수 있다. 하지만, 소득이 있다 해도 과세를 자제해야 할 경우가 적지 않다. 저소득층 소득의 비과세와 같은 형평성 논리도 있지만 기술적 어려움 때문에 과세의 편익에 비해 비용이 큰 경우도 있다. 나아가 수많은 사람을 먹여 살리는 혁신의 대가로 발생한 소득은 세금을 줄여주는 것이 사회 후생을 높이는 길이다.

조세정책의 기본 원칙은 단순하다. 정치철학적인 차원에서는 앞서 언급한 납세자 주권이 기본이다. 즉, 민주 국가라면 "대표 없이 과세 없다No taxation without representation"라는 명제가 당연히 기본적인 조세원칙으로 받아들여져야 한다. 좀 더 실용적인 관점에서 지켜야 할 조세원칙은 재정 수요에 부응하는 세수를 확보하되 그 과정에서 자원배분의 왜곡(효율 비용)을 최소화하고 세 부담의 공평성을 추구해야 한다는 것이다.

물론 이런 원칙을 현실에 적용할 때는 기준 간의 충돌이 생기기 쉽다. 주어진 세수에서 효율과 형평, 어느 가치에 비중을 둘지는 특정 시점의 정책적 관심에 따라 달라진다. 또한 당장의 세수 확보를 위해 열등한 조세제도를 무리하게 가동시키다 보면 효율과 형평의 가치가 모두 훼손될 수 있다. 나아가 이런 과정이 지속되면 비효율과 불공평이 심화되면서 조세제도의 세수 확보 기능 자체가 떨어지게 된다. 요컨대 좋은 조세정책이란 기본 원칙에 충실하면서 효율과 형평의 충돌을 최소화하고, 단기와 장기 목표를 함께 아우를 수 있어야 한다.

셋째, 세금을 결정하는 두 요소인 세율과 과세베이스에 대한 잘못된 고정관념도 버려야 한다. 우선, 증세나 감세를 세율의 변화로만 보는 관행적 시각부터 고쳐야 한다. 세금은 과세베이스에 세율을 곱해서 산출한다. 증세를 하는 경우 명목세율을 올릴 수도 있지만 소득공제 등 비과세 감면 조항을 조정해 과세베이스를 넓히기도 한다. 분명 세금을 더 걷더라도 세율은 손을 안 댔기 때문에 증세가 아니라고 강변하는 사례가 종종 있는데 이는 홍길동이 아버지를 아버지라 부르지 못하게 하는 것과 같은 억지 주장이다. 조세가 기업 경쟁력에 미치는 영향을 따지면서 각종 투자유인이 반영된 실효세율 대신 눈에 보이는 명목세율만 경쟁국과 비교하는 것도 적절한 관행이라 보기 어렵다.

나아가 소득세 중심의 조세 논쟁도 한물간 관행이다. 소득이 대표적인 과세베이스인 것은 맞지만 현실에서는 소비, 재산, 거래 등 다양한 대안이 존재한다. 소득에 대한 정보 확보가 어렵고 납세 의식이 높지 않은 개도국의 경우 소득세의 비중이 높지 않다. 한국 역시 고도성장에 필요한 재원 확보 과정에서 소득세가 중심이 되었다 보기 어렵다. 경제력은 빠르게 선진국 수준에 도달했지만 조세제도는 아직 개도국적 요소를 많이 포함하고 있다. 같은 소득 과세라도 법인세의 비중이 높고, 소비 과세의 경우 목적세earmarked tax 형태의 개별소비세 비중이 작지 않다. 거래세나 다른 세금에 추가로 부가되는 숨은 조세의 비중도 크다. 나아가 각종 부담금 등 실질적인 세금이라 볼 수 있는 준조세 수준도 낮지 않다.[1] 그런데도 한국의 조세 논쟁은 서구 선진국의 관행을 따라 소득세 중심으로 진행되는 경향이 있다. 자연 현실적 타당성이 부족한 주장이 등장하기 쉽다.

예컨대 한국의 근로소득자 하위 30~40%는 세금을 내지 않는다는 얘기를 하는데 이는 한마디로 틀린 얘기다. 이들이 소득세를 내지는 않지만 소비세나 거래세 등 다른 세금 부담까지 낮다고 보기 어렵다. 나아가 소득세의 누진세율 체계 중심으로 행해지는 조세의 재분배 논쟁 역시 폭을 넓힐 필요가 있다. 정부 재정을 통한 재분배는 지출 측면에서 이뤄질 수도 있기 때문이다. 무리하게 소득세율을 높이면 자원배분의 왜곡효과가 커지는 것은 물론 조세 회피가 증가할 수 있다. 효율 비용이 덜한 소비세로 세수를 확보해 복지지출을 늘리는 것이 소득세율 인상의 대안이 될 수 있다. 빠른 시간에 경제발전을 이룬 한국의 경우 재벌 기업의 독점 지대나 부동산 불로소득에 대한 과세 또한 의미 있는 재분배 수단이 될 수 있다.

넷째, 조세정책은 정부 재정을 구성하는 다른 측면인 지출과의 연관성을 고려할 필요가 있다. 성장에 필요한 기업의 투자 활동을 지원하기 위해 예산에서 보조금을 지급하기도 하지만 투자유인 같은 '조세지출' 방식을 사용하기도 한다. 즉, 거두어야 할 세금을 유보해 예산상의 지출과 유사한 효과를 얻는다는 것이다. 재정을 통한 재분배 정책의 경우도 위에서 언급했듯 가진 자들에게 세금을 더 매기는 누진과세 방식과 복지지출을 늘려주는 두 방식이 있다. 이 두 방식의 비중을 어떻게 가져갈지는 해당 시점의 정책 환경에 따라 달라질 수 있다. 때로는 두 수단의 적절한 정책 조합이 유용할 수도 있다.

그런데 현실을 보면 조세정책 하나만 떼어놓고 생각하는 경우가 많다. 이론적으로 볼 때는 당연히 조세와 예산의 연관성을 고려하며 정책을 수립하는 것이 맞지만 현실에서는 조세와 예산을 담당하는 부처가 분리돼 있을 가능성이 높다. 이때 정책 결정 체계가 수직적으로 통합이 되어 있는 구조라면(특히, 탑-다운 방식) 이 두 측면의 조화와 조합이 상대적으로 쉬울 것이다. 반대로 수평적인 업무 분권 성향이 강하고 관료주의적인 경직성이 두드러진 체제라면 양 측면이 따로 놀 가능성이 높다.

나아가 조세와 지출 의사결정의 분리 현상에 한몫을 하는 것은 정치인들의 이해관계다. 유권자의 한 표에 마음이 가 있는 정치인은 사회 후생을 높일 수 있지만 눈에는 잘 보이지 않는 정책보다는 가시적이고 대중 호소력이 높은 대안을 선호하기 마련이다. 예컨대 같은 재분배 정책이라도 정치인은 세수를 더 거두어 복지지출에 쓰는 방안보다는 소득세나 재산세의 누진도를 강화하는 방식을 선호하는 경향이 있다. 다수의 서민들에게 혜택이 퍼져가는 지출 정책보다는 소수의 부자에게 부담이 집중되는 누진세 강화가 정치적 홍보 효과가 클 수 있기 때문이다.

험난한 증세의 길

경제발전에 성공하려면 노동, 자본과 같은 생산요소의 축적이 있어야 하고 생산성을 높일 수 있는 기술 혁신이 필수적이다. 이 과정에서 정부는 다양한 역할을 한다. 가계 저축과 기업 투자 및 연구개발을 지원하며, 도로, 철도, 항만 같은 사회간접자본을 제공하고, 인적자본을 길러낼 교육 시스템을 구축한다. 그런데 이런 성장 인프라의 구축에는 재원이 필요하다. 정부 재원을 마련하는 핵심 수단은 조세다.

선진국으로 진입한 나라들을 보면 예외 없이 성장이 지속되며 조세수입도 올라가는 선순환 고리를 형성한다. 자원배분의 효율을 덜 해치는 방식으로 세금을 걷은 다음 이를 적절히 사용하면 경제가 성장하게 되고, 이 경우 딱히 제도를 바꾸지 않아도 세수가 증가하고 이는 다시 성장 재원으로 투입된다. 반면 경제발전에 실패한 나라들을 보면 이런 선순환 고리에 안착하지 못한다. 정부 재원을 확보하는 과정에서 무리한 증세나 무책임한 차입에 의존하다가 오히려 성장에 부정적인 효과를 미치면서 세금은 잘 걷히지 않는 악순환이 나타난다. 이런 과정이 지속되면 경제위기가 발생하고 정권의 몰락이 이어지기 쉽다.

한국의 경우 지난 수십 년 동안 개도국에서 선진국으로 진입한 유일한 나라다.[2] 경제 규모가 커지면서 세수 수준도 꾸준히 높아졌다. 사실상 세금인 사회보장성 부담금을 포함하는 광의의 조세부담률은 1970년대 초반만 해도 GDP의 12% 정도에 불과했는데 2020년대로 들어서면 30% 수준에 접근한다(2021년 29.9%). 이 정도면 다른 선진국들의 경로를 따라 세수와 성장의 선순환 고리에 진입했다고 평가할 수 있다. 다만 짧은 시간에 압축적인 성장을 이뤄냈기 때문에 소득세를 중심으로 하는 선진국의 조세정책과는 다른 방식으로 세수 확보에 성공했다는 점이 눈에 띈다. 앞서 언급했듯 소비세와 법인세의 비중이 높고 거래세나 목적세를 포함한 비전통적 방식의 과세 수단도 다양하게 동원됐다.

문제는 향후 지속적으로 늘어날 재정 수요를 기존의 조세제도로 감당할 수 있느냐이다. 지난 수십 년 동안 체계적인 조세개혁 없이 부분적인 개편으로 제도를 운영해온 탓에 현행 조세체계는 누더기 세제라는 말을 들을 정도로 복잡해졌다. 복잡한 세제는 다양한 사회적 비용을 초래한다. 자원배분의 왜곡 효과가 클 뿐 아니라 지대추구나 부패가 발생할 여지도 커진다. 이런 상황에서 추가적인 증세를 시도하면 이에 따른 경제적 비용과 정치적 저항이 만만치 않을 것이다.

우선, 증세에 따르는 효율 비용이 매우 높아질 수 있다. 통상 추가적인 세수 한 단위당 효율 비용은 조세부담의 수준이 높아질수록 기하급수적으로 증가한다.[3] 한국의 조세부담률은 선진국 평균에는 아직 못 미치지만 이미 30% 수준에 육박하고 있다. 따라서 같은 액수의 증세라 하더라도 예전에 비해 효율 비용이 훨씬 더 높을 수 있다. 또한 복잡한 조세제도하에서는 조세부담을 줄이려는 노력이 더 활발해지기 때문에 증세에 따른 비효율 규모가 더 커질 수 있다. 여기에 더해 기득권을 확보하거나 유지하려는 지대추구 행위나 불법으로 세금을 줄이려는 탈세나 부패 행위 역시 복잡한 세제하에서 그 가능성이 높아진다.

다음으로, 이렇게 더 걷은 세수의 지출 생산성이 과거만큼 높지 않을 수 있다. 정부 예산이 사회간접자본이나 교육 등 성장 인프라에 쓰였던 고도성장기에 비해 향후 지출 증가분의 상당 부분은 복지 분야에 사용될 가능성이 높다. 이 경우 지출 한 단위당 생산성이 예전만 못할 수 있다. 물론 저소득층의 인적자원 향상이나 사회 갈등 해소에 도움을 주는 복지 지출은 장기적인 성장잠재력을 높일 수 있다. 그렇지만 연구개발이나 사회간접자본 확충 같은 항목보다 평균적인 성장기여도가 높다고 보기는 어려울 수 있다.

나아가 증세가 초래하는 정치적 저항 또한 만만치 않을 수 있다. 과거 고도성장기에는 성장의 과실이 컸기 때문에 세금 대비 정부 서비스라는 비용–편익 관점에서 볼 때 정부 활동에 대한 납세자 불만이 상대적으로 덜했을 것이다. 또한, 권위주의적 정권들이 심어놓은 '정부는 절대선'이라는 관념이 대중의 뇌리를 지배하며 정부 신뢰도 역시 지금보다 높은 편이었다.

하지만 정치 민주화가 진행되면서 정부 역할에 대한 시민 의식 또한 높아졌다. 특히, 납세자들은 세금이 정부의 일방통행적 권한이 아니라 자신들과의 암묵적 합의에 의해 결정돼야 한다는 사회계약적 측면을 인식하기 시작했다. 특히, 지금처럼 복잡하고 논리 체계가 부족한 조세제도하에서는 자신이 내는 세금이 과연 공평한지를 따지는 납세자가 많을 수 있다. 실제 국제 통계에 나타난 한국 정부의 신뢰도를 보면 선진국보다 낮은 수준이다.[4] 이는 내가 낸 세금만큼 정부 서비스를 돌려받지 못한다고 느끼는 시민들이 많을 수 있다는 점을 시사한다.

요컨대, 세수 한 단위당 조세 비용은 증가하고 지출 생산성은 떨어진다면 그만큼 정부 효율은 떨어질 것이다. 이런 경우 정부가 같은 일을 하기 위해 전보다 더 많은 세금을 거두어야 한다. 납세자 입장에서 보면 정부 생산성이 낮아진다는 것은 세금 한 단위의 가성비가 작아진다는 의미가 된다. 그만큼 조세 저항이 더 강해질 수 있기 때문에 세금을 올리는 일은 점점 더 어려워질 것이다. 정부의 재정 수요는 늘어나는데 증세 가능성은 낮아진다면 적자 재정이 뒤따르기 쉽다. 이렇게 재정 건전성이 악화되면 정부 신뢰는 더 하락하는 악순환이 발생할 수 있다. 이런 상태가 지속되면 그다음 수순은 경제 위기가 될 수밖에 없다.

대한민국이 선진국 문턱을 넘어 국가 위상을 확실하게 높이기 위해 넘어야 할 중요한 고비 중 하나는 성장잠재력을 해치지 않으면서 세수 확보에 성공하는 일이다. 이를 위해서는 무엇보다 조세제도가 제 구실을 할 수 있어야 한다. 어느 분야건 관련 제도가 반듯해야 정책의 초점과 전략이 분명해진다. 궁극적인 해법은 획기적인 조세개혁을 이루는 것이다. 조세의 사회적 비용을 줄이고, 정책의 투명성과 책임성을 높이려면 이 길밖에 없다. 이를 위해서는 무엇보다 우리 현실에 맞는 청사진이 필요하고, 이를 바탕으로 한 논쟁이 활발해져야 한다. 다양한 공론화 과정을 통해 어느 정도 사회적 합의가 이뤄지면 개혁을 반대하는 기득권 세력도 극복할 수 있을 것이다.

조세 저항을 피해가는 증세

모든 증세에는 저항이 있기 마련이다. 특히, 기존의 복잡한 조세제도 체계에서 증세를 시도하면 다양한 경제적 비용과 정치적 저항을 초래하기 쉽다. 그렇다면 이러한 사회적 비용을 최소화하면서 세수를 확보할 수 있는 방안은 없을까. 크게 보아 다음 다섯 가지 방향의 증세를 생각해 볼 수 있다.

첫째, 소득세나 재산세 같은 직접세보다 소비세 같은 간접세에 대한 의존도를 높이는 것이다. 이는 가장 일반적으로 통용되는 조세 저항 완화 방식으로 실제 특정 국가의 조세 구조에 반영되는 경우가 많다. 특히, 납세 의식이 높지 않은 개도국의 경우 직접세보다 간접세의 비중이 높은 편이다. 그런데 소비세나 거래세와 같은 간접세의 경우 세율체계를 누진적으로 설정하기 어렵기 때문에 조세 형평에 문제가 있다는 비판이 있을 수 있다. 그러나 소득세에 비해 상대적으로 효율 비용이 낮을 수 있는 소비세로 세수를 확보한 다음 이를 복지지출에 쓴다면 위와 같은 반론은 희석될 수 있다. 나아가 생애주기의 관점에서 보면 안정적이고 평탄한 추이를 보이는 소비가 보다 공정한 과세베이스라는 주장도 나올 수 있다.[5]

둘째, 특정 세목의 수입을 특정 지출 용도에 한정하는 목적세 방식은 정부 재정의 투명성, 책임성을 높여 정부 신뢰도 향상에 기여할 수 있다. 일반적으로 개도국은 선진국에 비해 정부에 대한 신뢰도가 낮고, 이는 낮은 납세 의식으로 이어진다. 특히 재정 운영이 불투명한 경우 납세자는 자신이 낸 세금이 어떻게 사용되는지에 대한 의문이 생길 수 있다. 이런 경우 교육이나 안보, 지역 발전 등 세금의 용도가 정해진 목적세를 사용하면 납세자의 정치적 저항을 줄이는 효과가 있다. 내가 낸 세금을 어느 부처가 어디에 쓰는지만 알아도 정부 정책에 대한 불신이 줄어들 수 있다. 한국의 경우도 납세자의 조세 저항을 완화시키고 세수를 확보하는 수단으로 목적세를 널리 활용했다.[6]

셋째, 세금을 거두는 과정에서 발생하는 다양한 사회적 비용을 줄이는 것만으로 증세 효과를 가져올 수 있다. 쉽게 말해 세금 징수와 납부 과정에서 발생하는 낭비와 왜곡을 줄이자는 것이다. 이런 방식은 당연히 조세 저항이 없기 때문에 모든 조세개혁의 기본적 과제로 포함돼야 한다. 다만, 자원의 왜곡 효과를 의미하는 효율 비용의 경우 실제 눈에 보이지 않기 때문에 정책 수립에 필요한 구체적 수치를 제시하기 힘들다는 한계가 있다. 나아가 이런 보이지 않는 이득은 가시적인 성과를 선호하는 정치인이나 관료의 관심을 받기가 어렵다. 조세의 사회적 비용을 줄이려면 복잡한 기존 조세제도를 단순화시키는 방법이 최선이다. 따라서 이 문제는 단기적인 정책 과제가 아니라 보다 근본적인 조세개혁의 일환으로 고려하는 것이 적절할 것이다.

넷째, 조세제도에 광범위하게 퍼져 있는 다양한 비과세 및 감면에 대한 재검토가 필요하다. 이런 조세지출 항목들은 거둘 수 있었던 세금을 거두지 않는 것이기 때문에 실질적인 세수 감소를 의미한다. 조세지출은 국세 수입의 20% 가까이 되는 규모이기 때문에 이 중 낭비되는 부분만 줄여도 증대 효과가 클 수 있다.[7] 다른 정책과 마찬가지로 세수 비용에 비해 편익이 특별히 크지 않은 항목은 정비해 나가는 것이 맞는 방향이다. 그런데 조세지출 항목의 상당 부분은 이미 기득권화되어 있을 가능성이 높다. 따라서 설사 개선의 여지가 있다 하더라도 쉽게 고치지 못하는 경우가 많다. 이런 점을 고려해 특정 시간이 지나면 자동으로 폐지되는 '일몰 조항sunset clause'을 두기도 하는데 정작 해당 시점이 오면 다시 시한을 연장해주는 경우가 적지 않다.[8]

다섯째, 소위 지하경제나 현금경제로 불리는 비공식 경제를 줄이는 방안이 있다. 우리나라는 경제수준에 비해 유난히 비공식 경제 부문의 크기가 크다. Medina and Schneider(2019)에 따르면, 한국의 GDP 대비 비공식 경제의 크기는 21.8%인 반면, OECD 국가의 평균은 15.3%이다.[9] 비공식 경제를 구성하는 주체는 소규모 사업자나 자영업자다. 그런데 영세 사업자나 자영업자의 경우 대기업이나 봉급생활자에 비해 과세베이스 자체가 크지 않고 형평성도 고려해야 하기 때문에 설사 이들을 공식 경제로 끌어올린다 해도 세수 효과가 크지 않다. 세수 효과나 조세 저항과 관련해 보다 중요한 대상은 고소득 자영업자다. 예컨대 대표적인 고소득 자영업자인 변호사나 회계사의 경우 직군 자체의 특수성 때문에 '합법적'인 조세 회피에 능할 수 있다. 더구나 지금처럼 제도 자체가 너무 복잡하면 합법과 불법, 즉 절세와 탈세의 구분이 애매할 수 있다. 향후 조세제도가 좀 더 단순하고 투명해지면 법망을 벗어나는 조세 회피도 줄어들 것이나.

이상 언급한 증세 방안들은 이것이 소득세율을 올리는 것과 같은 일반적인 증세 방식에 비해 조세 저항이 약할 수 있다는 점을 부각시킨 것이지 실제 일상에서 쉽게 활용할 수 있는 방안이라는 의미는 아니다. 소비세라 하더라도 이것이 특정 집단을 겨냥한 경우 반발이 있을 수 있고, 부가가치세와 같이 물가에 영향을 줄 수 있는 경우에는 소득세 못지않은 저항이 발생할 수 있다. 조세지출이나 비공식 경제를 줄이는 문제도 정치적으로 힘있는 세력이 결부돼 있으면 그 저항이 만만치 않을 것이다. 이런 점들을 감안하면 가장 확실한 개선책은 근본적인 조세개혁을 하는 것이다. 그러나 현실을 보면 다른 개혁 분야와 달리 조세개혁은 언급조차 되고 있지 않은 실정이다. 그만큼 정치세력들이 세금을 올리겠다는 얘기를 할 자신감이 없다는 방증이다. 다음에서는 향후 늘어날 재정 수요를 감당할 구조적 세원 확보 방안에 대한 방향과 대안을 제시한다.

개혁 재원의 확보

제대로 된 개혁이 이뤄지려면 동력이 필요하다. 아무리 좋은 제도 개혁 방안이 있다 하더라도 이를 실천할 힘이 없으면 소용없다. 단기적으로 손해를 보는 집단에 대한 보상도 필요하고, 출산 장려책처럼 행동을 바꾸게 만드는 유인 효과를 기대하며 예산을 투입하기도 한다. 또한, 연금개혁과 관련된 세대 간 재분배 문제처럼 개혁에 따른 집단 간의 갈등이 발생할 가능성이 있는 경우에도 예산 투입이 제도 개혁의 동력이 되어 줄 수 있다.

기본적으로 정부 재정이 튼튼하면 개혁 재원의 확보도 상대적으로 수월할 것이다. 그런데 지금 한국의 현실은 복지 등 재정 수요는 늘어나는데 세수는 잘 걷히지 않는 진퇴양난의 상황이다. 당장의 재정 운영도 적자 상태인데 납세자 저항이 불가피해 보이는 증세를 시도한다는 것이 쉽지 않을 것이다. 그래도 해야 할 일은 해야 한다면 더 늦기 전에 시작하는 것이 옳다. 이 절에서는 상대적으로 개혁친화적인 증세 방안에 대해 논의하고, 이어지는 두 절은 보다 근본적인 조세개혁의 과제들을 검토한다.

개혁친화적인 목적세

목적세는 특정 세금과 지출 항목을 연계시킨다는 측면에서 수익자부담원칙 혹은 편익원칙benefit principle을 구현할 수 있는 방식이다. 즉, 특정 정부 서비스의 수혜자가 곧 비용 부담을 하게 되는데, 도로세는 도로를 사용하는 사람이 내고, 수도 요금은 수도를 사용하는 사람이 내는 식이다. 만일 세금과 지출의 연계가 엄격한 수익자부담의 원칙에 근거해 이뤄지면 공공재의 효율적 배분이 이뤄질 수 있고, 납세자의 선호가 지출 수준을 결정한다는 의미에서 납세자 주권이 확보될 수도 있다. 나아가 돈을 낸 사람이 혜택을 가져간다는 의미에서의 공평함 또한 보장된다.

그런데 현실에서는 이런 교과서적인 목적세를 찾기 어렵다. 세출과 세입의 연계가 느슨한 경우가 많고 그나마도 납세자와 수혜자가 일치하는 편익원칙과는 동떨어진 경우가 많다. 대신 목적세가 칸막이식 재정 운영을 초래해 비효율을 창출한다는 우려의 목소리가 높다. 하지만 이런 비판은 타당성이 크지 않다. 우선, 세입과 세출의 연계가 일대일로 묶여 있는 경우가 아니라면 재정 당국의 예산 조정 기능이 작동하며 얼마든지 재정 자원을 유연하게 사용할 수 있다.[10] 나아가 모든 세금을 모아 지출 우선순위에 따라 배분하는 전통적인 일반회계 방식이 특별히 더 투명하고 책임성이 강하다는 보장이 없다. 오히려 교육세와 같이 용도가 분명한 목적세의 경우 재정 운영의 책임성과 투명성을 높이는 긍정적 효과가 있을 수 있다. 세금을 내는 사람의 입장에서는 자신이 낸 세금이 어디에 쓰일지는 알 수 있기 때문이다. 나아가 지출 용도가 법규정에 의해 고정돼 있으면 정권에 따라 정책이 바뀌지 않는다는 장점이 있다.[11]

그렇다면 특정 세목과 특정 지출 용도를 연계하는 목적세 방식이 개혁을 위한 재원 확보에 도움이 될 수 있을까. 크게 보아 다음 세 가지 차원에서 이 질문에 대한 긍정적 답변이 나올 수 있다. 구체적으로, 조세 저항을 줄이거나, 계층 간 혹은 세대 간 재분배 목적으로 사용되는 경우다.

첫째, 개혁의 목표가 선명하고 이에 대한 사회적 합의가 이뤄지면 이 목적에만 사용하는 세금을 고안해볼 수 있을 것이다. 예를 들어 '출산장려세'라는 목적세를 만드는 경우 아무래도 일반 증세에 비해 조세 저항이 덜할 가능성이 높다. 물론 이런 세금의 경우 납세자와 수혜자가 일치하는 수익자부담형 목적세를 만들기는 사실상 불가능하다. 그런데 한국의 목적세 경험을 보면 그나마 편익원칙에 가까운 교통에너지환경세를 제외한 나머지(방위세, 교육세, 농어촌특별세 등)는 조세 저항을 줄여 세수를 확보하려는 동기가 강했다.[12] 따라서 인구나 연금 분야와 관련된 목적세를 만든다면 편익원칙에 근거한 방식보다는 세수의 용도 자체를 강조하는 형태가 되기 쉽다.

둘째, 계층 간 재분배 동기에 근거한 목적세를 생각해볼 수 있다. 현재 용도가 지정된 일부 세목을 보면 매우 역진적인 성격의 것들이 적지 않다. 담뱃세와 주세 그리고 복권 수익금이 대표적인 사례다. 일반적으로 담뱃세는 역진적이고 비탄력적인 세금으로 알려져 있다. 즉, 저소득층이 부담하는 비중이 상대적으로 높고 가격 변화에 따라 쉽게 행동을 바꾸기 어렵다. 주세나 복권 수익금도 유사한 성격을 띨 것으로 예측할 수 있다. 이런 세목들의 경우 그 수입을 청년이나 저소득계층 복지에 사용하는 것이 재분배 목적은 물론 넓은 의미의 편익원칙에 더 부합하는 방향이다. 복권 판매 수익도 같은 논리를 적용할 수 있을 것이다. 또한, 불로소득형 지대 수익에 대한 과세 수입을 분배추구형 개혁 용도로 사용한다면 이 또한 정치적 저항이 덜할 수 있다. 최근 논란이 되고 있는 은행들의 이자 수익에 대한 횡재세를 거두겠다고 결정한다면 좀 더 구체적인 목적세 형식으로 하는 것이 사회적 합의를 이루기가 쉬울 것이다.

셋째, 세대 간 재분배형 목적세를 생각해볼 수 있다. 일반적으로 소득세보다는 소비세가 근로소득 비중이 높은 청년 세대에게 유리하다. 소득세의 핵심 과세베이스인 근로소득은 은퇴 세대와는 별 상관이 없고, 자본소득에 대한 세금은 은퇴자들도 부담하지만 근로소득에 비해 낮은 실효세율로 과세되는 것이 보편적이다. 반면 소비세는 모든 세대가 부담하는 세금이다. 나아가 재산세의 경우도 상대적으로 중장년이나 은퇴 세대가 차지하는 몫이 더 클 것이다. 즉, 은퇴자의 경우 소득세보다는 소비세나 재산세의 부담이 크기 때문에 이런 세목에 대한 과세는 청년 세대로의 재분배 효과를 갖는다 볼 수 있다. 통상 목적세는 소비세원 중에서 만들어지는 경우가 많지만 다른 세원의 경우도 가능성을 생각해볼 수 있을 것이다. 특히, 앞서 다룬 연금개혁의 경우 세대 갈등이 중요한 변수가 될 수 있는데 보험료율 인상뿐 아니라 재원 조성 과정에서도 청년 세대를 향한 재분배가 이뤄질 수 있는 방안을 모색할 수 있을 것이다.

이제 몇 가지 구체적인 대안을 검토해보자. 우선 생각해볼 수 있는 것이 기존의 담뱃세, 주세, 복권 수익금이다. 이 중 담배와 술에 관한 세금은 앞서 언급한 계층 간, 세대 간 재분배 목적에 모두 부합할 여지가 있음에 주목할 필요가 있다. 현재 이 세 항목의 수입은 연간 20조 원에 근접한데(2021년 기준 16.8조 원) 이는 결코 작은 액수가 아니다. 이런 역진적 성격이 강한 세금에서 거둔 수입의 용도를 찾는다면 아무래도 청년이나 저소득층이 덕을 볼 수 있는 쪽이 사회 후생의 관점에서 바람직할 것이다. 좀 단순화해서 생각하면, 아무래도 술·담배는 청년층의 소비 비중이 높은데 그렇다면 여기서 나오는 세금은 이들에게 혜택이 많이 가는 방향으로 쓰는 것이 나을 것이라는 의미다.

그런데 이 세 항목 세수입의 실제 용도를 보면 왜 이런 식으로 써야 하는지에 대한 정당성이 매우 부족하다. 아무리 조세의 역사성을 강조한다 해도, 기본적인 논리 체계가 약한 세금은 저항의 대상이 되기 쉽다. 예를 들어 주세의 경우 그 수입이 지역 균형 발전 용도로 사용된다. 담뱃세는 몇 군데 부처가 세수를 나누어 가지는 복잡한 형태를 띠고 있다. 기획재정부가 부가가치세와 개별소비세를, 행정안전부가 담배소비세와 지방교육세를 거두어 간다. 이에 더해 환경부와 보건복지부는 폐기물부담금과 국민건강증진부담금을 매기는데, 강제성이 있는 부담금은 사실상

세금으로 보아야 한다. 연초 농가의 보호와 지원이라는 명목하에 엽연
초생산안정기금 출연금도 담배 매출에 부과된다. 이를 합해 보면, 4,500
원 하는 담배 한 갑에 붙는 세금과 부담금은 3,323원으로 담배 가격의
73.8%를 차지한다. 복권 판매에 따른 수익금 역시 저소득·소외 계층 지
원, 주거 안정, 과학기술 진흥, 문화재 보호 등 다양한 용도로 분산된다.

주세, 담뱃세, 복권 판매수익 및 사치세의 용도와 세수

세목	세수의 현재 용도	세수 (조 원)	(% of GDP)
합계 (1)+(2)+(3)		16.8	0.81
(1) 주세	지방재정(국가균형발전특별회계)	2.7	0.13
(2) 담뱃세(3,323원/갑) 담배소비세(1,007원) 지방교육세(443원) 폐기물부담금(24원) 국민건강증진부담금(841원) 엽연초생산안정기금출연금(5원) 개별소비세(594원) 부가가치세(409원)	교육, 여러 용도(지자체 일반회계) 교육 환경 건강 엽연초생산안정 소방안전 여러 용도(일반회계)	11.7	0.56
(3) 복권 수익금	복권기금의 다양한 사업(저소득 소외 계층 지원, 주거 안정, 과학기술 진흥, 문화재 보호 등)	2.4	0.12
(참고) 사치품에 대한 개별소비세 (보석, 캠핑용차, 경마장, 유흥주점 등)	여러 용도(일반회계), 지방교부세, 지방교육재정교부금	6.5	0.31

세목별 세수는 2021년 기준.

자료: 기획재정부, 국세청

종합해보면 이 세 가지 세목에서 나오는 수입의 경우 왜 굳이 이런 방식으로 써야 하는지를 설명하기 어렵다. 그렇다고 용도를 바꾸려 하면 기존에 혜택을 받는 부처는 당연히 반발할 것이다. 이런 경우, 기존 부처가 누리던 몫을 일반회계 등에서 별도로 지원해주면서 20조 원에 가까운 주세, 담뱃세, 복권 수익금 세 항목의 세수(16.8조 원)를 묶어 하나의 개혁 과제 재원으로 사용하는 것이 사회 후생의 관점에서 훨씬 우월한 방식이 될 수 있다. 두 가지 명백한 용도가 있다. 하나는 제7장의 연금개혁에서 언급한 '세대통합기금'의 재원으로 사용하는 것이다. 이 특별 기금은 연금 보험료율 인상분에 대한 보조금 지급이 주 용도인데 상대적으로 청년 계층에 유리한 방식으로 그 비율을 조정할 수 있다고 했다. 보조금 액수와 지급 기간에 따라 필요한 기금 규모가 달라지겠지만 GDP의 약 1%에 해당하는 연 20조 원이 주어진다면 국가적 숙원 사업인 연금개혁의 시동을 걸기가 쉬워질 것이다. 또 다른 옵션은 저출산의 한시적 유인책으로 사용될 현금성 지원에 이 재원을 사용하는 것이다. 물론 이 경우에는 '출산장려세'와 같은 정치적 홍보성이 높은 목적세 명칭을 정할 필요가 있을 것이다.

여기에 더해 담뱃세의 경우 세금을 더 올릴 수 있는 여지가 있을 수 있다. 담배나 술에 매기는 세금은 흔히 '죄악세sin tax'로 불리는데 특히 담배의 해악이 널리 알려지면서 담배 가격을 높이는 시도에 대한 사회적 저항감은 예전에 비해 상당히 줄어든 상태다. 한국의 경우, 담배 한 갑의 가격이 OECD 평균 가격의 절반 수준이다.[13] 또한 2015년에 담배에 붙는 각종 세금(제세부담금)을 인상한 이후 가격 변동이 없었기 때문에 이후의 물가상승률을 감안하면 세금 인상의 타당성이 생길 수 있다.[14] 만일 담배 한 갑 가격을 현재 4,500원에서 8,000원으로 78% 정도 인상한다면, 담배 소비자들의 행동 변화가 없다는 전제하에 담배 관련 세금은 현재의 약 12조 원에서 21조 원으로, 약 9조 원 가까이 증가할 것으로 추산된다. 물론 이는 담배소비의 가격에 대한 탄력성을 고려하지 않은 것으로, 실제로 관련 조세수입 증가분은 이보다 낮을 수 있다.

물론 위에서 예시한 세목 말고도 개혁 재원 마련을 위한 목적세를 만들 여지는 충분히 있다. 우선 가장 생각하기 쉬운 목적세는 탄소세일 것이다. 공해와 같은 외부효과를 줄이는 세금은 한편으로 자원배분의 효율을 높이며 다른 한편으로 세수도 올리는 이중배당double dividend의 효과가 있기 때문에 그 자체로 경제적 합리성이 높다. 실제 탄소세가 새로운 세원으로 언급된 지는 오래이고, 유럽에서는 1990년대 초반부터 탄소세가 도입되기 시작했다.[15] 하지만 요즘처럼 환경의 중요성이 강조되는 시국에서는 탄소세 수입이나 배출권 판매 수입 등과 같은 재원은 환경 개선 목적의 지출로 사용되는 것이 더 적합하다.

분배추구형 목적세를 탐색하는 차원에서 고려할 수 있는 또 다른 대안은 특정 사치품에 대한 세율을 높이는 방안이다. 그런데 이런 '사치세'에 대한 전문가들의 반응은 대체로 우호적이지 않다. 우선 이런 제품은 수요 탄력성이 높은 경향이 있기 때문에 세금에 따른 행동 변화 및 왜곡 효과가 클 수 있다고 본다. 또한, 가난한 사람의 소비패턴이 부자와 큰 차이가 없을 수 있다는 점을 든다. 누구나 명품 가방을 사고 싶어 한다는 논리다. 하지만 이런 교과서적 논리가 현실에 부합하는지는 따져볼 문제다. 좋은 세금은 효율과 형평의 기준을 동시에 만족시키며 동시에 현실화하기 쉬운 것이다. 인두세와 같은 정액세lump sum tax의 경우 왜곡 효과는 없지만 형평성에 어긋난다. 반면 토지세의 경우 행동 변화도 없으며 분배 정의도 실현할 수 있다는 차원에서 좋은 세금처럼 보이지만 조세 저항이 강하다는 단점이 있다. 즉, 어차피 현실에서 최선의 선택을 찾기 어렵다면 특정 시점, 특정 국가의 여건에 부합하는 차선의 선택을 찾으면 된다.

사치세 부과의 논리 설정에서 중요한 것은 '여가'의 가치다. 개인의 만족, 즉 효용을 높이는 요인에는 상품 소비만 있는 것이 아니다. 여가도 효용을 주기 때문에 사람들은 주어진 임금에서 어느 정도 일하고, 어느 정도 여가를 즐길지 선택하게 된다. 그렇다면 일반 소비재처럼 여가도 과세를 하는 것이 조세 원리에 맞는다고 할 수 있는데, 현실적으로 이는 불가능하다. 그 대안으로 여가와 보완적인 재화를 과세하는 방안이 있을 수 있다. 물론 여가를 우회 과세하자고 해서 이와 관련된 모든 제품의 세율을 높이자는 것이 아니다. 단지 상류계층의 여가와 관련된 제품을 사치세 대상으로 고려할 수 있다는 것이다. 소위 베블런 효과Veblen effect라고 알려진 부유층의 자기 과시 본능을 생각하면 이런 재화가 탄력적이라는 전문가 주장을 그대로 받아들이기 어렵다. 또 설사 왜곡 효과가 다소 있다 하더라도 부유층 여가의 우회 과세에서 오는 효율과 형평의 이득이 더 클 수도 있다.

물론 이런 종류의 세금은 실제 세수 효과는 크지 않으면서 제도를 복잡하게 만든다는 비판을 받을 소지가 있다. 하나의 예시로 잠재적인 사치세 대상이 될 수 있는 개별소비세 항목의 세수를 모아보면 6.5조 원 수준이다.[16] 하지만, 조세제도는 정치적 측면이 크기 때문에 잘 설계된 사치세의 경우 일반 납세자의 전반적 조세 저항을 줄여주는 효과를 가질 수도 있다. 고세율의 누진 소득세는 부자 과세라는 광고 효과 때문에 정치적으로 선호되긴 하지만 효율 비용이 크기 때문에 쉽게 선택하기 어렵다. 하지만 단순한 형태의 사치세는 전문가들의 걱정만큼 효율 비용이

크지는 않을 것이다.[17]

재분배 관점에서 새로운 세목을 고려할 때 재산 과세에 대한 논의가 빠지기 어렵다. 통상적인 계층 간 재분배 논리에 더해 세대 간 형평성을 염두에 두었을 때 불로소득형 재산에 대한 특별 과세를 생각해볼 수도 있을 것이다. 한국의 경우 고도성장 과정에서 부동산 가격이 급속히 올랐기 때문에 사실상 불로소득에 가까운 재산 형성이 이뤄진 사례가 적지 않다. 그런데 이런 현상은 계층 간의 자산 불평등뿐만 아니라 세대 간 불평등에도 시사점을 줄 수 있다. 즉, 지금의 청년 세대는 이런 식의 '횡재'를 할 가능성이 드물 것이다.

그런데 개별 소비세 항목과 달리 재산세의 경우 부분적인 항목을 떼어 목적세 형식으로 만드는 일이 쉽지 않다. 한국의 재산 과세는 현재도 부동산 과세(특히, 종합부동산세)를 둘러싼 논란이 끊이지 않고 있는 상태다. 추가로 고려해야 할 점은 상위계층 자산의 구성이 점차 부동산에서 주식이나 채권과 같은 금융자산으로 비중이 옮겨간다는 점이다. 금융자산에서 발생하는 소득의 과세를 둘러싼 논쟁은 아직 부동산 세금만큼 활발하지 않은 상태다. 기껏해야 증권거래세를 줄이고 자본이득세를 강화한다는 정도인데 이런 지엽적 논리에서 벗어나 재산 과세 전반에 대한 체계적 청사진을 마련하는 것이 필요하다. 이런 과정에서 계층 간, 세대 간 재분배 원칙에 부합하는 목적세를 발굴할 수 있다면 굳이 마다할 이유가 없을 것이다.

형평성 관점에서 또 하나 언급할 수 있는 세원은 최근 자주 언급되는 '횡재세windfall tax'다. 이는 보통 예상치 못한 큰 이익이나 수익에 부과되는 세금이다. 팬데믹 기간 동안 에너지 수요와 공급 사이의 불일치, 우크라이나-러시아 전쟁 등으로 석탄, 석유, 천연가스의 원자재 가격 상승 등의 이유로 에너지 부문에서 상당한 우발적 수익이 발생했다. 이에 따라 많은 EU 국가에서 에너지 관련 업체에 부과하는 '연대 기여금'이란 이름의 횡재세를 도입했다.[18] 또한 금융위기 시 구제금융을 받은 금융회사들이 이를 바탕으로 대규모 이익을 거두거나, 인플레이션으로 각국 중앙은행이 기준금리를 인상하는 중에 큰 이자 순익을 거둠에 따라 이에 대해 횡재세를 도입하자는 주장이 불거지고 있다.

횡재세에 대한 평가는 실제 과세베이스의 성격에 따라 달라진다. 만일 유가 상승이나 고금리로 인한 수익이 순수한 불로소득이라면 효율과 형평의 기준을 고려할 때 과세를 하지 않아야 할 이유가 없다. 통상 정상이윤을 초과하는 지대에 대한 과세의 평가는 지대의 성격에 따라 달라진다. 혁신적 노력에 따른 지대를 일반 법인세 부담을 넘어서는 수준으로 과세하는 것은 적정성이 떨어진다. 또한, 이런 지대는 이동성이 있기 때문에 과세에 따른 왜곡 효과가 발생할 수 있다. 반면, 정치 권력과 결탁해 확보한 독점력 덕분에 생긴 지대는 과세를 하는 것이 효율과 형평의 기준에 부합한다.

최근 한국 정치권에서 거론되는 은행권 이자 수익에 대한 횡재세의 타당성을 평가하려면 세원의 성격부터 따져볼 필요가 있다. 한국 은행산업의 경우, 5대 시중은행의 비중이 커 독과점 시장에 가까운 형태다.[19] 또한 일반 은행의 주 수익원인 예대마진과 수수료의 경우 혁신 활동을 통해 발생하는 지대로 보기 어렵다. 따라서 이런 수익 중 독점력에 의해 발생했다 여겨지는 부분에 대한 과세는 이론적인 타당성이 있다. 그런데 은행 역시 제조업 기업과 마찬가지로 법인세를 내고 있다. 그렇다면 독점력이 있는 다른 제조 기업과의 형평성 문제를 고려하지 않을 수 없다. 결국 은행권에서 발생하는 수익이 왜 추가 과세를 해야 할 정도로 특수한 성격인지를 규명하는 일은 향후 이 세원의 과세 수준을 결정하는 핵심 기준이 될 것이다.

횡재세와 관련된 보다 일반적인 문제점은 이런 식의 일회성 과세가 정책의 일관성에 부정적 영향을 미칠 수 있다는 점이다. 일반 경제 주체의 재산권에 영향을 주는 조세제도는 애초에 신중하게 정립돼야 하고 일관성 있게 유지될 필요가 있다. 세금은 금리처럼 필요에 따라 수시로 바꿀 수 있는 사안이 아니다. 어쩌다 생긴 이자수익을 갖고 은행들이 마치 자기 몫인 것처럼 보너스 잔치를 벌인다면 충분히 응징할 수 있는 정당성이 생긴다. 하지만 이것이 꼭 세금이라는 형식을 취할 필요는 없을 것이다. 반면 은행의 수익 구조가 지속적인 독점 지대의 형태를 취한다면 이에 대해서는 얼마든지 추가적 조세를 부과할 여지가 남는다.

부가가치세율 인상이라는 최종 병기

우리나라 부가가치세는 1977년에 도입된 이후 10%의 단일세율이 유지돼왔다. 반면, OECD 국가들은 1990년대 이후 꾸준히 부가가치세 표준세율을 높여 왔다.[20] OECD 평균 부가가치세율은 1990년 16.7%에서 2005년 17.8%로, 이후 2021년 19.2%로 증가 추이를 보이고 있다. 특히, 2008년 글로벌 금융위기를 겪으면서 많은 국가에서 재정 압력에 대응하기 위해 부가가치세율을 인상했다. 아무래도 조세 저항과 효율 비용이 클 수 있는 소득세보다는 부가가치세가 추가 수입을 창출하기에 용이했기 때문일 것이다. 2022년 기준 OECD 평균 부가가치세율은 19.2%인데, 세율 분포를 보면 저출산 정책으로 유명해진 헝가리가 27%로 가장 높고, 그다음으로 스웨덴, 노르웨이, 덴마크가 25%의 세율을 유지하고 있다. 한편 일본, 한국, 호주는 10%의 세율을 적용하고 있으며, OECD 국가 중 10% 미만의 부가가치세율을 부과하는 국가는 스위스(7.7%)와 캐나다(5%)뿐이다.

세수 확보 방안에 목말라 있는 정부 당국자 입장에서는 현재 10%인 한국의 부가가치세율을 1~2%p 정도 올리는 대안이 매력적으로 다가올 것이다. 부가가치세는 세수 잠재력이 크고 소득세나 재산세에 비해 조세 저항이 덜할 수 있기 때문이다. 우리나라의 부가가치세수는 2021년 기준 지방소비세를 포함해 89.0조 원, 즉 GDP의 약 4.3%에 달한다. 만일 세율 인상에 따른 소비 감소와 같은 과세베이스 변화가 없다고 가정한 상태에서 단순하게 추정해보면 부가가치세율을 기존 10%에서 11%로 인상하게 되면 기존 세수의 10%, 즉 9조 원 정도 증가하게 될 것이다. 이처럼 부가가치세 인상은 특별한 준비 없이 세율을 1~2%p 증가시키는 법안만 통과시키면 추가 세수가 10~20조 원 정도 발생하는 매력적인 방안이다. 그런데 이 대안을 선뜻 제안하고 나서는 정치인이나 관료를 찾기 어렵다. 다들, 누군가 나서 대신 얘기를 해줬으면 하는 것이 일반적인 분위기다.

부가가치세율 인상을 선뜻 내세우지 못하는 이유는 이것이 간접세이긴 하지만 워낙 광범위한 소비 품목에 적용되기 때문에 납세자 저항이 클 수 있기 때문이다. 특히, 이것이 초래할 수 있는 물가 상승 효과와 단일세율이 갖는 역진성은 이런 증세 방안에 대한 핵심적인 반대 사유가 된다. 물론, 이론적으로는 부가가치세가 상대적으로 효율 비용이 낮은 세금이라는 점, 생필품 등에 대한 면세제도로 인해 역진적 성격이 일정 부분 완화된다는 점 등 재반박할 논리가 없지는 않지만 이런 것들로 일반 납세자를 설득하기는 어렵다.

차라리 아주 절박한 이유로 갑자기 GDP의 1% 수준의 세수가 필요해서 부가가치세율을 2%p 정도 올리자고 호소하는 것이 제안의 실현 가능성을 그나마 높이는 방식이다. 그럼 그런 절박한 이유로는 어떤 것이 있을까. 아마, 예고 없이 통일이 되어 엄청난 재정 부담이 발생하는 경우가 한 사례가 될 수 있다. 그다음으로 생각할 수 있는 경우는 출산율 하락 추세를 멈추기 위한 극단의 재정 투입이 필요할 때이다. 제5장에서 다루었듯이 출산율 회복을 위한 정부 당국의 대응책은 다양한 제도 변화와 재정 투입 방식으로 이원화해서 생각할 수 있다. 이 경우, 먼저 소진할 수 있는 대안들을 충분히 써본 다음에 부가가치세율 인상 같은 강력한 세수 확보 방안을 거론하는 것이 맞는 순서다.

참고로, 일본에서는 연금 적자를 포함한 사회보장재원 부족 문제에 대처하는 방안으로 소비세(한국의 부가가치세) 인상을 시도한 바 있다. 2012년부터 소비세의 수입을 연금, 의료 및 개호(기존의 노인복지제도와 노인보건제도를 수정해서 창설된 제도로, 방문간호, 재활, 요양 등을 포함함)의 사회보장 급부와 저출산 대책 경비에 충당할 것을 소비세법(제1조 제2항)에 명시했다. 이후 2014년에 세율을 5%에서 8%로, 2019년에 8%에서 10%로 인상하였으며, 세수 인상분은 기초연금 재정 안정화, 공적연금 지원, 육아지원, 장기요양서비스 등의 사회보장 지출에 사용되고 있다.

이상의 논의를 종합할 때, 한국의 부가가치세 세율 인상이 가능하려면 다음 두 가지 조건이 필요하다. 첫째, 이 정도의 '쉬운' 증세가 가능할 정도로 정부에 대한 신뢰가 높아져야 한다. 즉, 부가가치세 인상으로 나의 부담이 늘고, 물가가 다소 오르더라도 증세로 인한 혜택이 더 클 수 있다는 믿음을 대다수 납세자가 가질 수 있어야 한다. 일을 제대로 하지 못하면서 세금만 올리려 든다는 낙인을 선물 받지 않으려면 증세에 앞서 정부 자신의 정책 능력부터 되새겨 봐야 한다.

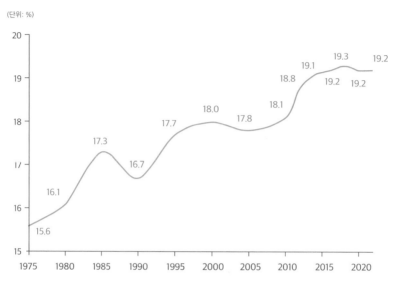

OECD 평균 부가가치세율(표준세율)

(단위: %)

자료: OECD

둘째, 부가가치세율 인상은 다른 증세 수단을 모두 사용해보고 최후의 수단으로 사용하는 것이 바람직하다. 앞서 언급한 바 있는 다양한 증세 대안과 뒤에 언급할 부자 과세 대안을 충분히 소진해보기 전에는 부가가치세 세율 인상안을 꺼내지 않는 것이 사회 후생을 위해서나 정권의 안위를 위해 나은 선택이 될 것이다.

부자 과세에 성공하려면

부자 과세는 언제나 논쟁적인 이슈다.[21] 이미 세금을 많이 내고 있는 이들을 더 몰아붙이는 것은 과하다는 입장과 그래도 여유가 있는 쪽에서 나라 재정에 도움을 줄 수 있어야 한다는 입장이 부딪친다. 실제로 종합소득세는 대략 상위 2%, 근로소득세는 상위 5%의 납세자들이 해당 세수의 절반 이상을 부담하고 있다. 법인세의 경우, 2021년 신고 기준 상위 0.01%에 해당하는 65개 기업이 법인세수의 약 35.6%를, 상위 0.06%에 해당하는 331개 기업이 전체 법인세수의 절반 이상(54%)을 감당했다.[22]

이런 통계를 어떻게 해석해야 할까. 사실 대부분의 국가에서 세수의 상당 부분은 경제력이 집중된 소득 상위 계층이 부담하기 마련이다. 부자나 대기업이 세금을 많이 내는 것은 애초에 이들에게 소득이나 재산이 편중돼 있기 때문이다. 어차피 자본주의 시장경제에서 경제력의 집중은 불가피하기 때문에 부자들의 세수 비중만으로 부자 과세를 평가하기는 어렵다. 문제를 삼으려면 제도 자체의 타당성을 따져야 하는데, 한국의 조세제도를 보면 다른 나라에 비해 특별히 부자에게 더 가혹하다 보기 어렵다.

세금은 정치성이 강하기 때문에 유권자 절대 다수가 어떤 생각을 하느냐가 정책 수립에 상당한 영향력을 갖는다. 부자나 대기업은 숫자로는 얼마 되지 않기 때문에 이들에게 세금을 더 물리자는 사회적 합의를 유도하기가 쉬워 보인다. 어차피 정치는 '1인 1표'이기 때문이다. 추가 세수를 원하거나 재분배 강화를 염두에 둔 진보 정치인들이 부자 과세에 매력을 느끼는 것도 이것이 '쉬운 타깃'처럼 보이기 때문이다. 그런데 실제 경험을 보면 이런 '로빈 후드'식 과세는 생각만큼 성공률이 높지 않았다. 1990년대만 해도 다수의 유럽 국가들에서 부유세인 순자산세가 시행되고 있었지만 지금은 소수 국가를 제외한 대부분의 나라에서 폐지됐다.[23] 미국의 경우 2020년의 대선에서 버니 샌더스Bernie Sanders와 엘리자베스 워런Elizabeth Warren이 일정 자산 이상의 부자를 대상으로 하는 부유세 공약을 제시했지만 선거 승리에 실패하며 장막 뒤로 사라졌다. 한국의 경우 서울 강남권의 부동산 부자들을 타깃으로 했던 종합부동산세가 부자 과세에 가까운 사례라 할 수 있는데 강한 조세 저항에 부딪히며 애매한 상태로 남아 있다.[24]

부자 과세는 분명 소수의 상위 계층에게 집중되는 세금인데 왜 실패하기 쉬울까. 그 이유는 간단하다. 부자들은 조세 회피, 조세 지향 능력이 탁월하기 때문이다. 어느 법이나 마찬가지지만 조세 관련 법망에도 느슨하거나 애매한 부분이 적지 않다. 따라서 유능한 조세 전문 변호사나 회계사를 고용하면 이들에게 지불하는 비용보다 더 큰 이익을 볼 수 있다. 나아가 부자나 대기업의 경우 주거지나 사업장을 아예 다른 나라로 옮겨버릴 수 있다. 이렇게 세원 자체가 움직이는 경우에는 해당 국가의 세수 손실이 커지게 된다. 또한, 부자나 대기업은 세금에 저항하는 능력도 남다르다. 특히, 돈의 힘을 이용해 쉽게 우군을 만든다. 예를 들어 정치권에 대한 로비를 통해 자신들에게 유리한 방향으로 조세제도나 정책이 결정되게 할 수 있다.

이런 점들을 종합적으로 고려해보면 부자 과세를 찬성하거나 반대하는 쪽 모두 각자의 주장에 대한 논리 체계부터 다듬어야 한다. 부자의 숫자가 소수라서 밀어붙이면 된다는 사고나 부자들의 세금 비중이 높은데 왜 더 힘들게 하느냐는 식의 주장 모두 설득력이 떨어진다. 특히 부자 과세를 찬성하는 입장에서는 정당성 확보를 위한 논리 정립 차원을 넘어 이것의 실현 가능성에 대한 전략도 함께 생각해야 한다.

과세의 정당성과 실현 가능성

우선 한국에서 부자 과세가 필요한 이유를 과세베이스의 분포라는 현실적인 측면부터 살펴보자. 앞서 본 통계처럼 부자나 대기업의 세수 비중이 높은 것은 다른 나라에 비해 실효세율이 높아서라기보다는 이들의 과세베이스 자체가 크기 때문이다. 계층을 크게 부자, 중산층, 하위계층으로 나누었을 때 가장 안정적인 조세 구조는 납세자 숫자가 많고 어느 정도 경제력이 있는 중산층이 부담하는 세수 비중이 높을 때이다. 물론 이렇더라도 소득 단위당 세금을 의미하는 실효세율은 부자가 중산층보다 높을 것이므로 세제의 형평성 자체는 문제될 것이 없다. 하지만 최근의 소득이나 자산분포 추이를 보면 상위계층이 차지하는 몫은 늘어나면서 전통적 중산층의 비중은 상대적으로 위축되는 양극화의 길로 가고 있다. 이런 상황에서 부자나 대기업의 추가적 세 부담 없이 전체 세수를 높이는 일이 쉽지 않을 것이다.

하지만 이런 현실적 고려만으로 부자 과세의 정당성을 주장하기에는 한계가 있다. 부자 과세를 강화하려면 어느 정도 사회적 합의가 있어야 하는데, 이것이 '부자는 돈이 많으니까' 혹은 '부자는 소수니까' 같은 단순 논리에 근거하기는 어렵다는 것이다. 대신 세 부담의 공평성과 관련해 일반적으로 통용되는 '능력원칙ability to pay'과 '편익원칙'을 응용해볼 수 있다. 일단 납세자의 부담 능력을 기준으로 과세를 하자는 능력원칙 차원에서 보면 부자들의 소득 단위당 세 부담을 높게 만드는 누진적 조세체계에 반대하는 사람은 많지 않을 것이다. 그런데 이런 능력원칙의 경우 선언적 의미만 있지 실제 과세 누진도를 어느 정도까지 가져가야 하느냐의 문제를 정하는 데는 별 실효성이 없다.

반면 그동안 별로 언급된 적이 없는 편익원칙의 경우 부자 과세의 적정성에 대한 명확한 실마리를 제공해줄 수 있다. 편익원칙은 세금을 내는 사람이 곧 그로 인한 정부 지출의 수혜자가 되는 것이 공평하다고 보는 관점이다. 예컨대 도로세의 경우 이것을 도로를 이용하는 사람들로부터 거두어 도로 유지 관리에 사용한다면 세금을 내는 사람이 혜택을 보게 된다. 이 원칙을 폭넓게 해석해보면 한국의 부자나 대기업에게 좀 더 무거운 세금 부담을 지우는 것이 정당할 수 있다는 논리가 생긴다.

한 사례로 한국은 고도성장 과정에서 일반 납세자들이 낸 세금을 기반으로 경제가 발전했다. 그 과정에서 도시가 개발되면서 땅값이 올라 불로소득이 생긴 경우라면 넓은 의미의 편익원칙에 따라 과세권을 주장할 수 있다고 볼 수 있다. 즉, 경제발전의 수혜자는 사후적으로라도 어느 정도 비용을 부담하는 것이 합당한 조세원칙이 될 수 있다는 의미다. 유사한 논리로, 국민 세금을 바탕으로 한 정부 지원에 힘입어 성장한 대기업의 경우 자체적인 노력으로 성장한 일반 기업에 비해 사회적 책임이 크다고 볼 수 있다. 요약하면 우리 사회가 부자나 대기업에게 상대적으로 쉽게 돈 벌 수 있는 환경을 제공했다면 그 대가로 부자들이 어느 정도 세금을 더 내는 것이 수익자부담의 원칙에 맞다는 논리다.

문제는 실현 가능성이다. 아무리 부자 과세에 대한 정당성이 있다 하더라도 이를 무리하게 밀어붙이면 유럽의 부유세 경험처럼 부작용을 겪을 가능성이 높다. 무엇보다 부자나 대기업은 조세를 회피하는 능력이 탁월하기 때문에 정부의 의도 대로 세금을 거두기가 쉽지 않다. 특히 우리나라 주택시장은 매매시장과 전세시장이 결합된 특별한 이중구조이기 때문에 재산세와 같은 부동산 관련 세금이 세입자에게 전가되기 쉬운 구조다. 문재인 정부의 경우 집값을 안정시키기 위해 보유세 강화와 대출 억제 정책 등을 통해 주택 수요를 줄이는 정책을 폈지만 오히려 집값은 오르고 전세 구하기는 힘들어지는 역효과가 났다. 여기에는 여러 이유가 있지만 전세 수요가 비탄력적인 상황에서 주택 보유에 부과된 세금이 전세 세입자에게 전가됐다는 점이 한몫을 했다.[25]

대기업 과세를 부자 과세로 취급하는 문제도 그 당위성 문제와는 별개로 실현 가능성에 대한 부분을 따져봐야 한다. 국내외에 걸쳐 다수의 계열사를 거느리고 있는 대기업의 경우 일반 기업에 비해 조세 회피의 기회가 많다. 특히 이전가격 조작 등 해외로의 세원 이전을 통해 행해지는 조세 회피의 경우 정책 당국의 손길이 닿기 어렵다. 나아가 재벌기업들은 정치적 힘이 강하기 때문에 일반 납세자와는 다른 수준의 조세 저항이 가능할 수 있다. 즉, 주변 경제 단체들을 활용한 입법 로비를 통해 조세제도 자체에 영향을 줄 수 있다.

이런 점들을 종합해보면 한국에서 부자 과세를 시행하는 것이 쉽지 않은 과제임을 알 수 있다. 한편으로 부자 과세에 대한 논리를 개발해 사회적 합의를 이뤄야 하고 다른 한편으로 이를 실현 가능하게 만들 전략을 구상해야 한다. 우선 교과서식 능력원칙만으로 밀어붙이는 부자 과세는 실패하기 쉽다. 부자들은 자신이 세금을 더 내 저소득층이 혜택을 받는 재분배 정책에 반대하지 않을 것이다. 하지만 과세 체계의 누진도가 어느 정도 수준을 넘어서면 아무리 사회적 합의가 있고 정치권의 압박이 강하다 하더라도 조세 절감 노력을 멈추지 않을 것이다.

그렇다면 어떻게 부자들의 조세 회피나 저항을 줄일 수 있을까. 법규정을 강화하는 것도 필요하겠지만 부자들의 자발적으로 세금을 낼 수 있는 환경을 조성하는 대안 마련이 중요할 수 있다. 부자들에게 세금을 더 내라는 말만 하지 말고 그 대가로 어떤 정부 서비스를 제공할지 생각해 볼 필요가 있다는 것이다. 부자들도 자신이 내는 세금에 대한 반대급부를 원할 것이다. 대기업의 경우 규제 정책의 정비나 기술 혁신 지원 등 조세와 무관한 다른 우호적인 정책으로 사업 환경이 개선되면 기꺼이 세금을 더 내려 할 것이다. 즉, 일종의 편익원칙이 작용하게 만들자는 것이다. 복지국가의 대명사로 불리는 스웨덴의 경우 조세부담률이 한때 GDP의 50%에 근접했을 정도로 높았는데, 그 배경에는 높은 정부 신뢰와 부자에게도 혜택이 돌아가는 보편적 복지 수단이 있었다. 요컨대 부자들이 스스로 조세 부담의 능력원칙에 공감하며 자발적 납세를 하는 것도 필요하지만 그늘의 납세자 수권을 인정하면서 적절한 혜택을 제공하는 것 역시 정책적 관심이 높아져야 할 영역이다.

한국형 부자 과세의 대안들

지난 수십 년간의 소득분배 추이를 보면 중산층은 위축되고 부와 소득에서 상위계층이 차지하는 몫은 커지는 것이 세계적인 현상이다. 기업 부문에서도 소수 거대 기업으로 경제력이 집중되는 것이 보편적 현상이다. 이런 상황에서 부자나 대기업들로부터 충분한 세금을 거두지 못한다면 국가 재정이 흔들릴지 모른다. 한국도 예외가 아니다. 하지만 몇 차례 강조했듯 부자나 대기업은 조세 회피와 저항의 능력이 뛰어나기 때문에 이들의 동의 없는 일방적인 증세는 역효과를 불러일으킬 수 있다. 따라서 부자 과세에 성공하려면 이들의 저항을 최대한 줄일 수 있는 방안이 필요하고 그 기본 방향 중 하나는 위에서 언급한 적절한 반대급부의 제공이다. 이에 더해 '세원의 다양화'도 중요한 전략이 될 수 있다. 예를 들어 소득세, 재산세, 법인세 등 부자 과세의 잠재적 대상이 되는 과세베이스를 가급적 다양하게 고려해야 경제적 비효율과 정치적 저항을 줄일 수 있다.[26] 몇 가지 쟁점이 될 수 있는 사안을 살펴보자.

우선 대표적인 과세 항목인 소득세를 보면 부자 과세는 곧 높은 최고 세율을 의미한다. 실제 '큰 정부-복지국가'가 시대정신이었던 1980년대 이전을 보면 대부분 선진국의 소득세 최고 세율은 70~80% 수준에 이르렀다. 이후 1980년대 중반을 기점으로 '낮은 세율-넓은 과세베이스'를 지향하는 세제개혁이 이뤄지면서 소득세 최고 세율은 40%를 크게 넘지 않는 수준으로 낮아졌다(2022년 OECD 평균은 42.5%). 한국의 최고소득세율은 2023년 현재 45%인데 여기에 부가세인 지방소득세(소득세율의 10%)가 추가되면 실질적인 법정세율은 49.5%가 된다. 이는 다른 선진국에 비해 높은 수준이다. 1980년대의 세제개혁 당시 소득세의 최고 세율이 대폭 낮아진 이유는 높은 세율이 초래하는 효율 비용이 다른 실익을 월등히 능가한다는 전문가들의 평가 때문이다. 부자들의 경우 세법의 허점을 이용해 다양한 방식으로 조세 절감을 시도하기 때문에 법정세율이 아무리 높아도 실제 세 부담을 의미하는 평균 실효세율은 기대만큼 누진적이지 않을 수 있다. 대신 세 부담을 줄이려는 노력이 초래하는 왜곡 효과는 매우 커질 수 있다. 이런 점을 고려할 때 향후 세수 확충 목적으로 소득세율을 급격히 올릴 확률은 낮다고 할 수 있다.

고소득자 과세 문제에 있어 향후 쟁점이 될 수 있는 사안 중 하나는 노동의 결실인 노동소득과 자산의 투자수익으로 나타나는 자본소득의 과세를 차별화하는 방식이다. 수년 전 미국의 갑부인 워런 버핏Warren Buffett이 자신의 비서가 자기보다 세금을 더 낸다 말해 파장이 일어난 적이 있었는데 이는 소득 형태에 따른 과세방법이 달랐기 때문이다. 주식 부자인 버핏은 자본이득이 주 소득원인데 이런 차익은 현금화될 때까지 대부분 과세되지 않기 때문에 실효세율이 낮다. 반면 봉급이 주 수입원인 그의 비서는 일반 소득세율을 적용받았을 것이다.

이론적 관점에서 볼 때 자본과세는 노동과세에 비해 열등한 세금이라는 것이 학계의 주류 의견이다. 노동과세는 노동과 여가 중에서 선택하는 노동공급 결정에, 자본과세는 저축이나 투자 결정에 영향을 준다. 그런데 요즘처럼 자본이동이 자유로운 환경에서는 자본에 부과된 세금이 노동이나 토지 같은 비이동성 생산요소에 전가될 수 있다. 이를 정책적 관점에서 재해석해보면 성장에 필요한 저축 및 투자를 위축시키는 데다가 노동자들에게 세금이 전가되기도 하는 자본과세보다는 노동소득에만 초점을 두는 소득세나 소비세가 더 우월하다는 의미가 된다.

이런 전통적 견해에 대한 반론도 있다. 불평등 문제를 다룬《21세기 자본》의 저자 토마 피케티Thomas Piketty가 주장한 대로 자본의 수익률이 임금상승률보다 높다면 장기적으로 총소득이나 부에서 자산가들이 차지하는 몫은 더 늘어날 것이다.[27] 나아가 요즘 같은 지식기반사회에서는 노동소득 내에서의 빈부 격차도 만만치 않다. 이처럼 자본소득뿐만 아니라 노동소득에서도 부자의 몫이 더 커진다면 자연 고세율 누진소득세를 부활시키고 동시에 자본소득의 원천인 자본스톡에 대한 부유세를 신설하자는 주장이 나올 수 있다. 하지만 이런 주장에 대한 이론적, 경험적 타당성에 대한 논쟁은 아직 진행 중이어서 다수 여론의 지지를 받지는 못하고 있다. 나아가 부자들의 조세 회피 능력까지 감안하면 소득세율이 급격히 높아지고, 자산에 대한 과세가 빠르게 강화되기는 어려울 것이다.

자본소득의 과세 측면에서 보다 눈여겨볼 사안은 자본소득에 포함된 지대의 성격에 따른 과세 차별화 방안이다. 만일 어떤 자본소득이 독점지대나 불로소득과 같은 비생산적 지대의 성격을 띠는 경우라면 이에 대한 과세를 강화하는 것이 효율과 형평의 측면에서 적정할 수 있다.

실제 한국의 부자 과세 논쟁에서 특히 중요한 영역은 부동산 불로소득 문제와 재벌로 상징되는 대기업 과세다. 일단 과세 정당성 측면에서 보면 앞서 언급한 대로 두 경우 모두 사회가 제공한 환경을 배경으로 돈을 벌었으니 그만큼 사회적 책임도 크다는 식의 편익원칙을 적용할 수 있다. 좀 더 이론적으로 보면 두 경우 모두 비생산적 지대에 대한 과세가 핵심 쟁점이 된다. 경쟁시장에서 벌 수 있는 정상이윤보다 높은 수준의 수익인 지대는 한정된 생산요소가 있을 때 발생한다. 토지가 대표적인 경우다. 독점이나 한정된 라이선스에서 발생하는 지대도 마찬가지다. 대부분의 재정학 교과서들은 이런 지대에 대한 과세는 효율 비용을 창출하지 않는다고 가르치지만 이는 해당 세금이 '피할 수 없는 부담'인 경우에만 해당한다.

토지에서 발생하는 지대가 매력적인 세원이라는 것은 한 세기도 전 사람인 헨리 조지Henry George가 1879년에 발간한《진보와 빈곤Progress and Poverty》이라는 저서에 충분히 설명돼 있다. 당시 미국의 복잡하고 불공평한 조세제도를 개선시킬 방법을 생각했던 그의 이론은 간단하다. 경제발전의 부산물인 불로소득 지주들의 지대를 과세하고 다른 복잡한 세금들은 다 없애자는 것이다. 소득이나 소비에 대한 세금은 납세자들이 피해나갈 방도가 있지만 땅은 움직일 수가 없다. 자연 과세에 따른 행동 변화가 없으니 효율 비용 문제가 사라지게 된다. 나아가 자신들의 노력이라기보다는 성장의 부산물로 생긴 부자 지주들의 불로소득을 과세하니 형평의 문제도 해결된다.

그런데 이런 극단적 이론이 현실화되려면 두 개의 장벽을 넘어야 한다. 하나는 땅부자들의 조세 저항이다. 다른 하나는 현실적으로 토지만 분리해 과세하기 어려울 때가 많다는 점이다. 우리가 경험하는 재산 과세는 건물이나 주택 같은 구조물과 토지가 결합된 물건을 과세하는 경우가 대부분이다. 이 경우 과세베이스를 산정하는 문제가 복잡해지고 주택과 관련된 왜곡 효과가 발생할 수 있다. 즉, 토지와 달리 주택은 공급이 완전비탄력적이지 않고 한국의 전세 시장 사례처럼 관련 세금이 전가될 가능성이 있기 때문이다.

기업의 독점 지대를 과세하는 문제에서 유의할 점은 이것이 정치 권력으로부터의 특혜가 아니라 혁신의 결과로 형성되는 경우다. 이런 '생산적' 시대의 경우는 무리한 과세에 따른 비효율이 클 수 있다. 이는 혁신 유인을 저해하는 효과뿐 아니라 지대를 생성하는 사업이 다른 나라로 이전될 수 있기 때문이다. 한국의 경우 특혜를 받고 성장한 재벌들이 아직은 사회적 책임에서 자유롭지 않다는 측면에서 법인 과세를 부자 과세의 일환으로 보는 시각이 있다. 하지만 이런 논리가 힘을 받으려면 정치적 진영 논리가 아니라 재벌이 누리는 독점 지대의 성격 규명이 필요하다. 특히 자본의 국제이동이 자유롭고 국내 대기업의 해외생산이 늘고 있는 상황에서는 법인세율을 높이면 부자 과세에 성공하고, 낮추면 기업 경쟁력을 높인다는 식의 단순 논리로 설명할 수 있는 문제가 별로 없다. 이 문제에 대한 상세한 분석은 이 책의 범주를 벗어나지만 향후 기업과세 정책은 좀 더 세련되게 논리 정립을 할 필요가 있다. 그중 핵심은 혁신에서 비롯되는 생산적 지대와 정치 권력의 비호 아래 탄생한 비생산적 지대를 구분하는 일이다.

한국형 부자 과세의 설계라는 관점에서 추가적으로 고려해야 할 것은 부자의 자산이나 소득 구성이 점차 부동산에서 주식이나 채권과 같은 금융자산으로 비중이 옮겨가고 있는 점이다. 인공지능이 지배하는 기술 혁명시대의 소득 창출 방식은 제조업이 중심이었던 과거와는 다를 것이다. 구글, 아마존, 애플 등 세계적인 거대 기업 대부분은 무형자산 중심의 사업체다. 개인이건 기업이건 자산이나 사업 포트폴리오에서 부동산이 차지하는 비중이 그만큼 줄어들게 될 것이다. 미국의 경우 최상위 부자들의 재산이나 소득 구성을 보면 워런 버핏의 사례처럼 주식 같은 금융자산의 비중이 상대적으로 높다. 이런 점을 감안할 때 한국에서의 부유세 논쟁도 부동산 세금에 초점을 두는 관행에서 벗어나 부동산과 금융자산 과세 문제를 함께 다룰 필요가 있다.

근본적 조세개혁의 청사진

좋은 조세제도는 정부 살림에 필요한 세수를 넉넉히 거두면서도 이에 따른 비효율이나 불공정 논란이 적어야 한다. 그런데 한국의 조세제도는 누더기 세제라는 말을 들을 정도로 복잡하며 제도를 관통하는 원칙도 잘 보이지 않는다. 1977년의 부가가치세 도입 이후 별다른 개혁 없이 단기적 필요에 따른 부분적인 개편만 반복됐기 때문이다. 아쉬운 것은 대부분의 정권들이 조세제도를 그저 세금을 걷는 수단 정도로 치부하며 개혁의 의지를 보이지 않았다는 것이다. 앞서 다룬 주제인 교육·인구·노동·연금개혁은 간헐적으로 세간의 관심을 끌었지만 조세개혁에 대해서는 그 필요성에 대한 논쟁조차 찾기 어렵다. 조세개혁의 중요성을 몰라서 그러는 건지, 알지만 도저히 감당하기 어려워 그러는 건지는 모르겠지만 향후 빠르게 증가할 것으로 예상되는 재정 수요를 감당하기 위해서는 앞으로 상당한 수준의 세수 증대가 불가피해 보인다. 나아가 이 책에서 강조하는 것처럼 넉넉한 정부 재원의 확보가 개혁의 핵심 동력이 된다.

그런데 기존 조세제도를 유지하면서 세금을 올리려 하는 경우 이에 따른 경제적 비용과 정치적 저항을 특정 정권이 감당하기 어려울 수 있다. 결국, 합리적인 청사진을 바탕으로 한 근본적 조세개혁만이 해답이다. 이런 노력의 시동을 걸기 위해서는 개혁의 방향과 전략에 대한 논쟁부터 시작해야 한다. 이 주제의 상세한 논의는 저자의 다른 출간물로 돌리고, 여기서는 개혁 청사진 마련에 필요한 기본적인 원칙과 방향을 정리한다.[28]

조세개혁의 원칙

어느 개혁이나 마찬가지이지만 성공적인 제도 변화를 위해서는 경제적 합리성과 정치적 수용성을 모두 감안한 청사진이 필요하다. 조세는 국민 개개인이 이해당사자인 정치성 강한 영역이기 때문에 개혁의 밑그림을 그리는 단계에서부터 지켜야 할 원칙을 분명히 해둘 필요가 있다. 크게 보아 다음 세 가지 원칙이 개혁 청사진 설계의 핵심 기준이 될 것이다.

첫째, 조세개혁이 성공하려면 무엇보다 목표가 선명하고 구체적이어야 한다. 세수를 확보하고 제도의 효율성과 공정성을 제고한다는 식의 선언적 목표는 아무 도움이 되지 않는다. 현 시점에서 생각할 수 있는 가장 기본적인 목표는 우리에게 필요한 증세의 수준을 적시하는 일이다. 앞서 본 바와 같이 서구 선진국과의 복지 격차는 대략 GDP의 6.3% 수준이다. 사회보장성 부담금을 포함하는 광의의 조세부담률이 대략 30% 수준임을 감안하면 현재의 조세 구조하에서 기존 납세자들이 20% 정도 세금을 더 내야 서구 선진국의 복지수준을 따라잡을 수 있다는 계산이 나온다. 조세부담률 격차를 보면 2021년 기준 한국의 조세부담률은

29.9%로, OECD 평균(34.1%)에 4.2%p 정도 못 미친다.

물론 이런 단순 국제비교가 바로 증세 목표를 제시해주지는 않는다. 재정 제도는 역사적 맥락에서 관찰할 필요가 있기 때문에 우리 고유의 정책 여건을 고려해야 한다. 특히 조세제도는 나라마다 고유의 특성이 강하기 때문에 비교 대상 국가의 정치구조와 경제구조를 함께 살필 필요가 있다. 예컨대 같은 선진국이라도 복지국가의 전통이 강한 스웨덴과 시장주의 전통이 강한 미국 간에는 조세 부담 수준의 차이가 있다. 그런데 복지지출의 경우는 선진국 간의 편차가 크지 않다.[29] 즉, 어느 정도 잘 살게 되면 복지에 대한 관심은 자연 따라가는 법이다.

이런 관점을 종합하면 어느 정도 구체적인 증세 목표가 나올 수 있다. 특히, 장기적 관점의 조세개혁을 설계할 때는 다소 선명한 수치 목표가 필요하다. 선진국과의 복지 격차 등을 고려하면 장기적으로 GDP의 5% 수준의 조세부담률 증가를 목표로 삼는 것이 합리적으로 보인다. 물론 이런 수준의 목표를 단기에 달성하기는 어렵다. 하지만, 개혁은 자주 하기 어렵기 때문에 기존 선진국의 복지 수준에 근접하게 하려면 이 정도의 목표는 잡을 필요가 있다. 특히, 정치권의 복지 경쟁 탓에 복지지출은 재원 확보와 무관하게 늘어날 가능성도 있다. 즉, 다른 예산 항목을 희생하거나 차입과 같은 수단이 동원될 수도 있다는 의미다. 차입을 통한 복지 확대가 나라를 위기로 몰아넣는 지름길이라는 것은 굳이 상세한 설명이 필요 없다.

세금 부담이 올라가는 것을 반길 납세자는 없다. 그런데 세수를 20% 정도 늘린다고 해서 기존 납세자들의 부담이 20% 올라가지는 않는다. 개혁이 성공적으로 이뤄진다면 대부분 납세자들이 실제 느끼는 체감 증세는 훨씬 덜할 것이다. 앞서 언급한 대로 비공식 경제나 불필요한 조세

지출을 정비하고, 조세부과 과정에 수반되는 다양한 사회적 비용을 줄인다면 이 자체만으로도 목표한 GDP의 5% 수준의 세수 확보는 가능할 수 있다. 다만 이런 성과는 반드시 기존 제도의 과감한 개혁을 통해서만 이뤄질 수 있다.

둘째, 조세개혁의 청사진은 우리 고유의 정책 목표, 정치구조 및 경제구조를 반영해야 한다. 우리보다 앞서 나간 선진국의 경험이나 이에 바탕을 둔 기존 이론은 당연히 필요한 참고사항이지만 이를 여과 없이 수입해 우리 상황에 적용하려 들면 부작용이 생길 수 있다. 기존 제도를 개혁하는 것은 백지 위에서 새로운 제도를 설계하는 것과는 차원이 다르다. 특히 조세의 정치성과 역사성을 고려하면서 우리에게 필요한 개혁이 무엇인지를 정의할 필요가 있다.

우선 조세정책의 초점이 과거와 다르다는 점을 인식해야 한다. 성장이 핵심 과제였던 시절에는 조세정책 역시 이런 정책 기조를 따라 성장 지향적인 특성을 보였다. 사회간접자본이나 교육 등 성장 인프라를 구축하기 위한 예산 확보도 필요했지만 가계 저축이나 기업 투자를 장려하기 위한 조세 유인에 정책적 관심이 높았다. 즉, 세금을 거두는 일 못지않게 세금을 깎아주는 것도 중요한 재정 운영 수단이었다. 당장 세금을 덜 건더라도 성장에 필요한 자본 축적을 위해 저축과 투자가 늘어나게 유도하는 것이 중요한 정책 목표였기 때문이다.

그런데 앞으로는 다를 것이다. 경제가 성숙하며 민간 부문이 자체적으로 필요한 투자와 기술 혁신을 추진할 능력을 갖추게 됐다. 반면 정부 재정의 관점에서는 지속적으로 증가하고 있는 복지 수요를 감당할 재원을 마련하는 것이 핵심 목표가 된다. 자연스레 세금을 깎아주는 조세지출보다 예산지출을 위해 세수를 확보하는 일의 중요성이 부각되고 있다.

이런 관점에서 한국의 조세개혁은 1980년대에 있었던 서구 선진국의 조세개혁과도 차별화할 필요가 있다. 그 당시의 서구 국가들은 조세제도의 비효율을 제거하는 것이 중요한 목표였기 때문에 '세수 중립성revenue neutral'(세수 자체는 불변이라는 의미)을 전제로 개혁이 이뤄졌다. 반면 한국의 개혁은 세수 증가와 비효율 제거를 동시에 목표로 삼아야 하는 상황이다.

나아가 한국은 소수 제조 대기업에 경제력이 집중된 경제구조를 가지고 있기 때문에 다른 선진국에 비해 법인세의 세수 비중이 높고, 그중에서도 소수 재벌기업에 세 부담이 집중돼 있다. 이 기업들이 수출에서 차지하는 비중이 크기 때문에 이들에 대한 무리한 과세가 경쟁력 하락으로 이어질 수 있다는 우려가 나오는 것은 당연할 수 있지만, 동시에 이들이 창출하는 독점 지대에는 기술 혁신에서 비롯된 부분과 누적된 정부 특혜의 결과로 형성된 부분이 섞여 있을 수 있다는 점도 인식해야 한다. 즉, 한국 대기업은 다른 선진국 기업과는 다른 성격의 사회적 책임이 있을 수 있다는 의미다. 또한, 빠른 속도의 성장과 수도권 중심의 개발로 인해 가격이 급등한 부동산 소유주들이 누리는 지대에 대한 과세 정책도 여전히 논쟁이 진행 중이다.

한국의 조세 구조에 개도국적 요소가 여전히 남아 있는 점도 제도 개혁을 설계할 때 고려해야 할 사안이다. 과거에 비해 나아지긴 했지만 여전히 소득세의 비중이 낮은 편이고, 목적세나 거래세와 같은 비전통적 방식의 조세 수단이 중요한 역할을 하고 있다. 물론 선진국 사례와 다르다고 이것이 나쁘다고 말할 수는 없다. 한국이 다른 개도국과 달리 세수 기반 확대에 성공한 데에는 당시 정부가 우리 고유의 조세 환경을 이해하며 실용적인 정책을 폈던 측면이 크다.

셋째, 개혁 청사진이 정치적으로 수용될 수 있는 전략을 마련해야 한다. 개혁은 기존 제도의 구조적 변화를 의미하기 때문에 손해를 보는 집단이 생기기 마련이다. 설사 장기적으로는 국민 다수가 혜택을 본다 하더라도 사람들은 먼 미래를 보며 판단을 하지 않는다. 따라서 개혁 청사진이 있다 하더라도 이를 공론화시켜 우호적 여론을 확보하는 것이 필요하다. 일단 우호 여론이 형성되면 정치적 타협의 공간이 생기기 때문에 설사 의회 소수당이라도 개혁의 주도권을 잡을 수 있다.

한국의 정치구조는 선진국형 책임 정당이 경쟁하는 시스템이 아니라 특정 인물이나 지역이 구심점이 되는 정당들이 난립하는 형태이다. 일반적으로 전통 있는 핵심 정당이 교대로 집권하는 양당 체제에서는 정권을 내주더라도 나중에 재집권할 수 있기 때문에 집권 정부가 무리한 정책을 밀어붙이는 포퓰리즘적 성향이 덜한 편이다. 반면, 여러 세력 간의 합종연횡으로 연립정부를 형성하는 정치 토양에서는 남유럽이나 남미의 경험이 말해주듯 근시안적인 정책이 남발되기 쉽다. 한국의 경우 명목상으로는 두 개의 거대 정당이 교대로 집권하는 유형을 보이지만 실질적 정치 행태는 합종연횡형에 가깝다. 이처럼 정치 세력들이 먼 장래를 내다보기보다는 당장의 집권에 목을 매는 토양에서는 개혁이 이뤄지기가 쉽지 않다. 특히, 증세를 수반하는 조세개혁의 경우 다수 유권자들에게 환영받지 못할 수 있으므로 더더욱 정치인의 관심사에서 멀어지기 쉽다.

이런 정치 환경을 극복하려면 여론을 움직이는 수밖에 없다. 합리적인 청사진을 바탕으로 개혁 여론이 형성되면 정치세력들도 귀를 기울이기 마련이다. 앞서 제3장에서 언급했듯이 개혁은 중간 계층의 지지를 받는 것이 중요하다. 이 점이 일반 선거 전략과 개혁 전략의 중요한 차이점이다. 유권자가 이념 라인을 따라 좌에서 우로 분포돼 있을 때 선거의 필승 전략은 적극적 지지층에서 시작해 중도층으로 지지기반을 넓혀가는 것이다. 하지만 개혁의 경우 애초부터 중간 계층을 공략하는 편이 낫다. 개혁은 선거와 달리 지지자의 숫자만 많다고 해결되지 않는다. 최종 법안 통과라는 마지막 관문을 통과하려면 상대 정치 세력과 타협할 수 있어야 하는데 이것을 가능하게 하는 중요한 변수가 개혁안에 대한 중도층의 신뢰다. 선거와 달리 개혁의 결실은 미래에 걸쳐 지속적으로 나타나기 때문에 설사 의회 다수당이라도 중도층의 여론 지지가 높은 개혁안을 쉽게 반대하기 어렵다. 그 결과로 다음 선거에서 후폭풍을 맞을 수 있기 때문이다.

요컨대 개혁의 밑그림을 그릴 때는 장기적 관점의 경제적 합리성을 기본 바탕으로 하되 단기적으로 나타날 수 있는 다양한 정치적 이해관계까지 고려할 수 있어야 한다. 특히 여론의 힘을 빌려 개혁을 밀어붙이려면 어떤 정치적 장애물을, 어떻게 통과해야 하는지부터 이해할 필요가 있다. 실현 가능성이 없는 개혁 청사진은 무의미하기 때문이다.

이상의 기본 원칙을 바탕으로 좀 더 구체적인 전략이 담긴 청사진을 구상할 수 있을 것이다. 조세개혁을 이끌어갈 전략은 다양하지만 크게 다음 네 가지 요소는 필수적으로 들어갈 필요가 있다. 첫째, 기존의 복잡한 세제를 대폭 단순화해 사회적 비용을 줄여야 한다. 이것 하나만 이뤄도 개혁의 절반은 성공했다고 할 수 있다. 둘째, 다양한 세원을 활용해 어느 한 세목에 높은 세율을 책정하지 않아도 세수가 충분히 확보되게 하는 것이 바람직하다. 이 경우 조세의 비효율과 불공평이 줄어드는 것은 물론 조세 저항도 완화될 수 있다. 셋째, 적절한 조세 지출 연계를 통해 정부 활동의 효율성, 투명성 및 책임성을 높이는 일도 중요하다. 이는 모든 세금을 한 단지에 몰아넣고 정부가 정한 우선순위에 따라 지출하

는 전통적 재정 운영의 약점을 보완하는 방식이 된다. 넷째, 효율과 형평
의 기준에 모두 부합하는 지대 과세를 합리적으로 설계하는 일이 중요하
다. 다른 선진국과 달리 재산 과세와 재벌 과세에 대한 논쟁은 여전히 진
행 중이고, 이에 대한 해답의 실마리는 비생산적 지대를 분리해 과세하
는 것이다. 이런 전략에 대한 자세한 논의는 이 책의 범주를 넘어서므로
이 중에서 가장 기본적인 전략이라 할 수 있는 세제 단순화 문제만 아래
에서 언급한다.

세제 단순화가 핵심 전략

한국의 조세제도를 개혁할 여러 방안 중 딱 한 가지만 고르라 하면
단연코 기존 제도를 대폭 단순화하는 일이다. 한국의 조세정책은 너무
많은 목표를 추구하다 초점을 잃었다. 이제는 제도 자체가 너무 복잡해
져 예전의 방식으로 되돌아가기도 어렵다. 복잡한 조세제도는 이유 여하
를 막론하고 득보다 실이 크다. 비효율과 불공평의 온상이 됨은 물론 부
패와 지대추구의 경로로 작용하기 쉽다. 제도가 복잡하면 세금으로 인
한 상대가격 변화에 대응하기 위한 가계나 기업의 계산 역시 복잡해지
고, 이런 경제 주체의 행동 변화가 초래하는 효율 비용의 규모는 매우 클
것이다. 또한 같은 자산이나 소득이라도 남들과 다르게 과세되는 경우가
나오기 쉽고 이는 공정성 시비로 이어질 것이다. 복잡한 제도의 덕을 보
는 사람은 이를 관리하며 자리를 지키는 해당 공무원과 납세자들을 대신
해 세금을 줄여주는 일을 하는 전문 업종 종사자들일 것이다. 그런데 최
근에는 실무 최전선에 있는 세무사들마저도 제도가 너무 복잡해 자신들
도 뭐가 뭔지 모르겠다고 하소연하는 형편이다.[30]

조세제도의 단순화 방식은 간단하다. 일단 조세정책의 목표를 줄여

앞서 언급한 세수 확보에 초점을 두어야 하고, 다음으로 모든 세목에 있어 세율과 과세베이스를 최대한 단순화시켜야 한다. 세율체계의 과세 단계를 축소하고 모든 조세지출 항목을 원점에서 재검토할 필요가 있다. 제도가 단순해지면 조세에 수반되는 거래 비용이나 효율 비용이 줄게 되는데 이것만으로도 상당한 증세 효과를 올릴 수 있다. 효율 비용의 경우 측정이 쉽지 않아 실증 증거가 많지 않지만 미국의 경우 대략 1달러의 세금 징수마다 30~50센트 수준의 사회적 효율 손실이 발생한다는 것이 일반적인 견해다. 예를 들어 세금 1만 원당 4,000원 정도의 효율 비용이 발생한다고 가정해보자. 만일 조세개혁을 통해 이 크기를 절반으로 줄일 수 있다면 대략 20% 정도의 실질적인 증세 효과가 나타난다는 추정이 가능하다. 여기에다 행정 비용 같은 거래 비용이나 부패나 지대추구의 감소까지 감안하면 실질적인 증세 효과는 더 커질 수 있다. 또한 이런 방식은 일반 증세에 수반되는 조세 저항을 걱정할 필요도 없다. 다만 이런 유형의 혜택은 눈에 잘 보이지 않기 때문에 가시적인 개혁 과제를 설정할 때 뒤로 밀리기 쉽다. 하지만 일반 납세자에게 추가적인 부담을 주지 않으며 세수 효과를 올릴 수 있다면 이보다 유용한 개혁 수단을 찾기 어려울 것이다.

나아가 어느 정도 눈에 보이는 증세가 이뤄진다 해도 모든 납세자가 동일한 비율로 부담을 나눠 질 필요가 없다. 세금은 주어진 과세베이스에 세율을 곱하는 방식으로 산출되는데, 소득공제나 투자유인과 같은 조세 보조금은 특정 집단에 집중돼 있다. 또한 조세 회피로 인한 세수 손실도 어차피 세금 부담이 크지 않은 영세 자영업보다는 고소득 자영업자나 대기업에게 해당되는 사안이다. 따라서 실효성이 낮은 조세지출 항목을 정리하고 조세 회피를 줄이는 정책을 펴면 소수 기득권 집단에만 영향을 주게 된다. 물론 이 과정에서 이익 집단들의 저항이 나타나겠지만 이 정도의 반발을 감당하지 못한다면 조세개혁은 시동조차 걸기 어려울 것이다.

물론 이론적 관점에서 볼 때 지나친 단순화가 오히려 효율 비용을 높일 수 있다는 주장이 나올 수 있다. 일반적으로 가격 변화에 대한 탄력성이 높은 과세베이스일수록 낮은 세율을 적용하는 것이 비효율을 줄이는 방향이라고 알려져 있다. 그런데 이런 유형의 이론이 실효성을 가지려면 현실 제도가 상당히 투명해야 한다. 하지만, 현행 세제는 지나치게 복잡해 이론에 근거한 미세조정이 오히려 더 큰 왜곡 비용을 낳을 수 있다는 한계가 있다. 즉, 효율 비용을 낮추려 제도를 더 복잡하게 바꾸다 보면 행정업무가 늘어나고 납세자들의 세금 정산 과정에 따르는 거래 비용이 커질 수 있다. 물론, 복잡한 제도 자체가 초래하는 행동 변화 및 조세회피 유인이 또 다른 효율 비용을 발생시키는 것도 고려해야 한다. 예를 들어 연말정산 시 신용카드를 어떤 용도로 썼느냐에 따라 소득 공제율이 복잡하게 달라진다. 여기에 현금영수증까지 들어와 다양한 경우의 수를 만든다. 다행히 한국은 납세 행정의 전산화 수준이 높아 이런 거래 비용 부담이 덜하지만 애초에 이런 복잡한 제도를 만드는 것은 정치적 홍보효과를 빼고는 실익이 크지 않다.

어차피 어떤 정책 변화가 있으면 이에 따르는 편익과 비용이 공존하기 마련이다. 조세개혁도 마찬가지다. 구체적인 수단, 나아가 종합적인 개혁 체계 모두 이로 인한 이득과 손실의 상대적 비중을 따져야 한다. 세제를 대폭 단순화하는 과정에서 부분적인 효율 상실은 당연히 발생하겠지만 이런 비용보다 얻는 이득이 훨씬 더 클 것이다. 나아가 세제 단순화의 결과로 정책의 투명성이 회복되면 정부 신뢰도가 증가하면서 납세자의 조세 저항 또한 줄어들 수 있다. 만일 다수의 납세자가 어느 정도 수준의 증세를 용인해준다면 실제 세수 효과가 큰 부자 과세를 포함한 보다 포괄적인 증세 노력이 쉬워질 수 있을 것이다.

세제가 단순화되면 형평의 가치가 훼손되지 않나 걱정할 수 있겠지만 그 반대의 결과가 나올 것이다. 낭비를 줄여 실질적인 세수 확대 효과가 발생하면 그만큼 저소득층에게 갈 수 있는 복지 혜택은 커질 수 있다. 설사 법정 세율체계가 단순화되면서 누진도가 낮아지는 경우라 하더라도 조세지출의 조정을 통해 실제 세 부담의 누진도는 얼마든지 유지할 수 있다. 요컨대 아무리 좋은 내용을 많이 담은 개혁안도 뚜렷한 우선순위 없이 백화점식으로 목표가 나열돼 있으면 이들 간의 충돌이 불가피하고 그 배경에 있는 이익집단 간의 갈등이 멈추지 않는다. 반면 조세부담률 5%p 상승이라는 구체적인 개혁 목표에다 세제 단순화라는 선명한 핵심 전략을 정하는 것만으로도 조세개혁에 대한 대중적 이해와 지지를 구하기가 쉬울 것이다.

제9장

정부개혁:
개혁의 주체이자 대상

• • •

부패와의 전쟁은 끝이 없다

서울 서초구 예술의 전당 근방에 가면 '부정부패'라는 식당 간판이 눈에 띈다. 주인 맘대로 메뉴를 정하는 오마카세를 패러디한 '이모카세'를 만 원이 넘지 않는 가격에 제공하는 이곳은 '정치인의 필수코스'라는 귀여운 애칭도 지니고 있다. 물론 가게의 본명은 아빠의 따뜻한 정이 담긴 뷔페라는 뜻일 것이다. 이 가게 근처에 예술의 전당을 오마주한 '낮술의 전당'이란 집도 있었다.

세상살이가 이런 가게 이름들처럼 낭만으로 충만하면 좋으련만 현실로 돌아오면 이런저런 사건 사고가 언론을 도배한다. 그중에서 가장 사람들을 맥 빠지게 하는 것이 공공부문 종사자들의 부정부패다. 내가 낸 세금을 허투루 쓰는 것도 참기 어려운데 공기업이 주도해 만든 아파트에 필요한 철근이 빠져 있다는 얘기를 들으면 숨이 가빠진다.[1] 세계적인 웃

음거리가 된 '2023 새만금 제25회 세계스카우트잼버리' 행사 준비에 들어간 1,000억 원이 넘는 돈이 공무와 무관한 해외 여행 등에 어떻게 낭비됐는지를 듣다 보면 낮술이 확 당기는 사람들도 있을 것이다.

생선가게에 가면 비린내가 난다. 그래도 생선이 좋아서 찾아간 손님들이기 때문에 참을 만하다. 그런데 한 마리만 상해도 온 가게에 냄새가 진동한다. 비린내와 썩은 내를 구분하려는 손님은 일단 모든 생선을 의심할 수밖에 없다. 싱싱한 대다수 생선들은 억울하다. 정직한 가게 주인이라면 손님 편에 서서 부패 생선을 골라내겠지만 돈에 눈이 먼 가게 주인이라면 그냥 모른 척하고 손님이 알아서 고르게 한다. 한 푼이라도 더 수익을 올리고 싶은 것이다. 손님은 주인의 소극적 태도가 못마땅하다. 자연히 가게 운영 전반으로 의심의 시선을 던진다. 혹시 원산지 표시와 달리 이놈들의 고향이 후쿠시마 인근이 아닐까 하는 애매한 생각도 든다. 신뢰의 상실이 가져오는 파급력은 생각보다 클 수 있다. 신선한 생선을 골라 산 다음 가게 문을 나선다 해도 옷에 밴 냄새가 여전히 거슬린다.

부패의 사회적 비용은 이렇게 복합적이고 확장적이다. 공권력을 이용한 부패는 완전 박멸이 어렵기 때문에 사건이 터지면 뇌물을 받거나 공금을 횡령한 사람 몇 명 처벌하고 넘어가면 될 일이라 대수롭지 않게 여기기 쉽다. 하지만 이런 안이한 생각을 하다 더 큰 것을 잃을 수 있다. 특히, 신뢰도가 추락한 정부기관의 효율성은 떨어질 수밖에 없다. 멀쩡하게 좋은 정책도 사람들이 그 배경을 의심하기 시작하면 효과가 반감되기 때문이다. 썩은 생선 한 마리가 온 가게에 냄새를 채우듯, 소수의 일탈이라도 그것이 초래하는 사회적 비용은 클 수 있다.

문제는 부패와 비효율 사이에 애매모호한 공간이 존재한다는 것이다. 사실 뇌물 수수와 같은 노골적인 부패 행위는 어느 시대, 어느 사회나 있기 마련이고 법으로 처벌하면 그만이다. 또한 세상에 완벽한 제도나 정책은 없기 때문에 이에 따른 비효율은 어쩔 수 없다. 하지만 비효율 같기도 하고 부패 같기도 한데 딱 부러지게 성격 규명이 어려운 회색지대가 생각보다 많다. 바로 정부의 권한을 나에게 유리한 방향으로 이용하려는 '지대추구 행위'의 영역이다.

부패와 비효율 사이의 회색지대

특허나 라이선스와 같은 독점적 권리가 있으면 다른 경쟁자를 배제할 수 있는 '진입의 장벽'이 생긴다. 이런 경우 자유 경쟁 때와는 다른 수준의 이익 실현이 가능하다. 경쟁시장에서 벌 수 있는 정상이윤을 넘어서는 초과이익이 존재하면 이를 통상 지대라 부른다. 원래 토지와 같은 고정자산이 있는 경우 여기에서 수반되는 수익을 지대라고 불렀다. 하지만 지금은 '독점 지대'와 같이 다양한 상황에서 지대의 개념이 사용된다. 문제는 지대의 성격이다. 엄청난 돈과 열정을 쏟아부어 이룬 기술 혁신의 대가로 얻은 특허에서 비롯되는 지대는 그 사회에 '정의 외부효과'를 창출하는 바람직한 경우다.[2] 반면 정경유착과 같은 부패의 결실로 특정 사업의 인허가를 받은 경우, 이로 인한 지대는 정상적인 기업 활동과는 거리가 있다. 일반적으로 지대추구 행위라는 표현은 정부 권력을 이용해 자신에게 유리한 방향으로 재분배가 이뤄지게 만든다는 안 좋은 의미로 사용한다.

비효율과 부패, 그리고 지대추구 행위를 설명하기 위해 세금을 예로 들어보자. 납세자가 100만 원어치 세금을 내면 정부는 100만 원어치 지출을 한다는 것이 일반 상식이다. 그런데 실제로는 이런 과정에서 추가적인 사회적 비용이 발생한다. 우선, 납세 업무를 처리하는 정부기관의 행정비용이 있다. 이에 더해 납세자가 부담해야 하는 시간과 돈이 있다. 이 두 가지는 일종의 '거래 비용transaction cost' 개념이다. 즉, 우리가 어떤 상품을 살 때 그 제품의 가격만이 비용의 전부가 아니다. 이것저것 알아보는 데 드는 시간이나 그 물건을 사러 가면서 드는 교통비용 등의 부수적 비용을 거래 비용이라고 부른다.

그런데 이에 추가해 세금의 사회적 비용에는 눈에 잘 보이지 않는 '효율 비용'이 포함된다. 사람들은 세금이 부과되면 가급적 이를 줄이고 싶어 한다. 맥주세가 오르면 차라리 소주를 더 마실까 고민하고, 법인세가 오르면 투자 규모를 줄이는 게 이윤 극대화에 맞는 선택이 아닐까 따져본다. 이런 과정에서 원래 정해놓았던 최적의 선택이 바뀌게 되므로 자원배분의 비효율이 발생한다는 것이 경제학적 논리다.

이번에는 부패의 사례를 들어보자. 우선 사람들이 내는 세금의 일부가 국고에 들어가지 않고 아예 집권 세력의 금고로 들어가는 노골적인 경우가 있다. 우리는 이런 상황을 상상하기 힘들지만 후진국 독재 정부에서는 충분히 가능한 일이다. 학자들이 즐겨 인용하는 사례는 마르코스Ferdinand Emmanuel Edralin Marcos 대통령이 집권했던 필리핀이다.[3] 이 부패 권력자의 부인 이멜다Imelda Romualdez Marcos의 구두가 3,000켤레였다는 사실은 지금도 사람들 입에 오르내린다.

이런 식의 노골적 부패는 일반 민주국가에서는 보기 힘든 예외적인 경우다. 현실적인 권력형 부패는 뇌물을 주고 반대급부를 받는 식으로 이뤄진다. 사실, 사업하는 사람에게 세금은 그 자체로 비용이기 때문에 뇌물 50을 주고 세금 100을 깎을 수 있다면 '남는 장사'인 셈이다. 이런 기업가의 약점을 알고 노골적으로 부패의 길로 유인하는 썩은 생선 부류

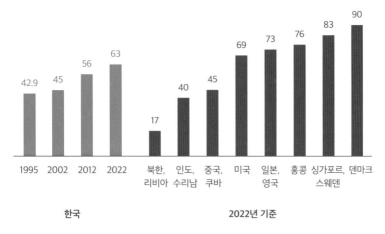

부패인식지수

| | 42.9 | 45 | 56 | 63 | 17 | 40 | 45 | 69 | 73 | 76 | 83 | 90 |

1995 2002 2012 2022 북한, 리비아 인도, 수리남 중국, 쿠바 미국 일본, 영국 홍콩 싱가포르 스웨덴 덴마크

한국   2022년 기준

자료: Transparency International

의 관료도 있을 것이다.

　과거 우리나라의 부패 수준은 부끄러울 정도로 높았다. 정부가 시장에 직접 개입해 자원배분에 영향을 주는 정부주도형 성장 전략은 대한민국이 경제 강국으로 성장하게 된 기틀이 되었지만, 전략산업을 설정하고 각종 지원을 집중하는 과정에서 발생한 비효율과 부패 역시 만만치 않았다. 주요 신규 사업의 인허가권은 물론 은행을 통제해 돈줄까지 쥐고 있는 집권 세력과 재벌기업 간의 '정경유착'은 대한민국에서 벌어지는 부패의 대명사처럼 불리었다. 국제 투명성 기구Transparency International에서는 매년 각국의 사업가와 전문가를 대상으로 설문조사를 하여 이를 바탕으로 부패인식지수Corruption Perceptions Index를 발표하는데, 이 지수는 0~100 사이의 값을 가지며, 값이 작을수록 응답자들이 해당 국가가 부패했다고

인식함을 의미한다. 한국의 경우 부패 인식 수준이 높아지는 추이를 보이고 있지만 여전히 덴마크, 스웨덴, 싱가포르 등 선진국에 못 미치는 수준이다. 1995년 한국의 부패인식지수는 42.9로, 2022년의 인도, 수리남(40)과 크게 다르지 않았다.

물론 지금은 기업지배구조가 개선돼 가면서 이런 유형의 권력형 부패는 많이 사라졌다. 대신, 2023년의 '순살 아파트' 사례처럼 '은밀하고 실속 있게' 진행되는 애매모호한 성격의 물밑 거래가 성행하고 있다. 특히 전직 공무원이 관련 사업체에 스카우트된 다음 로비스트 역할을 하는 소위 '전관예우' 관행은 정경유착만큼이나 뿌리 깊은 권력형 부조리라고 할 수 있다. 정의와 공정성을 상징하는 사법부에서조차 이런 현상이 나타난다. 전직 법관을 변호사로 채용하면 승소 확률이 높아진다는 것은 공공연한 비밀이다.

하지만 이런 관행이 실정법의 그물을 벗어난다면 그냥 사람들의 눈살을 찌푸리게 하는 불공정한 행태로 남게 된다. '새만금 잼버리' 사례에서 드러난 공무원 해외시찰 관행도 비슷하다. 공무로 해외를 갈 때 여가 시간에 주변 관광지를 둘러보는 것은 법적으로 문제가 되기 어렵다. 브라질에 있는 이과수 폭포는 정치인이나 공무원의 남미 출장에 단골로 등장하는 아이템인데, 쏟아지는 거센 물줄기를 보면서 국가에 헌신하겠다 결기를 다지신다니 이 얼마나 멋진 일인가.

이처럼 현실에서는 실정법을 위반하지는 않지만 비효율과 불공정을 초래하는 공적인 행위를 쉽게 볼 수 있다. 정부의 권한을 공익 아닌 사익을 위해 쓰면서도 법규정의 제약을 피해갈 수 있다면 이보다 매력적인 권력 남용은 없을 것이다. 그렇다면 '부패인듯 부패 아닌 부패 같은' 이런 거래의 정체는 무엇일까. 앞서 언급한 지대추구 행위가 정답이다. 분명 정부 공권력을 이용해 사익을 추구하지만 부패라 보기는 애매한 경우다. 위에서는 공공부문 종사자의 사례를 들었지만 현실에서는 민간 주체에게도 똑같이 해당되는 개념이다.

다시 세금의 사례로 돌아오면 비효율이나 불공정과 노골적 부패 사이에 존재하는 회색지대의 의미가 좀 더 선명해진다. 예컨대, 이런저런 로비를 통해 조세정책이 나에게 유리하게 전환된다면 이 또한 손해 볼 것 없는 장사가 된다. 법에 걸리지 않으면 부패 혐의에서도 벗어날 수 있다. 문제는 이런 정책의 경우 조세가 초래하는 어쩔 수 없는 효율 비용 수준을 훨씬 넘어서는 왜곡 효과를 낳을 수 있다는 점이다. 나아가 이런 큰 규모의 비효율은 불공정과 결부될 가능성이 있다. 분명 사업자 A의 제안이 최선인데 B가 선택됐거나, 1% 정도의 감세가 적합한데 2% 정도가 이뤄져 누군가에게 특혜가 주어지는 경우는 매우 흔한 사례다.

정부개혁의 초점과 한계

그렇다면 깨끗한 정부는 유능한 정부일까. 사람은 착한데 무능한 경우가 흔하듯 부패 수준이 낮아도 무능한 정부가 있다. 반대로 조금 도덕적으로 느슨한 구석이 있어도 일 하나는 다부지게 하는 사람과 정부를 찾기 어렵지 않다. 사람 사는 세상이 교과서처럼 움직이지는 않는 것이다. 실제로 시장 제도가 잘 갖추어지지 않은 개도국의 경우 적당한 '기름칠'이 성장에 도움을 줄 수 있다는 이론도 있다.[4] 하지만 멀리 보면 부패 수준이 높은 나라가 지속적 경제발전을 이루기는 힘들 것이다.[5]

정부개혁의 경우 앞서 언급한 부패나 비효율을 줄이는 일이 일차적 과제라는 것을 부인하는 사람은 드물 것이다. 이런 관점에서 한번 생각해 볼 부분은 애초에 우리가 정부를 구성하는 관료나 정치인에게 너무 많은 기대를 하는 것이 아닌가 하는 점이다. 경제학자들의 이론 모형에 나오는 정부는 최선을 다해 사회 후생을 극대화하는 '착한 정부'가 대부분이다. 하지만 정치학자들의 현실 감각은 조금 다르다. 정치인은 득표를, 관료는 예산을 극대화한다고 가르친다. 독자들은 이미 충분히 파악했겠지만 이 책은 경제논리와 정치논리를 모두 포괄하는 '정치경제학적' 관점에서 현실을 보고 있다.[6]

어차피 정부에 대한 평가는 정부 구성원 스스로가 만들어가는 것이다. 아무리 새로 정권을 잡은 집권 세력이 개혁을 시도하려 해도 관료들이 움직이지 않으면 소용없다. 제1장에서 언급했듯 관료주의에서 비롯된 경직성은 변화를 추구하는 개혁 노력의 가장 큰 걸림돌 중 하나다. 정부개혁의 과제에는 예산의 효율성과 재정의 안정성을 높이는 제도 개혁도 포함하지만 여차하면 '복지부동'하기 쉬운 관료를 움직이게 하는 것이 핵심 주제다.

문제는 실제 개혁 관련 정책을 수립하고 집행하는 주체가 관료이기 때문에 이들을 개혁하려 들면 다른 개혁 과제가 멈추어 버릴 수 있다는 점이다. 즉, 외양간지기 몇몇이 게으르다고 모두를 내보내면 '소는 누가 키우나'의 문제가 생길 것이다. 외환위기 당시 기업·금융·노동·정부 등 4대 개혁이 핵심 과제였지만 실제로 정부개혁은 아무런 진전이 없었다. 노련한 정치가인 김대중 대통령은 공무원이 움직이지 않으면 다른 개혁을 하기 어렵다고 판단했던 것이다. 그러나 한편으로는 수십 년 지속된 정부주도형 체제의 비효율을 걷어낼 기회를 놓쳤다는 아쉬움도 적지 않다.

정부개혁의 경우 정부 구성원 대다수가 부패 문화에 물들어 있는 경우와 시스템이 작동하지 않아 공무원들이 무기력해지는 경우를 구분할 필요가 있다. 즉, 가능하면 부패는 법으로 처벌하고 비효율은 제도 개혁을 통해 해소해야 한다. 물론 현실에서는 이 둘의 구분이 애매할 수도 있고 그 중간 지대인 지대추구 영역도 작지 않다. 이럴 때는 애초에 이런 비생산적 관행이 발생하지 않는 방향으로 제도나 정책을 설정하는 것이 최선이다. 이런 관점에서 이 책은 관료의 경직성 및 부패 가능성과 직결되는 규제개혁을 정부개혁의 일차적 과제로 꼽는다. 그 다음으로 향후 정부지출의 핵심 주제인 복지 시스템을 개선할 수 있는 방향에 대해 언급한다. 나아가 현재 정부 운영의 최대 쟁점 중 하나인 재정 건전성 문제를 다룬다.

관료개혁의 핵심은 규제개혁

시장은 수요와 공급, 그리고 가격에 의해서 정의된다. 수요가 공급보다 많으면 가격이 오르고, 가격이 오르면 수요는 줄고 공급은 늘어서 양자가 일치하는 균형에 이르게 된다. 반대로 공급이 넘치면 가격이 내리면서 균형으로 향한다. 시장 참여자들은 가격을 신호로 자신의 이익에 충실하게 행동할 뿐인데 시장의 '보이지 않는 손invisible hand'에 의해 균형이 이뤄지고, 이런 작동방식이 효율적인 자원배분을 가져올 수 있다는 것이 시장원리의 핵심이다.[7] 즉, 독과점이나 공해와 같은 시장 실패 현상이 없는 한 시장에 맡겨두는 것이 최선이라는 것이다.

시장주의자들은 정부의 무분별한 시장개입은 시장 효율을 해치고, 이는 성장을 저해하는 '정부 실패government failure'로 이어질 수 있다고 주장한다. 설사 정부 개입의 정당성이 있다 해도 정책 능력이 모자라면 오히려 사태를 악화시킬 수도 있기 때문에, 애초에 시장이 잘 돌아갈 수 있도록 시장제도를 튼튼하게 만드는 것이 최선이라는 것이 이들의 생각이다. 즉, 시장 실패와 정부 실패 모두 바람직하지 않지만 전자보다 후자의 사회적 비용이 더 클 수 있다는 점을 경계하는 것이다.

한 예로, 요즘은 과속 방지를 위해 카메라를 설치하지만 예전에는 경찰이 도로변 잘 안 보이는 곳에 숨어서 위반 차량을 단속하곤 했다. 카메라는 일종의 유인 정책이다. 즉, 운전자들이 알아서 행동을 바꾸게 유도함으로써 원하는 정책효과를 얻는 것이다. 반면 경찰이 직접 개입하는 방식은 과속 방지 효과가 애매할 수 있다. 사람들이 미리 대비하지 못한다는 점에서 단속 효과나 벌칙금 수입은 클지 모르지만 인력 투입에 들어가는 비용, 부패 가능성 등을 고려하면 상책이라 보기 어렵다.

이런 관점에서 시장주의자들은 같은 정부 정책이라도 정부 개입을 수단으로 하는 규제 정책보다는 가격의 자율적 조정기능에 바탕을 둔 유인정책을 선호하는 경향이 있다. 일반적으로 규제는 획일성에 따르는 비효율이 불가피하다. 공용 수영장에서 가끔 실수로 소변을 보는 어린이가 있다고 모든 10세 미만 어린이를 입장 금지시킨다면 억울한 친구들이 즐비할 것이다. 재래 시장을 살리겠다고 전국의 대형 마트를 격주로 휴무시키는 규제의 경우 반대하는 사람들이 많다. 재래 시장이나 골목 상권을 살리려면 소비자들이 이곳으로 발길을 돌리게 만드는 유인 정책을 구상해야지 어차피 재래 시장에 갈 생각이 없는 사람들까지 획일적으로 피해를 보게 하는 정책은 적절치 않다는 것이다.

그런데 획일성에 따르는 효율 비용 때문에 규제를 유인 정책에 비해 열등한 정책 수단이라고 말할 수는 없다. 어떤 정책 수단을 평가하는 기준은 비용 대비 편익의 비율이기 때문에 순편익이 큰 좋은 규제도 얼마든지 있을 수 있다. 순수한 이론적 관점에서는 가격의 유인 기능에 기반을 둔 정책이 바람직할 수 있지만 이를 뒷받침할 만큼 시장 제도가 완벽하기 어렵다. 특히, 규제는 시장 실패를 방지하고 치유하는 대표적인 정책 수단이기 때문에 현실에서는 정부가 직접 시장에 개입해 행동이나 수량을 통제하는 경우를 흔하게 볼 수 있다. 독과점의 폐해나 공해 확산을 막고 금융 시스템의 부실화를 방지하는 등 규제 수단의 필요성은 다양한 경제 활동에서 나타난다. 규제를 적용하는 과정에서 효율 비용이 발생한다 하더라도 이것이 편익보다 크지 않으면 받아들일 수 있다. 예컨대 독극물이나 핵물질을 통제하는 규제의 경우 그 편익이 워낙 크기 때문에 상당히 강력한 형태로 시행돼야 하고 이때 발생하는 어느 정도의 효율 비용은 문제가 되지 않는다.

반대로 유인 정책의 경우도 얼마든지 효율 비용이 있을 수 있다. 예컨대 투자 증진을 위해 세금을 낮추어주면 원하는 정책 효과만 발생하는 것이 아니라 자원배분 왜곡에 따르는 사회적 비용이 발생할 수 있다. 결국 규제냐 유인이냐의 선택은 개별적인 상황에 따라 판단이 달라질 수 있다. 그런데도 유독 규제에 대한 부정적 시각을 갖는 전문가가 많다면 이는 아마 규제가 초래할 수 있는 정치적 성격의 비용 때문일 것이다. 규제의 경우 이로 인해 배타적인 이득을 볼 수 있는 집단이 생겨날 수 있기 때문에 자연 지대추구나 부패로 이어질 가능성이 있다. 정치적 이해관계가 지배하는 정책 영역에서는 경제적 득실에 기반한 정책 평가가 무의미해질 수 있다. 그런데 규제의 정치적 측면과 직결돼 있는 주체가 바로 정부 관료다.

관료주의 경직성을 깨기 위한 규제개혁

그렇다면 정책을 입안하고 집행하는 관료는 규제라는 정책 수단을 어떻게 평가할까. 만일 관료가 교과서에 나오듯 사회 후생의 극대화를 염두에 두고 정책을 편다면 규제를 다른 정책 수단과 구분해 생각할 이유가 없을 것이다. 반면 규제가 관료의 사적인 이해관계와 직결되는 측면이 크다면 평가 기준이 달라질 수 있다. 예를 들어 시장에 그냥 맡겨두어도 될 상황인데 정부가 규제 수단을 사용해 진입의 장벽을 만들면 이로 인해 혜택을 받는 집단이 생긴다. 인허가를 둘러싼 특혜 시비가 끊이지 않는 것도 이런 이유에서다. 이 과정에서 테이블 밑으로 뇌물이 오가는 부패가 발생할 수 있다. 설사 이런 노골적 부조리가 없다 하더라도 규제는 해당 관료의 자리를 유지해주고 힘을 만들어주는 수단이 된다.

결론부터 말해 관료의 이해관계와 규제의 정치적 비용이 맞물린다면 이는 사회 후생의 관점에서 최악의 조합이 된다. 물론 관료도 사람이기 때문에 자신의 이익을 중시하는 현상이 특별할 것도 없다. 경제학 이론에 등장하는 정부는 사회 후생을 극대화하는 착한 존재이지만, 현실에서 이런 착한 정부를 찾기는 쉽지 않다. 보다 실증적인 관점에서 정부를 관찰하는 정치경제학 이론에서는 예산이나 규제와 같은 '정치적 힘'을 가지려 하는 관료의 동기를 있는 그대로 인정한다. 다만, 이런 성향이 사회 후생을 끌어내리는 정부 실패의 수준으로 이어질지는 경험적으로 따져볼 사안이다.

규제를 둘러싼 관료의 정치적 동기는 관료주의의 경직성으로 이어질 수 있으며, 이는 다양한 분야의 개혁에 시사점을 가진다. 노동, 교육, 서비스 분야 등에서 보듯 획기적 구조 개혁을 가로막는 걸림돌 중 하나는 누구나 불필요하다고 인정하는 규제를 정비하기가 쉽지 않다는 점이다. 통상 규제개혁은 기득권 집단의 이해관계와 연결돼 있기 때문에 이들의 저항이 클 수밖에 없다. 그런데 이것만으로는 뭔가 설명이 부족한 느낌이 든다. 어쩌면 변화보다는 현상 유지를 원하는 관료의 경직성이 규제 수단을 둘러싸고 좀 더 선명하게 부각되는 것일지도 모른다.

요컨대 정부를 개혁하는 근본적 이유는 정부 효율을 높이는 것이고, 이를 뒤집어 보면 정부 구성원인 관료가 제 역할을 하게 만드는 것이다. 그런데 이들이 변화에 소극적이고 안전한 선택을 선호한다면 그만큼 정부 생산성은 하락할 것이다. 어떤 새로운 과제가 던져지면, 이것을 가능하게 만드는 대안을 모색하기보다는, 왜 이것이 하기 힘든 과제인지에 대한 이유를 먼저 내세우는 '복지부동' 정신이 관료사회를 지배하는 한 유능한 정부로 가는 길은 요원할 것이다. 그렇다면 이런 관료의 경직성을 초래하는 원인을 제거하는 것이 정부개혁의 핵심일 것이다.

일반적으로 정부개혁을 말할 때 예산이나 조직을 중심으로 과제를 설정하는 경우가 많다. 그러나 정부 조직이나 운영 방식을 바꾸는 일은 쉽지 않다. 정책을 수립하고 집행하는 공무원 사회가 흔들리면 사회·경제 전반에 걸쳐 부정적 효과가 파급될 수 있기 때문이다. 또한 공무원에게 직업적 안정성을 부여하는 배경에는 정권이 교체될 때마다 정부 정책이 흔들리는 것을 방지하려는 동기가 있다. 나아가 예산을 조정하는 문제의 경우 생각만큼 실익이 덜할 수 있다. 예산에는 복지 등 의무지출 성격의 항목들이 많기 때문에 생각만큼 관료의 재량권이 크지 않을 수 있기 때문이다. 반면, 규제 수단의 경우 관료가 재량권을 발휘할 수 있는 폭이 넓어진다.

이런 점들을 감안할 때 정부개혁의 전략은 단순 명료할 필요가 있다. 즉, 조직, 예산, 규제 모두 개혁의 대상이 될 수 있지만 이 모든 것을 한꺼번에 시도하면 실효성이 없을 수 있다. 이럴 때는 차라리 관료주의 경직성을 깨는 확실한 대안 하나에 초점을 맞추는 것이 최선이고, 그 핵심은 규제개혁이라 할 수 있다.

관료에게는 규제보다 예산을

유능한 정부는 유능한 공무원들이 만든다. 그런데 아무리 능력이 있어도 열심히 하려는 유인이 부족하면 관료들은 거대한 정부조직의 울타리를 방패 삼아 안주하기 쉽다. 그들을 더 열심히 일하게 만드는 일차적 유인은 봉급이나 연금 같은 개인적인 보상이겠지만 이들에게 충분한 정책 자원을 제공하는 것 역시 중요한 사안이다. 관료의 대표적 정책 수단은 예산과 규제다. 물론 이외에도 다양한 정책 수단이 존재하지만 관료의 재량성이 뚜렷이 부각되는 항목은 이 두 가지다. 즉, 관료의 정책 능력을 가늠하기 위해서는 예산을 어떻게 사용하는지, 규제를 통한 시장 개입을 어떤 방식으로 하는지를 보아야 한다.

그런데 이 둘은 정책 수단이기도 하지만 관료에게 정치적 힘을 가져다주기도 한다. 따라서 비효율적으로 사용되거나 권력형 부조리의 매개가 될 수도 있다. 그런데 같은 조건이라면 관료에게 규제 수단보다는 예산을 더 확보해주는 것이 더 바람직한 선택일 수 있다. 주어진 예산을 사회 후생 증진을 위해 어떻게 잘 쓸 것인가를 고민하는 것이 특정 경제 행위를 통제하는 규제라는 소극적이고 경직적인 방식보다 우월한 측면이 많기 때문이다. 예산은 기록이 남고 평가가 뒤따르기 때문에 투명성, 책임성 차원에서도 우월하다. 반면 규제의 경우 '정책 측면'만 겉으로 드러나고 그 이외의 변수들은 수면 아래에 머물기 마련이다. 특히 규제의 정치적 비용이라 할 수 있는 지대추구나 부패는 특별한 경우가 아니면 겉으로 드러나지 않는다.

규제의 경우 경제 환경이 바뀌어 더 이상 그 존재 이유가 없어진 경우에도 존속하는 경우가 많은데 그 배경에는 관료의 정치적 이해관계가 작용한다. 반드시 필요한 좋은 규제는 강화하고, 사라져도 상관없는 나쁜 규제를 정리하는 것이 정부가 할 일인데 당장 혜택을 보고 있는 관료가 이를 바꾸려 할 유인이 크지 않을 수 있다. 실제 우리 주변을 둘러보면 저런 쓸모없는 규제가 왜 필요한가 싶은 사례가 적지 않다. 여기서는 정치인의 이해관계를 따로 다루지 않지만 정치인, 관료, 이익집단이 맞물리는 '철의 삼각형iron triangle'은 예산 배정뿐 아니라 규제 정책에도 흔히 나타나는 임묵적 카르델이다. 이린 기득권 장벽을 깨려면 징부개혁의 초점을 분명히 해야 한다. 앞서 강조했듯 개혁을 가로막는 숨은 적인 관료의 경직성을 깨려면 규제개혁 하나에 집중할 필요가 있다.

이런 관점에서 덧붙일 사안은 정부개혁의 내용으로 흔히 제시되는 예산 삭감의 실효성이다. 예산을 효율적으로 사용하는 것이야 맞는 얘기지만 예산 효율성이 하루아침에 나아지는 것이 아니다. 나아가 실제 정부 예산을 보면 이런저런 의무성 지출이 많기 때문에 관료가 재량권을 발휘할 영역이 생각만큼 크지 않다. 또한, 특정 분야의 예산 삭감을 하는 경우 비효율적인 요소만 제거되기보다는 정치적 힘이 약한 세력이 더 희생되는 경우가 적지 않다. 아무리 경제적 합리성에 근거한 예산 평가가 이뤄진다 하더라도 의회에서의 예산 배정은 정치 행위라 봐야 할 정도로 줄다리기가 심하다. 예를 들어 과학기술 분야 R&D예산 사용에 불합리한 요소가 있다고 전체 예산을 삭감하면 정작 피해를 보는 측은 힘없는 젊은 과학자들이 될 가능성이 높다.

복지 시스템과 포퓰리즘

정치인은 득표를 원하고 사람들은 현금을 선호한다. 선거에서 이기겠다고 돈을 뿌리면 주는 사람이나 받는 사람이나 처벌을 받는다. 그렇다면 합법적으로 양측의 필요를 충족시키는 방법은 없을까. 정답은 복지 포퓰리즘이다. 특히 선거용으로 현금성 복지를 남발하면 유권자의 마음이 흔들릴 수 있다. 복지 정책이 어려운 이유는 이런 비합리적 동기의 합법화가 가능하기 때문이다.

복지 정책의 핵심은 두 가지다. 하나는 날로 증가하는 복지 수요를 감당할 재원을 확보하는 일이고, 다른 하나는 주어진 재원을 가급적 효율적으로 사용하는 것이다. 복지 재원을 마련하는 기본 수단은 조세이고, 이 문제는 앞 장에서 다루었다. 이 장에서는 복지 시스템을 효율화하는 방안에 대해 논의한다. 또한, 정치권의 복지 경쟁으로 인한 무분별한 복지 확대가 이뤄질 가능성을 염두에 두고 이런 포퓰리즘을 감별하고 방지하는 방안에 대해서도 생각해본다.

보편적 복지 대 선별적 복지

주어진 예산을 효율적으로 쓰자는 원칙에 반대하는 정치인이나 전문가는 없을 것이다. 그런데 복지 문제를 둘러싼 갈등은 단순한 기술적 의견 차이를 넘어선다. 보편적 복지 대 선별적 복지라는 복지 철학의 차이와 재원 조달 수단인 세금을 둘러싼 갈등은 이미 정치적 이념 싸움의 영역으로 진입한 지 오래다. 이런 현상을 극명하게 보여주었던 사례가 2022년 대선전을 앞두고 벌어진 기본소득 논쟁이다.

계층 구분 없이 전 국민에게 동일한 액수의 복지 혜택을 주자는 보편적 기본소득universal basic income은 얼핏 보면 매우 비합리적인 복지 수단으로 보인다. 복지나 재분배의 기본 상식은 가진 자로부터 세금을 더 거두어 가난한 자에 혜택을 주는 것이다. 그렇다면 소수인 부자가 다수인 나머지와 같은 금액의 복지 수당을 받는다는 생각은 복지 원칙에 부합되지도 않거니와 다수결을 원칙으로 하는 사회에서 수용되기 어렵다. 나아가 저소득층에 돌아가는 기존의 복지 수준을 낮추지 않으면서 전 국민에게 동일한 일정액을 나눠주려 들면 엄청난 재원이 소요될 것이다.

그렇다면 왜 기본소득이나 이와 유사한 유형의 복지제도에 관심을 두는 전문가나 정치인이 적지 않은 것일까. 이 질문에 대한 답을 구하려면 선별적 복지 개념에 근거한 기존 복지체계의 문제점부터 살펴볼 필요가 있다. 우선, 복지 정책은 기본적인 예산 비용과는 별개로 눈에 보이지 않는 사회적 비용이 큰 영역이다. 노인이나 청년, 중산층이나 저소득층 등 특정 수혜자 집단의 개별적 특성에 반응하기 때문에 이와 관련된 정보 비용이 매우 큰 영역이다. 또한 정부 지원을 받기에 적합한 대상인지를 판단하는 일종의 자격 검증means-test을 거쳐야 복지 혜택을 받는 대상이 되는 경우가 많은데 이에 따른 행정비용 역시 만만치 않다. 딱 필요한 사람을 골라 혜택을 준다는 '핀셋 복지'는 듣기에는 좋지만 현실은 이런 한가한 선 긋기가 가능할 만큼 단순하지 않다. 특히 한국은 복지지출은 급속히 늘고 있는 데 비해 복지전달 체계는 아직 개선의 여지가 많기 때문에 복지 예산 집행의 효율성이 선진국에 비해 떨어질 수 있다. 여기에다 정치권의 복지 경쟁까지 더해지면서 일관성 없는 정책이 누적되다 보면 제도는 더 복잡해지고 사회적 비용은 늘어난다.

기존 복지제도의 사회적 비용을 줄이는 기본적 해결책은 제도를 단순하게 만드는 것이다. 복지의 역사가 오래된 서구 선진국에서 기본소득 같은 정책 실험이 사라지지 않는 것은 바로 기존의 복잡한 복지체계에 따르는 비효율을 제거하는 데 이만한 대안이 없기 때문이다. 나아가 제조업 중심 경제에서 인공 지능이 지배하는 기술혁명시대로의 전환기에서 일자리를 잃게 되는 노동자의 기본적 생계유지를 위해 기본소득 같은 정액의 현금 복지가 도움이 될 수 있다는 점에는 많은 전문가들이 동의한다.

문제는 기본소득의 재원을 마련하는 일이 생각만큼 쉽지 않다는 데 있다. 예를 들어 소득이 많을수록 세금 부담이 높고 복지 혜택은 작은 기존의 조세·지출 체계를 교과서적인 보편적 기본소득 제도로 대폭 교체하는 방안을 생각해보자. 이런 대안의 결정적 장점은 단순화에 따르는 사회적 비용의 감소다. 이는 마치 같은 액수의 세금을 거두기 위해 기존의 복잡한 조세제도를 없애고 모든 사람이 동일한 세금을 내는 정액세 방식과 유사한 논리다. 정액세의 장점 역시 효율 비용을 비롯한 다양한 사회적 비용이 적다는 것이다. 물론, 이런 불공정한 조세 체계가 정치적으로 수용되기는 어려울 것이다. 기본소득도 마찬가지다. 총 복지지출 수준은 그대로 두고 이를 전 국민이 '1/N' 식으로 나누어 갖자고 하기는 어렵다. 저소득층의 복지 혜택이 줄어들 것이기 때문이다. 그렇다고 어느 정도 복지 수준을 유지하면서 소득계층을 가리지 않고 같은 액수를 지급하기도 어렵다. 이에 따른 재원 규모가 가늠하기 어려울 정도로 커지기 때문이다.

자연 기본소득의 장점도 살리면서 예산 제약이라는 현실적 한계도 인식하는 절충안이 나올 수밖에 없다. 가장 대표적인 안이 적당한 비율로 소득 상위 계층은 제외하고 나머지 국민을 대상으로 동일 액수를 지급하자는 것이다.[8] 아니면 기존의 복지제도에 적당히 기본소득적 요소를 덧붙이는 것이다. 우리나라 정치권에 떠도는 기본소득안들은 대부분 이런 형태라 볼 수 있다. 그러나 기존 복지체제를 유지하며 전 국민에게 동일한 복지를 약속하려면 상당한 재원이 필요하다. 월 10만 원을 전 국민에게 지급한다 해도 연간 60조 원 가량의 추가 예산이 필요하다. 재정은 적자 기조에서 허덕이고 있고 세금을 더 걷기는 힘든 상황에서 소득계층 구분 없이 돈을 더 주자는 방안은 타당성이 높지 않을 수 있다.

기본소득 개념이 학계에 등장한 지 오래됐지만 생각만큼 정책 차원에서 구체화되지 못하고 있는 이유는 이것이 기존 제도를 보완하는 방식에 비해 특별히 더 낫다는 것을 경험적으로 입증하지 못했기 때문이다.[9] 그럼에도 이 제도에 대한 실험적 연구가 필요하다고 느끼는 이유는 문제가 많은 기존 체제를 개혁하려면 부분적인 수정보다는 획기적인 실험적 대안에서 아이디어를 찾는 편이 낫기 때문이다. 특히, 한국의 복지제도는 아직 더 성숙할 여지가 크기 때문에 복지 선진국의 경험을 참조할 필요가 있다. 그러나 그들의 제도가 완벽한 것도 아니고, 우리 고유의 역사적, 제도적 맥락과 부합하는 것도 아니기 때문에 적절한 취사선택이 필요하다.

예컨대 복지국가의 대명사인 스웨덴의 복지 시스템이 아무리 좋고 탐나도 그것을 그대로 우리에게 이식하기는 어렵다. 국민소득의 절반 가까이를 세금으로 거둘 수 있는 환경이 아니라면 스웨덴 식의 '고부담-고복지'는 가능하지 않기 때문이다. 그렇다면 스웨덴으로부터 벤치마킹할 것은 국민들이 기꺼이 세금을 내게 만드는 높은 정부 신뢰도일 것이다. 내가 낸 세금이 좋은 정부 서비스로 되돌아온다는 믿음이 있으면 조세 저항은 그만큼 약해진다. 또 하나 눈여겨볼 부분은 소득 계층을 가리지 않고 보편적으로 제공되는 복지 혜택이 갖는 시사점이다. 앞서 제8장에서 다루었듯 향후 세수를 올리는 과정에서 중요한 변수 중 하나는 세 부담 증가에 대한 부자들의 태도다. 단지 이들이 능력이 많다는 이유로 세금을 더 내라 강요하는 데는 한계가 있다. 이때 부자들에게 혜택이 돌아가는 보편적 복지는 편익원칙의 차원에서 부자들의 조세 저항을 줄이는 효과를 가져올 수 있다.

요컨대 부자에게 세금을 더 걷고 가난한 사람에게 혜택을 더 준다는 재분배 원리에 근거한 기존의 조세·지출 체계를 당장 급격히 바꾸기는 어렵고, 또 당장 그래야 할 특별한 이유도 없다. 지금 한국의 복지 시스템 개선에 필요한 것은 진영 싸움의 영역으로 진입한 '보편적 복지 대 선별적 복지' 같은 철학 논쟁이 아니라 기존 제도의 합리적 개혁에 필요한 실용적 대안을 구상하는 일이다. 서구 선진국과의 복지 격차가 아직도 상당한 수준임을 감안하면 주어진 재원을 아껴 써야 하고, 나아가 추가 재원의 확보에 나서야 한다. 최근에야 정책 공간에 진입한 보편적 복지 개념의 경우도 실용적 차원에서 응용할 수 있는 측면에 초점을 둘 필요가 있다. 예를 들어 복잡한 기존 제도를 단순화해 효율 비용을 줄이고, 복지 혜택의 폭을 넓혀 부자의 조세 저항을 줄이는 방식은 충분히 고려해볼 방안이다. 막연히 정치적 이념 라인을 따라 보편적 복지와 선별적 복지 어느 한쪽만 옳다고 주장하는 것은 복지체제의 개선에 별 도움이 되지 않는다.

정치 이념과 복지 포퓰리즘

어느 나라나 비슷하지만 복지지출이 증가하는 배경에는 정치권의 복지 경쟁도 한몫을 한다. 정당 간의 정책 경쟁 자체는 바람직한 현상이지만, 재원 확보가 필요한 복지 분야의 경쟁은 자칫 복지 포퓰리즘으로 비화할 수 있다. 정치인의 득표 수단에서 실효성이 확실한 것을 꼽으라면 아마 현금 지급이 될 것이다. 그런데 선거전의 현금 거래는 불법이기 때문에 그 대안으로 현금성 복지를 선호하기 쉽다. 자신과 가족의 경제적 안정을 걱정하며 하루를 살아가는 일반인들은 정부가 제공하는 합법적인 복지 혜택을 마다할 이유가 없다. 설사 그 재원이 재정 건전성을 해치는 정부 차입으로 조성된다 해도 크게 관심 갖지 않는다. 어차피 정부 정책은 그들이 걱정한다고 달라지지 않기 때문이다.

정치 세력이 인기 영합석인 성책에 매달리는 것은 그다지 새로운 현상이 아니다. 그런데 복지 포퓰리즘이 유난히 문제가 되는 것은 이런 성격의 정책들이 정부 재정의 건전성을 해치기 쉽기 때문이다. 1980년대에 전염병처럼 외환위기를 겪은 남미 국가들의 사례처럼 적자 재정이 지속되다 보면 돈을 찍어 재원 부족을 해결하려는 유혹이 생기기 쉽고, 이는 물가 불안이나 국가 신뢰도 하락 등의 과정을 거치며 경제 위기로 이어지게 된다.

흔히 복지 포퓰리즘을 큰 정부를 지향하는 좌파 정권의 전유물처럼 생각하기 쉬운데 이는 반쯤 맞는 얘기다. 진보 성향의 정부가 상대적으로 큰 정부를, 보수 성향의 정부가 작은 정부를 선호하는 것은 맞다. 어차피 정치 이념을 가르는 가장 현실적인 변수가 정부의 역할에 대한 정치철학적 입장이기 때문이다. 그런데 현실에서는 집권 세력 정치 이념보다는 정부 재정을 건전하게 유지하는 의지와 능력이 포퓰리즘 여부를 판단하는 핵심 변수가 된다. 즉, 보수 정권이라고 인기 영합적인 재정정책을 펴지 말라는 법이 없다. 적자는 쌓여가는데 무리한 감세로 재정을 악화시키는 것이 한 사례일 수 있다.

이와 관련해 유념해야 할 점은 실제 한 국가의 정부 크기를 결정하는 데 있어 집권 정부의 정치 이념은 중요한 변수가 되기 어렵다는 것이다.[10] 우선 개도국의 정부 크기는 세금을 거두는 능력에 좌우되는 경향이 있다. 실제 개도국의 조세부담률을 보면 20%를 넘는 경우가 많지 않다. 세금 징수에 필요한 조세 정보도 부족하고, 납세 의식이 높지 않아 조세 회피나 저항도 만만치 않기 때문이다. 이런 상황에서 좌파 정권이 집권해 적자 재정으로 복지 확대를 추구하면 나라 살림이 거덜이 나기 마련이다. 아르헨티나의 '페로니즘Peronism'처럼 국가 주도의 무상복지를 내세우는 극단의 포퓰리즘은 아니더라도 개도국적 환경에서 무리한 복지 확대는 위기를 부르기 쉽다.

반면 조세 부담 수준이 상대적으로 높은 선진국의 경우에는 집권당의 정치 이념보다는 특정 시점을 관통하는 시대정신이 정부 크기를 좌우하는 경향이 있다. 2차 대전 이후 구소련을 중심으로 하는 공산주의 이념과 대립하는 냉전 체제하에서는 진보와 보수 중 어떤 이념의 정당이 집권하건 복지국가를 지향하는 큰 정부의 틀에서 벗어나기 어려웠다. 하지만 1970년대로 들어서면 분위기가 달라진다. 두 차례의 석유 파동과 베트남 전쟁 등의 여파로 미국을 중심으로 하는 세계경제는 물가는 오르는데 경기는 가라앉는 스태그플레이션stagflation 현상을 경험하게 된다. 일반 시민들은 세금은 많이 거두어 가지만 경제 성과는 부실한 큰 정부식 국가 경영에 실망하기 시작했다. 이런 시대·흐름이 1980년대의 보수주의 혁명을 이끌었고 이후의 30여 년은 낮은 세율과 규제 완화를 기본으로 하는 작은 정부가 대세였다. 이 시기 동안 많은 나라들에서 진보와 보수 정권이 교대로 집권했지만 이로 인한 정부 크기의 변화는 상대적으로 미미했다. 미국의 경우 1990년대 들어서 진보 진영의 클린턴 대통령이 집권했지만 현실을 지배한 주류 이데올로기는 미국식 시장주의를 전 세계로 확산시키는 '신자유주의neo-liberalism'였다. 세계를 하나의 통합된 시장으로 보는 '글로벌리제이션' 현상은 단순한 경제논리를 넘어 한 시대를 대변하는 지배 이념적 특성을 보였다.

이후 2008년 미국에서 시작된 글로벌 금융위기는 불평등이나 금융 불안정 같은 시장 만능주의의 문제점을 부각시키는 계기가 되었다. 탐욕이 지배하는 무절제한 금융 관행에 대한 규제가 강화됐고, 부자과세 등 소득격차 해소를 위한 대안에 정책적 관심이 높아졌다. 주요 선진국들이 기후변화나 빈곤퇴치처럼 국제협력이 필요한 문제보다는 자국 내부의 문제로 눈을 돌리며 세계주의globalism보다는 국가주의statism 성격의 정책 기조가 새로운 흐름으로 등장하기 시작했다. 급기야 2016년이 되면 '미국 우선주의America First'를 내세운 트럼프가 미국 대통령으로 당선되고, 영국은 국민투표를 통해 유럽연합EU에서 탈퇴하는 브렉시트Brexit를 의결한다.

미국과 중국의 갈등 역시 자유주의 세계질서liberal international order에 변화가 다가오고 있음을 대변하고 있다. 2001년 미국의 동의하에 세계무역기구WTO에 가입한 중국은 '세계의 공장'이던 시절을 넘어 기술 및 무역 분야에서 미국과의 본격적인 패권 다툼에 나서고 있다. 이에 대한 미국의 대응은 반도체 등 핵심 전략산업을 자국 내에서 활성화시키는 산업정책인데 이는 국제 분업에 근거해 공급망이 형성되던 세계화 시대의 국제 질서와는 상당한 차이가 있다. 이런 흐름은 복지, 환경, 의료 지출의 확대와 함께 적극적 정부 역할을 강조하는 큰 정부 시대로의 전환을 시사한다.

이처럼 국제 질서의 중심에 있는 선진국들의 정부 역할과 크기는 집권 정부의 이념보다는 시대 조류에 좌우되는 측면이 크다. 나아가 선진국 중심의 시대 조류는 세계 곳곳으로 전파된다. 이제 선진국 문턱에 들어선 한국의 향후 정부 역할은 어떻게 봐야 할까. 아직은 개도국적 특성이 남아 있어 조세수입이 정부 크기를 결정하는 측면이 작지 않지만, 해외시장 의존도가 높은 경제구조를 생각하면 큰 정부로 향해 가는 시대 조류의 영향력이 커질 수밖에 없다.

이런 상황에서 가장 우려되는 것은 선진국형 복지체제를 지향하는 정치권의 복지 경쟁이다. 선진국과의 복지 격차가 존재하는 상황에서 복지지출이 늘어나는 것은 자연스러운 현상이지만 그 속도가 너무 빨라 동원 가능한 정부 재원 수준을 넘어선다면 구조적 성격의 재정 적자가 불가피해진다. 이미 적자 재정을 경험하고 있는 상황에서 한번 시행되면 돌이키기 어려운 복지제도가 확장되면 이는 경제 위기의 단초가 될 수 있다. 이 문제에 대한 근본적인 해결책은 제시하지 않고 선거전에서 한 표라도 더 얻겠다고 복지 확대를 주장하는 정치세력은 복지 포퓰리즘의 노예에 불과할 뿐이다.

이런 관점에서 경계해야 할 점은 남미 국가 등 다른 나라의 경험에 바탕을 두고 복지 포퓰리즘을 큰 정부 성향의 좌파 세력의 전유물로만 생각하는 관행이다. 지금은 진보건 보수건 복지 확대 자체를 반대하기는 어렵다. 그렇다면 이를 위한 재원 확보를 어떻게 하느냐가 차이를 만들 수 있다. 무능한 진보 정부는 적자 재정을 해서라도 복지지출을 늘리겠다고 나선다. 반면 무능한 보수 정권은 복지 확대는 찬성하지만 증세 기조에는 반대한다. 결국, 두 경우 모두 정부 재정을 악화시킨다는 측면에서 다를 바 없다. 반면 유능한 정부가 집권한다면 지금처럼 적극적 정부 역할이 필요한 시대에 수십 년 전에 유행했던 신자유주의식 작은 정부 논리에 사로잡혀 무모한 감세 정책을 추진하지는 않을 것이다. 또한 경제 위기의 공식처럼 되어 있는 복지 확대형 적자 재정의 함정에도 빠지지 않을 것이다.

이런 점들을 고려하면 향후 한국의 복지 정책이 직면한 도전은 만만치 않다. 제8장에서 언급했듯 신뢰도 낮은 정부의 누더기 세제로는 복지 재원 확보를 위해 필요한 약간의 증세도 저항에 부딪힐 가능성이 높다. 하지만 당장의 정치적 이득을 위해 나라 장래를 망치는 빚잔치를 마다 않는 복지 포퓰리즘의 화신들은 돈을 찍어 해결하면 된다는 식의 연금술사적 말장난을 멈추지 않을 것이다. 하지만 세상이 그리 만만치 않다. 당장의 현금 복지에 흔들리는 근시안적인 유권자가 없지 않겠지만 무능하고 무책임한 정책이 반복되면서 나라 살림이 부실해지고 경제 위기의 단초가 보이기 시작하면 무섭게 돌변하는 것도 그들이다. 결국 진보건 보수건 유능한 정부라야 성장 기조를 유지하면서 복지 수준도 높일 수 있다. 복지 정책의 정치적, 경제적 측면을 아우를 체계적이고 포괄적인 비전과 이를 현실화할 수 있는 재원 마련 전략이 있어야만 가능한 일이다. 결국 앞으로의 복지 논쟁이나 복지 경쟁의 핵심은 누가 더 많은 복지를 약속하느냐가 아니라 누구의 약속이 지속가능한 복지의 차원에서 일반 시민의 신뢰를 얻느냐일 것이다.

큰 정부 시대의 재정 건전성

지금은 신자유주의 이념을 기반으로 하던 작은 정부 시대에서 적극적 정부 역할을 강조하는 큰 정부 시대로 바뀌어 가고 있는 전환기다. 소득 양극화와 불평등은 복지 확대의 필요성을 부각시켰고, 코로나 팬데믹을 겪으며 공공 의료의 필요성에 대한 인식 또한 달라지고 있다. 기후변화에 대한 위기감이 높아지며 화석 연료를 깨끗한 에너지로 대체하려는 추세도 꾸준히 지속되고 있다. 미·중 갈등과 우크라이나 전쟁 등으로 인해 국제 분업에 기초하던 공급망이 흔들리면서 반도체와 같은 전략 물자를 자체적으로 생산하려는 각국의 노력도 강화되고 있다. 이 모든 것은 정부 재정에 대한 수요가 구조적으로 증가할 것임을 예고한다.

한국도 예외가 아니다. 선진국의 대열에 합류한 지금 변화하는 세계 질서와 시대 조류를 비껴가기 어렵다. 경제와 안보 양 측면에서 대외 의존도가 높은 한국의 여건에서는 2008년 글로벌 금융위기를 기점으로 미국의 유일 패권주의가 흔들리며 국제 경쟁의 틀이 달라지고 있는 현상이 주는 시사점이 크다. 국제 분업과 같은 시장 원리보다는 미·중 갈등 같은 지정학적 요인이 부각되는 '각자도생'의 시대에서는 해외 시장에 의존했던 과거의 성장 전략도 수정이 불가피하다. 정부의 적극적 시장 개입을 의미하는 산업정책에 대한 관심이 높아지는 것은 자연스러운 수순이다. 물론 이는 정부 지출의 확대를 전제로 하는 일이다.

정부 재정의 역할과 관련해 더욱 걱정스러운 것은 빠르게 증가하고 있는 복지지출이다. 아직 선진국과의 복지 격차가 남아 있는 상황에서 정치권의 복지 경쟁까지 가열되고 있어 그 속도는 더욱 높아질 것이다. 그렇다면 한국이 본격적인 복지국가로 향해 가는 과정은 순탄할까. 그렇게 되려면 늘어나는 재정 수요를 감당할 재원이 충분해야 하는데 이를 가능하게 할 세수 확대는 제8장에서 검토했듯 쉽지 않은 과제다. 만일 재원 없는 복지 확대가 지속되면 재정 건전성이 악화될 수밖에 없고, 이는 경제 전반의 위기로 이어질 수 있다. 복지 포퓰리즘의 조짐이 심상치 않게 보이는 요즘 더 잘살게 해주겠다는 정부의 약속이 정반대의 결과로 실현되는 '복지의 함정'에 한국이라고 빠지지 말라는 법은 없다.

시대 조류에 부합하는 재정 기조

그렇다면 한편으로 재정 수요도 감당하며 다른 한편으로 재정 건전성도 유지할 수 있는 묘책이 없을까. 이론적으로는 세수를 증가시켜 재정 수요를 감당케 하는 것이 최선이다. 그런데 이 해답에는 두 가지 전제조건이 있다. 하나는 정치 이념과 관련된 유연성, 다른 하나는 세수 증가를 이끌어낼 정부의 능력이다. 세수 확보의 근본적 해결책은 조세제도의 구조적인 개혁이지만 중기적 관점에서 할 수 있는 대안도 없지 않다 (제8징 침조). 하지만, 향후 가능한 승세 방안들은 하나같이 고도의 정책 능력이나 굳건한 정치적 의지를 필요로 하는 것들이다. 다른 정책과 달리 조세정책은 납세자의 반응이 중요한 변수일 수 있으므로 일방통행식의 정책 집행이 어렵다. 이럴수록 우호 여론 확보를 위한 노력이 선행돼야 한다.

증세와 관련해 한 가지 우려되는 것은 보수 이념의 집권당이 시대 조류와 어긋나는 재정 기조를 고집하는 것이다. 2022년 9월 취임했던 영국의 트러스 총리는 적자 재정이 지속되는 상황에서 신자유주의식 감세 정책을 추진하다 시장의 반격을 받고 역대 최단명 총리라는 불명예를 안고 퇴진했다. 재정 수요가 더 늘어날 것이라 예상되는 시대 흐름을 무시하고 자신의 정치 이념을 고집하다 벌어진 불상사이다. 반면 1980년대의 레이건 감세 정책은 상당한 수준의 구조적 재정 적자를 초래했음에도 불구하고 시장의 역습을 받지 않았다. 이는 작은 정부로 향해 가던 당시의 시대 상황과 직결돼 있다. 무능한 큰 정부보다는 설사 일시적 적자가 있더라도 정부 개입을 자제하는 정부가 낫다는 것이 당시의 시장 반응이었다.

여기서 눈여겨볼 대목은 시장이 작은 정부를 무조건 선호하는 것은 아니라는 점이다. 물론 무분별한 정부 개입은 경계하지만 그렇다고 재정 확대가 불가피한 상황에서 적자 재정을 키우는 무모한 정책을 환영하는 것도 아니다. 결국 정부에 대한 신뢰도가 시장의 심판을 가르는 잣대인 셈이다. 진보와 보수라는 정치 이념이 아니라 얼마나 믿을 만한 정부이냐가 관건이다. 특히, 지금처럼 재정 확대가 불가피한 시대 상황에서는 어느 정도 세수 확보를 할 수 있어야 적자 재정을 면할 수 있다. 이런 시점에서 철 지난 정치 이념에 사로잡혀 감세 기조를 주장하면 시장의 역습을 받을 수 있다.

보수 정권도 얼마든지 적극적 정부가 될 수 있다. 지금처럼 재정 수요는 늘어나는데 적자 재정이 지속되는 시점에서 재정 건전성을 회복하려면 정책 의지와 정책 능력이 동시에 필요하다. 불가피한 재정 확대를 수용한다고 적자 재정을 남용하면 무능한 진보 정권과 다를 바 없다. 그렇다고 지금처럼 적극적 정부 역할이 필요한 시대에 작은 정부만 고집하면 자칫 무능한 보수라는 딱지가 붙을 수 있다. 이런 관점에서 집권 세력의 정치 이념과 무관하게 한국 재정이 나아가야 할 최적의 선택은 '세수 확대형 균형 재정'이다. 즉, 한편으로 늘어나는 재정 수요를 감당하면서 다른 한편으로 재정 건전성을 유지하는 것이다.

그렇다면 이 방안은 과거 한국이 유지해왔던 재정 보수주의와 어떻게 다를까. 외환위기 이전까지의 한국 재정은 재정 수입 내에서 지출을 억제한다는 소위 '양입제출'의 관행을 유지했다. 이런 식의 재정 보수주의는 남미의 경험과 비교되면서 한국 고도성장의 비결 중 하나로 꼽혔다. 실제 한국 정부는 살림살이의 적자를 메우기 위한 국채인 일반회계 적자국채를 외환위기 이전에는 발행하지 않았다. 물론 이렇다고 고도 성장과정에서의 재정 수요를 전적으로 무시한 것도 아니다. 공식적인 예산 범주 밖에서 실질적인 재정 활동이 이뤄지는 '준재정'의 영역이 매우 넓었는데 그 핵심에는 정책 금융 같은 금융 통제 수단이 자리 잡고 있었다. 모든 정책에는 편익과 비용이 있듯 이런 방식의 정부 개입은 외형적인 재정 균형 유지에는 도움이 되었지만 금융 분야의 구조적 비효율을 양산하며 외환위기의 한 요인이 되기도 했다.

이런 점을 감안하면 지금의 경제 환경에서 필요한 재정 건전성은 공식적인 예산 영역 내에서 이뤄지는 투명한 균형 재정이다. 물론, 여기서 말하는 균형 재정은 1조석 성격의 재정 적자를 지양한다는 의미이므로 경기 순환이나 예기치 못한 외부 충격을 흡수하는 과정에서 발생하는 적자까지 배제하는 것은 아니다. 보다 구조적 성격의 지출 항목들을 감당하기 위해서는 확실한 세입원이 있어야 한다는 것이다. 결국, 확실한 증세 방안에 대한 청사진과 이를 현실화시킬 정책 의지 없이는 다가오는 큰 정부 시대의 재정 건전성 확보가 쉽지 않을 것이다.

재정규율과 국제 경쟁력

정부가 어느 정도 세수 확보에 성공한다 하더라도 정부지출이 더 빠른 속도로 늘어난다면 적자 재정을 면하기 어렵다. 특히, 증가하는 지출 항목이 복지, 환경, 의료, 산업정책 등 구조적 성격의 것들이라면 이로 인한 재정 건전성의 훼손은 경제 전체를 위기로 몰아넣을 단초가 될 수 있다. 한국의 경우 오랫동안 재정 보수주의를 견지해온 덕에 아직은 다른 선진국에 비해 정부 부채 수준이 낮은 편이다. 하지만 최근 들어 그 증가 속도가 매우 빨라지고 있다. 중앙정부와 지방정부의 회계, 기금의 합으로 정의되는 좁은 기준, 소위 국가채무(D1)라 보도되는 개념을 기준으로 보면 외환위기 시점인 1997년 말 기준 GDP 대비 정부 부채 비율은 11.1%였다.[11] 2002년 김대중 정부가 끝날 무렵에는 당시에 있었던 구조 개혁의 비용을 반영해 이 비율이 17.1%로 늘어난다. 이후 2007년, 2012년, 2016년 등 정권의 임기가 끝나는 해의 수치를 보면 각각 27.5, 30.8, 36.0%로 꾸준한 증가 추세를 보인다. 이는 보수, 진보 가리지 않고 재정규율이 꾸준히 약해지고 있음을 보여준다. 임기 중 코로나 위기를 겪은 문재인 정부의 경우 2022년 말 정부 부채 비율이 50%에 가깝다(49.4%).[12]

정부 부채의 빠른 증가 추세는 앞으로 더 늘어날 재정 수요를 감안할 때 좋은 징조라 보기는 어렵다. 당장은 다른 선진국보다 재정여력이 있다고 볼 수 있지만 한국은 이들과의 복지 격차가 있기 때문에 특단의 세수 확보 방안이 없는 한 정부 부채 비율의 증가는 시간문제일 뿐이다. 더 큰 문제는 재정규율 자체가 약해지고 있다는 측면이다. 정부 채무 중에는 투자나 융자의 성격을 갖는 부분도 섞여 있기 때문에 이런 총량의 추세만으로 단정적인 결론을 내리기는 어렵다. 그런데 정부 살림살이를 측정하는 일반회계 적자국채 발행 추이를 보면 재정규율의 약화 추세가 뚜렷해진다. 외환위기 이전까지는 수입 한도 내에서 지출한다는 '양입제출'의 관행 덕에 기록된 적자성 채무가 없었다. 그런데 외환위기가 충분히 극복된 이후를 보면 2007년 55.6조 원, 2012년 148.6조 원, 2017년 289.6조 원, 2022년 605.8조 원 식으로 꾸준히 증가하는 추세를 보인다. 정부가 발표한 〈2022~2026년 국가채무관리계획〉을 보면, 2024년 이 금액은 733.5조 원에 이르게 된다.

문제는 한번 무너진 재정규율은 쉽게 되돌아오지 않는다는 점이다. 코로나 위기는 지나갔지만 적자 재정 기조는 여전히 지속되고 있다. 정부의 실제 살림살이를 나타내는 관리재정수지는 2021년과 2022년 각각

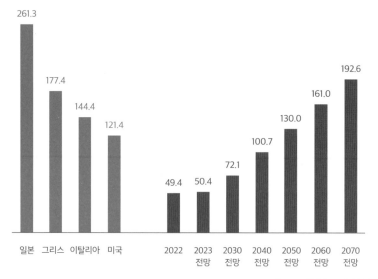

주요국의 정부채무와 한국의 전망

(단위: GDP 대비 %)

261.3

177.4

144.4

121.4

49.4 50.4

72.1

100.7

130.0

161.0

192.6

일본　그리스　이탈리아　미국　　2022　2023　2030　2040　2050　2060　2070
　　　　　　　　　　　　　　　　　전망　전망　전망　전망　전망　전망

자료: IMF, 기획재정부, 국회예산정책처

GDP의 4.4%(90.6조 원), 5.4%(117조 원)의 적자를 기록하고 있다.[13] 물론 요즘 같이 재정 수요가 크고 시장 불확실성이 큰 상황에서 균형 재정 기조로 복귀하기는 쉽지 않을 수 있다. 그래도 아직 다른 선진국에 비해 정부 부채 부담이 덜할 때 감당할 만한 수준으로 재정 건전성을 회복하는 것이 중요한 과제다.

　이런 관점에서 제시되고 있는 것이 소위 '재정 준칙'이라 부르는 공식을 만들자는 것이다. 가장 흔히 보는 형식이 재정 수지, 채무 규모, 지출 총량에 제약을 가하는 방식이다. 이 세 가지를 동시에 사용할 수도, 이 중 어느 한두 개만을 채택할 수도 있다. 한국의 경우 아직 공식적인 재정 준칙은 없으며 유럽연합이 채택한 'GDP 대비 3% 이하의 재정

적자와 60% 이하의 정부 부채' 기준과 유사한 정부안이 나와 있는 상태이다.[14]

그런데 이런 명시적인 준칙의 경우 두 가지 따져볼 점이 있다. 첫째, 재정 준칙의 내용이다. 재정 분권이 이뤄진 미국의 경우 대부분의 주 정부가 균형 예산과 관련된 준칙을 가지고 있는데 구속력이 높은 경우에서부터 낮은 경우까지 다양한 형태를 지니고 있다. 결국, 어떤 형태의 준칙이 필요할지, 그 구체적 기준은 어떻게 잡아야 할지는 해당 시점의 각국 사정에 따라 달라질 것이다. 나라마다 경제구조나 정책환경이 다르기 때문에 재정 적자나 정부 채무의 적정 수준에 대한 획일적인 정답을 찾기는 어렵다. 다시 말해 다른 나라의 사례나 국제 평균 같은 수치를 우리의 기준으로 삼는 것이 최선이 아닐 수 있다는 것이다.

둘째, 아무리 준칙을 만들어 놓아도 안 지키면 그만이다. 다시 말해 준칙의 명목적 내용보다는 실질적인 구속력이 준칙을 평가하는 보다 중요한 기준이다. 과거 한국 정부가 관행적으로 지켰었던 '양입제출'은 일종의 암묵적인 준칙이다. 사실, 성문화된 규정보다 잘 지켜지는 불문율이 훨씬 더 매력적인 규범일 수 있다. 그런데 늘어나는 재정 수요를 세수가 따라잡기 힘든 현 시점에서 이런 식의 실질적인 재정규율을 기대하기는 어렵다. 또한 무리한 균형 재정 회귀 노력은 소위 '자동안정장치 automatic stabilizer'라 부르는 재정 제도의 자율적인 경기 대응 기능을 해칠 수도 있다.[15]

이런 관점에서 볼 때 명문화된 재정 준칙을 만드는 것보다 중요한 것이 재정에 대한 구조적 압박 자체를 줄여나가는 것이다. 여기에는 크게 두 가지 방향이 있다. 하나는 세수 기반을 튼튼히 만드는 것이고, 다른 하나는 국제 경쟁력을 강화하는 것이다. 전자의 중요성에 대해서는 굳이 설명이 필요 없을 것이다. 다만, 그 구체적 대안을 마련하고 실천하는 일이 어려울 뿐이다. 아래에서는 국제 경쟁력의 제고가 어떻게 재정 적자 압력을 완화시키는가에 대해 설명한다.

정부 지출은 크게 세 부분으로 나누어진다. 첫째, 재화나 서비스에 대한 지출이다. 정부도 소비를 하거나 투자를 하는데 여기에 소요되는 금액이다. 보통 총수요의 한 항목으로 정부 지출을 언급할 때는 이 부분을 말하는 것이다. 둘째, 이전지출transfer이라고 불리는 항목들이다. 정부기 기계에 제공하는 복지지출이 대표적인 경우다. 가계는 이렇게 받은 돈을 소비하거나 저축할 것이다. 셋째, 정부 채무에 대한 이자 비용이다.

한 나라에서 생산되는 재화의 총량은 보통 GDP에 표시되는데, 이는 국가적 관점에서의 총공급이라 할 수 있다. 이런 재화에 대한 수요는 국내 수요(내수)와 해외 수요로 나누어 생각할 수 있다. 해외 수요의 대표 항목은 수출이다. 그런데 국제 경쟁력이 하락하면 수출은 줄고 수입은 늘게 된다. 이는 곧 국내 제품에 대한 수요의 감소를 의미하게 되고 성장률의 하락으로 나타난다. 이런 총수요 하락에 대응하는 정부의 대책 중 하나는 세금을 깎고 정부 지출을 늘리는 확대 재정정책이다. 즉 세금 인하를 통해 총수요의 다른 항목인 민간 소비와 투자를 늘리고, 정부 지출의 확대를 통해 국내에서 생산된 제품의 수요를 늘리는 방안이다.

문제는 이런 확대 재정이 초래할 수 있는 재정 적자다. 실제, 경제 위기를 겪은 많은 나라들을 보면 수출 경쟁력 하락이 초래하는 총수요 감소를 재정 적자로 메우려 들다 사태가 악화된 사례가 많다. 최근의 대표적 사례는 2010년 발발된 남유럽 위기의 주역인 그리스다. 애초에 그리스가 지속적 적자 재정을 하게 된 근거는 경쟁력 약화에서 찾을 수 있다. 통상 경쟁력 약화로 무역 적자가 발생하면 자국의 통화 가치가 하락하며 수출 경쟁력을 다소 회복하는데, 그리스는 유로존에 속해 있어 이런 대안이 없었다. 대신 정부의 재정 확대를 통해 부족한 총수요를 메우며 근근이 버티다 글로벌 금융 위기라는 강한 외부 충격이 오니 무너진 것이다.

여기서 한 가지 궁금한 것은 일본의 사례다. 1990년 초부터 근 30여 년 가까이 장기 침체의 길을 걸어왔으며 정부 부채 비율이 200%가 넘는 나라가 어떻게 버티고 있느냐이다. 크게 두 가지 설명이 가능하다. 첫째, 일본은 오랫동안 명목 금리가 영zero에 가까웠기 때문에 부채의 비용인 이자 지출이 크지 않았다. 둘째, 일본의 경우 정부 채무의 95% 정도를 국내에서 소화한다. 이처럼 자국통화로 발행하는 부채의 경우 파산위험이 낮다. 차입의 75% 정도를 해외 원천에 의존해야 했던 그리스와는 차원이 다른 경우다. 일본의 해외 부문은 오랫동안 흑자를 기록했기 때문에 총수요에 긍정적인 기여를 했다. 만일 일본이 그리스처럼 무역 적자 국가였다면 재정 적자 압력이 더 커졌을 것이고 경제는 더 버티기 어려웠을 것이다.

일본의 국제 경쟁력이 재정 부문의 압력을 완화시켜주었다는 사실은 한국의 향후 재정 운영에도 시사점을 준다. 일본의 경우 경기침체에서 벗어나겠다며 효과 없는 재정 확대를 반복하다 정부 빚만 잔뜩 쌓아놓았다. 확대 통화정책으로 금리를 제로 수준으로 낮춘 덕에 민간투자가 줄어드는 구축효과crowding out effect는 덜했지만 기대만큼 소비가 살아나지 않으면서 침체가 길어졌다. 평균 수명이 긴 소비자들은 경제 전망이 좋아 보이지 않으니 소비 대신 저축을 선택할 수밖에 없었을 것이다. 가장 아쉬운 부분은 일본 정부의 역량이었다. 통화나 재정에서 수요 확대 정책을 펴려면 자국 사정에 맞게 제대로 하거나 아니면 구조 개혁 등을 통해 공급 측면의 활력을 끌어 올렸어야 하는데 애매한 서구 경제 이론만 추종하다 정책 여력만 소진했던 것이다. 그래도 일본이 버틴 것은 부지런한 가계와 경쟁력 있는 기업이 있었기 때문이다. 일본의 통화가 국제결제통화인 것도 대외 신인도 유지에 도움이 되었다.

한국의 경우 주요 수출 산업의 경쟁력은 아직은 탄탄한 수준이고 GDP 대비 정부 채무 규모가 일본에 비해 현저하게 낮다. 하지만 중국의 추격으로 수출 분야의 비교 우위를 유지하기가 예전만큼 쉽지 않다. 엔화의 고평가로 주춤했던 일본 제조업도 아베노믹스 이후 다시 활력을 찾는 모습을 보이고 있다. 각종 국제 경쟁력 보고서에서 한국의 금융 부문과 정부 부문이 낮은 점수를 받는다는 것은 특별히 새로울 것도 없는 소식이다. 여기에다 원화는 국제결제통화가 아니기 때문에 외부 충격이 오면 빠르게 자본이 유출되는 경향이 있다는 점도 무시할 수 없다. 이런 점들을 고려하면 향후 재정 분야의 약점이 경제 전체의 위기로 이어지지 않게 하기 위한 대응책은 선명해진다. 한편으로 재정규율을 강화해 재정 건전성을 높이는 것이고, 다른 한편으로 경쟁력을 강화해 설사 적자 재정 압력이 생기더라도 이를 감당할 수 있게 만드는 것이다.

나는 2022년 대선 직전에 출간된 저서 《재정전쟁》에서 새롭게 시작하는 대통령이 연금과 교육 분야의 개혁에 불을 지피고, 이에 더해 노동개혁과 조세개혁까지 이룰 수 있다면 영조나 정조의 반열에 근접할 수 있다고 말했었다. 그만큼 개혁이 어렵다는 것을 반어법으로 표현한 것이지만 동시에 나라의 미래가 달려 있는 중요한 사안을 정치적 이해득실만 따지며 피해가는 집권자들을 걱정하는 시선도 담겨있는 말이었다.

그런데 새롭게 정권을 잡은 윤석열 정부에서 출범 직후인 2022년 5월, 연금·노동·교육개혁을 새 정부 핵심 정책 과제로 선정했다. 개혁은 차치하고라도 일반 정책 수행의 관점에서도 그다지 준비된 것 같지 않은 대통령이 역대 정부에서 피해가던 개혁 과제를, 그것도 동시에 세 가지나 내세웠다는 점이 놀라웠다. 나중에는 정부개혁의 필요성도 추가했는데, 사실 이 중 무엇 하나 쉬워보이는 것이 없다.

정치 지도자가 개혁이 가져올 미래 비전을 말하는 것은 좋지만, 이를 구체적인 정책 어젠다로 삼으려면 많은 고민과 충분한 준비가 있어야 한다. 그래서 좋은 청사진이 필요하고 이를 구현시킬 전략과 동력을 갖추어야 한다고 이 책에서 강조했다. 제대로 된 개혁이 이뤄지면 그 열매가 몇 세대에 걸쳐 나타날 수 있기 때문에 몇 년짜리 임기의 정권이 굳이 모든 것을 다할 필요가 없다는 점도 덧붙였다.

이전 정권들은 연금개혁 하나 다루는 것도 버거워했는데 이 정부는 교육과 노동 분야까지 손을 대겠다고 하니 힘만 분산시키고 결국 아무것도 하지 못하는 것 아니냐고 걱정하는 사람들이 많다. 하지만, 인적자원과 관련된 이 세 분야는 연계성, 보완성이 강한 영역이기 때문에 큰 틀에서 함께 다루는 것이 오히려 적합하다.

문제는 개혁을 다루는 방식이 일반 정책과는 달라야 한다는 점이다. 무엇보다 다양한 개혁 과제를 해당 부처가 적당히 나누어 관리하는 기존의 백화점식 방식으로는 실질적인 성과를 내기 어려울 것이다. 예산이나 인력 등 정책 자원의 배분도 애매하고 정치적 지지를 모으기 위한 전략 수립도 힘들기 때문이다. 위원회 방식 또한 한계가 분명하다. 실질적인 권한도 없고 일을 제대로 해낼 예산이나 인력도 없는 위원회의 경우 잘해봤자 부처 관료들에게 아이디어나 제공하는 집단에 머물기 쉽다. 이도 아니면 정권이 뭔가 일을 하고 있다고 생색내는 면피형 수단에 불과할 뿐이다.

현 정권이건, 다음을 생각하는 정치 지도자이건 정말 나라 미래를 위해 단 한 가지 분야에서라도 가시적인 성과를 내려면 개혁 과제들의 성격과 정부가 동원할 수 있는 자원을 냉철하게 파악해 목표의 우선순위를 설정하고 실천 가능한 전략을 구상해야 한다. 뜬구름 잡는 식의 추상적 목표만 나열하거나 너무 세부적인 사안 몇 개에 집착하는 방식으로는 아까운 시간과 자원만 낭비할 것이다. 저출산 정책의 과거 경험이 보여주듯 막연한 당위론만 앞세우며 부분적인 제도 개편이나 예산 투입에 의존하는 방식으로는 몇 발자국 못 나갈 것이다. 노동개혁은 아무리 합리적인 사안이라도 일단 이념 대립의 함정에 빠지면 타협이 불가능해지는 것이 우리 현실이다.

연금개혁이나 교육개혁과 같이 전 국민이 이해당사자인 사안의 경우 정치적 이해관계나 따지는 나약한 의지로는 할 수 있는 것이 별로 없다. 개혁에 필요한 재원 확보는 물론 날로 늘어나는 복지 수요를 감당하기 위해서도 조세개혁은 필수이지만 언급조차 없다. 개혁의 주체를 대상으로 삼아야 하는 정부개혁은 위기와 같은 특별한 시점이라면 모를까, 평시에는 쉽게 다룰 수 있는 영역이 아니다. 이 책에서 제시한 것처럼 규제개혁을 통해 우회적으로 접근하는 것이 현명한 방식이다.

결국, 하나의 개혁이라도 완수하려면 기존의 사고 틀을 바꾸는 발상의 전환이 필요하다. 이 책의 출간 시점 기준으로 집권 2년차를 마무리해가고 있는 윤석열 정부의 개혁 정책을 단정지어 평가하기는 이르다. 정치적 저항이 강하기 마련인 개혁 과제는 힘있는 정권 초기에 마무리해야 한다는 말이 있는데 이는 틀린 얘기다. 이 책에서는 개혁의 골든 타임 같은 것은 존재하지 않는다는 점을 강조했다. 개혁 과제의 성격에 따라 '청사진, 공론화, 정치적 타협'이라는 세 가지 개혁 공식의 시점과 지속 기간이 달라질 수 있기 때문이다. 청사진 하나만 제대로 만들어 '정권을 이어가는 개혁'의 단초를 놓는 것만으로도 얼마든지 업적이 될 수 있다. 지난 수십 년, 개혁 같은 개혁을 본 적이 없었던 데에는 임기 내에 뭔가 마무리를 해야만 자신의 업적이라 여기는 이기적인 조바심이 한몫을 했다. 하지만 집권 2년이 지나도록 분야별로 변변한 개혁 청사진이나 구체적 전략이 보이지 않는다면 얘기는 달라진다. 세상 모든 일이 그러하듯, 문제가 뭔지 모르면 해답이 나올 리 없다.

***

나의 전작 《재정전쟁》의 프롤로그에서 언급한 것처럼 소박해도 좋으니 우리 고유의 제도적, 역사적 맥락에서 한국 경제와 사회의 발전에 필요한 이론을 만드는 것이 나와 내 동료들의 희망이다. 우리는 한국전쟁의 폐허에서 일어나 70여 년 만에 세계 10위권 강국으로 성장하는 기적을 일구어냈지만 그 배경에 어떤 비결이 숨어 있는지 정확히 모른다. '정부가 앞장서고, 재벌이 중심이 되어 해외 시장을 공략하는 수출주도형 전략'을 성공 공식처럼 되풀이하지만 이것은 밖으로 드러난 현상이지 이를 가능하게 했던 핵심 요인들은 따로 있을 수 있다. 다른 개도국들도 정부나 재벌이 나서지 않는 경우가 드물고, 경쟁력 확보를 통해 수출을 늘리는 것은 누구나 원하는 목표다. 대한민국이 특별하다면 왜 특별한지 좀 더 구체적인 분석과 설명이 필요하다. 이런 토대가 있어야 지금 겪고 있는 새로운 도전들에 대한 해답이 나올 수 있다. 그저 앞서간 세대가 피땀 흘려 이룬 성과에 얹혀 살며 기득권 유지나 하려 들면 '지대추구 사회'라는 오명에서 벗어나기 힘들다.

이 책의 핵심 내용 중 하나인 연금개혁의 기초 연구와 방법론을 담당한 DPI(Development Paradigm Institute, 발전패러다임연구소)는 이런 질문에 대한 답변을 제시하기 위해 최근에 설립한 연구 모임이다. 그동안 다양한 개도국의 재정정책과 발전 전략을 연구하고 자문하면서 정리해둔 아이디어들을 한국의 경험을 바탕으로 이론화하는 것이 목표다.

나의 대학 시절, 현실 경제는 다르게 가고 있는데 강의실에서는 선진국 경험에 기반한 이론만 가르쳤다. 협소한 시장을 가진 개도국은 해외 시장을 공략할 공급 측면의 경쟁력을 갖추는 것이 필수인데도 미국의 경험을 토대로 한 총수요 관리 정책만 배운 것이다. 재정학 교재에 나오는 정부는 이런저런 세금을 한데 모아 미리 정해진 우선순위에 따라 배분하는 방식으로 재정을 운영하지만 한국을 포함한 많은 나라의 재정 체계는 특정 세수의 용도가 미리 정해지는 분절된fragmented 측면을 내포한다. 선진국이나 국제기구 학자들이 제시하는 발전 전략에는 자본과 기술을 가져다줄 외국인직접투자가 핵심 요소이지만, 한국은 토종 재벌을 기르는 방식으로 지난 수십 년 동안 유일하게 선진국 대열에 진입한 국가로 거듭났다. 그런데 이들의 숨은 역할 중 하나는 세금을 많이 내 성장 재원 마련에 기여했다는 점이다.

이런 관점에서 경제발전 문제에 정형화된 해답을 제공하는 국제기구의 'One-size-fits-all' 공식은 문제를 해결하기보다 새로운 문제를 일으킬 여지가 있다. 국제통화기구IMF의 자문을 착실하게 따른 인도나 남미 국가들에 비해 나름의 주체적인 발전 전략을 시도한 한국과 중국의 성장 성과가 뛰어난 것은 어떻게 설명해야 할까. 나라마다 경제발전에 기여한 고유한 특성이 있는 법이다. 과거 한국은 준조세나 준재정 영역이 넓고 금융 통제가 강해 부패 지수는 높았지만 실패한 개도국에서 나타나는 지대추구 현상은 오히려 덜했었다.

DPI는 이런 다양한 유형의 '발전 패러독스' 연구에 초점을 두고 있다. 한국의 성공적인 경험을 토대로 다른 개도국의 경제발전에 시사점을 주는 이론을 정립하려는 것이다. 이와 함께 새로운 국제 질서에 부합하는 산업정책이나 급속한 인구 고령화에 대처하는 방안 등 한국이 앞으로 직면할 새로운 도전들에 대한 탐구도 진행 중이다.

***

나는 경제학자이지만 경제 문제가 정치나 사회 문제와 분리되기 어렵다고 본다. 이 책에서 다루는 연금, 교육, 노동, 인구 문제는 복잡한 연립방정식을 푸는 일이다. 정부와 시장의 역할을 이분법적으로 나누는 일차원적 사고 대신 정부의 힘과 시장의 힘을 함께 동원하는 지혜가 필요하다. 그러려면 각자의 전문화된 영역에서 벗어나 보다 입체적으로 문제를 이해하려는 시도를 해야 한다. 경제 문제의 상당 부분은 그 배경에 정치적 이해관계가 깔려있기 때문에 자신의 전문 영역 이론에만 강한 경제학자는 쉽게 접근하기 어려울 수 있다. 교육학자나 인구학자가 해당 분야의 지식은 풍부하겠지만 이들이 사교육과 저출산 문제에 대한 해답을 안다는 보장이 없다.

이 책은 우리 사회가 직면한 핵심 과제인 인적자원 분야의 4대 개혁과 이를 가능하게 해줄 정부 분야 2대 개혁을 포괄적으로 다룬 실험적인 시도다. 나의 전문 지식과 경험을 바탕으로 했지만, 이 책의 배경에는 우리 사회를 보는 일반인의 '상식'이 자리잡고 있다. 이는 해당 분야마다 존재하는 '고정관념'과 차별화된다. 흔히 개혁의 적으로 기득권의 고착화를 말하지만, 이 못지않게 개혁을 저해하는 것이 사고의 고착화다. 말로만 개혁을 부르짖는 정치인, 관료, 전문가들이 상식으로 세상을 바라보는 일반인보다 뭐가 더 나을까 하는 문제의식이 이 책을 쓰게 된 동기다. 단순히 6개 분야를 나열식으로 다룬 것이 아니라 모든 개혁을 관통하는 성공 공식을 잡아내려 했다. 개혁이라는 추상적 개념을 실용적 관점에서 다룰 수 있는 체계적 틀을 마련할 필요가 있다 생각했기 때문이다.

집필에만 수개월이 걸린 이 책의 원고를 마무리하면서 다시는 이런 방대한 과제들을 한 권의 책에 담는 무모한 시도는 하지 않겠다고 다짐했다. 다만 각 분야별로 숱한 전문가들이 매달려 정해놓은 개혁 해법과는 조금은 결이 다른 제안들을 했다는 측면에서 나름의 보람을 느낀다. 한 번 더 강조하지만, 점진적 변화가 아닌 구조적 변화를 이루려면 발상의 전환이 필요하다. 이 책은 구체적 정답을 찾기에 앞서 문제를 다른 각도에서 바라보려는 혁신적 시도에 가깝다. 현실에서 먹히지 않는 뻔한 해법을 재탕, 삼탕하는 교육, 연금, 노동, 인구 분야의 개혁 논쟁에 이 책이 제시하는 실험적 해법이 자극을 줄 수 있을 것이라 기대한다.

감사해야 할 사람들이 많지만 몇 분만 대표로 언급한다. 먼저 이 책의 시의성을 고려해 빠른 발간을 결정해준 매경미디어그룹의 김정욱 기획실장과 매경출판의 최경선, 허연 전·현 대표, 빡빡한 일정에도 좋은 책을 만들어준 유승현 편집장과 그의 동료들에게 사의를 표한다. 원고의 실증 분석 파트와 편집 과정을 맡아 나와 동고동락한 DPI 연구팀의 신영임 박사와 김혜미 박사의 헌신이 없었으면 이 책은 세상에 나오기 어려웠을 것이다. 아울러 저출산과 이민 등 인구 문제를 자문해준 법무법인 율촌의 구자형 변호사와 하버드 의대의 전한경 박사, 책 구성을 자문해준 한화그룹의 황진우 부사장, 최종 원고를 꼼꼼히 읽고 평해준 박수진, 장수진, 서유정 님, 유튜브 채널 개설에 도움을 준 이나연, 이경은 님, 그리고 초고를 읽거나 아이디어를 나누어주신 주변 지인 여러분들께 진심으로 고맙다는 말씀을 전한다. 물론 책에 남아 있을 오류나 약점은 오롯이 저자인 나의 몫이다. 책을 쓰는 동안 이 일에만 집중하게 도와준 최영아 가장과 전윤석 셰프, 책 핑계를 대면서 아침 산책을 자주 빼먹은 무심한 아빠를 이해해준 우리 집 서열 1, 2위 냉이와 단이에게도 사랑을 보낸다.

제1부 개혁의 성공공식

제1장 개혁할 결심과 헤어질 결심

1   처음 투입된 자금이 회수되면서 재사용됐기 때문에 실제 '공적자금'이란 이름하에 사용된 총 액수는 170조 원 수준이다. 금융위원회(2023.8)의 《공적자금관리백서》에 따르면, 2023년 6월 말까지, 예보채 등 채권발행자금, 회수자금, 공공차관 등 공공자금, 금융회사 차입금 등 기타자금 등으로 자금을 조성해 경영정상화 등에 총 168조 6,553억 원을 사용했다.

2   2023년 봄 윤석열 정부는 최대 52시간까지 근무할 수 있는 주당 노동 시간을 최대 69시간(연장근로 상한을 한 주에 몰아 최대한 사용 시 80.5시간)으로 늘리는 대신, 52시간 이상 초과근로한 시간만큼 이후의 근로시간을 줄이거나 휴가로 보상하는 제도를 시행하고자 했다. 그러나 결국 근로시간 총량이 늘어날 것이라는 우려와 함께 국민 상당수가 반발하자 고용노동부는 근로시간 개편안 추진을 보류했다.

3   에마뉘엘 마크롱 프랑스 대통령이 2023년 1월 정년을 62세에서 64세로 늦추는 방안을 골자로 한 연금개혁안을 발표하자, 노동조합 및 야당에서 전면 파업과 시위를 하며 강경한 반대 입장을 표명했다. 그러나 마크롱 대통령은 의회 표결 없이 입법을 할 수 있도록 한 프랑스 헌법의 특별조항을 동원해 헌법위원회 승인을 받아내며 그해 4월 자신의 대선 공약이었던 연금개혁안을 통과시켰다. 리즈 트러스 영국 총리는 2022년 9월 취임한 이후 소득세 최고 세율 인하와 법인세 인상 철회를 중심으로 2027년까지 450억 파운드(약 72조 원)에 이르는 대규모 감세안을 추진하다가 여론의 강력한 반발에 부딪혀 취임 45일 만에 사임했다.

4   조사 기관이나 시기에 따라 다소 차이는 있지만 우리나라의 이념 지형은 '진보-중도-보수'가 각각 '30-40-30' 퍼센트를 차지하는 분포를 가진다.

제2장 개혁 청사진

1   Acemoglu, D. & Robinson, J. A. (2012)의 《국가는 왜 실패하는가》에서는 좋은 제도의 중요성을 강조한다. 특히, 1945년 남한과 북한이 서로 다른 경제운용방식을 채택한 이후, 반 세기 만에 두 나라의 소득격차가 벌어지며 경제적 성패가 갈렸음을 언급하고 있다.

2   2021년 7월 2일에 개최된 제68차 유엔무역개발회의UNCTAD: United Nations Conference on Trade and Development 무역개발이사회에서 우리나라의 지위를 그룹 A(아시아·아프리카)에서 그룹 B(선진국)로 변경하는 안이 만장일치로 가결됐다. UNCTAD 사무국에 따르면 한국의 선진국으로의 지위 변경은 1964년 UNCTAD의 설립 이래 비선진국 그룹에서 선진국 그룹으로 최초로 이동한 사례다.

3   클린턴은 의료보험 개혁을 대선 공약으로 내걸고 대통령에 당선됐으나 곧 야당인 공화당의 강력한 반발에 부딪혔고, 중간선거에서 공화당에 다수당을 뺏기면서 의료보험 개혁은 좌절됐다. 이후에 정권을 잡은 민주당 소속 오바마 대통령이 전 국민의 의료보험 가입을 의무화하는 의료보험 개혁(오바마케어)을 2014년부터 시행하게 되었다.

제3장 정치적 지지와 개혁 타이밍

1 중위투표자정리는 몇 가지 가정하에서 중위투표자의 선호가 다수결 투표의 결과를 좌우한다는 이론이다. 이를 현실 정치에 응용하면 진보와 보수의 대립에서 숫자가 많고, 이념적 중립에 가까운 중간 계층 유권자의 마음을 잡는 것이 선거 결과에 유리하다는 의미다.

2 2003년 처음 실시된 국민연금 재정계산 결과, 2047년 기금 고갈이 예상됨에 따라 국민연금개혁이 추진됐다. 여러 해 동안 진통을 거쳐, 보험료율은 9%를 유지하되, 소득대체율은 2008년 50%로 즉시 인하한 뒤, 2028년 40%까지 단계적으로 낮추는 개혁안이 2007년 통과됐다. 한편, 공무원연금 역시 재정악화가 지속됨에 따라 전체 재직 공무원의 연금액을 삭감하고, 연금을 받는 연령도 60세에서 65세로 연장하는 등의 내용이 포함된 개혁안이 2015년 통과됐다.

3 2005년 종합부동산세 납세인원(개인)은 인구 대비 0.13%에 불과했다.

4 이명박 대통령은 취임 직후 '녹색 성장'을 정권의 국정기조로 설정하고 「저탄소 녹색성장기본법」을 제정하는 등 법적 기반을 마련하고자 했다. 그러나 2013년 박근혜 정부가 출범하면서 '녹색 성장' 기조는 점차 약화되다가 사라졌다. 노무현 정부 때 출범한 저출산고령사회위원회는 2005년부터 대통령이 위원장을 맡는 직속 기구로 운영됐다. 그러나 이명박 정부가 집권하면서 대통령 직속 위원회는 폐지하고, 그 기능을 보건복지부장관 소속으로 이관하며 위원회의 역할이 약화됐다. 이후 2012년에 다시 대통령 직속 기구로 환원되어 운영되고 있다.

5 게르하르트 슈뢰더 총리가 2002~2005년에 추진한 하르츠 개혁은 장기 실업자를 노동시장으로 끌어들이는 데 목적을 두고 단행한 광범위한 노동개혁이다. 이 개혁을 통해 독일의 실업률은 크게 개선됐고 독일은 유럽을 대표하는 강국으로 거듭날 수 있었다. 그러나 이 개혁의 여파로 노동조합과 노동자들을 주요 기반으로 하던 사회민주당-녹색당 연립정부는 지지층을 잃게 되면서, 다음 선거에서 야당 후보였던 메르켈 총리에게 패하며 재집권에 실패했다.

제2부 인적자원 4대 개혁

제4장 교육개혁: 교육 전면전을 위한 백지 청사진

1 지금은 수시의 비중이 높아지며 수능의 영향력이 예전보다 줄어들긴 했지만 여전히 주요 상위권 대학에서는 입학생의 약 40%를 정시로 뽑는다.

2 복잡한 내신 입시 방식을 전국 350여 개 대학들이 제각각으로 취사선택하며 우리나라 대입 전형은 한때 3,000가지가 넘었다고 한다.

3 지대는 정상적인 경쟁시장에서 얻을 수 있는 수준을 넘어서는 초과이윤을 의미한다. 지대추구 행위와 부패와의 관련성은 제9장에서 상세히 다루고 있다.

4 2023년 7월에 터진 서이초 교사의 자살과 이후에 벌어진 교사들의 대규모 집단 행동은 실추되고 있는 교사의 권위와 명예를 상징적으로 보여주는 사건이었다.

5 지방재정교부금은 교육의 균형 있는 발전을 도모하기 위해, 지방자치단체가 교육(행정)기관을 설치·경영하는 데 필요한 재원의 전부 또는 일부를 국가가 교부하는 것을 말한다. 구체적으로, 중앙정부가 거두는 내국세의 20.79%는 지방교육재정교부금으로 교부된다. 2021년 결산 기준 지방교육재정으로 교부된 금액은 61.3조 원으로, 전체 교육지출의 54.5%, GDP의 3%를 차지한다.

6 교육 상품은 엄밀하게 서비스에 해당하지만 여기서는 넓은 의미에서 재화로 본다.

7 통계청(2023.3.7). 〈2022년 초중고 사교육비 조사 결과〉.

8 예컨대 카이스트의 경우 학업 역량과 학업 외 역량을 묻는 2단계 면접을 실시하는데 두 경우 모두

상당한 시간을 할애하는 심층 면접 방식을 사용한다. 특히 학업 외 역량 면접의 경우 개별 수험생의 특성에 관한 평가가 이뤄진다.

9 2023년 6월 28일 교육부가 발표한 고등교육법 시행령 개정안에는 학생들의 전공 선택 자율을 확대하고 '대학에 학과·학부를 둔다'는 조항을 폐지하는 내용이 담겨있다. 이런 법규정의 개정은 분명 건설적 방향이라 할 수 있지만 이것이 실효성을 갖기 위해서는 교육 전반의 거버넌스가 달라져야 한다.

10 한국교육개발원의 교육통계서비스 데이터베이스에서 가져온 수치로, 일반대학과 전문대학의 정원 내 모집인원을 합친 값이다.

제5장 인구개혁: 초강력 유인으로 모멘텀 바꿔야

1 여성이 41세 미만인 부부에게 20년을 만기로 대출해주며, 아이가 태어날 때마다 3년간 대출금 상환을 연기할 수 있다.

2 통계청이 발표한 〈2023년 9월 인구동향〉에 따르면 2023년 3분기 합계출산율은 0.70명이다. 이는 역대 최저치였던 2022년 4분기, 2023년 2분기와 동일하며, 전년 동기에 비해 0.10명 감소한 수치다.

3 프랑스(1.8명), 미국(1.66명), 일본(1.3명) 등 그해 한국(0.81명)을 제외한 37국이 모두 1명 이상이다. 2000년만 해도 한국의 출산율은 1.47명으로 일본보다 높은 수준이었다. 그러나 출산율이 점차 떨어지며 2018년에 65세 이상 고령 인구가 전체 인구의 14% 이상인 '고령 사회'에 진입했고, 2025년에는 고령 인구의 비중이 20%를 넘어서는 '초고령 사회'가 될 것으로 예측되고 있다.

4 저출산고령사회위원회의 제출 자료를 기준으로 볼 때, 2006~2022년까지 (2020년까지는 결산, 2021~2022년은 예산 기준) 총 331.6조 원의 출산 관련 예산이 배정됐다.

5 한국은 2020년 사망자 수가 출생아 수를 웃돌면서 인구의 자연 감소가 시작됐고, 이 추세는 이후에도 이어지고 있다. 2022년 총인구는 5,169만 2,000명인데 이 중 내국인은 4,994만 명으로 5,000만 명대가 깨졌다. 외국인은 175만 2,000명으로 국적별로는 중국(한국계) 30.1%, 베트남 11.9%, 중국 11.7% 순이다.

6 데이비드 콜먼David Coleman 옥스퍼드대 명예교수는 2006년 유엔 인구포럼에서 한국이 지구상에서 사라지는 첫 번째 국가가 될 것이라 언급했다.

7 사실 '적정 인구'라는 개념은 정의하기 어렵다. 무엇을 기준으로 잡느냐에 따라 답이 달라지고, 기술 수준이 달라지면 또 바뀌기 마련이다. 대략 한 나라의 생산성이 기존 인구를 먹여 살릴 정도의 인구가 적정하다고 상식선에서 생각할 수도 있고, 한 국가의 생활수준을 대변하는 1인당 국민소득이 최대화되는 수준으로 볼 수도 있다.

8 2022년 기준 서울의 합계출산율은 0.59명으로 전국 최고인 영광군 1.80명의 1/3 수준이다.

9 한국의 잠재성장률은 2000년대 초반 5% 수준에서 2023년 2% 수준으로 지속적 하락을 거듭해 왔다.

10 통계청의 〈2021년 장래인구추계〉 중위가정 및 이를 원용한 국민연금 재정계산(5차, 2023년 1월 발표)에서는 합계출산율이 2023년 0.73명에서 2024년 최저수준인 0.7명까지 하락한 이후 반등해, 2030년 전후 0.96명, 2046년 이후 2093년까지 1.21명으로 완만한 회복을 보일 것으로 가정하고 있다.

11 중국 인구 관련 공공정책 연구기관인 위와인구연구소의 발표에 따르면 한국에서 자녀를 18세까지 키우는 데 드는 양육비는 1인당 GDP의 7.8배로 조사대상(2010~2021년 14개국) 표본 중 가장 높은 순위를 차지했다. 2023년 8월 통계청이 발표한 〈사회조사로 살펴본 청년의 의식변화〉에 따르면 19~34세 청년 가운데 결혼에 긍정적인 대답을 한 비중은 36.4%에 그쳤다.

12 올림픽에서 메달을 따거나, 아시안 게임에서 금메달을 따면 현역병 대신 예술체육요원으로 복무

할 수 있다.

13 조세 감면을 '조세지출tax expenditure'이라 부르는 것도 이런 이유에서다.

14 한국의 GDP 대비 정부채무 비율은 빠르게 증가하고 있는 추세다. IMF Global debt database를 이용해 계산한 결과, 한국의 일반정부 정부채무-GDP 비율은 2000~2022년 기간 동안 평균적으로 약 5.5%씩 증가했다. 이는 2008년 글로벌 금융위기 여파로 재정위기를 겪었던 그리스의 정부채무 평균 증가율(2.8%)보다도 높은 수치다.

15 프랑스의 출산 관련 조세 유인 중 하나인 'N분 N승'제는 가구 소득을 구성원 수(부부와 부양자녀의 인원수를 반영한 가족계수)로 나눈 다음 해당되는 과세표준 구간의 세율을 적용하고 다시 구성원 수를 곱해 세액을 산출하기 때문에 가구 전체의 실효세율이 낮아진다.

16 조세의 형평성은 같은 능력의 사람들은 같은 세금을 내야 한다는 '수평적 형평성'과 능력이 더 있는 사람들이 세금을 더 내야 한다는 '수직적 형평성'으로 분리해 생각할 수 있다. 이 주제에 대한 상세한 논의는 저자의 전작 《재정전쟁》 제7장 '세금의 절반은 정치다' 참조.

17 현재 저출산고령사회위원회가 명목적 컨트롤 타워 역할을 하고 있지만 이 책에서 말하는 수준의 실질적인 정책 결정 권한을 가진다 보기 어렵다.

18 육아휴직 급여, 육아휴직 대상 자녀 연령 확대, 배우자 출산휴가 확대, 자녀세액공제 및 아동수당 등 정부가 제공하는 출산 육아 관련 정책은 아이사랑보육포털(www.childcare.go.kr)에 잘 정리돼 있다.

19 우리나라의 육아휴직 기간은 OECD 국가 중에서도 긴 편이다. OECD Family database를 참고하면, 2022년 기준 우리나라의 유급 출산휴가 및 육아휴직 기간은 여성, 남성의 경우 각각 64.9주, 54주로, 38개 OECD국가 중에서 8위, 1위이다. 그러나 실제 사용률은 낮은 편이다. 2021년 기준, 출생아 100명당 육아휴직자 비율(남성과 여성 모두 포함)은 29.3명이다. 고용노동통계에 따르면, 2022년 남성 육아휴직급여 수급자는 3만 7,884명으로, 전체 수급자(13만 1,129명)의 28.9%에 불과하다. 정부는 〈2024년 예산안〉을 국회에 제출(2023.9.1)하면서, 육아휴직 기간을 현행 자녀 1명당 최대 1년에서, 2024년 하반기부터 최대 1년 6개월로 늘리는 안을 포함했다.

20 세종시의 경우 양육을 위한 인프라도 잘 갖추어져 있는 편이다. 예를 들어 이 도시 유치원의 국공립 비율은 95%에 달한다.

21 삼성전자의 경우 자녀 1명당 육아휴직을 최대 2년간 제공하며 다태아 임산부에겐 최대 20일간 배우자 출산 휴가를 제공한다. 한미글로벌은 육아휴직 기간도 근속연수로 인정하고, 만 8세 이하 자녀를 둔 직원에게 2년간 재택근무 옵션을 준다. 셋째를 출산하면 직급 관계없이 승진한다는 파격적인 조항도 있다.

22 매일경제. 〈[모자이크 코리아] 이민 4배로 못늘리면 韓 성장판 닫힌다〉. 2023.05.17. 참조.

23 학자들에 따라 다소 차이는 있지만 소위 제1차 세계화the first wave of globalization 시기는 1870년대에 시작해 1차 세계 대전(1914~1918) 무렵까지를 말한다.

24 2023년 6월 27일 프랑스에서 17세 알제리계 프랑스인 소년이 경찰의 교통 검문에 불응하고 도주하다가 경찰이 쏜 총에 맞아 사망하는 사건이 발생했다. 이를 계기로 알제리계 10대들의 폭력 시위가 시작됐으며 인접 국가인 스위스와 벨기에로도 시위가 확산됐다.

25 한국행정연구원의 〈사회통합실태조사〉에 따르면 외국인을 한국 국민으로 받아들이는 강도인 '외국인수용도'는 2022년 기준 10점 기준 5.3점에 머물렀는데 이는 조사를 시작한 2019년(5.2점)에서 크게 달라지지 않은 수치다.

26 정부는 2023년 12월부터 가사와 육아를 돕는 외국인 가사 도우미를 고용하는 사업을 시범적으로 운영할 계획이다. 서울시는 만 24세 이상의 일정 조건(경력, 어학, 신원 검증 등)을 만족하는 가사 도

우미를 선정해 이들을 20~40대 맞벌이 부부, 한부모 가정, 다자녀 가정에 우선적으로 고용할 계획이라 밝혔다. 가사 도우미들은 각 가정에 직접 고용되는 것이 아닌, 정부 인증을 받은 기관에 채용된 뒤 각 가정으로 출퇴근하게 된다. 가사 도우미들도 최저임금법을 적용받지만, 정부는 각 가정이 부담하는 비용이 현 시세인 시간당 1만 5,000원보다는 낮게 형성되도록 보조할 계획이라 밝혔다.

27 현재 우리나라의 이민 문제는 법무부 내의 '출입국외국인정책본부'에서 담당하고 있다. 최근 들어 체계적인 이민 정책을 추진해 나갈 체제의 일환으로 이민청 설립에 대한 논의가 많아지고 있다.

28 양성평등채용목표제란, 5인 이상을 뽑는 5, 7, 9급 공채 등에서 특정 성별이 선발예정인원의 30%에 미달할 경우 선발예정인원을 초과해 추가로 합격시키는 제도다. 1996년 여성공무원 채용목표제를 전국으로 시행하였으나 남성 역차별 문제가 불거지면서 2003년부터는 양성평등 채용목표제로 변경했다.

29 통계청에서 〈장래가구인구추계〉를 이용해 계산한 65세 이상 인구 중 1인 가구의 비율(독거노인 비율)은 2000년 16%에서 2022년 20.8%로 꾸준히 증가하는 추세를 보인다.

30 2020년 기준 은퇴연령인구(66세 이상)의 소득 지니계수는 0.376로, OECD 평균인 0.303보다 높다. 노인세대의 소득이 대부분 자산에서 비롯된다는 점을 고려하면 이들의 소득 불평등은 상당 부분 자산 불평등에서 비롯된 것이라 유추할 수 있다.

31 전국경제인연합회 중장년일자리희망센터가 2022년 8월 40세 이상 중장년 구직자 1,020명을 대상으로 설문조사한 결과를 보면, 70세 이후에도 일하기를 희망하는 구직자는 전체의 65.6%로 10명 중 7명에 가까웠다. 특히 75세 이상인 경우에도 일하기 원한다는 응답은 전체의 19.1%를 넘었으며, 응답자들의 은퇴 희망 평균 연령은 69.4세였다.

32 보건복지부(2023)의 〈2023 노인복지시설현황〉에 따르면, 2022년 기준 한국의 시니어타운(노인복지주택)은 전국 39곳, 입소정원은 8,840명에 불과하다. 조용운(2021). 〈한·일 장기요양서비스 공급체계 비교 및 보험회사 진출 사례〉 보험연구원 이슈보고서 2021-21.에 따르면, 우리나라의 노인복지주택과 유사한 일본의 유료노인홈은 2019년 기준 약 1만 4,000개가 넘게 존재한다. 또한, 강지원 외(2021). 〈고령자 대상 주거지원 정책 평가 연구〉. 한국보건사회연구원 연구보고서. 2021-36.에 따르면, 2019년 말 기준 영국 전역에는 대략 47만 5,000채(보호주택 및 돌봄주택)의 고령자 지원주택이 있다.

33 Bird, R. M., & Jun, J. (2007). "Earmarking in theory and Korean practice" in S. L. H. Phua(ed.), Excise Taxation in Asia. National University of Singapore에 따르면, 교통에너지환경세, 담배 관련 제세부담금, 주세 등 특정 세목과 특정 지출 용도가 연계되는 실질적인 목적세의 비중은 전체 세수의 17% 수준에 달한다.

34 2022년 6월 엠브레인퍼블릭, 케이스탯리서치, 코리아리서치, 한국리서치가 실시한 NBS(전국지표조사) 여론조사 결과, 노인 연령 기준 상향 찬성은 62%, 반대는 34%였다(표본오차 95% 신뢰수준, ±3.1%p).

35 우리나라의 노인복지사업의 대상자는 65세 이상인 경우가 많다. 대표적으로 지하철 무료 승차가 가능한 나이가 65세 이상부터이며, 그 외에 박물관이나 고궁, 공원 등 공공시설 입장료의 할인, 건강진단과 보건교육, 방문요양과 돌봄 서비스 등의 대상 또한 65세 이상으로 설정된 경우가 대부분이다. 65세 이상인 자의 지하철 무료 이용은 1984년부터 시행됐다. 이태석(2022). 〈노인연령 상향 조정의 가능성과 기대효과〉. KDI Focus.에 따르면, 주요 노인복지사업의 수급연령은 50~75세로 다양한데, 49개 사업 중 49%인 24개 사업이 65세 이상, 29%인 14개 사업이 60세 이상의 연령 기준을 적용하고 있다(2022년 기준).

36 관련 선행연구에서는 일정 수준의 기대여명을 기준으로 '노인 연령'을 설정한다. 초기 연구에서는 기대여명이 10년이 되는 시점을 노인 연령으로 보는 경우가 많았으나 이후에는 여러 현실적 요인

들을 감안해 15년, 20년의 기대여명이 남은 시점부터 노인 연령으로 보기도 한다. 이태석(2022). 〈노인 연령 상향 조정의 가능성과 기대효과〉. KDI Focus.에서는 기대여명이 15년 남은 시점을 기준으로 노인 연령을 설정해 분석한 것이다.

제6장 노동개혁: 이념 대립 대신 선택적 접근

1   비정규직의 경우 임금수준은 물론 실제 근무연한, 퇴직연금, 고용보험 등 고용안정성 측면에서도 정규직에 비해 현저하게 열악한 조건하에서 일한다.

2   공정거래위원회는 매년 동일 기업집단에 소속된 계열회사의 직전 사업연도 재무상태표의 자산총계를 기준으로 대규모기업집단을 지정해 발표한다. 자산총계가 5조 원 이상인 경우 공시대상기업집단으로 지정되며, 이 중 자산총계가 10조 원을 넘는 경우에는 상호출자제한 기업집단으로 지정된다.

3   대기업의 노사협상 과정에서 사측이 노조의 요구를 들어주면서 그 결과로 올라간 원가 부담을 협력업체인 중소기업에 떠넘기는 관행은 노동 약자가 희생되는 대표적인 사례 중 하나라 할 수 있다.

4   성장과 분배의 상호 보완성에 관한 분석은 《재정전쟁》 제17장 '최선의 복지정책은 경제성장', 제18장 '재분배 정책과 성장 잠재력' 참조.

5   짧게는 한국전쟁 이후에 태어난 1955~1963년생을 베이비부머 세대로 보기도 한다. 우리나라 출생인구 추이를 보면, 1955년부터 출생자 수가 증가해 1960년, 1971년에 정점을 찍은 후 1974년부터 감소하기 시작했다. 이를 근거로 학계에서는 1955~1974년을 우리나라의 베이비 붐 시기로 본다. 미국의 베이비부머는 제2차 세계 대전 이후인 1946년부터 1964년까지 출생한 세대를 말한다.

6   노동개혁에는 최저임금제 개선, 노조회계 투명성 제고나 하청 노동자에 대한 원청 업체의 책임 강화, 파업 노동자의 책임 소재 규명 등 다양한 현안들이 포함될 수 있으나 여기에서는 구조적 문제를 중점적으로 다룬다.

7   고용노동부 보도자료(2022.7.28). 〈100인 이상 사업체 절반 이상은 호봉급(21년 기준), 직무와 스킬(skill) 중심의 인사관리 확대 추세 - 22년 제2차 「임금직무혁신포럼」 개최〉.

8   정년 연장은 2023년도 대기업 노조의 주요 협상 카드로 등장하고 있다. 삼성·현대차 등 주요 그룹의 노조들은 기존의 법적 정년을 60세에서 62~65세로 늘려줄 것을 요구하고 나섰는데 회사 측은 인건비 증가와 청년층 고용 위축을 우려해 반대하는 입장을 취하고 있다.

9   2022년 기준 한국의 외국인직접투자 유입액은 GDP의 1.1%에 불과하다. 반면 홍콩과 싱가포르의 경우 각각 32.4%, 32.3%에 달한다.

제7장 연금개혁: 세대 간 이타주의에 기반한 정치적 해법

1   공무원연금과 군인연금은 각각 기금이 고갈된 2001년과 1973년부터 국가보전금이 투입되고 있다. 2022년 공무원연금 국가보전금은 약 4.4조 원, 군인연금의 국가보전금은 약 1.7조 원이다. 또 다른 직역연금인 사학연금 역시, 「사립학교교직원 연금법」 제43조에 따라 2001년부터 5년마다 재정계산을 실시하고 있는데, 가장 최근의 결과인 2020년 5차 재정추계에 따르면, 사학연금 역시 2029년 적자로 전환해 2049년 기금이 소진될 것으로 전망된다.

2   우리나라는 2014년부터 소득 하위 70%의 65세 이상 노인에게 급여를 지급하는 기초연금 제도를 운영하고 있다. 기초연금은 정부 일반재정을 재원으로 운영되고 있는데, 기초연금 지출규모는 국비와 지방비 합산 기준으로 2014년 6.8조 원에서 2022년 20조 원으로 연평균 14.4% 증가했다. 소득수준에 따라 기초생활보장제도나 국민연금과 동시 수급이 가능하다.

3 보건복지부 장관은 국민연금법 제4조에 따라 5년마다 국민연금 재정계산(장기재정추계)을 실시해야 한다. 1998년 1차 재정계산 제도가 행해졌고, 가장 최근의 재정계산은 2023년에 실시한 5차 재정계산이다. 국민연금기금 자문기구인 재정계산위원회에서 1월에 현행 제도 기준 기본가정에 기반한 재정추계결과를, 3월에 기본가정 외에도 다양한 미래 상황(경제변수나 인구수)을 고려한 시나리오별 민감도 분석 결과를, 9월에 보험료율 인상 등 모수개혁 시나리오 결과를 발표했다. 5차 재정계산(2023년)에 따르면, 현행 국민연금 제도를 유지할 경우, 2041년에 국민연금기금 적자가 발생하고, 2055년에 기금이 소진될 것으로 전망된다.

4 조세의 수평적 형평성 문제는 저자의 《재정전쟁》 제6장 '저소득 근로자도 세금 많이 낸다'에서 상세히 다루고 있다.

5 소득대체율은 국민연금에 가입해 보험료를 납부한 경우 가입기간 중 본인의 평균소득에 비해 받을 수 있는 연금액의 지급수준을 말한다. 이때 연금액은 기본연금액과 부양가족연금액으로 구성되며, 기본연금액은 다시 전체 가입자의 평균소득을 기초로 계산되는 '균등부분'과 가입자 개인의 가입기간 동안의 평균소득수준에 의해 산출되는 '소득비례부분', 그리고 가입기간에 따른 '가산부분'으로 구성된다. '균등부분'과 같은 소득재분배 장치의 존재로 인해, 소득이 낮을수록 소득대체율이 올라간다.

6 국민연금공단의 〈2022년 12월 기준 공표통계〉에 따르면, 2022년 12월 기준 국민연금 수급자는 0~60만 원 미만에 전체의 약 73%가 집중돼 있고, 전체의 53.1%가 40만 원 이하에 분포돼 있다.

7 국민연금보험료는 사용자와 노동자가 각각 4.5%씩 납부한다. 공무원연금기여금은 정부와 공무원이 각각 9%씩 납부한다. 공무원연금기여금은 각각 7%씩 총 14%였으나, 2015년 공무원연금개혁으로 보험료율이 점차 인상됐고, 2020년부터 9%씩 18%가 되었다. 국민연금연구원(2021). 〈공적연금 제도 간 격차와 해소방안〉. 국민연금연구원 요약보고서, 2021-01.에 따르면, 공무원연금의 지급율은 2015년 1.9%에서 2035년 1.7%로 하향 조정 중이다. 지급율 1.7%의 의미는 보험료를 1년 납부하였을 때 보험료 부과 소득의 1.7%를 월 연금 급여로 받을 수 있다는 의미이므로 36년 가입 기준 소득대체율은 61.2%이다.

8 국민연금이 처음 시행된 1988년에서 40년이 지난 시점은 2027년으로, 40년의 가입기간을 처음 만족시킬 수 있는 세대는 2027년에 59세가 되는 1968년생이다. 이들은 만 64세인 2032년부터 연금을 수급하게 될 예정이다. 즉, 2027년 이전에 40년 가입한 사람은 없다. 국민연금이 전국적으로 확대 시행된 시기가 1998년임을 고려하면, 2023년까지 최대 가입기간은 26년에 불과하다. 재정계산위원회(2023.9). 〈국민연금 제도 개선 방향에 관한 공청회 자료집〉에 따르면, 신규 수급자의 평균 가입기간은 2025년 기준 약 20년이며, 2093년에도 약 28년에 불과할 것으로 예측된다.

9 소득대체율은 국민연금제도 도입 시점인 1988년에는 70%로 설계됐으나 1999년에는 60%, 2008년에 50%로 점차 하락했다. 2009년부터 2027년까지 매년 0.5%p씩 낮아져 2028년에는 40%가 될 예정이다.

10 OECD의 소득대체율 51.8%는 공적연금에 더해, 강제적으로 가입해야 하는 사적연금을 포함했을 경우의 소득대체율이다. 공적연금에 대한 소득대체율만 계산한다면, OECD 평균 소득대체율은 42.2%이다. 이 두 수치는 모두 공적연금 보험료를 내기 시작하는 나이를 22세로 가정하고 계산한 것이다. OECD에서 발표하는 한국의 소득대체율 역시 22세부터 정년 60세까지의 38년을 가입기간으로 보고 계산한 것이다. 실제 우리나라의 가입기간이 평균 20년 정도임을 고려하면, 실제 소득대체율은 이보다 낮아질 수 있다. 반면, OECD 다른 국가들의 소득대체율은 기초연금을 포함해 계산한 것이지만, OECD에서 발표한 우리나라의 소득대체율(31.2%)에는 기초연금이 포함돼 있지 않다.

11 연금 기금이 고갈된 이후 시점이라 예상되는 2060년에는 연금 수급자수와 가입자수가 각각 1,569만 명, 1,251만 명으로 제도부양비는 125.4%가 된다. 5차 재정계산에 따르면 2078년 제도부양비

가 143.8%로 최고점에 이른 이후 다소 감소할 것이라 전망된다.

12 재정계산위원회(2023.9). 〈국민연금 제도 개선 방향에 관한 공청회 자료집〉에 따르면, 보험료율을 9%에서 15%로 올리면 기금이 고갈돼 부과방식으로 전환되는 시점은 2055년에서 2071년으로 늦어진다. 만일 이 시점에서 부과방식으로 전환하고 별도의 국고 지원이 없으면 보험료율이 33.7%까지 올라야 연금 지급이 가능해진다.

13 고교 졸업자 대학진학률은 1980년 27.2%에서 2022년 73.3%로 상승했다.

14 1970년대, 1980년대 평균 경제성장률은 각각 10.5%, 8.9%였고, 1990년부터 외환위기 직전인 1997년까지의 평균 경제성장률은 8.4%였다. 이후 2000년대, 2010년대, 2020～2022년의 평균 경제성장률은 각각 4.9%, 3.3%, 2.1%로 점차 감소하는 추이를 보였다.

15 서울연구원이 2012～2020년의 가계금융복지데이터를 이용해 분석한 〈세대 간 자산 격차 분석〉에 따르면, 모든 세대가 바로 앞 세대 동일 나이대의 순자산을 넘어섰으나 소위 Y세대(1985～1996년 출생)는 그에 못 미쳤고, 이 세대가 모든 세대 중 자산형성이 가장 더딘 세대로 특히 1990년생이 가장 심각했다. 이 보고서에서는 MZ세대라는 명칭을 사용하지 않는다. 가구주 나이를 기준으로 조사 대상을 산업화세대(1940～1954년 출생), 1차 베이비부머(1955～1964년 출생), 2차 베이비부머(1965～1974년 출생), X세대(1975～1984년 출생), Y세대(1985～1996년 출생)로 구분했다.

16 더불어민주당 김회재 의원이 통계청 가계금융복지데이터로 분석한 결과다.

17 국회예산정책처(2023.2)는 〈공적연금개혁과 재정전망 Ⅰ〉에서 보험료율 인상(9%를 12～15%로 인상), 소득대체율 인상(40%에서 45～50%로 인상), 수급 개시 연령 상향 조정(65세에서 66세나 67세로 상향), 급여결정방식(재분배 방식에서 소득비례 방식) 등을 조합한 4개 시나리오를 공개하였고, 분석 결과, 각 시나리오를 시행할 경우 기금 고갈시점은 현행 대비 6년에서 14년 연기될 것으로 전망됐다.

18 재정계산위원회는 보험료율을 현행 9%에서 12%, 15%, 18%로 올리는 방안을 제시하고 있다. 2025년부터 0.6%p씩 인상하되, 각각 5년, 10년, 15년간 올리는 방안이다. 여기에 수급 개시 연령은 현행 유지(65세)하거나 68세로 올리는 방안, 기금 수익률을 그대로 두거나, 0.5%p 혹은 1%p 올리는 방안을 포함해 총 18가지 안을 제시했다(보험료율 인상 3개×수급 개시 연령 2개×수익률 3개 = 18개 시나리오). 수익률을 목표보다 1%p만 높여도 보험료율을 3%p 인상한 것과 같은 재정 안정 효과를 거둘 수 있는 것으로 알려져 있다.

19 DPI에서 사용한 모형은 재정계산위원회나 국회예산정책처에서 사용하는 연금수리적 모형 actuarial model이다. 이 방법은 가입자가 연금제도에 가입해 사망으로 연금수급을 마감하기까지의 전 과정을 연금제도 내용에 맞추어 구현함으로써, 가입자, 보험료수입, 수급자, 급여지출 등을 계산하는 방식이다. 외생변수인 인구, 거시경제변수는 재정계산위원회의 5차 재정전망에 사용된 중위 가정을 이용했다. 국민연금수지는 보험료에서 수급액(급여지출)을 차감하고, 국민연금운용수익을 더해 구했다. 보험료는 1인당 나이별 보험료, 가입인원(전망치), 징수율을 곱해 구하였는데, 이때 나이별 보험료는 통계청의 나이별 평균임금 자료(2022년 기준)와 재정계산위원회의 임금증가율, 인플레이션증가율 전망을 이용해 구했다. 전체 수급액은 1인당 수급액과 수급인원 전망치를 곱해 구했다. 1인당 수급액은 급여산정 수식에 따라 계산했다.

20 소득대체율은 제도 도입 시점인 1988년에는 70%로 설계됐으나, 1998년 1차 제도개혁을 통해 1999년부터 60%로 낮아졌고, 2차 제도 개혁 시, 2008년 즉시 60%에서 50%로 인하, 2009년부터 매년 0.5%p씩 인하해 2028년 40%가 될 예정이다. 예를 들어, 1970년생의 경우 만 20세～59세의 40년 동안 가입했다고 가정하면, 1990년부터 2029년까지 가입하는 셈이다. 이때 각 소득대체율을 적용받는 가입기간은 다음과 같다: 70%는 9년(1990～1998), 60%는 9년(1999～2007년), 41.5～50% 적용 1년씩

(2008~2027년), 40% 적용·2년(2028-2029년)이다. 만약 보험료율을 2025년부터 인상한다면, 인상된 보험료율을 내는 기간은 2025~2029년의 5년에 불과하다.

21 보조금 지급 비율을 세대별로 차별화하는 방안 2의 경우, 1990년대 이전에 태어난 세대의 경우는 실효세율이 13%에서 15%로 2%p 증가하는 반면 1990년생 이후 세대는 11%에서 15%로 4%p 증가한다. 이처럼 보조금 지원이 클수록 지원이 끝난 시점의 보험료율 상승이 커지는 문제를 해결하기 위해 앞서 전체 가입자 방안(방안 1)의 경우처럼 한두 해 추가 지원해주는 방안을 고려할 수 있을 것이다. 예컨대 2035년 한 해만 추가로 1989년생까지는 1%p를 지원해 실효 보험료율을 14%로 만들어주고, 1990년생부터는 2%p를 지원해 실효 보험료율을 13%로 만들어주는 경우를 상정해보자. 이때 필요한 재정소요는 총 21.2조 원으로, 1989년생까지 세대에게 6.1조 원, 1990년생 이후 세대에게 15.1조 원이 소요된다.

22 이 경우, 2035~2044년 사이에 소요되는 금액은 총 197.6조 원이다. 인플레이션이나 임금 상승률을 감안하고도 이 액수가 이전 10년 지원액(202.3조 원) 보다 약간 적은 것은 가입자 수가 다소 줄기 때문이다. 이 총액을 세대별로 나누어보면 1989년생까지의 가입사에 대한 지원액은 71.1조 원, 1990년생부터의 가입자에 대한 지원금액은 126.5조 원이다. 즉, 1990년 이후 출생자만 지원한다면 126.5조 원이 소요된다는 의미인데, 이 액수가 앞서 언급한 방안 3의 추가 재원(300조 원)보다 적은 것은 보험료 지원 비율을 2/3가 아닌 1/2로 유지하기 때문이다.

23 보건복지부는 2023년 10월 27일 〈국민연금 종합운영계획안〉을 발표하면서, 현행 국민연금법령에 의해서도 연금급여는 반드시 지급되나, 청년 세대의 신뢰제고를 위해 국가의 '지급보장 근거'를 보다 명확하게 규정할 것이라고 밝혔다. 다만, 지급보장을 명문화하면 현행 제도가 유지될 수 있다는 오해가 생길 수 있기 때문에 지속가능성을 높이는 연금개혁과 동시에 법률 개정을 추진할 예정이라고 밝혔다.

24 부과방식 보험료율(부과방식비용률)=국민연금급여지출총액/국민연금보험료부과대상소득총액. 이하 언급되는 통계는 재정계산위원회(2023.9). 〈국민연금 제도 개선 방향에 관한 공청회 자료집〉에서 인용했다.

25 국회예산정책처(2023.2). 〈공적연금개혁과 재정전망〉에 따르면, 2023년 현재 공무원연금의 부과방식 보험료율은 28%, 군인연금의 부과방식 보험료율은 30.5%이다. 이는 국고 보조가 없다면 현재의 공무원연금 보험료율이 18%에서 28%로 뛰어야 한다는 의미다. 재정계산위원회(2023.9). 〈국민연금 제도 개선 방향에 관한 공청회 자료집〉에 따르면 국민연금 수지의 적자 규모는 2045년에는 GDP의 약 1.3% 정도이며, 기금 소진(고갈) 시점인 2055년에는 GDP의 4.6%가 될 것으로 전망된다. 이후 점차 높아져, 2080년에는 GDP의 약 7.1%까지 증가했다가, 점차 감소해 2093년에는 GDP의 6.2%의 지출이 필요할 것으로 전망된다.

26 재정계산위원회가 5차 재정 계산 시 사용한 인구부문 가정은 통계청의 〈2021년 장래인구추계〉를 따른 것이다. 통계청에서 제공하는 다양한 인구 시나리오는 중위, 고위, 저위, 초저출산, OECD 평균 등의 가정이 있으나, 가장 기본이 되는 가정(본문에 서술한 가정)은 재정계산위원회에서 사용한 것과 동일한 중위가정이다.

27 OECD(2022). OECD Reviews of Pension Systems: Korea에 따르면, 공무원과 민간 사이에 연금을 완전히 분리해 운영하는 나라는 벨기에, 프랑스, 독일, 한국 4개국뿐이다.

28 2000년 이후 2009년과 2015년 두 차례에 걸쳐 공무원연금, 사학연금 등 특수직 연금관련법의 개정을 통해 급여산식과 보험료율 수준이 조정됐다. 우선, 급여산식과 관련한 중요한 변화는 다음과 같다. 먼저 임금대체율이 재직기간 33년 기준으로 기존의 76%에서 61%로 하향 조정됐다. 지급률은 2015년 1.9%, 2016년 1.878 %에서 점차 하향 조정돼 2035년이 되면 1.7%가 된다. 또한 급여산식기준

이 기존의 3년간 평균보수월액 평균에서 재직기간 동안 평균 기준소득으로 변경됐다. 일반적으로 수익비는 일생 동안의 보험료 총액 대비 연금수급액으로 계산한다. 또한, 국민연금연구원(2021). 〈공적연금 제도 간 격차와 해소방안〉. 국민연금연구원 요약보고서, 2021-01.에 따르면, 수익비를 기준으로 공무원연금과 국민연금 두 제도를 비교하였을 때 2006년, 2016년 신규 가입자 모두 중간 소득자에게서는 차이가 없다. 그리고 월 100만 원의 저소득자는 국민연금의 수익비가 높고 월 400만 원 고소득자는 여전히 공무원연금의 수익비가 높다. 그러나 공무원연금 가입자가 월 100만 원 소득자일 가능성은 희박하므로, 저소득자의 경우 국민연금의 수익비가 높다는 것은 실질적 의미를 부여하기는 어렵다고 보고 있다.

29 국민연금연구원(2021). 〈공적연금 제도 간 격차와 해소방안〉. 국민연금연구원 요약보고서, 2021-01.에 따르면 2019년 신규 수급자의 평균 가입기간은 국민연금이 17.4년, 공무원연금이 26.1년으로, 공무원연금이 약 9년 가량 길다. 재정계산위원회(2023.9) 〈국민연금 제도 개선 방향에 관한 공청회 자료집〉에 따르면, 신규 수급자의 평균 가입기간은 2025년 기준 약 20년이며, 2093년에도 약 28년에 불과할 것으로 예측된다.

30 국민연금연구원(2021). 〈공적연금 제도 간 격차와 해소방안〉. 국민연금연구원 요약보고서, 2021-01.에서는 우리나라 공적연금 제도 간의 격차를 완화하는 다양한 방법을 정리하고 있다.

31 기초연금제도는 2008년 1월부터 시행됐던 기초노령연금의 후속 제도로, 2014년 7월부터 시행됐다. 2007년 국민연금 2차 제도 개혁 당시, 소득대체율을 60%에서 40%로 낮추면서, 대신 노후 소득 보장 차원에서 '국민연금 가입자 월평균 소득(=A값)'의 5%(약 10만 원)를 지급하는 기초노령연금을 도입했다. 이후, 두 번의 대선(이명박, 박근혜)을 거치며 기초노령연금 확대 공약이 나왔고, 박근혜 정부 시절, 2014년부터 당시 소득 하위 70% 노인에게 최대 9만 4,000원을 지급하던 기초노령연금은 2014년에 기초연금으로 명칭이 바뀌고, 대상 및 금액도 소득 하위 70%의 65세 이상 노인에게 국민연금 A값의 10% 수준(약 월 20만 원)을 제공하는 것으로 확대됐다. 이후 기준연금액은 지속적으로 인상돼 2023년 현재 월 32만 3,180원이다.

32 현재 우리나라 국민연금은 소득재분배 기능이 포함돼 있으며, 확정급여형DB: Defined Benefit 방식이다. 연금은 급여 형태에 따라서 확정급여형, 확정기여형DC: Defined Contribution으로 구분된다. 확정급여 방식DB은 근로이력에 의한 산식에 의해 급여가 결정되며, 확정기여 방식DC은 적립된 자산의 크기, 보험료와 수익률, 그리고 기대여명에 따라 급여가 결정된다.

제3부 개혁의 재원과 정책 능력

제8장 조세개혁: 개혁 동력을 위한 재원 확보

1 기획재정부(2023). 〈부담금운용종합보고서〉에 따르면 2022년 기준 총 18개 부처에서 90개의 부담금을 운용하고 있다. 부담금은 중앙정부와 지방자치단체 및 공공기관 등의 수입으로 귀속된다.

2 2021년 7월 2일에 개최된 제68차 유엔무역개발회의UNCTAD: United Nations Conference on Trade and Development에서 우리나라의 분류가 그룹 A(아시아·아프리카)에서 그룹 B(선진국)로 변경됐다. 이러한 변경은 1964년 UNCTAD 설립 이래 비선진국이 선진국으로 이동한 최초의 사례다.

3 교과서에서 '하버거 삼각형Harberger triangle'이라는 별칭으로 불리는 조세의 효율 비용 공식은 세율의 제곱의 함수로 표시된다. 따라서 세율이 한 단위씩 늘 때마다 효율 비용은 기하급수적으로 증가한다.

4 예컨대 IMD(2023). World Competitiveness Yearbook에 따르면, '정책의 투명성Transparency of government policy'에 대한 한국 지수는 4.09으로, 미국(5.98), 싱가포르(6.68), 스웨덴(6.92) 등에 비해 뒤처진다. 10점 만점인 이 지수가 클수록 투명성이 높은 것으로 평가한다.

5 개인의 생애 주기에 걸쳐 소득은 변동성이 있을 수 있지만, 소비는 상대적으로 평탄한 추이 consumption smoothing를 보이기 때문에, 소비 수준이 소득 수준보다 더 정확하게 생활수준을 반영한다고 볼 수 있다.

6 Bird, R. M., & Jun, J. (2007). "Earmarking in theory and Korean practice" in S. L. H. Phua(ed.), Excise Taxation in Asia. National University of Singapore에 따르면, 우리나라 전체 세수의 약 17% 정도가 실질적인 목적세에 의해 조달되고, 지방자치와 지방교육에 고정적으로 할당되는 내국세까지 합한다면 전체 세수의 35% 정도가 특정 용도에 할당돼 있다. 2021년 기준 목적세수는 GDP의 약 2.3%로, 적지 않은 비중을 차지하고 있다.

7 기획재정부(2023). 〈2024년도 조세지출예산서〉에 따르면, 2024년 조세지출 총 규모는 약 77.1조 원으로, 2024년 국세수입전망(지방소비세 포함) 395조 원 대비 약 19.5%를 차지한다.

8 국회예산정책처(2023.10). 〈2024년 조세지출예산 분석〉에 따르면, 2023년 일몰이 도래하는 항목 64개(3조 3,954억 원) 중, 단순 일몰 기한 연장 항목은 58개(3조 3,917억 원)이다. 단순 연장 항목이 전체 일몰 도래 항목 중 차지하는 비중은 개수로 따질 경우 81.7%, 금액으로 따질 경우 99.9%이다.

9 Medina, L., & Schneider, F. (2019). "Shedding light on the shadow economy: A global database and the interaction with the official one". CESifo Working Papers. No: 7981, Munich Society for the Promotion of Economic Research – CESifo.에서 1991-2017년의 GDP 대비 비공식 경제 크기를 157개국에 대해 측정했다. 이용 가능한 가장 최근의 한국 수치는 2017년 기준이다. Schneider, F. (2022). "New COVID-related results for estimating the shadow economy in the global economy in 2021 and 2022". International Economics and Economic Policy, 19(2), 299-313.에서 OECD 가입국 중 36개국(31개 유럽국가 및 비유럽 선진국 5개)의 2003-2022년 비공식 경제 크기를 새로 추정했으나, 한국은 36개국에서 빠져 있다.

10 예를 들면, 지방교부세는 내국세의 19.24%, 담배에 부과되는 개별소비세액의 45%, 종합부동산세로 결정되며, 법규정의 개정이 없다면 이 금액은 바뀌지 않는다. 반면, 교통·에너지환경세는 처음 징수단계에서 일반회계의 수입으로 계상됐다가 이후 68%가 교통시설특별회계로, 23%가 환경개선특별회계로, 2%가 국가균형발전특별회계로, 7%가 기후대응기금으로 전출된다. 이때 일반회계에서 각 특별회계나 기금으로 재량적 성격의 자금이 추가로 이전되는데, 이 규모는 상황에 따라 유연하게 조정된다.

11 목적세의 장단점과 한국 사례에 대해서는 전주성·신영임(2014). 〈세입·세출 연계와 예산부처의 재원배분 권한〉.《예산정책연구》제3권 제2호, pp.1-26. 참고.

12 1991년에 방위세가 폐지되면서 그 여파로 목적세수가 1990년 GDP의 2.5%에서 1992년 GDP의 1.0%로 급감했다. 이에 따라 정부는 곧바로 1991년에 교육세 과세표준을 개정했고, 1994년 교통·에너지환경세 및 농어촌특별세를 도입하면서 1995년에 목적세수가 GDP의 2.3%로 회복됐다. 이때 교육세와 농어촌특별세의 과세베이스는 방위세의 과세베이스를 거의 그대로 사용했는데, 이는 목적세를 세수 확보의 수단으로 사용하였을 수 있다는 점을 암시한다.

13 WHO(2021). WHO report on the global tobacco epidemic 2021: addressing new and emerging products에 따르면 2020년 기준 우리나라를 제외한 OECD 평균 담배가격은 우리나라($3.78)의 약 2.09배인 $7.88이다. 가장 비싼 호주의 경우 약 $21.13이며, $10을 넘는 나라도 8개국이 존재한다. 우리나라의 담배가격은 38개국 중 34위에 해당한다.

14 국내 담뱃값은 가장 많이 팔리는 담배 기준, 1갑(20개비)에 4,500원인데, 이는 2015년 1월 1일 2,500원에서 2,000원 인상된 이후로 한 번도 인상되지 않은 것이다. 물가상승률(GDP 디플레이터, 2015=100일 때, 2022=109.8)을 감안할 때, 2015년의 4,500원은 2022년의 6,539원에 해당한다.

15   최근 여러 국가에서 환경 규제, 배출권 거래제ETS: Emission Trading System, 탄소세 도입 등 탄소 배출을 줄이기 위한 조치를 취하고 있다. 1990년 핀란드를 시작으로 1991년 스웨덴과 노르웨이, 1992년 덴마크가 탄소세를 도입했으며 그 이후로 EU에서는 약 20여 개 국가가 탄소세를 도입했다. 탄소 배출량 1톤당 1유로 미만(우크라이나)부터 100유로 이상(스웨덴, 스위스)까지 다양한 탄소세를 부과하고 있다.

16   사치품에 대한 개별소비세는 개별소비세 1호(오락용 사행기구), 2호(보석, 고급 가구 등), 3호(2000cc 초과 승용자동차, 캠핑용차 등), 과세장소(경마장, 경륜장 등), 과세유흥장소(유흥주점 등), 과세영업장소(카지노)에 대한 개별소비세 및 수입분 개별소비세를 의미한다.

17   실제 우리나라에서는 1977년 부가가치세제를 도입하며 사치성 품목의 소비를 억제하는 취지의 특별소비세를 함께 실시했다. 특히, 사치재에 대해 고율의 차등 세율을 적용하는 누진체계를 채택했다. 그러나 이 제도는 사치품의 정의 설정이나 세수 효과 등 실효성 논란이 일면서 2007년에 폐지됐다. 특히, 소비세에 차등 세율을 매기는 방식은 제도를 복잡하게 만들며 조세 비용만 늘린다는 비판을 받았다. 애초에 사치세의 등급을 매기는 것이 쉽지 않고, 또 시간이 흐르며 소비패턴이 바뀌면 세목을 조정해야 하는 문제가 생기기 때문이다. 하지만 단순한 형태의 사치세는 조세 형평의 차원에서 고려해볼 가치가 있다. 설사 세수 측면에서 큰 실효성이 없더라도 정치적 홍보 효과는 있을 것이다.

18   2022년 9월 30일, 유럽연합 이사회는 화석 연료 기업에 유럽연합 차원의 횡재 이익세(유럽연합 용어로는 '연대 기여금')를 부과하는 데 동의했다. 나라마다 다르지만, 지난 4년(2018~2021년) 평균보다 20% 이상 이익을 얻은 에너지 기업의 경우 초과분에 대해 33% 혹은 그 이상, 또는 2021.10~2022.4월 사이의 부가가치가 2020.10~2021.4월 사이의 부가가치보다 큰 경우 그 이익의 25% 등과 같은 형태로 부과됐다.

19   금융위원회에 따르면, 2022년 말 기준 5대 시중은행의 예금 비중이 전체 은행권 내 예금의 약 74%를 차지하고 있고, 대출의 경우에 해당 비중은 약 63.5%이다.

20   일부 국가에서는 부가가치세율을 표준세율standard rate과 경감세율reduced rate로 구분해 복수세율 체계를 갖추고 있다. 예를 들어, 영국은 대부분의 상품에 대해 표준세율인 20%를 적용하지만, 유아용 카시트나 가정용 에너지 절약상품 등 일부 재화에 대해서는 5% 세율을 적용한다. 여기서는 표준세율을 중심으로 OECD 평균값의 추이를 서술했다.

21   부자 과세에 관한 상세한 분석은 저자의 《재정전쟁》 제3부 '양극화 시대, 부자들의 세금 전쟁'에 나와 있다. 여기서는 저자 견해의 핵심적인 부분만 요약해 소개한다.

22   2021년 법인세를 신고한 기업은 90만 6,325개이고, 이 중 각 사업연도소득이 흑자인 기업은 55만 9,573개이다. 본문의 법인세 부담 상위 기업의 비중은 각 사업연도소득이 흑자인 기업 대비 비중을 계산한 것이다.

23   1990년 기준 유럽 12개 국가에서 부유세가 시행됐으나 2020년에 이르면 노르웨이, 스페인, 스위스 등만 순자산에 대한 과세 제도를 운영하고 있다. 프랑스는 2018년 개인 순자산을 과세베이스로 하는 기존의 부유세the wealth tax를 폐지하는 대신, 부동산부유세the real estate wealth tax를 신설했다. 부유세 폐지 이유로는 낮은 세수 효과(GDP 대비 0.1~1% 수준), 자본의 국제 이동성에 따른 납세자의 탈세 및 조세 회피 심화, 낮은 과세기반으로 인한 소득재분배 기능 약화 등이 거론되고 있다.

24   종합부동산세(종부세)는 2005년 고액의 부동산 보유자에 대해 세금을 부과해 부동산 보유에 대한 조세부담의 형평성을 제고하고, 부동산의 가격안정과 지방재정의 균형발전을 도모하기 위해 도입됐다. 2005년 인별 합산방식에서 2006년 세대별 합산방식으로 전환, 과표기준 하향 조정, 2007년 과표 적용률의 증가 등으로 2005년 GDP 대비 0.05%에 불과하던 종부세수가 2007년 0.22%까지 증가했다. 그러나 2008년 11월 13일 헌법재판소의 세대별 합산과세 위헌 판결 및 1세대 1주택 장기보유자에 대한 헌법불합치 판결에 따라 인별과세로의 전환, 장기보유공제 확대가 있었고, 세율도 함께 인하되면서

이후 종부세수는 GDP의 0.1% 내외를 차지하고 있다. 그러다 2021년에 들어서면서 주택공시가격 인상과 세율인상으로 종부세 대상자와 세수입이 크게 늘어나는 현상을 보이고 있다. 2023년부터는 다시 세율이 하락하고 과세기준이 상향되면서 종부세 부담이 완화됐다.

25 부동산 과세에 관한 상세한 논의는 저자의 《재정전쟁》 제13장 '부동산 세금의 여러 가지 얼굴' 참조.

26 같은 세수라도 여러 종류의 세금에서 거두면 그만큼 세율을 낮출 수 있어 비효율을 줄일 수 있다. 일반적으로 조세의 비효율은 세율의 제곱에 비례해 커진다. 예를 들어 6이라는 세금을 한 세목에서 거두면 6의 제곱인 36이 비효율을 상징한다. 반면, '2+2+2'식이면 2의 제곱 세 개가 합쳐진 12가 비효율을 의미한다.

27 역사적 자료에 근거한 그의 주장은 자본 축적이 지속되면 한계생산성 체감의 법칙에 따라 자본의 수익률은 낮아지는 반면 더 좋은 기계 장비를 쓰게 되는 노동의 수익률은 높아진다는 전통적인 경제 법칙과 배치되는 내용이다.

28 조세정책과 관련된 주요 쟁점은 저자가 대표로 있는 DPI 연구팀이 작성한 국회예산정책처 연구용역보고서(2023). 〈조세정책의 주요 쟁점과 개선방안〉. 참조. 역사적, 제도적 맥락에서 한국 조세제도의 개혁 과제를 다룬 연구로는 전주성. 《한국의 조세정책: 절반의 성공, 불안한 미래》 (출간 준비중인 원고)가 있음.

29 2021년 기준 스웨덴과 미국의 조세부담률은 각각 42.6%와 26.6%로 약 16%p 차이가 있다. 반면, 복지지출-GDP 비율은 스웨덴은 24.9%, 미국은 22.7%로 2.2%p가량 차이가 난다.

30 복잡한 부동산 세제를 비판하는 차원에서 '양도세를 포기한 세무사'라는 의미의 '양포세'라는 단어가 언론에 등장하기 시작했다. 2021년 1월 중 매일경제가 한국세무사회에 등록된 세무사 205명을 대상으로 설문조사를 진행한 결과, 98.5%는 "수시로 바뀌는 정부 세법 때문에 세무 업무에 어려움이 있다"고 토로했다.

제9장 정부개혁: 개혁의 주체이자 대상

1 2023년 4월, 공기업인 LH 공사가 발주한 인천 검단 신도시의 한 아파트 건설 현장에서 지하주차장이 무너졌다. 이에 대한 조사 과정에서, 설계할 때 넣겠다고 했던 철근이 상당수 빠졌으며 이런 문제를 확인해야 하는 감리 과정도 제대로 이뤄지지 않았음이 드러났다. 소위 '순살 아파트'라 불리는 이 사건의 배후에는 관련 분야 전직 공무원이나 공기업 직원이 건설사와 유착된 소위 '전관예우'라는 형태의 부당 행위가 있었다.

2 외부효과externalities는 시장 거래를 통하지 않고서 상대의 효용이나 수익에 영향을 미치는 경우를 말한다. 기술 혁신을 하면 나도 수익을 얻지만 이로 인한 긍정적 파급효과가 주변에 미칠 수 있다. 즉, 특별한 시장 거래 없이 다른 사람에게 좋은 영향을 미쳤기 때문에 정의 외부효과가 있었다고 말한다. 반면 공해는 대표적인 부의 외부효과 사례다.

3 페르디난드 마르코스는 필리핀의 10대 대통령으로, 1965년 12월부터 1986년 2월까지 약 20년간 필리핀을 통치했다. 집권기간 동안 민주주의 탄압, 계엄령 선포, 민간인 학살 등 폭정을 일삼았다. 이후 임기 후반에 마르코스의 독재정권에 대항하는 대규모 시위(피플 파워, 에드사 혁명)가 일어나면서 불명예 퇴진 후 하와이로 망명해 그곳에서 생을 마감했다.

4 소위 'Grease theory'라고 부르는 영역인데, 정부 규정에 없다고 신규 사업 진출을 가로막는 관리를 설득하려 접대비를 쓰는 경우가 이런 사례다. 물론, 이런 식의 행태는 특수한 상황에서만 설득력이 있으므로 보편적인 합리성을 갖기는 어렵다.

5 부패 관련 연구의 대표적 사례로 꼽히는 Mauro, P. (1995). "Corruption and growth". The Quarterly

Journal of Economics. 110(3). 681~712.에 따르면 높은 부패 수준은 투자를 감소시키고 경제성장을 저해한다. 이후의 부패 연구들도 대체로 이런 결론과 유사한 실증 증거를 제시한다.

6   정부의 범주, 즉 어디까지를 정부로 보아야 하는가는 정하기 나름이다. 통상적인 정부 정책을 말할 때는 행정부의 업무에 초점을 두지만, 필요에 따라 입법부와 사법부, 나아가 각종 공기업까지 포괄하는 공공부문을 정부라고 부를 수도 있다. 이 책에서 다루는 개혁 과제의 관점에서 본다면 관료와 정치인이 정부의 핵심 주체다. 그런데 이들 각각에 대한 개혁을 말할 때는 정부개혁과 정치개혁으로 나누어 부르는 것이 관행이다. 이 장에서는 정부개혁의 주요 과제를 검토한다.

7   불완전 경쟁 등 시장 실패 사유가 없다는 전제하에 시장 균형이 곧 효율적 자원배분 지점이라는 것을 '후생경제학의 기본정리fundamental theorem of welfare economics'라고 부른다.

8   예를 들어 Abhijit Banerjee와 Esther Duflo 교수 부부가 제안한 '울트라 기본소득'은 소득 상위계층 (25%)을 제외한다. 한국의 경우, 서울시는 2022년부터 안심소득 시범 사업을 실시하고 있다. 이는 기준 소득 대비 부족한 가구소득의 일부를 매월 시가 지원하는 것으로, 소득이 적을수록 더 많이 지원한다. 지원집단은 2022년(1단계) 500가구를 우선 선정해 3년간 지원하며, 2023년(2단계)에 1,100가구를 추가로 선정해 2년간 지원한다(총 1,600가구). 지원 대상을 선정하는 기준은 중위소득의 85%(1인가구 월소득 1,766,208원)와 재산(일반재산, 금융재산, 자동차 재산 합산액에서 부채를 차감한 순자산) 3억 2,600만 원을 기준으로 한다.

9   기본소득에 관한 상세한 논의는 저자의《재정전쟁》제1장 '복지 논쟁의 축소판, 왜 기본소득인가'와 제20장 '복지 재원의 다원화를 위한 대안' 참조.

10   이 주제의 상세한 논의는 저자의《재정전쟁》제5장 '큰 정부, 이념의 문제가 아니다' 참조.

11   정부는 부채 유형을 국가채무(D1), 일반정부 부채(D2), 공공부문 부채(D3) 3가지로 체계화해 산출하고, 각각의 특성에 맞게 활용하고 있다. 국가채무(D1)는 국가재정운용계획, 국가채무관리계획 등 재정운용 목표 지표로 활용한다. 이 지표는 중앙정부와 지방(교육)자치단체의 회계 기금을 포괄한다. 다만, 중앙정부 기금 중 중앙관서의 장이 직접 관리하지 않는 기금은 제외한다. 국제기구 등에 제출해 국가 간 재정 건전성을 비교하는 지표로는 일반정부 부채(D2)를 사용한다. D2는 중앙정부와 지방(교육)자치단체의 모든 회계·기금 및 비영리공공기관을 포괄한다. 공공부문 부채(D3)는 일반정부 부채(D2)에 비금융공기업까지 포괄하며, 공공부문의 재정위험 및 재정 건전성을 관리하는 지표로 활용한다.

12   2023년 8월 정부가 발표한 〈2024년 예산안〉에 따르면 국가채무는 2023년 1,134.4조 원(GDP의 50.4%)에서 2024년 1,196.2조 원(51.0%)으로 증가한다. 국회예산정책처가 2023년 가을에 발표한 〈2023~2032년 중기재정전망〉에 따르면 현재의 총수입과 총지출 기조가 유지됐을 경우 2032년 국가채무는 1,901.8조 원으로 늘어나는데 이는 GDP의 60%에 육박하는 수준이다.

13   관리재정수지는 미래에 지급이 예정돼 있는 사회보장성기금 흑자와 이미 발생한 채무의 형태 변화에 불과한 공적자금 국채 전환 요인(2003~2006년에만 발생)을 통합재정수지에서 제외한 것으로, 우리나라의 특수성을 감안해 재정 건전성을 보다 정확히 파악하기 위해 도입한 지표다.

14   2022년 9월에 나온 정부안의 골자는 관리재정수지 적자를 GDP의 3% 이내로 관리하되 정부채무 비율이 60%를 초과하면 수지 적자 폭을 2% 내로 축소해 중장기적으로 60% 안팎에서 채무 비율을 안정시키겠다는 것이다.

15   불황일 때는 소득과 소비가 위축되기 때문에 세금이 덜 걷히는 반면 실업수당과 같은 복지지출은 늘게 된다. 이렇게 자연스럽게 발생하는 재정 적자는 지나친 경기 변동을 완화시켜주는 완충 장치 역할을 하므로 '자동안정장치'라 불린다.

개혁의 정석

초판 1쇄 2024년 1월 20일

지은이 전주성
펴낸이 허연
편집장 유승현

편집부 서정욱 정혜재 김민보 장아름 이예슬
마케팅 김성현 한동우 구민지
경영지원 김민화 오나리
디자인 김보현 한사랑

펴낸곳 매경출판㈜
등록 2003년 4월 24일(No. 2-3759)
주소 (04557) 서울시 중구 충무로 2(필동1가) 매일경제 별관 2층 매경출판㈜
홈페이지 www.mkpublish.com   **스마트스토어** smartstore.naver.com/mkpublish
페이스북 @maekyungpublishing   **인스타그램** @mkpublishing
전화 02)2000-2630(기획편집) 02)2000-2646(마케팅) 02)2000-2606(구입 문의)
팩스 02)2000-2609   **이메일** publish@mkpublish.co.kr
인쇄·제본 ㈜M-print 031)8071-0961
ISBN 979-11-6484-656-6(03330)